PLAUTE

COMÉDIES

MOSTELLARIA - PERSA - POENULUS

COLLECTION DES UNIVERSITÉS DE FRANCE
publiée sous le patronage de l'ASSOCIATION GUILLAUME BUDÉ

PLAUTE

COMÉDIES

TOME V

MOSTELLARIA - PERSA - POENULUS

TEXTE ÉTABLI ET TRADUIT
PAR
ALFRED ERNOUT
Membre de l'Institut

Septième tirage

PARIS
LES BELLES LETTRES
2020

Conformément aux statuts de l'Association Guillaume Budé, ce volume a été soumis à l'approbation de la commission technique, qui a chargé M. René Durand d'en faire la révision et d'en surveiller la correction en collaboration avec M. Alfred Ernout.

95 boulevard Raspail, 75006 Paris
www.lesbelleslettres.com

Premier tirage 1938

ISBN : 978-2-251-01145-5
ISSN : 0184-7155

SIGLA

A = Ambrosianus Palimpsestus (G 82 sup.), saec. IV-V
P = archetypus nunc deperditus codicum *B C D V E J O*
B = Palatinus Vaticanus (1615), saec. X-XI
C = Palatinus Heidelbergensis (1613), saec. X-XI
D = Vaticanus (3870), saec. X-XI
V = Vossianus Leidensis (Q. 30), saec. XII in.
E = Ambrosianus (J 257 inf.), saec. XII ex.
J = Londinensis (Mus. Britann., Reg. 15 C XI), saec. XII in.
O = Fragmentum Ottobonianum Vaticanum (misc. Lat. 687), saec. XI
T = codex Turnebi (nunc deperditus) uel Fragmenta Senonensia
F = codex Lipsiensis, saec. XV
Z = editio princeps Merulae, 1472
[ ] = quadratis uncis inclusi quae secludenda uidentur.
( ) = rotundis uncis inclusi quae dubia aut interpolata uidentur.
⟨ ⟩ = obliquis uncis inclusi quae addenda uidentur.
† † = crucibus inclusi quae corrupta sunt necdum sanari potuerunt.

Litteris inclinatis, quae italicae dicuntur, indicaui quae a codicibus discrepant. Linea recta inter duo uocabula ducta hiatum denuntiat.

Litteras deficientes in *A*, quotiescumque numerari potuerunt, singulis punctis in apparatu critico indicaui; uncinis ( ) inclusi quae coniectura restitui poterant. Litterae *A n. l.* significant: *A non legitur*.

Numeris distinxi uarias manus quae codices correxerunt: B^2, D^3 etc.

Lectiones codicis *A*, quae litteris capitalibus scriptae sunt, litteris minusculis transcripsi commodi gratia. Eandem ob causam uocabula, quae in codice nullo spatio separata sunt, interuallis distinxi.

Compendiis scripturae quae adhiberi solent usus sum: *om.* = omisit, omiserunt; *trai.* = traiecit, traiecerunt; *suppl.* = suppleuit, suppleuerunt; etc.

MOSTELLARIA

(LE REVENANT)

NOTICE

Pendant l'absence de son père Théopropide, qui depuis plusieurs années est en Égypte pour affaires, un jeune homme, Philolachès, avec l'aide de son esclave Tranion, s'est débauché. Il le sait, il s'en rend compte, et il se confesse lui-même dans un monologue de ton mélancolique, où il compare son cas à celui d'une maison bien bâtie, mais mal entretenue, et qu'un propriétaire négligent laisse se dégrader peu à peu. Ainsi en est-il de lui-même : son père avait tout fait pour le bien élever; mais depuis son départ, le toit de vertu qui couvrait Philolachès a été emporté par la tempête de l'amour, et tout le bel édifice de bonne conduite n'est plus que ruines. Le jeune homme en effet s'est épris d'une jeune courtisane, Philématie; pour l'affranchir, il a emprunté de l'argent à un usurier, Misargyridès; et depuis qu'il la connaît, il se ruine pour elle en cadeaux, en fêtes, en bombances. Des camarades de bamboche, comme Callidamate et sa maîtresse Delphie, l'aident allègrement à dissiper son argent; Scapha, la servante de Philématie, y contribue également pour sa part. Cela finira mal, comme le prédit, dans la scène qui ouvre la pièce, l'esclave Grumion qui, préposé à l'entretien de la ferme de Théopropide, a conservé quelque chose des anciennes vertus rustiques : pour peu que les dieux fassent revenir le vieillard!...

Naturellement le souhait se réalise. Au moment où Philolachès est en train de festoyer avec sa maîtresse et ses amis, Tranion arrive porteur de la mauvaise nouvelle : Théopropide vient de débarquer, Tranion l'a vu de ses yeux, il sera ici dans un instant. Sous ce coup du sort, Philolachès chancelle et s'effare; en vain

Callidamate, avec le sérieux d'un ivrogne, lui propose-t-il tout simplement d'aller occire son malencontreux père. Mais devant le désarroi de son jeune maître, Tranion, qui avait lui aussi commencé par désespérer, retrouve ses forces et son sang-froid : son génie l'abandonnerait-il au moment où il en est besoin? Que Philolachès et sa bande continuent à boire et à s'amuser, sans s'inquiéter de rien; qu'ils s'enferment bien, et n'ouvrent à personne; qu'ils ne répondent point quand Théopropide frappera; Tranion se chargera de l'éloigner de la maison jusqu'au moment où grâce à lui tout s'arrangera — sans qu'il sache encore comment.

Et voici Théopropide, tout joyeux de n'avoir plus à naviguer, et qui se félicite de l'accueil que les siens lui réservent. Il frappe à la porte, cependant que Tranion vient le saluer. Il refrappe; pas de réponse. Que se passe-t-il? Inquiet, il interroge Tranion. Celui-ci feint d'abord l'épouvante; enfin il réussit à vaincre ses terreurs pour raconter à son maître l'histoire épouvantable. Depuis son départ, la maison est hantée. Un spectre en a pris possession, l'ombre d'un homme qui fut jadis assassiné là, et dont la présence tourmente si fort les habitants que depuis longtemps ils ont dû s'installer ailleurs... Justement une voix appelle Tranion de l'intérieur : c'est la voix du mort... Et le vieillard glacé de terreur s'enfuit, et court chez celui qui lui a vendu la maison pour tirer au clair cette histoire, et au besoin résilier la vente. La situation est sauvée — pas pour longtemps.

Théopropide revient bientôt; naturellement le vendeur nie tout. Tranion passerait un mauvais quart d'heure, si un incident nouveau ne venait détourner Théopropide de son enquête, en lui apportant une autre inquiétude. A peine a-t-il commencé l'interrogatoire de son esclave que voici venir l'usurier auquel Philolachès a emprunté, et qui vient réclamer ses intérêts. Pourquoi cet emprunt? demande Théopropide. Et Tranion de lui expliquer que son fils s'est mis à faire du commerce, qu'il a acheté une maison — une affaire superbe — et que, pour cela, il a dû emprunter à l'usurier — oh! peu de chose — quarante mines, qu'il a données en arrhes. Théopropide, enthousiasmé, promet de rembourser l'usurier, qui s'en va. Mais où est cette maison? Justement celle du voisin d'à côté, répond Tranion, pris de court. Théopropide voudrait la visiter, naturellement. Que faire? Tranion imagine alors de demander à Simon, le propriétaire de la maison, la permission pour son maître de la visiter. Celui-ci, dit-il, veut faire bâtir, car il va marier son fils... Simon accepte; la visite commence, et Théopropide mené par Tranion se félicite d'avoir un fils qui suit les traces de son père...

Jusqu'à présent tout a bien marché pour Tranion. Mais tout va se gâter; l'échafaudage de ruses est trop fragile pour subsister longtemps. Théopropide rencontre deux petits esclaves qui viennent chercher Callidamate pour le reconduire chez lui; il les voit frapper à sa porte, il les interroge, et il en apprend tout ce que Tranion avait voulu lui cacher, les débauches de son fils, et l'usage fait des quarantes mines qu'il a promis de rembourser. Simon, qui survient à son tour, lui confirme que Philolachès ne lui a jamais acheté de maison : que tout cela est une invention de Tranion. Théopropide, furieux, veut se venger; il prend avec lui des *lorarii* pour enchaîner l'esclave qu'il livrera au supplice. L'autre, qui a flairé l'attaque, se réfugie sur un autel, d'où il continue à narguer son maître. On ne sait trop comment la chose pourrait finir, quand le *deus ex machina* apparaît sous la forme de Callidamate. Celui-ci, dégrisé, vient plaider auprès de Théopropide la cause de Philolachès; s'il s'est mal conduit, n'est-ce pas l'habitude de tous les fils de bonne famille, et ne doit-on point pardonner à sa jeunesse et à son inexpérience? Du reste Callidamate et ses amis, qui l'ont aidé à dépenser son argent, s'engagent formellement à rembourser à son père tout ce qu'il a dépensé. Théopropide, charmé de la proposition, absout son fils et lui permet même de continuer. Il consent enfin — non sans mauvaise grâce — à pardonner à Tranion, malgré le rôle ridicule que celui-ci lui a fait jouer; au surplus n'aurat-il pas longtemps à attendre pour le voir commettre un nouveau méfait, dont il pourra cette fois se venger tout à son aise. Et voilà la farce jouée; les spectateurs n'ont plus qu'à applaudir.

Comme on le voit, ce n'est ni par l'originalité des personnages que brille la pièce, ni par la nouveauté de la situation non plus. Ce sont de vieilles connaissances pour nous que le fils débauché, l'esclave retors, et le vieux père qu'on berne, ou qu'on essaie de berner. D'autre part on se demande à quoi riment toutes les inventions accumulées par Tranion, puisque la vérité finira bien par se découvrir, et que ses mensonges ne pourront qu'exaspérer la colère de Théopropide. « Je comprends, dit Naudet[1], les machinations de Mascarille pour son *Étourdi;* il espère, en effet, changer la situation de son maître, sans se précipiter en un danger mortel pour le plaisir de braver. Mais tout l'esprit de Tranion et de Merlin[2] est dépensé en pure perte : ils savent d'avance qu'après s'être tenus en équilibre sur une corde glissante, il faut qu'ils tombent à la fin, et que la chute soit plus cruelle en proportion des fautes qu'ils auront faites pour la différer. » Et plus loin il conclut : « Il faut avouer que ce spectacle n'est ni très sensé, ni très édifiant. »

Ainsi donc, banalité des caractères et invraisemblance de l'intrigue, voilà le jugement de la critique. Et pourtant il n'empêche que la Mostellaria soit une des meilleures comédies de Plaute, une de celles où son don du rire s'affirme avec le plus de maîtrise. C'est que l'action y est menée à un train qui jamais ne laisse reposer le spectateur, et fait songer aux vaudevilles de Feydeau où tout s'enchaîne avec une logique implacable — une fois admis le postulat du début; c'est que les situations comiques se succèdent avec une variété toujours renouvelée. C'est que tous les personnages y sont campés avec un brio, un relief et un naturel inimitables, et qu'aucun d'eux n'est sacrifié : même les rôles épisodi-

1. Théâtre de Plaute, t. III, p. 440.
2. Le valet du *Retour imprévu,* de Regnard.

ques ont leur couleur, Grumion, Scapha, Simon[1], l'usurier; c'est que la fantaisie et l'observation se mêlent et se fondent en un ensemble harmonieux. C'est enfin que le style s'adapte merveilleusement à toutes les circonstances comme à tous les personnages : qu'on lise par exemple l'entrée de Callidamate, le récit horrifique que fait Tranion à Théopropide, ou sa dispute avec Misargyride. Mais ce n'est pas un palmarès que je dresse, et le reste est de la même veine.

La pièce tire son titre, *Mostellaria*[2], de l'épisode du fantôme imaginé par Tranion. On sait combien la vie d'outre-tombe tenait de place dans les croyances des Grecs et des Romains, et combien ils étaient friands de toutes les histoires relatives aux démons de la mort, aux revenants, aux apparitions de toute espèce. Toutes les classes de la société ajoutaient foi aux récits de ce genre, le petit peuple comme les gens cultivés; et le conte de Tranion semble une parodie anticipée de l'aventure du philosophe Athénodore que Pline le Jeune nous raconte avec un sérieux non feint[3]. Il ne faut donc pas s'étonner que nous connaissions l'existence de trois comédies grecques intitulées Φάσμα, l'une de Théognètos, l'autre de Ménandre, la troisième de Philémon. On admet, depuis Ritschl[4], que c'est de cette dernière que Plaute se serait inspiré, mais cela sur un indice bien faible[5]; et le témoignage sur lequel on

1. Sur ce dernier voir ce qu'en dit M. Ph. E. Legrand, *Daos*, p. 224.

2. Sur ce titre, voir tome I de cette édition, Préface, p. XVII et suiv., note 2. Festus citant un fragment de vers de notre pièce la désigne par la transcription grecque: « Et aput Plautum in Phasmate (Most. 240) : « nec recte si illi dixeris » (Festus, éd. Lindsay, p. 158,33). C'est probablement une « hellénisation » postérieure à Plaute.

3. Cf. Pline le Jeune, *Lettres*, l. VII, 27.

4. *Parerga*, p. 159. Cf. Kunst, *Stud. z. griech.-röm. Kom.*, Wien, 1919.

5. Au vers 1149 et suivants, à la question de Théopropide « Que dois-je faire à présent? » Tranion répond par cette plaisanterie: « Si tu as pour amis Diphile ou Philémon, tu leur diras de quelle façon ton esclave t'a mystifié; ce sont d'excellentes fourberies que tu leur fourniras pour leurs pièces. » Ritschl a supposé que Philémon s'était nommé lui-même par manière de plaisanterie, et que Plaute aurait reproduit mécaniquement l'allusion.

s'appuie pour dater approximativement cet original n'est guère plus probant[1]. Du reste ces hypothèses fussent-elles exactes, elles ne nous aideraient en rien à déterminer la part d'imitation et d'originalité de Plaute : on ne peut pour cela que se borner à des observations d'ordre général, comme le sont les remarques pénétrantes de M. Ph. E. Legrand[2].

Nous ne sommes pas davantage renseignés sur la date de la pièce latine. Il apparaît toutefois que Plaute y est en pleine possession de son métier, et il n'est peut-être pas téméraire de supposer qu'elle doit être de la maturité du poète. Cette impression est confirmée par l'examen de la métrique. Sans doute, comme le note Lejay[3], le récitatif domine; mais les cinq cantica (85-156; 313-347; 690-746; 783-803; 858-903) sont d'une richesse de rythmes qui exclut l'idée de les attribuer à un débutant. La division en actes traditionnelle est arbitraire; M. Ph. E. Legrand[4] n'admet que trois pauses nécessaires; l'une entre les vers 529 et 530, l'autre entre 857 et 858; la troisième entre 1040 et 1041. « Nulle part, en dehors de ces trois endroits, l'enchaînement des scènes n'est rompu. » Mlle Freté[5] va plus loin encore; selon elle, aucun entr'acte ne s'impose, et l'on n'y trouve que deux *possibilités*[6] de coupure, l'une à 857, l'autre à 1040. J'ai conservé toutefois la

1. Du vers 775 « On vante les fameux exploits du grand Alexandre et d'Agathocle »

Alexandrum magnum atque Agathoclem aiunt maxumas
Duo res gessisse

on a déduit que la comédie était postérieure à la mort d'Agathocle, donc à 289 av. J. C., et que la pièce devait se situer dans l'état de paix qui précéda ou qui suivit la guerre d'Athènes contre Antigonos (287-283).

2. Voir *Daos*, p. 594 sqq — Comme toujours du reste, Plaute a accommodé à la romaine son modèle grec, et la comédie est remplie d'expressions purement latines, et d'allusions à des usages latins: cf. 226 *capiundas crines*; 428 *ludos mortuo facere*; 131 *ubi emeritumst stipendium*; cf. Lorenz, *Mostellaria*, Einleitung, p. 25.

3. *Plaute*, p. 96.

4. *Daos*, p. 482.

5. *Essai sur la structure dramatique des comédies de Plaute*, p. 45.

6. C'est Mlle Freté qui souligne.

division en cinq actes de Pius, d'abord parce qu'elle est inoffensive, et qu'ensuite les divergences d'opinion entre les érudits montrent tout ce qu'il y a d'incertain dans les divisions qu'on a proposé de lui substituer.

La *Mostellaria* a été fort imitée : en France, on peut citer *les Esprits* de Pierre de Larivey, le *Retour imprévu* de Regnard, et le premier acte du *Comédien poète* (ou *le Garçon sans conduite*) de Montfleury; au Danemark, *das Hausgespenst* ou *Abracadabra* de Ludwig Holberg (1684-1754); en Italie *I fantasmi* de Bentivoglio († 1573); enfin il semble que Shakespeare lui-même ait connu la comédie de Plaute, car il lui a emprunté les noms de Tranion et de Grumion pour désigner deux serviteurs dans sa pièce qui a pour titre *Taming of the shrew*.

PERSONNAGES

TRANION, esclave de Théopropide, attaché à Philolachès.
GRUMION, esclave, fermier de Théopropide.
PHILOLACHÈS, fils de Théopropide, amant de Philématie.
PHILÉMATIE, courtisane, maîtresse de Philolachès.
SCAPHA, servante de Philématie.
CALLIDAMATE, jeune homme, ami de Philolachès.
DELPHIE, courtisane, maîtresse de Callidamate.
THÉOPROPIDE, vieillard, père de Philolachès.
MISARGYRIDE, usurier.
SIMON, vieillard, voisin de Philolachès.
PHANISCUS, esclave de Callidamate.
PINACION, esclave de Callidamate.
SPHÉRION, jeune esclave de Théopropide.
AUTRES ESCLAVES.

La scène se passe à Athènes.

PERSONAE

TRANIO SERVVS
GRVMIO SERVVS
PHILOLACHES ADVLESCENS
PHILEMATIVM MERETRIX
SCAPHA ANCILLA
CALLIDAMATES ADVLESCENS
DELPHIVM MERETRIX
THEOPROPIDES SENEX
MISARGYRIDES DANISTA
SIMO SENEX
PHANISCVS SERVVS
PINACIVM (?)[1] SERVVS
SPHAERIO (?)[2] PVER
LORARII

1 (P)INA(CI)V(M) *A, in titulo act. IV, sc. 1.*
2 *Cf. ad u. 419.*

ARGUMENT

Philolachès a racheté sa maîtresse pour l'affranchir ensuite, et en l'absence de son père il dévore tout son patrimoine. Quand le vieillard est de retour, Tranion le mystifie en lui disant qu'il y a dans la maison des fantômes effrayants, et qu'il a fallu d'abord déménager. Survient un usurier âpre au gain qui réclame ses intérêts, et le vieillard est joué une seconde fois; car Tranion lui dit que Philolachès a emprunté sur nantissement pour acheter une maison. Laquelle? demande-t-il. Celle du voisin d'à côté, répond Tranion. Il la visite. Après, il se fâche d'avoir été berné .Cependant, sur la prière d'un camarade de son fils ,il consent à pardonner.

ARGVMENTVM

Manu misit emptos suos amores Philolaches,
Omnemque absente rem suo absumit patre.
Senem, ut reuenit, ludificatur Tranio;
Terrifica monstra dicit *fi*eri in aedibus,
Et inde pri*dem* emigratum. Interuenit
Lucripeta fenus fenerator postulans,
Ludosque rursum fit senex; nam mutuum
Acceptum [tum] dicit pignus emptis aedibus.
Requirit quae sint : ait uicini proxumi.
Inspectat illas. Post se derisum dolet,
Ab sui sodale gnati exoratur tamen.

Argumentum: ARGVMENTVM *D* : INCIP PLAVTI MVSTELLARIA, *B qui ubique formam* must- *scripsit* ‖ 2 absumit B^2 : absimit B^1CD ‖ 4 fieri *Gruter* : sileri *BCD* (*ex* fiirei ?) ‖ 5 pridem *Bothe* : primum *BCD* ‖ 7 Ludosque B^1CD : Ludusque B^2 ‖ 8 tum *del. Camer.* ‖ 11 exoratur B^2 : -tor B^1CD.

⟨ACTE I⟩

⟨SCÈNE I⟩

GRUMION TRANION

GRUMION. — Sors de la cuisine, s'il te plaît; dehors, rossard, au lieu de me faire de l'esprit au milieu de tes casseroles. Sors de la maison, ruine de tes maîtres. Par Pollux, que je vive, et je te châtierai proprement à la ferme. Sors, dis-je, ... [1]. Pourquoi te caches-tu?

TRANION. — Eh, mordieu! qu'est-ce que tu as à pousser de tels cris devant notre porte? Est-ce que tu te crois dans tes champs? Éloigne-toi de la maison. Va-t-en aux champs; va-t-en, pendard; éloigne-toi de la porte. *(Il le bat)* Tiens; est-ce cela que tu voulais?

GRUMION. — Me voilà mort! Pourquoi me bats-tu?

TRANION. — Parce que tu es en vie.

GRUMION. — Patience. Laisse seulement arriver le vieux maître. Laisse-le seulement revenir sain et sauf, lui que tu dévores pendant qu'il n'y est pas.

TRANION. — Ce que tu dis là n'est ni vrai, ni vraisemblable, bûche que tu es : comment pourrait-on dévorer quelqu'un qui n'y est pas?

1. Le milieu du vers est corrompu. Pylades a proposé de lire: *exi, inquam, nidor, e culina* « Sors, dis-je, graillon, de ta cuisine. » Mais la corruption de *culina* en *cupinam* s'explique mal paléographiquement, et d'autre part l'emploi de *nidor* comme terme d'injure est sans exemple.

⟨ACTVS I⟩

GRVMIO TRANIO
SERVI II

GR. Exi e culina sis foras, mastigia,
Qui mihi inter patinas exhibes argutias.
Egredere, *e*rilis permities, ex aedibus.
Ego pol te ruri, si uiuam, ulciscar probe.
Exi, inquam, †nidore cupinam†; quid lates?
TR. Quid tibi, malum, hic ante aedis clam⟨it⟩atiost?
An ruri censes te esse? abscede ab aedibus.
Abi rus, abi dierecte; abscede ab ianua.
E*m*; hocine uolebas?
GR. Perii. Qur me uerberas?
TR. Quia uiuis.
GR. Patiar. Sine modo aduenia*t* senex.
Sine modo uenire saluom, quem absentem comes.
TR. Nec ueri simile loquere nec uerum, frutex :
Comesse quemquam ut quisquam absentem possiet?

GRVMIO. TRANIO. SERVI II *B* : TRANIO. GRVMIO SERVI DVO *rubricator in D* : *om.* CD^1 ‖ *Personarum notas fere solus seruauit B* ‖ 1 sq. *habet* NONIVS *55,16 et 239,16* ‖ 2 exibes *BD* ‖ 3 herilis *B*, -les *CD* ‖ permities *B ante ras.*, -cies *CD* : pernities *B ex ras.* ‖ 5 nidore cupinam *BCD, et in marg.* ł culinae B^2 : nidor, e culina *Pylades; aliquod compositum latere uidetur, cf. gr.* κνισοδιώκτης, κνισόζωμος, κνισολοιχός, κνισοτηρητής, etc. ‖ 6 clamitatiost *Acidal. duce Camer.* : clamat iosi *BCD* ‖ 8 dierecte *B ante ras. D* : directe *B ex ras. C* ‖ inua B^1 ‖ 9 Em *Brix* : En *BD* In *C* ‖ qur *B* : cur *CD* ‖ 12 sine *BCD* : ne NONIVS *81,18* ‖ saluom B^2 NON. : saluos B^1, *CD* (*-uus*) ‖ 13 ueri BD^2 : ueñ CD^1 ‖ 14 possiet *Pylades* : posset B^1C -sit B^2D ‖

GRUMION. — Ah vraiment, beau galant de ville, mignon de tout le monde, tu me reproches mes champs, à moi? Je crois bien deviner pourquoi, Tranion : tu sais que d'un jour à l'autre tu seras envoyé au moulin. Oui, parbleu, avant peu de temps, Tranion, tu viendras augmenter notre nombre aux champs, engeance bonne pour les fers. Maintenant, tant que tu en as envie et loisir, fais bombance, dissipe le bien du maître, pervertis son fils, un excellent jeune homme. Passez vos jours et vos nuits à boire, continuez à vivre à la grecque, achetez des maîtresses, affranchissez-les, engraissez des parasites; dévastez le marché par vos emplettes ruineuses. Est-ce là le mandat dont t'a chargé le vieux maître, en partant pour l'étranger? Est-ce de cette façon qu'il s'attend à trouver son bien géré à son retour? Est-ce là, penses-tu, le devoir d'un bon serviteur que de perdre à la fois et le bien et le fils de son maître? Car pour moi je le tiens pour perdu, depuis qu'il a pris goût à cette existence; lui qui autrefois n'avait pas son pareil, dans toute la jeunesse attique, pour l'épargne et la bonne conduite. Maintenant c'est dans un autre genre qu'il remporte la palme; et cela, c'est l'effet de tes mérites et de tes leçons.

TRANION. — Mordieu! qu'est-ce que tu as à t'occuper de ma personne et de ma conduite? Est-ce que tu n'as pas, je te prie, aux champs des bœufs à soigner? Il me plaît de boire, de faire l'amour, de me payer des filles. Si je le fais, c'est mon dos qui en répondra, non le tien.

GRUMION *(s'approchant de Tranion pour lui parler sous le nez)*. — Quel langage effronté!

TRANION *(se reculant)*. — Ah! que Jupiter et tous les dieux t'exterminent! Pouah! tu m'as envoyé une bouffée d'ail! Quelle pure saleté tu fais, rustre, bouc, étable à cochons, mélange de fiente et d'ordure.

GRUMION. — Que veux-tu? Tout le monde ne peut

GR. Tu urbanus uero scurra, deliciae popli,
Rus mihi tu obiectas? sane hoc, credo, Tranio,
Quod te in pistrinum scis actutum tradier.
Cis hercle paucas tempestates, Tranio,
Augebis ruri numerum, genus ferratile.
Nunc dum tibi lubet licetque, pota, perde rem,
Corrumpe *e*rilem, adulescentem optumum*;
Dies noctesque bibite, pergraecaminei;
Amicas emite, liberate; pascite
Parasitos; obsonate pollucibiliter.
Haecine mandauit tibi, quom peregre hinc *i*t, senex?
Hocine modo hic rem curatam offendet suam?
Hocine boni esse officium serui existumas,
Vt eri sui corrumpat et rem et filium?
Nam ego illum corruptum duco, quom his factis studet;
Quo nemo adaeque iuuentute ex omni Attica
Antehac est habitus parcus nec magis continens,
Is nunc in aliam partem palmam possidet.
Virtute id factum tua et magisterio tuo.
TR. Quid tibi, malum, me aut quid ego agam curatiost?
An ruri, qu*a*eso, non sunt quos cures boues?
Lubet potare, amare, scorta ducere :
Mei tergi facio haec, non tui, fiducia.
GR. Quam confidenter loquitur [fue]!
TR. At te Iuppiter
Dique omnes perdant! ⟨Fufae!⟩ oboluisti alium,

15 scurra B^2CD : cura B^1 ‖ popli B^1 : populi *B rubric.*, *CD* ‖ 16 obiecta B^1 ‖ hoc *solus habet B s. u.* ‖ 17 scis *FZ* : sis *BCD* ‖ 20 lubet B^2CD^2 : iubet B^1D^1, *cf. u. 36* ‖ 21 *uersus mancus; lacuna in pagina fuisse uidetur, cf. ad. u. 57* ‖ herilem *BCD* ‖ optumum *DC* : optinum B^1 optimum B^2 ‖ 24 pollucibiliter *B*, GLOSS. PLAVT., FVLGENTIVS, *Mythol. 1,2* : pollucibiter *CD* ‖ 25 it *Bothe* : ut *BCD* ‖ 26 et 27 Hocine *B* : Hoccine B^2CD ‖ 28 et rem et *B* : et semet *CD* ‖ 29 duco B^1CD : dico B^2, *cf. Ba. 485* ‖ quom *B* : cum *CD* ‖ 31 parcus B^3CD^2 : pacus B^1 porcus D^1 ‖ contineas B^1 ‖ 34 me aut *Muret, Lambin* : mea ut *BCD* ‖ 35 queso *BCD* ‖ boues D^1 : bouis BCD^2 ‖ 36 Lubet B^2C : Iubet B^1D ‖ deducere B^1 ‖ 38 fue *secl. Ritschl, cf. u. seq.* ‖ 39 fufae *add. Goetz cum Loewe, duce Ritschl qui* fu! *add.* ‖ obolusti B^1 ‖ alium B^1 : allium B^2CD

pas sentir les parfums exotiques, comme toi, ni tenir le haut bout de la table, comme toi, ni manger d'aussi fins plats que toi. Garde pour toi tes tourterelles, tes poissons, ta volaille; laisse-moi manger mon ail et subir ma destinée. Tu es fortuné, je suis malheureux : il faut se résigner. A chacun ce qui l'attend : à moi, ma récompense, à toi, ton châtiment.

TRANION. — Tu as l'air, Grumion, d'être jaloux de moi, parce que je vis bien et que tu vis mal. Rien de plus juste pourtant. Il sied à moi de faire l'amour, à toi de conduire les bœufs, à moi de mener la belle vie, à toi de trimer misérablement.

GRUMION. — O crible des bourreaux! comme tu le seras, j'espère; car ils te mèneront par les rues, le carcan sur la nuque, en te criblant de coups d'aiguillons, si le vieillard revient un jour.

TRANION. — Comment sais-tu si ce que tu dis ne t'arrivera pas plus tôt qu'à moi?

GRUMION. — Parce que je ne l'ai jamais mérité, et que tu l'as mérité, toi, et que tu le mérites encore.

TRANION. — Pas tant de discours, abrège, si tu n'as pas envie de te voir offrir une bonne rossée.

GRUMION. — Allez-vous me donner du fourrage pour porter à mes bœufs? Donnez-m'en, si vous ne le mangez pas[1]. Allez-y; continuez puisque vous avez si bien commencé; buvez, menez la vie grecque, mangez, empiffrez-vous, tuez tout ce qui est gras!

TRANION. — Tais-toi et retourne aux champs. Je veux aller au Pirée m'acheter du poisson pour ce soir. J'enverrai demain quelqu'un à la ferme te porter du fourrage. *(Grumion reste immobile et continue à le regar-*

1. D'autres lisent avec la correction du manuscrit *B*: *Date aes, si non estis* « Ou sinon, donnez-moi de l'argent ». Mieux vaut conserver la première leçon des manuscrits, avec le jeu de mots sur *estis*.

Germana inluuies, rusticus, hircus, hara sui⟨s⟩,
Caenum copro commixtum.
GR. Quid uis fieri?
Non omnes possunt olere unguenta exotica,
Si tu oles, neque superior⟨es⟩ [quam erus] accumbere,
Neque tam facetis, quam tu uiuis, uictibus.
Tu tibi istos habeas turtures, piscis, auis;
Sine me aleato fungi fortunas meas.
Tu fortunatu's, ego miser; patiunda sunt.
Meum bonum me, te tuum maneat malum.
⟨TR.⟩ Quasi inuidere mihi hoc uidere, Grumio,
Quia mihi bene est et tibi male est. Dignissumumst.
Decet me amare et te bubulcitarier,
Me uictitare pulcre, te miseris modis.
GR. O carnufic⟨i⟩um cribrum, quod credo fore;
Ita te forabunt patibulatum per uias
Stimulis, *si huc reueniat senex.
TR. Qui scis an tibi istuc eueniat prius quam mihi?
GR. Quia numquam merui; tu meruisti et nunc meres.
TR. Orationis operam compendi face,
Nisi te mala re magna mactari cupis.
GR. Eruom daturi⟨n⟩ estis bubus quod feram?
Date si non estis; agite, porro pergite,

40 inluuies *B* : ill- *CD* ‖ rusticus, *BCD*, DONATVS *in Phorm. IV 4,29* : rullus *Usener* ‖ suis *FZ* : sui *BCD* ‖ 41 caenum copro (= κόπρῳ) commixtum *Schoell, cf. Thes. L. L. III 39,49; Pers. 407, Poen. 826* : canem capram commixtam *BCD* ‖ 42 ungenta *codd.* PRISCIANI *444,19, 480,11 et* NONII *108,1* ‖ 44 superiores *Leo* : superior *CD* superior quam erus *B*, *quo seruato lacunam unius u. statuit Ritschl, fortasse recte* ‖ 47 tibi istos habeas *BCD* : tibi obustos (*uel* abe istos) SERVIVS *ad Verg. Buc. I 38* tu tibi habeas hos GRAMM. *de dub. nomin. 592,3 K.* ‖ aueis *B*[1] ‖ 49 patienda *B* ‖ 50 TR. *praem. B, secl. Muret et init. u. 51 transt.* ‖ 52 dignis sūmus *B*[1] ‖ 53 Decet *B*, NONIVS *79,31* : licet *CD* ‖ bubulcitare NON. ‖ 54 pulcre *B*[1] : pulchre *B corr. CD* ‖ 55 carnuficium *Pylades* : carnuficum*B corr.* carni- *B*[1]*CD* ‖ 57 *u. mancus* : stimulis ⟨carnufices⟩ *Leo, cf. ad. u. 21* ‖ 62 Eruom *B*[2] : Seruom *B*[1] seruum *CD* ‖ daturin *Pylades* : -ri *BCD* ‖ 63 Date si non estis *Sonnenschein* : Data es inonestis *B*[1], *D* (inho-), *C* (inhoneste) ł. date aes *marg. B*[2] Date aes inhonestis *Camer.*

der d'un air de menace) Qu'est-ce qu'il y a? Qu'est-ce que tu as à me regarder maintenant, pendard?

GRUMION. — Parbleu, voici un nom, je crois, qui sera bientôt le tien.

TRANION. — Pourvu qu'en attendant les choses soient comme elles sont, je m'inquiète peu de ton « bientôt ».

GRUMION. — Sans doute; mais sache seulement ceci : ce qu'on ne veut pas arrive bien plus vite que ce qu'on désire le plus[1].

TRANION. — Ne m'assomme pas plus longtemps; va dans ta ferme, décampe d'ici. Je te jure bien que tu ne me retiendras pas un instant de plus. *(Il rentre)*.

GRUMION *(seul)*. — Avez-vous vu comme il est parti, sans tenir le moindre compte de ce que j'ai dit? O dieux immortels, j'implore votre assistance! Faites que notre vieux maître, absent depuis déjà trois années, revienne ici au plus tôt avant que tout ne soit dévoré, et terres et maison. Car s'il ne revient pas, le restant n'en a plus que pour quelques mois à rester. Sur ce, je m'en vais aux champs. Car justement j'aperçois le fils de notre maître. Il a bien changé : un garçon si parfait s'être ainsi débauché!

---

1. Texte peu sûr. La traduction correspond au texte de Bentley-Goetz: *uenit quod nolis.*

Quoniam occepistis; bibite, pergraecamini,
Este, ecfercite uos, saginam caedite.

TR. Tace atque abi rus; ego ire in Piraeum uolo
In uesperum parare piscatum mihi.
Eruom tibi aliquis cras faxo ad uillam adferat.
Quid est quod tu me nunc optuere, furcifer?

GR. Pol tibi istuc credo nomen actutum fore.

TR. Dum interea sic sit, istuc 'actutum' sino.

GR. Ita est; sed unum hoc scito : nimio celerius
†Venire quod moleste† quam illud quod cupide petas.

TR. Molestus ne sis nunciam; i, rus te amoue.
Ne tu [erres] hercle praeterhac mihi non facies moram.

⟨GR.⟩ Satin abiit neque quod dixi flocci existumat?
Pro di inmortales, obsecro uostram fidem,
Facite huc ut redeat noster quam primum senex,
Triennium qui iam hinc abest, priusquam omnia
Periere, et aedes et ager. Qui nisi huc redit,
Paucorum mensum sunt relictae reliquiae.
Nunc rus abibo; nam eccum erilem filium
Video, corruptum | ex adulescente optumo.

---

64 occepistis B^1 :-ti B^2CD ‖ bibite B^2 : bibi B^1CD ‖ 65 ecfercite *Camer.* (eff-) : ec ferite *B* ecferute *CD* ‖ 68 Afferat *CD* ‖ 69 quod tu *B* : quid tu *CD* ‖ obtuere *CD* ‖ 71 interea *Lambin* : intereas *BCD* ‖ 72 est *BCD* : es *Schoell* ‖ 73 Venire quod moleste *BCD, corruptum* : Venit *Bentley* quod nolis *Goetz*, uenire quod obest *Lindsay, alii alia* ‖ illuc B^1C ‖ quo B^1 ‖ 75 erres *del. Spengel* ‖ 76 GR. *init. u. 77 hab. codd., huc transt. Camer.* ‖ 77 immortales *B* ‖ 80 periere *B* : pertere *CD* ‖ aedis *BCD* ‖ huc *BCD* : nunc *Ritschl* ‖ 82 mensum *Lambin* : -suum *BCD* ‖ 83 eccum *CD* : equum *B* ‖ 83 corruptum *BCD cum hiatu* : c. ⟨tam⟩ *Pradel* ‖ adulescente B^2 : -tem B^1, *CD* (ado-) ‖ obtumo *CD*

⟨SCÈNE II⟩

PHILOLACHÈS

J'ai beaucoup réfléchi et j'ai longtemps pensé, je me suis fait à part moi maint raisonnement; j'ai tourné et retourné cette question dans ma cervelle, si tant est que j'aie une cervelle, et je l'ai longtemps discutée : à quoi pourrais-je bien comparer l'homme à sa naissance, et à quoi pourrais-je dire qu'il ressemble? Et voici la comparaison que j'ai trouvée. L'homme, quand il vient de naître, ressemble, selon moi, à un bâtiment neuf. Je vais vous en donner mes preuves. Sans doute la chose ne vous paraît-elle pas vraisemblable, mais je saurai bien vous amener à partager mon avis, et je vous convaincrai certainement de la vérité de ce que j'avance[1]. Et du reste vous-mêmes, j'en suis sûr, quand vous entendrez mon raisonnement, vous ne direz pas autrement, et vous tomberez d'accord avec moi. Prêtez-moi l'oreille tandis que je vous expose mon argumentation; je veux que vous soyez instruits de la chose aussi bien que moi.

Aussitôt qu'un bâtiment est prêt, fignolé, fait exactement au cordeau, on loue l'architecte et on approuve l'édifice; chacun le prend à soi-même pour modèle, chacun voudrait en avoir un semblable; on n'y épargne ni son argent ni ses soins. Mais ensuite, que vienne s'y

1. Les vers 93-95, qui font double emploi avec les trois vers suivants, sont probablement interpolés.

PHILOLACHES
ADOLESCENS

Recordatus multum et diu cogitaui
Argumentaque in pectus multa institui
Ego atque in meo corde — si est quod mihi cor —
Eam rem uolutaui et diu disputaui,
Hominem cuius rei, quando natus est,
Similem esse arbitrarer simulacrumque habere.
    Id repperi iam exemplum.
Nouarum aedium esse arbitro similem ego hominem,
Quando [hic] natus est. Ei rei argumenta dicam.
Atque hoc haud uidetur ueri simile uobis,
    At ego id faciam ita esse ut credatis.
Profecto esse ita ut praedico uera uincam.
Atque hoc uosmet ipsi, scio, proinde uti nunc
Ego esse autumo, quando dicta audietis
    Mea, haud aliter id dicetis.
Auscultate, argumenta dum dico ad hanc rem;
Simul gnaruris uo⟨s⟩ uolo esse hanc rem mecum.
Aedes quom extemplo sunt paratae, expolitae,
    Factae probe examussim,
Laudant fabrum atque aedes probant, sibi quisque inde exemplum expetunt,
Sibi quisque similis uo*lt* sua*s*; sumptum, operam ⟨non⟩ parcunt suam.

PHILOLACHES ADOLESCENS *B* : *om.* CD^1, *unius u. spatio relicto* ‖ 87-88 *spurii esse uidentur*; *secl. Ritschl* ‖ 88 diu *monosyll. displicet* ‖ 89^a natus est *codd.* : natust *Schoell, ut anap. fiat,* n. esset *Leo, ut bacch. tetram. acatal. fiat* ‖ 91 arbitro B^1 : -tror B^2C -tor *D* ‖ 92 hic *secl. Lorenz* ‖ 93-95 *retractatoris esse censet Ritschl, fort. recte* ‖ 95-98 *tres u. efficit B* (— ipsi | — autumo | — dicetis) ‖ 95 esse ita *Bentley* : ita esse *BCD* ‖ 98 mea *secl. Hermann, ut iamb. dim. catal. fiat, sicut in u. 90 et 102; alii alia* ‖ 100 uos *Camer.* : -uo *BCD* ‖ 102 probae B^1 ‖ examissum B^1 ‖ 103 expetant B^1 ‖ 104 similis uolt *Ritschl* : simile suo is *BCD* ‖ suas *Spengel* : sua *BCD* ‖ sumptum *D*, *C* (*erasa* s *post* sumptum) : sumptu *B* ‖ non *add. Hermann* ‖ parcunt *B* : pascunt *CD* parsunt *B in marg.*

installer un vaurien, un négligent, avec des esclaves paresseux, un homme malpropre, un nonchalant, aussitôt le bâtiment commence à se gâter, parce que, tout bon qu'il est, il est mal entretenu. Et puis, voici souvent ce qui se produit : une tempête arrive, elle brise les pannes et les tuiles creuses[1]. Le maître négligent ne veut pas les remplacer. Vient la pluie; elle détrempe les murs, et l'eau passe à travers; elle pourrit la charpente, et démolit tout le travail de l'architecte. La construction n'est plus désormais d'un bon service, sans que ce soit la faute du constructeur. Mais beaucoup de gens ont cette manie : une réparation qui pourrait se faire pour un écu, ils attendent pour l'entreprendre que les murs tombent en ruines : alors il faut rebâtir le bâtiment de fond en comble.

Voilà mon raisonnement en ce qui concerne les édifices. Je veux maintenant vous démontrer que les hommes peuvent exactement se comparer à une maison. Tout d'abord les parents sont les architectes de leurs enfants. Ce sont eux qui en jettent les bases; ils les élèvent, ils mettent tous leurs soins à les rendre solides. Et pour qu'ils soient d'un bon usage, en même temps que d'une belle apparence, pour eux-mêmes et pour le peuple, ils n'épargnent pas les matériaux, et les dépenses qu'ils font ne sont pas pour eux des dépenses. Ils les fignolent; ils leur enseignent les lettres, le droit civil, les lois; à force de dépenses et d'efforts ils veulent arriver à ce que les autres souhaitent en avoir de pareils. Quand, après une telle préparation, ils les envoient à l'armée, ils leur donnent alors pour soutien quelqu'un de la famille. Une fois achevée leur première campagne,

1. Sur la distinction entre les *tegulae* et les *imbrices*, v. Miles, v. 504.

Atque ubi illo inmigrat nequam homo, indiligens [que],
Cum pigra familia, inmundus, ⟨in⟩strenuus,
Hic iam aedibus uitium additur, bonae cum curantur male.
Atque illud saepe fit : tempestas uenit,
Confringit tegulas imbricesque. Ibi
Dominus indiligens reddere alias neuolt.
Venit imber, lauit parietes, perpluunt,
Tigna put*e*facit, per⟨dit⟩ operam fabri.
Nequior factus iam est usus aedium;
Atque ⟨ea⟩ haud est fabri culpa, sed magna pars
Mor*e*m hunc induxerunt : siquid nummo sarciri potest,
Vsque mantant neque id faciunt, donicum
Parietes ruunt : aedificantur aedes totae denuo.
Haec argumenta ego aedificiis dixi; nunc etiam uolo
†Dicere ut homines aedium esse similis arbitremini.
Primumdum parentes fabri liberum sunt.
E*i* fundamentum substruunt liberorum,
Extollunt, parant sedulo in firmitatem,
Et, ut ⟨et⟩ in usum boni et in speciem
Pop*l*o sint sibique, *h*aud materiae reparcunt,
Nec sumptus *s*ibi sumptui esse ducunt.
Expoliunt, docent litteras, iura, leges;
Sumptu suo et labore
Nituntur, ut alii sibi esse illorum similis expetant.
Ad legionem †comita† adminiculum eis danunt
†Tum iam aliquem cognatum suum.

105 immigrat *B* ‖ -que *del. Pylades* ‖ 106 instrenuus *FZ* : strenuus *BCD* ‖ 107 additur B^2 : aditur B^1CD ‖ 112 putefacit *Ritschl* : putre- *BCD* ‖ perdit *Bergk* : per *BCD* ‖ 114 ea *add. Hermann* ‖ 115 Morem *'quidam' ap. Lambin* : Moram *BCD* ‖ hunc B^1 : hanc *CD* ‖ nummos acciri B^1 ‖ 117 edificatur B^1 ‖ 119 hominis *BCD* ‖ *u. a metro abhorrens* : uti *scr. Lindsay* Adicere *Leo in appar., alii alia* ‖ 121 Ei *Gulielmus* : Et *BCD* ‖ 123 et *add. Schoell* ‖ usum *CD* : usu *B* ‖ 124 Poplo *Schoell* : Populo *BCD* ‖ haud *'quidam' ap. Lambin* : aut *BCD* ‖ reparcunt B^1C : neparcunt B^2D ‖ 125 sibi *F* : ibi *BCD* ‖ esse ducunt *BCD* : ducunt esse *Schoell, ut integer tetram. fiat* ‖ 126 sq. *secl. Ritschl* ‖ lege B^1 ‖ 129-131 *lacunosi uidentur; neque metrum, neque sensus placet; sed cum nil certi proponi possit, lectionem cod. B seruare malui* ‖ 129 comita B^1CD : comitum B^2 cum ita ⟨paratos mittunt⟩ *Leo*

l'architecte n'a plus la main sur son œuvre[1]. C'est alors qu'on juge à l'épreuve de ce que l'édifice va devenir.

Moi par exemple, j'ai été sérieux et honnête tant que je fus au pouvoir des architectes. Ensuite, une fois que j'ai été livré à moi-même et que je rentrai dans mon naturel, aussitôt j'ai gâté complètement toute leur œuvre. Est venue la fainéantise; ce fut pour moi la tempête; son arrivée m'a amené la grêle et la pluie; aussitôt elle a démoli, découvert et emporté loin de moi toute vergogne et toute vertu. Par la suite, j'ai négligé de me recouvrir. Immédiatement après, en guise de pluie est arrivé l'amour; il s'est coulé jusqu'au fond de ma poitrine, il a imprégné tout mon cœur[2]. À présent, tous mes étais, fortune, crédit, renom, vertu, honneur, m'ont abandonné à la fois. Je ne suis plus bon à rien. Bien pis encore, ma charpente est désormais pourrie d'humidité; je ne crois pas que je puisse essayer de réparer l'édifice, sans le voir s'écrouler tout entier du haut en bas; il serait anéanti jusque dans ses fondations, et personne ne pourrait le sauver.

Mon cœur est plein de douleur à la pensée de ce que je suis maintenant, de ce que je fus jadis. De toute la jeunesse il n'y avait personne plus habile que moi dans l'art de la gymnastique[3]. Le disque, la lance, la

1. Le texte des vers 129-131 est corrompu. Les mots « après une telle préparation » correspondent au supplément imaginé par Leo *paratos mittunt*. Mais le *eatenus* demeure obscur. Leo ponctue : *Eatenus. Abeunt a fabris*, faisant de *eatenus* une phrase nominale qu'il interprète : Eatenus, *scil. parantur a fabris*. Mais cet emploi elliptique de *eatenus* est sans exemple, et tout à fait en dehors des habitudes de Plaute. Le rédacteur du Thesaurus considère à juste titre le passage comme mal établi.

2. Sans doute faut-il entendre *cor* dans le même sens qu'au vers 86; la reprise de *pectus* et de *cor* n'est sans doute pas fortuite.

3. Le texte latin présente probablement une lacune: il manque en effet un sujet *quisquam* au verbe *erat*; et le *neque* du v. 150 semble appeler un autre *neque*. Voir apparat critique.

†Eatenus abeunt a fabris unum ubi emeritumst stipendium.
Igitur tum specimen cernitur quo eueniat aedificatio.
Nam ego ad illud frugi usque et probus fui,
In fabrorum potestate dum fui.
Postea, quom immigraui ingenium in meum,
Perdidi operam fabrorum ilico oppido.
Venit ignauia. Ea m*i* tempestas fuit;
M*i* aduentu suo grandinem imbremque attulit.
Haec uerecundiam m*i* et uirtutis modum
Deturbauit [texit] detexitque a me⟨d⟩ ilíco.
Postilla opti*g*ere *me* neglegens fui;
Continuo pro imbre amor aduenit [in cor meum].
Is usque in pectus permanauit, permadefecit cor meum.
Nunc simul res, fides, fama, uirtus, decus[que]
Deseruerunt; ego sum in usu factus nimio nequior.
Atque edepol ita haec tigna umid⟨itat⟩e putent; non uideo*r* mihi
Sarcire posse aedes meas, quin totae perpetuae ruant,
[Quin] Cum fundamento perierint, nec quisquam esse auxilio queat.
Cor dolet, cum scio ut nunc sum atque ut fui,
Quo neque industrior de iuuentute erat

131 abeunt *B ex ras.* : habeunt *B ante ras. CD* ‖ 134 in fabrorum *u. superiori adnectit B* ‖ 135 quom *Guyet* : quam *BCD* ‖ immigraui *CD* : imi- B^1 emi- B^2 ‖ ingenium in *Bothe* : in ingenium *BCD* ‖ 136 sq. *unum u. facit B* ‖ opido *B* ‖ 137 mi : mihi *BCD, item* 138, 139 ‖ 139 modum *BCD* : domum *Fay* ‖ 140 texit *del. Camer.* ‖ med *Guyet, Hermann* : me *BCD* ‖ 141 obtigere *Camer.* : opticere *BCD* ‖ me *Lambin* : eam *BCD* ea *Seyffert* ‖ 142 in cor meum *ex u. sequenti irrepens genuinam lectionem expulisse uidetur; del. Bothe* ⟨tetigit guttis grandibus⟩ *suppl. Leo in appar. ex* FRONTONE *p. 27* ‖ 144 uirtus decus *Bothe* : uirtus decusque *BD* uirtusque decus *C* ‖ 146 Atque B^2*CD* : At B^1 ‖ umiditate *Vssing* : umide *BCD* umide ⟨iam⟩ *Hermann* ‖ putent B^2 : putant B^1*CD* ‖ uideor *Camer.* : uideo *BCD* ‖ 148 Quin *del. Ritschl* ‖ 150-153 *sic distinxit B; sed lacunas praebere debent lacunis uu. 129 sqq. respondentes* : quo neque industrior de iuuentute erat | ⟨quisquam nec clarior⟩ arte gymnastica : | disco, hastis, pila, cursu, armis, equo, | uictitabam uolup, *suppl. Vssing tres tetrametros creticos (cum duplici hiatu in u. 152) et unum dimetrum efficiens*

balle, la course, les armes, le cheval suffisaient à mon bonheur; ma sobriété et mon endurance faisaient de moi un exemple pour mes camarades. Les meilleurs venaient à l'envi s'instruire auprès de moi. Maintenant je ne vaux plus rien, et ce beau résultat je ne le dois qu'à moi-même.

⟨SCÈNE III⟩

PHILÉMATIE SCAPHA PHILOLACHÈS

PHILÉMATIE *(sortant de chez elle sans voir Philolachès)*. — Il y a longtemps, par Castor, que je n'ai pris de bain froid avec plus de plaisir, et qu'à mon sentiment, je ne me suis mieux débarbouillée, ma chère Scapha.

SCAPHA. — Tout te succède à souhait, tout comme cette année la moisson a été belle.

PHILÉMATIE. — Quel rapport la moisson a-t-elle avec mon bain?

SCAPHA. — Autant que ton bain avec la moisson.

PHILOLACHÈS (*apercevant Philématie, en a parte*). — O Vénus, belle Vénus! voici ma tempête, celle qui a enlevé toute la couverture de bonne conduite qui me couvrait! A partir de ce moment la pluie de l'Amour et du Désir est tombée dans mon cœur, et jamais plus je ne pourrai m'en garantir. Les murs de ma raison sont déjà tout détrempés, l'édifice n'est déjà plus qu'une ruine.

PHILÉMATIE. — Regarde, je t'en prie, ma chère Scapha; cette robe me va-t-elle assez bien? Je veux, moi, plaire à Philolachès, l'œil de ma vie, mon cher patron.

Arte gymnastica. Disco, hastis, pila,
Cursu, armis, equo, uictitabam uolup.
Parsimonia e⟨t⟩ duritia disciplinae aliis eram;
Optumi quique expetebant a me doctrinam sibi.
Nunc, postquam nihili sum, id uero meopte ingenio repperi.

PHILEMATIVM MERETRIX — **SCA*PHA*** ANCILLA — **PHILOLACHES** ADOLESCENS

PHILE. Iam pridem ecastor frigida non laui magis lubenter,
Nec quom me melius, mea Scapha, rear esse deficatam.
SC. Euentus rebus omnibus⟨t⟩, uelut horno messis magna
Fuit.
PHILE. Quid ea messis attinet ad meam lauationem?
SC. Nihilo plus quam lauatio tua ad messim.
PHILO. Oh Venus uenusta!
Haec illa est tempestas mea, mihi quae modestiam omnem
Detexit, tectus qua fui. *Tum* mihi Amor et Cupido
In pectus perpluit meum, neque iam umquam opt*i*gere possum.
Madent iam in corde parietes; periere haec oppido aedes.
PHILE. Contempla, amabo, mea Scapha, satin haec me uestis deceat.
Volo m*e* placere Philolach*i*, meo ocello, meo patrono.

151 pila B^2 : filia B^1CD ‖ 152-3 uolup B^1 : uolupe B^2CD ‖ 154 Parsimonia et duritia (-cia) *F* : Parsimoniae /// eduritia *B* parsimonia eduricia *CD* ‖ disciplinae aliis *B corr.* : discipuli ne alieis B^1, *D* (-iis) Discipi line aliis *C* ‖ 155 a me B^2 : tam̃ e B^1 tã ‖ E *CD*

PHILEMATIV. MERETRIX. SCAFA ANCILLA. PHILOLACHES. ADOLESCENS. *B* : *om.* CD^1 *unius u. spatio relicto* ‖ 157 ecastor *B* : mecastor *CD* ‖ iubenter B^1 ‖ 158 mea scapha rear esse deficatam B^2 (ł. defecatam *mg.* B^2) : meas capharea res sede /// ficatam B^1 meas caphareares edificatam *CD* ‖ 159 omnibust *Ritschl* : omnibus *BCD* ‖ 163 qua B^2 : que B^1CD ‖ Tum *Leo* : quam *BCD* quom *Ritschl* ‖ 164 optigere D^3Z (ob-) : optingere *B*, *CD* (ob-) optinere B^2 ‖ 165 haec : hec *B hae CD* ‖ aedes B^2 : aedis *CD* edis B^1 ‖ 167 me *Bothe* : meo *BCD* ‖ Philolachi *Camer.* : philolacheti *BCD*

SCAPHA. — A quoi bon te parer, aimable comme tu l'es avec tes aimables manières? Ce n'est pas la robe qu'aiment les amants, mais ce qui la remplit.

PHILOLACHÈS. — Me bénissent les dieux! l'aimable femme que cette Scapha! Elle a du bon sens, la coquine. Elle connaît joliment bien les mœurs des amants, et leurs plus secrètes pensées!

PHILÉMATIE *(avec impatience)*. — Hé bien?

SCAPHA. — Quoi donc?

PHILÉMATIE. — Mais regarde-moi, examine comment cette robe me va.

SCAPHA. — Quand on est belle comme toi, tout ce qu'on a va bien.

PHILOLACHÈS *(à part)*. — Voilà une parole, Scapha, qui te vaudra aujourd'hui un cadeau de ma part; je ne laisserai pas sans récompense le compliment que tu viens de faire à ma belle.

PHILÉMATIE. — Je ne veux pas de flatteries.

SCAPHA (*haussant les épaules*). — En vérité, tu es bien sotte. Aimes-tu mieux, dis-moi, être critiquée à tort que complimentée à raison? Quant à moi, par Pollux, j'aime bien mieux m'entendre louer, même à tort, que d'être blâmée à raison, ou de voir les autres se moquer de ma figure.

PHILÉMATIE. — Moi, j'aime la vérité, je veux qu'on me dise la vérité; j'ai le mensonge en horreur.

SCAPHA. — Je te le jure par l'amitié que tu me portes, par l'amour que Philolachès a pour toi, tu es charmante.

PHILOLACHÈS *(à part)*. — Que dis-tu, coquine? Quel serment as-tu fait? Par l'amour que j'ai pour elle? Et l'amour qu'elle a pour moi, pourquoi ne pas l'avoir ajouté? Je reprends mes cadeaux. Tant pis pour toi : je t'avais promis quelque présent, tu viens de le perdre.

SCAPHA. — Vraiment, par Pollux, je m'étonne qu'une fille aussi fine, aussi bonne élève, aussi bien instruite

SC. Qui*d* tu te exornas, moribus lepidis quom lepida tute es?
Non uestem amatores amant mulieris, sed uestis fartim.
PHILO. Ita me di ament, lepida⟨st⟩ Scapha; sapit scelesta multum.
Vt lep*i*de omnis ⟨mo⟩res tenet sententiasque amantum!
PHILE. Quid nunc?
SC. Quid est?
PHILE. Quin me aspice et contempla ut haec me dece⟨a⟩t.
SC. Virtute formae id euenit, te ut deceat quicquid habeas.
PHILO. Ergo ob *isto*c uerbum te, Scapha, donabo ego hodie aliqui,
Neque patiar te istanc grati*i*s laudasse, quae placet m*i*.
PHILE. Nolo ego te adsentari mihi.
SC. Nimis tu quidem stulta es mulier.
Eho, mauis uituperari⟨er⟩ falso quam uero extolli?
Equidem pol uel falso tamen laudari multo malo
Quam uero culpari, aut meam speciem alios inridere.
⟨PHILE.⟩ Ego uerum amo; uerum uolo dici mihi; mendacem odi.
SC. Ita tu me ames, ita Philolaches tuus te amet, ut uenusta es.
PHILO. Quid ais, scelesta? quomodo adiurasti? ita ego istam amarem?
Quid istaec me, id cur non additum est? infecta dona facio.
Peristi; quod promiseram tibi dono, perdidisti.
SC. Equidem pol miror tam ca*t*am, tam †doctam† te et bene doctam

168 Quid *Bothe* : Quia *BCD* ‖ 169 fartim *BCD*, *cf. Mil. 8* : fartum *Saracenus* ‖ 170 lepida⟨est⟩ *add. Gruter* ‖ 171 omnis : omnes *B* oms̃ *CD* ‖ mores *Bergk* : res *BCD* ‖ 172 deceat *Camer.* : decet *BCD* ‖ 173 formae id *BCD* : formae *Leo in appar., deleto* id, *ut elisio syllabae -ae uitetur, cf. Mil. 1211, sed cum hiatu* ‖ 174 istoc *Brix* (istuc) : hoc *BCD* ‖ *u. hiat in fine* ‖ 175 istanc *B* : hanc *CD* ‖ gratiis *Bentley* : gratis *BCD* ‖ mihi *BCD* ‖ 176 adsentari *B* : ass- *CD* ‖ tu quidem *B* : quidem tu *CD* ‖ 177 uituperarier *Bothe* : -ri *BCD* ‖ 179 PHILE. *notam quam hic habent codd. ad init. u. 181 transt. Canter* ‖ 183 PHILO. *praem* D^2 ‖ 184 istaec B^2 : ista haec B^1CD ‖ cur B^2 : cura B^1CD ‖ 185 Peristi B^2CD : Perdisti B^1 *ut uid.* ‖ dono *B rubric.* : dona B^1CD doni *Leo* ‖ 186 catam *Pius* : captam *BCD* ‖ doctam *iteratum displicet* : docilem ... doctam *Redslob Leo* doctam ... eductam *Camer.* tam cordatam et bene doctam *Schoell, coll. Poen. 131*

que toi, fasse la sotte aussi sottement.

PHILÉMATIE. — Hé bien reprends-moi, je te prie, si j'ai quelque tort.

SCAPHA. — Oui, par Castor, tu as tort de ne songer qu'à lui, de lui réserver toutes tes complaisances, et de repousser les avances des autres. Bon pour une femme honnête, et non pour une courtisane, d'être l'esclave d'un seul amant.

PHILOLACHÈS *(à part)*. — O Jupiter! quelle peste ai-je là dans ma propre maison! Que tous les dieux et les déesses me fassent périr de la pire des morts, si je ne fais, moi, périr cette vieille de soif, de faim et de froid.

PHILÉMATIE. — Je ne veux pas que tu me donnes de mauvais conseils, Scapha.

SCAPHA. — Tu es bien sotte de croire que tu auras toujours en lui un amant fidèle et généreux. Je t'en avertis : avec le temps et la satiété, il finira par t'abandonner.

PHILÉMATIE. — J'espère que non.

SCAPHA. — Ce qu'on n'espère pas arrive plus souvent que ce qu'on espère. Enfin, si les paroles ne suffisent pas à te persuader que je dis vrai, juge-s-en par les faits. Tu vois ce que je suis. Et qu'ai-je été jadis! Je n'ai pas été moins aimée que tu ne l'es aujourd'hui; et moi aussi j'ai réservé mes complaisances pour un seul amant; et lui, par Pollux, dès que l'âge altéra la couleur de mes cheveux, il m'a plantée là, il m'a abandonnée. Le même sort t'attend, j'en suis sûre.

PHILOLACHÈS *(à part)*. — Je ne sais ce qui me retient de lui sauter aux yeux, à cette enjôleuse.

PHILÉMATIE. — C'est pour être seule à lui seul qu'il m'a affranchie de son argent; c'est à lui seul, je pense, que je dois obéir.

PHILOLACHÈS *(d'un ton transporté)*. — O dieux immortels! quelle aimable femme, et quelle chaste pudeur!

N*unc* stultam stulte facere.
PHILE. Quin mone, quaeso, si quid erro.
SC. Tu ecastor erras, quae quidem illum expectes unum, atque illi
Morem praecipue sic geras, atque alios aspernere.
Matronae, non meretricium est unum inseruire amantem.
PHILO. Pro Iuppiter, nam quod malum u*ersatur* meae dom⟨i⟩ illud?
Di deaeque omnes me pessimis exemplis interficiant,
Nisi ego illam anum interfecero siti fameque atque algu.
PHILE. Nolo ego m*ih*i male te, Scapha, praecipere.
SC. Stulta es plane,
Quae illum tibi aeternum putes fore amicum et beneuolentem.
Moneo ego te : te ille deseret aetate et satietate.
PHILE. Non spero.
SC. Insperata accidunt magis s*ae*pe quam qu*ae* speres.
Postremo, si dictis nequis perduci ut uera haec credas
Mea dicta, ex factis nosce rem. Vides quae sim; et quae fui ante!
Nihilo ego quam nunc tu amata sum, atque uni modo gessi morem,
Qui pol me, ubi aetate hoc caput colorem commutauit,
Reliquit deseruitque me. Tibi idem futurum credo.
PHILO. Vix comprimor quin inuolem illi in oculos stimulatrici.
PHILE. Solam ille me soli sibi suo ⟨sumptu⟩ liberauit :
[Solam] Illi m*e* soli censeo esse oportere opsequentem.
PHILO. Pro di immortales, mulierem lepidam et pudico ingenio!

187 Nunc *Bothe* : Non *BCD* ‖ stultam B^2 : sta i tam B^1CD ‖ 189 Morem *CD* : Moram *B* ‖ aspernere *Ritschl* : -res B^1 -ris B^2CD ‖ 190 meretricium *B* (iu *ex* u) : meri- *CD* ‖ 191 domi illud *Camer.* : domillum *BCD* ‖ 192 me *om.* B^1 ‖ 193 algu *B* : gelu *CD* ‖ 194 mihi *Z* : mei *BCD* ‖ 195 putes *B* : putas *CD* ‖ 197 sepe *BCD* ‖ que *BCD* ‖ 200 Nilo D^1 ‖ Nilo (= nilo minus) ... quam *tuetur Löfstedt* ‖ 201 colorem *B*, *CD corr.* : calorem C^1D^1 ‖ 204-205 *hoc ordine Ritschl* : *inuertunt BCD* ‖ 204 sumptu *add. Bentley, duce Lambin* ‖ 205 Solam *init. u. del. Fleckeisen* ‖ me *Camer.* : meo *BCD* ‖ opsequentem *B* : ob- *CD*

J'ai bien fait, par Hercule! et je me réjouis de m'être ruiné pour elle.

Scapha. — Tu n'y entends rien, par Castor.

Philématie. — Comment cela?

Scapha. — Tu te soucies d'être aimée de lui.

Philématie. — Pourquoi ne m'en soucierais-je pas, s'il te plaît?

Scapha. — Tu es libre maintenant. Tu as maintenant ce que tu voulais. Quant à lui, s'il ne t'aime pas de lui-même et sans plus, l'argent qu'il a donné pour ta liberté est autant de perdu.

Philolachès *(à part)*. — Je suis mort, par Hercule, si je ne la fais périr dans les pires tortures. Elle me la pervertit par ses mauvais conseils, cette rouée maquerelle[1].

Philématie. — Jamais je ne pourrai lui être assez reconnaissante de tout ce qu'il a fait pour moi, Scapha. Ne cherche pas à me persuader de tenir moins à lui.

Scapha. — Mais, tâche seulement de réfléchir à ceci : si tu ne vis que pour lui seul dans la fleur de ta jeunesse, tu t'en repentiras amèrement dans ta vieillesse.

Philolachès. — Je voudrais me transformer en angine pour prendre à la gorge cette empoisonneuse et pour l'étouffer, cette criminelle enjôleuse.

Philématie. — Je dois lui garder ma reconnaissance, maintenant que j'ai obtenu ce que je veux, tout comme naguère, avant d'avoir réussi, je le flattais pour l'attendrir.

Philolachès *(à part)*. — Que les dieux fassent de moi ce qu'il leur plaît, si je ne voudrais, pour ce propos, t'affranchir une seconde fois, et en même temps étrangler Scapha!

Scapha. — Si l'on te garantit que tu auras toujours le vivre assuré, et que tu garderas ton amant pour toi

1. La fin du vers est peu sûre.

Bene hercle factum, et gaudeo mihi nil esse huius causa.
SC. Inscita ecastor tu quidem es.
PHILE. Quapropter?
SC. Quae istuc ⟨cures⟩,
Vt te ille amet.
PHILE. Cur, obsecro, non curem?
SC. Libera es iam.
Tu iam quod quaerebas habes : ille te nisi amabit ultro,
Id pro capite tuo quod dedit perdiderit tantum argenti.
PHILO. Perii hercle, ni ego illam pessumis exemplis enicasso.
Illa hanc corrumpit mulierem malesuada †uitilena†.
PHILE. Numquam ego illi possum gratiam referre, ut meritust de me.
Scapha, id tu mihi ne suadeas, ut illum minoris pendam.
SC. At hoc unum facito cogites : si illum inseruibis solum
Dum tibi nunc haec aetatulast, in senecta male querere.
PHILO. In anginam ego nunc me uelim uerti, ut ueneficae illi
Fauces prehendam atque enicem scelestam stimulatricem.
PHILE. Eundem animum oportet nunc mihi esse gratum, ut inpetraui,
Atque olim priusquam id extudi, quom illi subblandiebar.
PHILO. Di⟨ui⟩ me faciant quod uolunt, ni ob istam orationem
Te liberasso denuo et ni Scapham enicasso.
SC. Si tibi sat acceptum est fore tibi uictum sempiternum,
Atque illum amatorem tibi proprium futurum in uita,
Soli gerundum censeo morem et capiundas crinis.

207 Nil *C* : nihil *BD* ‖ *V.* 208-223 *retractatoris esse censuit Ladewig* ‖ 208 Inscita ecastor *FZ* : Inciste ecastor *B*, inciste castor *CD* ‖ cures *add. Pylades* ‖ 210 quod *B* : quot *CD* ‖ 212 enecasso B^1 ‖ 213 male suadam B^1 ‖ uitilena *B* : Vttilena *C* Vtilena D^1; *quid lateat in hoc uerbo non constat,* cantilena *Vssing* ‖ 216 inseruiis B^1 ‖ 218 beneficae B^1 ‖ 219 enicem B^1 : enecem B^2CD ‖ 220 esse, gratum ut impetraui, *dist. Ritschl* ‖ inpetraui *Z* (im-) : inpetrauit *D B* (im-), imperauit *C* ‖ 221 cum *CD* ‖ subblandiebar B^2 : sublan- B^1CD ‖ 222 Diui *Bothe* : Di *BCD* ‖ 223 Scapham *F* : caspam *BCD* ‖ inicasso B^1 ‖ 224 sat *B* : *om.* *CD* ‖ 226 gerundum NONIVS *202.24* : gerendum *BCD* ‖ capiundas NON., B^1 : capiendos B^2CD ‖ crines *BCD*, NON.

seule pendant toute ta vie, je veux bien que tu réserves tes faveurs à lui tout seul, et que tu prennes les tresses, comme les matrones[1].

Philématie. — Selon la renommée qu'on a, l'argent vous vient en conséquence. Que je me conserve bonne renommée, je serai toujours assez riche.

Philolachès *(à part)*. — Par Hercule, me fallût-il vendre mon père, je le vendrai bien plutôt que de te laisser, moi vivant, manquer du nécessaire ou réduite à mendier.

Scapha. — Que vont devenir tes autres amants?

Philématie. — Ils m'aimeront davantage, quand ils verront que je sais reconnaître les bienfaits.

Philolachès *(à part)*. — Je voudrais qu'on vînt m'annoncer la mort de mon propre père, pour me déshériter moi-même, et l'instituer seule héritière!

Scapha. — Vous aurez bientôt épuisé vos ressources. Jour et nuit on ne fait que boire, que manger. Personne ne songe à épargner; on est ici comme à l'engrais.

Philolachès *(à part)*. — Pardieu, tu seras la première, c'est sûr, sur laquelle je ferai mes essais d'épargne; car d'ici dix jours, tu n'auras rien à manger ni à boire chez moi.

Philématie. — Si tu veux dire du bien de lui, libre à toi de parler; mais si tu veux en dire du mal, par Castor, tu seras bientôt battue.

Philolachès *(à part)*. — Par Pollux, si j'avais offert au grand Jupiter un sacrifice avec tout l'argent[2] que m'a coûté sa liberté, je n'aurais certes pas fait un aussi bon placement. Comme on voit qu'elle m'aime jusqu'au fond des moelles! Ah! je suis un garçon avisé! C'est un avocat qui plaidera ma cause que j'ai affranchi.

Scapha. — Je vois qu'auprès de Philolachès, tous

1. Cf. Mil. Glor, v. 792.
2. Texte corrompu.

PHILE. Vt fama est homini, exin solet pecuniam inuenire.
Ego si bonam famam mihi seruasso, sat ero diues.
PHILO. Siquidem hercle uendund*ust* pater, uenibit multo potius
Quam te me uiuo umquam sinam egere aut mendicare.
SC. Quid illis futurum est ceteris qui te amant? PHILE. Magis amabunt,
Quom ⟨me⟩ uidebunt gratiam refer⟨re rem fe⟩renti.
PHILO. Vtinam meus nunc mortuos pater ad me nuntietur,
Vt ego exheredem †meis me† bonis faciam atque haec sit heres.
SC. Iam ista quidem absumpta [quidem] res erit : dies noctesque estur, bibitur,
Neque quisquam parsimoniam adhibet : sagina plane est.
PHILO. In te hercle certumst princip*i* ut sim parcus experiri;
Nam neque edes quicquam neque bibes apud me *h*is dec⟨em⟩ diebus.
PHILE. Siquid tu in illum bene uoles loqui, id loqui licebit;
Nec recte si illi dixeris, iam ecastor uapulabis.
⟨PHILO.⟩ Edepol si summo Ioui †bo† argento sacruficassem
Pro illius capite quod dedi, numquam aeque id bene [col]locassem.
[Vt] Videas eam medullitus me amare. Oh! probus homo sum :
Quae pro me causam diceret, patronum liberaui.
SC. Video te nihili pendere prae Philolache omnis homines;

227 solet B^2 : sole B^1CD ‖ 229 uendundust *Weise* (est *cum Camer.*) : uendundum si *BCD* ‖ 232 me *add. Gruter* ‖ referre rem ferenti *Gruter* : refferr////ti *B* (*er.* ent, *ut uid.*) referenti *CD* referre bene merenti *Camer.* ‖ 233 meus nunc *B* : nunc meus *CD* ‖ *iambus* mĕŭs *non placet, unde* emortuos *coni. Schoell* ‖ 234 *Sic codd. contra metrum* : me meis *Schoell,* bonis me *Camer., quod uereor ne nimis simplex sit* ‖ heres *B* : res *CD* ‖ 235 *alterum* quidem *del. Z* ‖ 237 principi *Bentley* (-pe) : principium *BCD* ‖ 238 aput B^1 ‖ his decem *Bentley* : isdec *B* isdem *CD* ‖ 241 bo agento B^1 : uiuo argento DB^2 ioui argento *C* probo argento *Schoell* bouem illo argento *L. Havet,* boui eo argento *Leo, alii alia* ‖ 242 locassem *Guyet* : collocassem *BCD* ‖ 243 Videas *Schoell coll. Capt. 420* : Vt videas *BCD* ‖ 245 Video *BCD* : Video enim VARRO *L. L. IX, 54* ‖ philolace B^1 philolacho VARRO ‖ omnes *B*

les autres ne sont rien pour toi. Hé bien! pour ne pas être battue à cause de lui, je préfère désormais être de ton avis, si toutefois tu as la garantie qu'il restera ton amant à tout jamais[1].

Philématie. — Donne-moi tout de suite le miroir et le coffret à bijoux, Scapha; que j'aie fait ma toilette pour l'arrivée de Philolachès, mes amours.

Scapha. — Bon pour une femme qui se défie d'elle-même et de son âge d'avoir besoin d'un miroir. Que te sert un miroir à toi, qui es le plus beau miroir où l'on puisse se mirer?

Philolachès *(à part)*. — Voilà un joli mot, Scapha, que tu n'auras pas dit pour rien : en récompense, je te donnerai aujourd'hui quelque chose pour ton pécule, ... à toi, ma Philématie.

Philématie *(à Scapha)*. — Et mes cheveux, vois, sont-ils bien arrangés? Suis-je coiffée comme il faut?

Scapha. — Puisque tu es comme il faut toi-même, crois-m'en, il en est de même de ta chevelure.

Philolachès. — Oh, oh! peut-on imaginer de plus pervers que cette femme-là? Tout à l'heure elle était contrariante, maintenant elle est complaisante, la coquine.

Philématie. — Donne moi le blanc.

Scapha. — Qu'as-tu besoin de blanc?

Philématie. — Pour en mettre sur mes joues.

Scapha. — Autant vouloir blanchir l'ivoire avec de l'encre, maîtresse.

Philolachès *(à part)*. — L'ivoire avec de l'encre? Le mot est joli; très bien, bravo, Scapha!

Philématie. — Alors, donne-moi le rouge.

Scapha. — Non. La bonne idée, vraiment, de vouloir retaper par une nouvelle couche de peinture le plus

1. Ce vers qui reprend en partie les vers 224 et suiv. a paru suspect à Acidalius.

Nunc, ne eius causa uapulem, tibi potius adsentabor,
Si acceptum sat habes tibi fore illum amicum sempiternum.

PHILE. Cedo mihi speculum et cum ornamentis arculam actutum, Scapha,
Ornata ut sim quom huc ⟨ad⟩ueniat Philolaches, uoluptas mea.

SC. Mulier quae se suamque aetatem spernit, speculo *ei* usu⟨s⟩ est :
Quid opust speculo tibi, quae tute speculo speculum es maxumum?

PHILO. Ob istuc uerbum, ne nequiquam, Scapha, tam lepide dixeris,
Dabo aliquid hodie peculi — tibi, Philematium mea.

PHILE. Suo quique loco, uiden, capillus satis compositust commode?

SC. Vbi tu commod*a* es, capillum commodum esse credito.

PHILO. Vah, quid illa pote peius quicquam muliere ⟨me⟩morarier?
Nunc adsentatrix scelesta est, dudum aduersatrix erat.

PHILE. Cedo cerussam.

SC. Quid cerussa opust nam?

PHILE. Qui malas oblinam.

SC. Vna opera, ⟨era⟩, ebur atramento candefacere postules.

PHILO. Lepide dictum de atramento atque ebore. Eug*a*e, plaudo Scaphae.

PHILE. Tum tu igitur cedo purpurissum.

SC. Non do. Scita es tuquidem.

246 assentabor *CD* ‖ 247 *e u. 224 sq. confictum esse censuit Acid.* ‖ Si *Camer.* : Is *BCD* ‖ 249 adueniat *Ritschl* : ueniat *BCD* ‖ philolaces *B* ‖ 250 ei usus est *Camer.* : elusa est *BCD* ‖ 252 dixerit B^{2} ‖ 253 peculi B^{2} : perculi B^{1} Ferculi *CD* ‖ 254 capillum *neutri generis testatur* NONIVS *298,19 qui scribit* : uide capillum satin conpositum sit conmode ‖ 255 commoda es *Camer.* : commodes *BCD* ‖ 256 pote B^{1} : potest $B^{2}CD$ ‖ muliere *CD* : mulieri *B ex* mueieri ‖ memorarier D^{3} « *aliqui codd.* » *Pyladis, Saracenus* : morarier *BCD* ‖ 258 opust *CD* : opos B^{1} opus B^{2} ‖ nam? PHILE. Qui *B* : nam qui *CD* ‖ 259 era *add. Schoell* ‖ 260 ebure *B* ‖ euge *BCD* ‖ captae B^{1} ‖ 261 purpurissum *D* : purpurissimum *C* ^{pur}purissimum *B* (si *exp.* B^{2}) purpurissimum *etiam glossae CGL IV 421,3 et II 165,24*

beau des chefs d'œuvre? A ton âge, est-ce qu'on doit seulement toucher à aucune espèce de fard, blanc de céruse, blanc de Mélos, ou tout autre badigeonnage?

PHILÉMATIE. — Alors, prends le miroir. *(Avant de le passer à Scapha, elle baise le miroir).*

PHILOLACHÈS *(à part)*. — Ah! misère de moi, elle a baisé le miroir! Comme je voudrais avoir une pierre, pour lui casser la tête, à ce miroir!

SCAPHA *(lui présentant une serviette)*. — Prends un linge et essuie-toi les mains.

PHILÉMATIE. — Pourquoi, je te prie?

SCAPHA. — Parce que tu as tenu le miroir. J'ai peur que tes mains ne sentent l'argent. Si Philolachès te soupçonnait d'en avoir reçu de quelque amant!

PHILOLACHÈS *(à part)*. — Jamais je n'ai vu, je crois, maquerelle plus madrée. Est-elle assez jolie, assez astucieuse, son idée à propos du miroir! La coquine!

PHILÉMATIE. — Ne penses-tu pas que je doive aussi me parfumer?

SCAPHA. — N'en fais rien.

PHILÉMATIE. — Pourquoi?

SCAPHA. — Par Castor, une femme sent assez bon quand elle ne sent rien. Vois ces vieilles qui se parfument de toute sorte de parfums, qui tâchent de se retaper; décrépites, édentées, elles veulent sous une couche de fard cacher les défauts de leur personne; mais quand le relent de la sueur se mêle à leurs parfums, l'odeur qu'elles dégagent alors ressemble à ces mélanges de sauces que font parfois les cuisiniers. On ne sait ce qu'elles sentent, sinon qu'elles sentent mauvais.

PHILOLACHÈS *(aux spectateurs)*. — Est-elle assez instruite de tout ce qui se fait? Il n'y a pas un savant qui en sache plus long qu'elle. Elle dit vrai, et vous-mêmes vous en êtes convaincus pour la plupart, ceux d'entre vous du moins qui ont à domicile de vieilles

Noua pictura interpolare uis opus lepidissimum?
Non istanc aetatem oportet pigmentum ullum attingere,
Neque cerussam neque Melinum neque aliam ullam offuciam.
PHILE. Cape igitur speculum.
PHILO. Ei mihi misero! sauium speculo dedit.
Nimis uelim lapidem qui ego illi speculo dimminuam caput.
SC. Linteum cape atque exterge tibi manus.
PHILE. Quid ita, obsecro?
SC. Vt speculum tenuisti, metuo ne ol*a*nt argentum manus :
Ne usquam argentum te accepisse suspicetur Philolaches.
PHILO. Non uideor uidisse lenam callidiorem ullam alteras.
Vt lepide atque astute in mentem uenit de speculo mal*ae*!
PHILE. Etiamne unguentis unguendam censes?
SC. Minime feceris.
PHILE. Quapropter?
SC. Quia ecastor mulier recte olet, ubi nil olet.
Nam ist*ae* ueteres, quae se unguentis unctitant, interpoles,
Vetulae, edentulae, quae uitia corporis fuco occulunt,
Vbi sese sudor cum unguentis consociauit, ilico
Itidem olent quasi cum una multa iura confudit cocus :
Quid *olant* nescias, nisi id unum, *ut* male olere intellegas.
PHILO. Vt perdocte cuncta callet! nil hac docta doctius.
Verum illuc est; maxuma adeo pars uestrorum intellegit,
Quibus anus domi sunt uxores, quae uos dote meruerunt.
PHILE. Agedum, contempla aurum et pallam, satin haec ⟨me⟩ deceat, Scapha.

264 offuciam *D³FZ* : offugiam *BCD¹* effigiem *B²* *in marg.* ‖ 265 dedit *CD* : dedi *B* ‖ 266 speculo dimminuam *B²* : speculum odim minuat *B¹* speculo imminuat *CD¹* ‖ capud *B¹D¹* ‖ 267 tibi capimanus *B¹* ‖ 268 olant *Ritschl* : oleant *BCD* ‖ 269 philolaces *B¹* ‖ 270 alteras *B¹CD¹* : alteram *B²* *D³* ‖ 271 malae *Camer.* : male *B* mane *CD* ‖ 274 istae *Z* : istes *B ante ras.* iste *B ex ras.*, *CD* ‖ 275 occulunt PSEVDOSERVIVS *ad Verg. Georg.* *4,39* : occultant *BC*, *D* (ocu-) ‖ 277 una *BD ex ras.* : unam *BD ante ras.*, *C* ‖ 278 olant *Ritschl* : oleas *BCD* oleant *Lambin* ‖ ut *Camer.* : ni *BCD* nimis *Sonnenschein* ‖ 279 dota *B¹* ‖ 280 illuc GELLIVS *N. A.* XX *6,12* : illud *BCD* ‖ est' *BCD* : esse GELL. ‖ maxuma GELL. : maximam *B¹* -mum *B²CD* ‖ adeo *om.* GELL. ‖ 282 me *add. Camer.*

épouses, qui les ont achetés avec leur dot.

PHILÉMATIE. — Allons, regarde si ces bijoux et ce manteau me vont bien, Scapha.

SCAPHA. — Ce n'est pas à moi à prendre ce soin.

PHILÉMATIE. — A qui donc, je te prie?

SCAPHA. — A qui? A Philolachès : c'est à lui de n'acheter que ce qui lui plaît, à lui. Car un amant achète avec les bijoux et la pourpre l'amabilité de sa maîtresse. A quoi sert de faire étalage à ses yeux de ce dont il ne voudrait pas pour lui? La pourpre ne doit servir qu'à dissimuler l'injure des ans, les bijoux sont bons pour les laides. Une jolie femme sera plus jolie toute nue que vêtue de pourpre. Et puis, si l'on se conduit mal, il ne sert à rien d'être bien attifée. [La mauvaise conduite est pire que la boue pour gâter les belles toilettes[1].] Quand on est belle, on est assez parée.

PHILOLACHÈS. — Il y a trop longtemps que je me contiens. *(A Philématie, d'un ton aimable)* Que faites-vous ici?

PHILÉMATIE. — Je me pare pour te plaire.

PHILOLACHÈS. — Tu es assez parée. *(A Scapha, d'un ton brusque)* Va-t-en, toi, rentre à la maison, et emporte ces parures. *(A sa maîtresse)* Ma petite Philématie, mon amour, j'ai envie de boire avec toi.

PHILÉMATIE. — C'est mon envie aussi, par Pollux; tout ce qui te plaît me fait plaisir, mon amour.

PHILOLACHÈS. — Ah! voilà une parole qui vaut plus de vingt mines.

PHILÉMATIE. — Donne-moi dix, mon chéri; je veux te faire faire un bon marché pour ce mot.

PHILOLACHÈS. — J'ai encore chez toi un crédit de

1. Ce passage présente des répétitions qui interrompent le développement de façon fâcheuse. Ritschl condamne, comme provenant d'interpolations, les vers 286, 290-291; le v. 288 est également suspect.

SC. Non me *i*stuc *c*urare oportet.
PHILE. Quem obsecro igitur?
SC. Eloquar :
Philolachem; is nequid emat, nisi quod sibi placere censeat.
Nam amator meretricis mores sibi emit auro et purpura.
Quid opu*s*t, quod suum esse nolit, e⟨i⟩ ultro ostentarier?
Purpura aetati occultandaest, aurum turpi mulieri;
Pulchra mulier nuda erit quam purpurata pulchrior.
[Post*e* nequiquam exornata est bene, si morata est male.
Pulchrum ornatum turpes mores peius c*a*eno con*l*inunt.]
Nam *s*i pulchra est, nimis ornata est.
PHILO. Nimis diu abstineo manu*m*.
Quid hic uos [diu] agitis?
PHILE. Tibi me exorno ut placeam.
PHILO. Ornata es satis.
Abi tu hinc intro atque ornamenta haec aufer. Sed, uoluptas mea,
Mea Phil*e*matium, potare tecum conlibitum est mihi [libet].
PHILE. Et edepol mihi tecum; nam quod tibi libet, idem mihi libet,
Mea uoluptas.
⟨PHILO.⟩ Em istuc uerbum uile est uiginti minis.
PHILE. Cedo, amabo, dec*e*m; bene emptum tibi dare hoc uerbum uolo.
PHILO. Etiam nunc decem minae apud te sunt; uel rationem puta :

283 istuc curare *Guyet* : curare istuc *BCD* ‖ 284-5 Philolachem is *B ex corr.* : -chemus *B ante corr. C, D corr.* -chemis *D* ‖ sibi *Schoell* : tibi *BCD* ‖ 286 *u. secl. Ritschl* ‖ 287 opus est *codd.* ‖ nolit ei *Pylades* : nolit te *B*²*CD* nollite *B*¹ ‖ 288 Pulpura *B*¹ ‖ aetati *Bugge* : aetate *codd. Totus uersus corruptus uidetur; secl. Leo* ‖ 290-291 *secl. Ritschl* ‖ 290 Poste *Ritschl* : Postea *BCD* ‖ nequiquam *B*² : nequicquam *B*¹*CD* ‖ 291 cena *BCD* ‖ conlinunt *Saracenus cum Valla, cf. Poen. 306* (col-) : continunt *BCD* ‖ 292 si *Camer.* : nisi *B*¹ nesi *B*²*CD* ‖ manum *FZ* : manu *BCD* ‖ 293 diu *del. Weise* ‖ 295 philomatium *BCD* ‖ libet *del. Bentley; cf. u. 296* ‖ 296 idem *B CD* : id *B*² ‖ 297 *Sic distinx. FZ* : PHILO. *initio u. ponit B* ‖ em *B ex ras.* : eam *B ante ras. CD* ‖ minis *B* : minus *CD* ‖ 298 decem *Acid.* : decum *BCD*

dix mines. Veux-tu faire le compte? J'ai donné trente mines pour t'affranchir[1].

PHILÉMATIE. — Pourquoi me le reproches-tu?

PHILOLACHÈS. — Te le reprocher, moi? qui me féliciterais qu'on me le reprochât à moi-même! Il y a longtemps que je n'ai eu d'argent aussi bien placé.

PHILÉMATIE. — Et moi certes, je ne pouvais nulle part mieux placer mon amour qu'en te le réservant.

PHILOLACHÈS. — Ainsi donc, nos comptes, recettes et dépenses, se balancent exactement. Tu m'aimes, je t'aime; et nous estimons l'un et l'autre que nous faisons bien. Puisse quiconque s'en réjouit jouir lui-même d'un bonheur éternel; et puissent les envieux n'avoir jamais de quoi faire envie à personne!

PHILÉMATIE. — Allons, installe-toi donc. *(A un esclave)* Donne de l'eau pour les mains, petit, mets ici un guéridon. Cherche après les dés. *(A Philolachès)* Veux-tu des parfums?

PHILOLACHÈS. — A quoi bon? n'ai-je pas près de moi la myrrhe elle-même? *(Il regarde dans la rue)* Mais n'est-ce pas mon camarade qui vient avec sa maîtresse? Mais oui; c'est Callidamate et sa maîtresse qui viennent. Tant mieux, prunelle de mes yeux! Les compagnons de guerre se rassemblent; les voici; ils viennent réclamer leur part du butin.

1. Par conséquent, même en estimant à vingt mines le mot de Philématie, celle-ci lui en redoit encore dix.

Triginta minas pro capite tuo dedi.
PHILE. Cur exprobras?
PHILO. Egone id exprobrem, qui mihimet cupio id obprobrarier,
Nec quicquam argenti locaui *i*am diu usquam aeque bene?
PHILE. Certe ego, quod te amo, operam nusquam melius potui ponere.
PHILO. Bene igitur ratio accepti atque expensi inter nos conuenit.
Tu me amas, ego te amo; merito id fieri uterque existimat.
Haec qui gaudent, gaudeant perpetuo suo semper bono;
Qui inuident, ne umquam eorum quisquam inuideat prosus commodis.
PHILE. Age accumbe igitur. Cedo aquam manibus, puere; appone hic mensulam;
Vide tali ubi sint. Vin unguenta?
⟨PHILO.⟩ Quid opust? cum stacta accubo.
Sed estne hic meus sodalis, qui huc incedit cum amica sua?
Is est : Callidamates cum amica [cum] incedit. Euge, oculus meus!
Conueniunt manuplares eccos, praedam participes petunt.

301 obprobrarier *B a rubric. corr.* : oprobarier B^{1}*CD* ‖ 302 iam *Camer.* : tam *BCD* ‖ 303 operam nusquam B^{2} : opera manus quam B^{1}*CD* ‖ 305 me *om.* B^{1} ‖ amo te B^{1} *cum signo permutationis* ‖ id *B* : di *CD* ‖ 307-308 *inuertunt codd., trai. Acid. Ambos uersus suspectos habuit Langen* ‖ 307 inuidiat *CD* ‖ commodis B^{2} : -di B^{1} ‖ 308 puere PRISCIANVS *GLK I 114,9* : puer *BCD* ‖ mensulam PRISC. : mensam *BC, D* ‖ 309 PHILO. *add. FZ* ‖ stacta B^{1}*CD* : stacte *B rubr.* ‖ 311 cum amica incedit *Bothe* : cum amica cum incedit B^{1}*CD* cum amica eccum B^{2}

⟨SCÈNE IV⟩

CALLIDAMATE DELPHIE PHILOLACHÈS PHILÉMATIE

suite de Callidamate.

Callidamate *(parlant à un esclave, et titubant)*. — Je veux qu'on vienne me chercher de bonne heure chez Philolachès. Tu m'entends? Voilà ... tu sais ce que tu as à faire. *(L'esclave se retire)*. Je me suis enfui de la maison où j'étais; le repas et la conversation m'assommaient d'ennui. Je m'en vais faire la bombe chez Philolachès, où l'on nous accueillera joyeusement et gentiment. *(A Delphie)* Est-ce que j'ai l'air d'avoir mma... mma... mma cuite?

Delphie. — Tu te conduis toujours de cette façon là ...[1].

Callidamate. — Veux-tu que je t'embrasse, et que tu m'embrasses?

Delphie. — Si cela te fait plaisir, à ton aise.

Callidamate. — Tu es gentille. Conduis-moi, ma chérie. *(Il lui prend la main en titubant)*.

Delphie. — Prends garde de tomber, tiens-toi droit.

Callidamate. — Mon pe... pe... petit œil, je suis ton bébé, mon doux miel.

Delphie. — Prends garde seulement de ne pas t'étaler dans la rue avant que nous ne soyons installés dans le lit dressé pour nous.

1. La fin du vers est corrompue dans les manuscrits, et les corrections proposées sont toutes incertaines.

CALLIDAMATES ADOLESCENS — **DELPHIVM** MERETRIX — **⟨PHILOLACHES⟩** ⟨ADOLESCENS⟩ — **⟨PHILEMATIVM⟩** ⟨MERETRIX⟩

CAL. Aduersum uenir*i* mihi ad Philolachem
Volo temperi. Audi; em, tibi imperatumst.
Nam illi ubi fu*i* inde effugi foras,
Ita me ibi male conuiui sermonisque t*a*esu*m*⟨s⟩t.
Nunc co*m*issatum ibo ad Philolachetem,
Vbi nos hilari ingenio et lepide accipie*n*t.
*E*cquid tibi uideor ma-m-ma-madere?
DEL. Semper istoc modo. Moratu's †uite debebas†.
CAL. Visne ego te ac tu me amplectare?
DEL. Si tibi cord*i* est facere, licet.
CAL. Lepida es.
Duce me, amabo.
DEL. Caue ne cadas, asta.
CAL. O-o-ocellus es meus; tuos sum alumnus, mel meum.
DEL. Caue modo ne prius in uia accu*m*bas
Quam illi, ubi lectus est stratus, coimus.

CALLIDAMATES. ADOLESCENS. DELPHIV MERETRIX *B*, *unius u. spat.* CD^1 ‖ 313 ueniri *Dousa* : uenire B^2CD uenere B^1 ‖ Philolachetem *Hermann, coll. u. 167, ut integer creticus fiat* ‖ 315 fui *Camer.* : fuit *BCD* ‖ 316 ibi *om.* B^1 ‖ taesumst *Pareus* : tesunt *BCD* ‖ 317 commissatum *BCD* ‖ 318 hilari *B corr. rubric.* : ilari B^1CD ‖ et lepide B^2 : elepida B^1CD ‖ accipient *Lorenz* : accipiet *BCD* ‖ 319 Ecquid B^2 : Hec quid *CD* Hęc quid *B* ‖ mammam adire *codd., cf. 331* : ma ma madere *Bothe* ‖ 320-1 DELP. *supra u. B, it. 324, 326* ‖ moratu's : moratus *BCD* ‖ uite *CD* : uitae *B*, *utrumque corruptum* ‖ semper istoc modo | moratu's uti eb-ebibas *Lindsay in apparatu*. Semper istoc modo. | Moratu's te. ⟨ire huc⟩ debebas *Leo*; *alii alia* ‖ *V. lacunosum esse censuit Ritschl* ‖ 322 amplectare *Pylades* : -tere *BCD* ‖ 323 cordi *FZ* : corde *BCD* ‖ *Metrum incertum; unde* face *Spengel ut anap. fiat*: S. t. facere cordist *Hermann ut cret. catal.* ‖ 324 *Metrum incertum; unde* Duc *Hermann ut cret. catal.*, caue cadas *Lindsay ut anap. fiat* ‖ 325 O-o-ocellus *Bothe* : Hoho hocellus *B ante ras. D* (*uel* O) ho ocellus *B ex ras.* O ho hocelles *C* (-lus C^2) Ohoho celleus *D* ‖ sum B^2 : suum B^1CD ‖ 326 accumbas *B*, m *minio add.* : accubas B^1CD, *seruat Schoell qui coniunctiuum perinde ac* attigas *credit esse* ‖ 327 coimus *BCD* : comius *Schoell*

Callidamate. — Lai... lai... laisse-moi tomber.

Delphie *(sans le lâcher)*. — Je te laisse. Mais il y a ceci qui ne dépend que de moi[2]. Si tu tombes, tu ne tomberas pas sans que je tombe avec toi.

Callidamate. — Quand nous serons tous deux par terre, il y aura bien quelqu'un pour nous relever.

Delphie. — Il a sa cuite.

Callidamate *(balbutiant)*. — Tu dis que j'ai mma... mma... mma cuite?

Delphie. — Donne-moi la main; je ne veux pas que tu te cognes.

Callidamate. — Tiens, prends-la.

Delphie. — Allons, viens avec moi.

Callidamate. — Où irais-je?

Delphie. — Tu ne le sais pas?

Callidamate. — Ah si! je m'en souviens à l'instant même. Mais oui, je vais à la maison, faire la bombe.

Delphie. — Justement, c'est cela.

Callidamate. — Je m'en souviens bien.

Philolachès *(se levant de table, à Philématie)*. — Tu veux bien que j'aille au-devant d'eux, mon cher cœur? C'est de tous mes amis celui que j'aime le mieux. Je reviens tout de suite.

Philématie. — Ce tout de suite est encore trop long pour moi.

Callidamate *(près de la porte, sans voir Philolachès)*. — Y a-t-il quelqu'un ici?

Philolachès. — Oui.

Callidamate. — Ah, bravo, Philolachès! Salut, mon ami le plus cher entre tous les hommes.

Philolachès. — Que les dieux te bénissent! Mets-toi à table, Callidamate. D'où viens-tu?

1. Tout ce passage est extrêmement obscur. Le dialogue a été diversement distribué. Aucune correction ne donne de sens satisfaisant.

CAL. Sine, sine cadere me.
DEL. Sino. Sed et hoc quod mihi in manust.
Si cades, non cades, quin cadam tecum.
CAL. Iacentis tollet postea nos ambos aliquis.
DEL. Madet homo.
⟨CAL.⟩ Tu me *ais* ma-m-ma-madere?
DEL. Cedo manum; nolo equidem te adfligi.
CAL. Em, tene.
⟨DEL.⟩ Age, *i* simul.
⟨CAL.⟩ Quo ego eam?
⟨DEL.⟩ Nescis?
CAL. Scio; in mentem uenit modo :
Nempe domum eo co*m*issatum.
DEL. Immo istuc quidem.
⟨CAL.⟩ Iam memini.
PHILO. Num non uis me obuiam hisce ire, anime mi?
Il⟨l⟩i ⟨e⟩*g*o ex omnibus optume uolo.
Iam reuertar.
PHILE. Diu est 'iam' id mihi.
CAL. Ecquis hic est?
PHILO. Adest.
⟨CAL.⟩ Eu, Philolaches!
Salue, amicissume mi omnium hominum.
⟨PHILO.⟩ Di te ament. Accuba, Callidamates.
Vnde agis te?

328 sed (s&) et hoc B^2 : s& hoo B^1CD ‖ manu est B^2 : manus est B^1CD ‖ 329 cades B^2 : dades *CD* ‖ quin *B* : qui in *CD* ‖ 331 CAL. *add. FZ* ‖ me ais *Scaliger* : mea his *CD* meam uis *B* ‖ mammam adere B^1 (adire B^2) *CD* ‖ 333 sqq. *tres u. facit B* (— an scis | — domum meo | — memini) ‖ 333 CAL. *FZ* : DEL. *B* ‖ DEL. *add. Camer.* ‖ i (*uel* ei) *Camer.* : ii *B* u *CD* ‖ 334 CAL. *add. Hermann* ‖ Quo B^2 : quod B^1CD ‖ eam *CD* : cam *B* ‖ DE. *add. Gertz* ‖ nescis *ego* : an scis *BCD* ⟨an⟩ nescis *Gertz* ‖ uenit modo nempe *Gruter* : uenit DEL. Modo nempe *B* ‖ 335 domum meo B^1 ‖ commissatum *BCD* ‖ DEL. *Mueller* : CAL. *B* ‖ ⟨CAL.⟩ *add. Mueller* ‖ 336 hisce ire *FZ* : his eire B^1CD^1 his ire B^1D^1 ‖ 337 DEL. *praem. B, del. Camer.* ‖ Illi ego *Camer.* : Ilico *BCD* ‖ 338 DEL. *praem. B, del. Camer.* ‖ PHILE. *FZ* : CAL. *B* ‖ 339 CAL. *FZ* : DEL. *B* ‖ Ecquis *FZ* : Eec quis *B* hec quis *CD* ‖ PHILO. *FZ* : CAL. *B* ‖ CAL. *add. FZ* : *spatium B* ‖ 341 PHILO. *FZ* : *om. B*

CALLIDAMATE. — D'où peut venir un homme complètement soûl.

PHILÉMATIE *(à Delphie)*. — Pourquoi ne te mets-tu pas à table, s'il te plaît, ma chère Delphie?

CALLIDAMATE. — Donne-lui à boire. Moi, je vais dormir.

PHILOLACHÈS. — Fait-il là rien d'étonnant ou de nouveau?

DELPHIE *(à Philématie)*. — Que vais-je en faire maintenant, ma chère[1]?

PHILÉMATIE. — Laisse-le comme il est. *(A l'esclave)* Allons, toi, en attendant, fais vite circuler la coupe, en commençant par Delphie.

⟨ACTE II⟩

⟨SCÈNE I⟩

TRANION PHILOLACHÈS CALLIDAMATE DELPHIE PHILÉMATIE

(La maison est ouverte de telle manière qu'on voit les convives dans le vestibule, et qu'ils ont vue sur la place).

TRANION *(accourant effrayé sans s'arrêter devant la maison)*. — Jupiter a coalisé toutes ses forces et tous ses efforts pour vouloir ma perte, et celle de Philolachès, le fils de mon maître. Tout espoir est mort pour nous, notre assurance n'a plus de refuge, et la déesse du Salut elle-même le voudrait-elle, elle ne pourrait assurer le nôtre. Quelle montagne immense de

1. La répartition de cette fin de dialogue est très incertaine.

CAL. Vnde homo ebrius probe.
⟨PHILE.⟩ Quin, amabo, accubas, Delphium mea?
⟨CAL.⟩ Da illi quod bibat. Dormiam ego iam.
PHILO. Num mirum aut nouum quippiam facit?
⟨DEL.⟩ Quid ego | hoc faciam postea, mea?
PHILE. Sic sine eu*mpse*.
Age tu, interim da ab Delphio cito cantharum circum.

⟨ACTVS II⟩

TRANIO PHILOLACHES CALLIDAMATES
SERVVS ⟨ADVLESCENTES II⟩
DELPHIVM ⟨PHILEMATIVM⟩
⟨MERETRICES II⟩

TR Iuppiter supremus summis opibus atque industriis
Me perisse et Philolachetem cupit erilem filium.
Occidit spes nostra; nusquam stabulum est confidentiae,
Nec Salus nobis saluti iam esse, si cupiat, potest;
Ita mali, m*a*eroris montem maximum ad portum modo
Conspicatus sum. Erus aduenit peregre; periit Tranio.
Ecquis homo est, qui facere argenti cupiat aliquantum lucri,
Qui hodie sese excruciari meam uice*m* possit pati?
Vbi sunt isti plagipatidae, ferritribaces uiri,

342 sq. Probe *initio u. 343 habet B* PHIL. Probe D^2 ‖ 343 PHILE. *add. Lorenz, duce Seyffert* ‖ accubas *B* : accumbas *CD* ‖ 344 CAL *D^3FZ* : *om. B* ‖ bibat ... Dormiam *B cum spatio circ. 9 litt.* bibat ‖ Dormiam *CD*. *Dialogum inter personas alii aliter distribuerunt* ‖ 345 PHILO. *B* : DEL. *FZ* ‖ quippam B^1 ‖ 346 DEL. *add. Spengel* ‖ PHILE. *add. FZ* ‖ eumpse *Gruter* : eum ipse *BCD* ‖ 347 PHILO. *praem. Camer.*

TRANIO. SERVVˢ. PHILOLACHES. CALLIDAMATES. DELPHIV. *B* : *unius u. spat.* CD^1 ‖ 348 industris B^1 ‖ 352 Ita mali meroris B^2 : Itam aliam eroris (erroris *CD*) B^1CD ‖ 355 meam uicem *Pylades* : meam ui B^1CD mea uice B^2

maux, de misère j'ai aperçue tout à l'heure au port! Mon maître est revenu de voyage; c'en est fait de Tranion. Y a-t-il ici quelqu'un qui désire gagner quelque argent, en acceptant de se faire mettre en croix aujourd'hui à ma place? Où trouverais-je de ces fils de souffre-douleurs, de ces héros useurs de chaînes, ou bien de ces braves gens qui pour trois oboles montent à l'assaut des tours ennemies, où souvent ils attrapent des dix coups de lance à travers le corps[1]? Je donnerai un talent au premier qui aura escaladé le gibet, mais à condition qu'on lui cloue deux fois les pieds, deux fois les bras. Une fois l'opération faite, il pourra exiger que je le paye comptant. Mais ne suis-je pas maudit du ciel, de ne pas courir tout d'une traite jusqu'à la maison?

Philolachès *(apercevant Tranion)*. — Bravo! Nos provisions sont là; voici Tranion qui revient du port.

Tranion *(appelant)*. — Philolachès!

Philolachès *(descendant dans la rue)*. — Qu'y a-t-il?

Tranion. — Nous sommes tous deux, toi et moi...

Philolachès *(avec impatience)*. — Eh bien, quoi, toi et moi?

Tranion. — Nous sommes perdus.

Philolachès *(changeant de visage)*. — Comment cela?

Tranion. — Ton père est là.

Philolachès. — Qu'entends-je? Que dis-tu?

Tranion. — Nous sommes dans le lac. Ton père est arrivé, dis-je.

Philolachès. — Où est-il, je te prie?

Tranion. — * * * * Il est là.

Philolachès. — Qui le dit? qui l'a vu?

Tranion. — Moi, te dis-je, de mes yeux.

1. Le milieu du vers est corrompu.

Vel isti, qui hosti⟨ca⟩s trium numm*um* causa subeunt sub fal*as*,
Vbi †aliqui quique† denis hastis corpus transfigi solet?
Ego dabo ei talentum, primus qui in crucem excucurrerit,
Sed ea lege ut offigantur bis pedes, bis bracchia.
Vbi id erit factum, a me argentum petito praesentarium.
Sed ego, sumne [ille] infelix, qui non curro curriculo domum?

PHILO. ⟨Euge⟩, adest opsonium; eccum Tranio a portu redit.

TR. Philolaches!

PHILO. Quid est?

TR. ⟨Et⟩ ego et tu —

PHILO. Quid et ego et tu?

TR. Peri*i*mus.

PHILO. Quid ita?

TR. Pater adest.

PHILO. Quid ego e*x* te*d* audio?

TR. Absumpti sumus.
Pater, inquam, tuus uenit.

PHILO. Vbi is est, obsecro?

TR. * * adest.

PHILO. Quis id ait? quis uidit?

TR. Egomet, inquam, uidi.

PHILO. Vae mihi!
Quid ego ago nam?

TR. Quid tu, malum! me rogitas quid agas? accub*as*.

357 Vel *B²CD* : Vibi *B¹* ‖ hosticas *Ritschl* : hastis *BCD* ‖ nummum *Ritschl* : nummorum *BCD* ‖ falas *Camer.* : falsa *BCD* ‖ 358 Vbi *CD* : Vel *B* ‖ aliqui quique *BCD, corruptum* : quinis aut *Leo* ‖ solet *CD* : solent *B¹ cum* n *suprascr.* ‖ ubi alii qui d. ... solent *Bugge, alii alia* ‖ 360 brachia *BCD* ‖ 362 ille *del. Pylades* ‖ 363 Euge *add. Vssing, alii alia* ‖ redit *B corr.* : aedit *B ante corr. CD* ‖ 364 *Et add. Dousa* ‖ periimus *Pylades* : perimus *BCD* ‖ 365 adest *B²* : ad at est *B¹*, adat est *C* adatē *D* ‖ ex *FZ* ted *Bothe* : ete *BCD* ‖ 366 *Lacun. sign. Gruter* : ⟨ubi is est?⟩ *suppl. Lindsay sed* inquam *debebat iterare Tranio, cf. 366, 367, 369* ‖ 368 ago *Lambin* : agam *BCD* ‖ nam? TRA. quid *Schoell* (TR. nam quid *Dousa*; nunc? TRA. quid *Brix*) : TR. numquid *B* numquid *CD* ‖ *Inter* malum *et* me *spatium BCD* ‖ accubas *Camer.* : -bans *BCD*

PHILOLACHÈS. — Malheur à moi! que fais-je?

TRANION. — Tu me demandes ce que tu fais[1]? Eh, mordieu! tu es à table.

⟨PHILOLACHÈS⟩. — Tu l'as vu toi-même?

TRANION. — Oui, moi-même, te dis-je.

PHILOLACHÈS. — Bien sûr?

TRANION. — Bien sûr, te dis-je.

PHILOLACHÈS. — Je suis mort, si tu dis vrai.

TRANION. — Quel intérêt aurais-je à mentir?

PHILOLACHÈS. — Que vais-je faire maintenant?

TRANION *(montrant la table)*. — Fais vite déblayer tout ceci. Qui est-ce qui dort là?

PHILOLACHÈS. — Callidamate.

TRANION. — Réveille-le, Delphie.

DELPHIE *(secouant Callidamate)*. — Callidamate, Callidamate, éveille-toi.

CALLIDAMATE *(encore endormi)*. — Je suis éveillé; donne-moi à boire.

DELPHIE. — Éveille-toi. Le père de Philolachès est rentré de voyage.

CALLIDAMATE. — Bonne santé au père!

PHILOLACHÈS. — En bonne santé, il l'est, assurément; mais c'est moi qui suis perdu, tout simplement.

CALLIDAMATE. — Tu es doublement perdu[2]? Comment est-ce possible?

PHILOLACHÈS. — Je t'en prie, par Pollux, lève-toi; mon père est arrivé.

CALLIDAMATE. — Ton père est arrivé? Dis-lui de s'en retourner. Qu'avait-il besoin de revenir?

1. Tranion joue sur le présent à sens futur « *Quid ego ago?* » employé par Philolachès, et l'interprète comme si c'était un véritable présent.

2. Jeu de mots intraduisible en français. Philolachès a dit *disperii* « je suis bien perdu », Callidamate a entendu *bis perii* « je suis perdu deux fois ». De là sa réponse. Peut-être, comme le suggère M. Legrand (*Daos*, p. 603), Plaute ne fait-il que traduire tant bien que mal un quiproquo de Philémon, où « la confusion se faisait entre les deux préfixes δυς et δις, dont la prononciation devait être sensiblement la même. »

⟨PHILO.⟩ Tu*t*in uidisti?
TR. Egomet, inquam.
PHILO. Certe?
TR. ⟨Certe,⟩ inquam.
PHILO. Occidi,
Si tu uera memoras.
TR. Quid mihi sit boni, si menti*a*r?
PHILO. Quid ego nunc faciam?
TR. Iube haec hinc omnia amolirier.
Qui*s* istic dormit?
PHILO. Callidamates! Suscita istum, Delphium.
DEL. Callidamates, Callidamates, uigila!
CAL. Vigilo; cedo [ut] bibam.
DEL. Vigila; pater aduenit peregre Philolachae.
CAL. Valeat pater.
PHILO. Valet ille quidem, atque ⟨ego⟩ disperi*i*.
CAL. Bis peri*i*sti? qui potest?
PHILO. Quaeso edepol * , exsurge : pater aduenit.
CAL. Tuus uenit pater?
Iube | abire rursum. Quid illi reditio | etiam huc fuit?
PHILO. Quid ego agam? pater iam hic me offend*e*t miserum aduenìens ebrium,
Aedis plenas conuiuarum et mulierum. Miserum est opus
Igitur demum fodere puteum, ubi sitis fauces tenet,
Sicut ego aduentu patris nunc qu*a*ero quid faciam miser.

369 PHILO. *add.* D^2 ‖ tutin *Fleckeisen* : Tuin B^1 Tuiin *CD* ‖ certe *add. Camer.* ‖ 370 si mentiar *Pylades* : si mentirer *BCD* mentirier *Schoell* ‖ 372 Quis *B corr. minio* : Quid *BCD* ‖ 373 ut *del. Bentley* ‖ 374 *Pers. sic dist.* D^2 : PHIL. *praem B cum* CAL. *supra u.* ‖ Philolacheï *Wackernagel ALLG 14,5* ‖ *post* Valeat *spatium B* ‖ 375 ego *add. Pylades* ‖ disperiï *corr. B minio* : -ri B^1CD ‖ peristi *BCD* ‖ 376 *Lac. post* edepol *sign. Ritschl* : e. ⟨te⟩ *Reiz* e. ⟨iam⟩ *Ritschl in adn.* ‖ 377 *Sic BCD cum duplici hiatu unde;* ⟨I⟩ iube *Schoell,* huc etiam *Camer., sed hominem ebrium hiare in loquendo non est quod mireris* ‖ 378 offendet *FZ* : -dit *BCD* ‖ 381 quero *BCD*

PHILOLACHÈS *(aux autres)*. — Que dois-je faire? Misère de moi! Mon père, à son arrivée, va trouver son fils ivre, sa maison pleine de convives et de femmes. Triste besogne que d'attendre pour creuser un puits que la soif vous prenne à la gorge. Et c'est mon cas à moi, qui ai attendu l'arrivée de mon père pour aviser aux mesures à prendre. Pauvre de moi!

TRANION *(montrant Callidamate)*. — Le voilà qui a laissé retomber sa tête, et qui dort de nouveau. Réveille-le.

PHILOLACHÈS *(secouant Callidamate)*. — Vas-tu enfin t'éveiller? Mon père, te dis-je, sera là dans un instant.

CALLIDAMATE *(à moitié endormi)*. — Ton père, dis-tu? Passe-moi mes sandales, que je prenne mes armes. Par Pollux, je m'en vais l'occire, ton père.

PHILOLACHÈS *(impatienté)*. — Tu nous perds.

DELPHIE. — Tais-toi, je t'en prie.

TRANION *(aux esclaves)*. — Prenez-le vite dans vos bras, et emportez-le dans la maison.

CALLIDAMATE. — Par Hercule, si vous ne me donnez pas le pot de chambre, je vous prendrai vous-mêmes pour pot de chambre. *(On l'emporte)*.

PHILOLACHÈS. — Je suis perdu!

TRANION. — Aie bon espoir; je saurai bien te guérir de ta peur, avec un bon remède.

PHILOLACHÈS. — Je suis mort!

TRANION. — Tais-toi donc; je t'inventerai bien quelque chose pour apaiser l'orage. Seras-tu content, si je réussis à ce que ton père, à son arrivée, non seulement n'entre pas chez lui, mais encore s'enfuie loin de la maison? Vous autres rentrez seulement, et déblayez-moi vite tout ceci.

PHILOLACHÈS. — Où faudra-t-il que je sois?

TRANION. — Où tu en as le plus envie : *(montrant Philématie et Delphie)* avec celle-ci, avec celle-là.

DELPHIE. — Si nous nous éloignions, nous autres?

⟨TR.⟩ Ecce | autem hic depos⟨i⟩uit caput et dormit. Suscita.
⟨PHILO.⟩ Etiam uigilas? pater, inquam, aderit iam hic meus.
CAL. Ain tu, pater?
Cedo soleas mihi, ut arma capiam; iam pol ego occidam patrem.
PHILO. Perdis rem.
⟨DEL.⟩ Tace amabo.
⟨TR.⟩ Abripite hunc intro actutum inter manus.
CAL. Iam hercle ego uos pro matula habebo, nisi mihi matulam datis.
PHILO. Perii!
TR. Habe bonum animum; ego istum lepide medicabo metum.
PHILO. Nullus sum!
TR. Taceas; ego qui istaec sedem meditabor tibi.
Satin habes, si ego aduenientem ita patrem faciam tuum
Non modo ne intro ⟨e⟩at, uerum etiam ut fugiat longe ab aedibus?
Vos modo hinc abite intro atque haec hinc propere amolimini.
PHILO. Vbi ego ero?
TR. Vbi maxime esse uis : cum | hac, cum istac eris.
DEL. Quid *si* igitur abeamus hinc nos?
TR. Non hoc longe, Delphium.
Nam intus potate hau tantillo hac quidem causa minus.
PHILO. Ei mihi, quom istaec blanda dicta quo eueniant, madeo metu.

382-3 *Pers. not. add. Itali* ‖ 382 *V. hians* : Ecce⟨re⟩ autem *Ritschl* E. a. ⟨iterum⟩ *Mueller* ‖ deposiuit *Camer.* : deposuit *BCD* ‖ suscita *B* (*ex* -tat) : suscitat *CD* ‖ 383 aderit *B ex ras.* : adherit B^1CD ‖ meus ain *contin. BCD sed* CAL. *suprascr. B* ‖ 385 DEL. *add. Goetz* TRA. *add. Niemeyer. Totum uersum Philolachi continuat B* ‖ 386 nisi *om.* B^1 ‖ 387 medicabo *D* : meditabo B^1C -bor B^2 ‖ 388 Nullus B^2 : Nullum B^1CD ‖ istaec *B ex ras.* : ista hec B^1CD, *it. 395* ‖ 389 *Post* tuum *habent codd.* Non modo hinc abite intro atq. hec inquid, *quae uerba linea subducta del.* B^2 ‖ 390 introeat B^2 : introat B^1CD ‖ 393 si *Bothe* : est *BCD* ‖ habeamus *CD* ‖ Delphium B^2 : delephuum B^1 delephium *D*, *C* (-phyū) ‖ 394 intus B^2 : entus B^1CD, *cf. 482* ‖ 395 quom *BCD* : quam *Camer.* ‖ eueniant *BCD* : euenant *Bothe*

TRANION *(montrant la longueur de son doigt)*. — Pas seulement de cela, Delphie. Restez à la maison, et n'en buvez pas une goutte de moins.

PHILOLACHÈS. — Malheur à moi! où va-t-il aboutir avec ces flatteuses paroles? J'en suis tout trempé de peur.

TRANION *(d'un ton d'impatience)*. — Pourrais-tu te tranquilliser, et faire ce que j'ordonne?

PHILOLACHÈS. — Je le pourrai.

TRANION. — Avant tout, entre dans la maison, Philématie, et toi aussi, Delphie.

DELPHIE *(en s'en allant avec Philématie)*. — Nous ferons tout ce que tu voudras, toutes les deux. *(Elles rentrent)*.

TRANION. — Que Jupiter qui est là-haut vous entende! *(A Philolachès)* A présent, écoute bien, toi, ce que je veux qu'on exécute soigneusement. Tout d'abord, fais tout de suite fermer la porte, et prends garde de ne laisser personne souffler mot dans la maison...

PHILOLACHÈS. — On y veillera.

TRANION. — Comme s'il n'y avait âme qui vive dans ce logis.

PHILOLACHÈS. — Entendu.

TRANION. — Et que personne ne réponde, quand le vieux frappera à la porte.

PHILOLACHÈS. — Est-ce tout?

TRANION. — Fais-moi tout de suite apporter la clef laconienne de la maison; je veux fermer la porte du dehors.

PHILOLACHÈS. — Je remets à ta garde et ma personne et mes espoirs, Tranion. *(Il rentre)*.

TRANION *(seul)*. — Lequel vaut mieux, du protégé ou du protecteur? Il n'y a pas un cheveu de différence.

TR. Potin animo ut si*e*s quieto et facias quod iubeo?
PHILO. Potest.
TR. Omnium primum, Philematium, intro abi, et tu, Delphium.
DEL. Morigerae tibi erimus ambae.
TR. Ita ille faxit Iuppiter!
Animum aduorte nunciam tu quae uolo accurarier.
Omnium primumdum ⟨haec⟩ aedes iam fac occlusae sient.
Intus caue mu⟨t⟩tire quemquam siueris.
PHILO. Curabitur.
TR. Ta*m*quam si intus natus nemo in aedibus habitet.
⟨PHILO.⟩ Licet.
⟨TR.⟩ Neu quisquam responset, quando hasce aedis pultabit senex.
PHILO. Numquid aliud?
TR. Clauem mi haru*n*c *a*edium *L*aconicam
Iam iube efferri intus; hasce ego aedis occludam hinc foris.
PHILO. In tuam custod⟨e⟩*l*am meque et meas spes trado, Tranio.
TR. Pluma haud interest patronus an cliens probior siet.

TRANIO ⟨SPHAERIO⟩
SERVVS PVER

TR. Homini, cui nulla *in p*ectore *e*st audacia,

396 sies *Camer.* : sis *BCD* ‖ iubeo potest *BCD,* sed PHI. *suprascr. B* ‖ 398 ambae ita *BCD, sed* TR. *suprascr. B* ‖ 399 nunciam tu *Bentley* : nunc tu iam *B, CD* (tulam) ‖ accurrarier *CD* ‖ 400 haec *add. Ritschl* ‖ 402 Tanquam *BCD* ‖ si intus *B corr.* : stintus *B ante corr. CD* ‖ PHILO. *add. FZ* ‖ 403 TR. *add.* D^3 ‖ pultabit B^2 : putabit B^1CD ‖ 404 harunc aedium *Camer.* : harumcedium *BCD* ‖ laconicam *Camer.* : ia- *BCD* ‖ 406 custodelam *Bothe* : -diam *BCD* ‖ 407-8 haud *ex* haut *B* ‖ an cliens B^2 : accliens B^1 andiens *D* addiens *C* ‖ probior *Scioppius* : probrior B^1 proprior *CD* propior B^2 ‖ siet *B ex ras.* : sciet *B ante ras. CD*

409 TRANIO S. PVER D^2 *unius uersus spat.* BCD^1 (*sed littera initialis in B non minio, ut solet in initiis scaenarum, picta est*) ‖ in pectore est *Pylades* : est in pectore *BCD* ‖ audatia *BCD*

⟨SCÈNE II⟩

TRANION SPHÉRION

Tranion *(continuant son monologue)*. — A un homme, qui n'a nulle hardiesse dans le cœur [à n'importe quel homme en effet, au meilleur comme au pire] il est toujours facile de mal faire, aussi vite que l'on veut. Mais ce à quoi il faut aviser, et c'est là où on reconnaît l'homme habile, c'est à ce que les pires machinations et les pires méfaits se terminent tranquillement et sans mal pour leur auteur, sans qu'il en recueille quelque salaire qui lui fasse regretter de vivre. C'est bien ainsi que je vais faire; je m'arrangerai pour que, dans les manigances que nous avons combinées ici, tout finisse par s'éclaircir et par s'apaiser, sans que nous en récoltions aucune espèce d'inconvénient. *(Un esclave accourt de la maison)* Mais pourquoi sors-tu, Sphérion?

L'esclave. — Tout de suite...[1].

Tranion. — C'est parfait. Tu as bien suivi mes instructions.

(Lacune)

L'esclave. — Il m'a chargé de te prier très instamment d'éloigner son père par quelque moyen, de ne pas le laisser entrer jusqu'à lui.

Tranion. — Bien mieux, tu lui diras, que je m'arrangerai si bien qu'il n'osera même pas regarder la maison et que, la tête enveloppée dans son manteau, il s'enfuira épouvanté. Donne-moi la clef, et rentre, et ferme la porte en dedans; moi je la fermerai de ce côté. *(L'esclave rentre, la porte se ferme)*. Dis au vieux de

1. On a complété le vers de cette façon: « Je vais te le dire; le maître m'a chargé de te remettre cette clé. »

[Nam cuiuis homini, uel optumo uel pessimo]
Quamuis desubito facile est facere nequiter.
Verum id uidendum est, id uiri docti est opus,
Quae dissignata sint et facta nequit*er*
Tranquille cuncta et ut proueniant sine [mo] malo,
Niquid potiatur quam ob rem pigeat uiuere.
Sicut ego efficiam, quae facta hic turbauimus,
Profecto ut liqueant omnia et tranquilla sint,
Neque quicquam nobis pariant ex ⟨s⟩*e* incommodi.
Sed quid tu egredere, Sp⟨ha⟩erio?

⟨PVER⟩ Iamiam * * *

TR. * * * * * * * * * * * * * Optime.
Praeceptis paruisti.

PVER Iussit maxumo
Opere orare ut patrem aliquo absterreres modo,
Ne intro iret ad *se*.

TR. Quin etiam illi hoc dicito,
Facturum ⟨me⟩ ut ne etiam aspicere aedis audeat,
Capite obuoluto ut fugiat cum summo metu.
Clauim cedo atque abi [hinc] intro atque occlude ostium,
Et ego hinc occludam. Iube uenire nunciam.

410 *secl. Ritschl* ‖ cuiuis *B ex ras.* D^3 : cuius uis B^1 cuius *CD* ‖ homini B^2 *D ex ras.* : homine B^1C -nis *D ante ras.* ‖ *Post u. 411 iterant codd. u. 425, del. Acid.* ‖ 412 docti *B ex ras.* : docte *B ante ras. CD* ‖ 413 dissignata B^1 : -gnita B^2CD ‖ nequiter *Dousa* : -tia *BCD* ‖ 414-415 *hoc ordine Acid.* : *inuertunt BCD* ‖ 414 *post* 416 *collocat Fay Berl. Phil. Woch. 20,828* ‖ sine malo *codd. Pyladis* : sinemo malo B^1 sine momolo CD^1 ‖ 415 Niquid *B corr. C corr.* D^1 : Nequid *B ante corr. C ante corr.* ‖ potiatur B^1CD : patiatur *B corr.* ‖ 416 turbauimus *Lambin, cf. 1032* : -bimus *BCD* ‖ 417 liqueant B^2 : linqueant B^1CD ‖ 418 ex se *Camer.* : exei *CD* exeis *B* ‖ 419 egredere, Sphaerio? *Seyffert* : egrederes? perii (*ex*-rio) B^1 egrederis peri B^2 egrederes perio *CD* ‖ ⟨PVER⟩ Iamiam *Leo qui lacunam in fine huius uersus et initio u. sequentis coniecit, duce Schoell qui iam supplere temptauerat* ⟨SPH. Clauim tibi | Fero ab ero. TRA. Eu. Philolaches, places⟩ *e. q. s.* ‖ 420 PVER *add. B in marg.* ‖ maxumo *D* : -ximo B^1C, -xima B^2 ‖ 421 opere D^3FZ : opete BCD^1 ‖ 422 introiret *BCD* ‖ ad se *Pylades* : adest *BCD* ‖ TRA. *solus habet B supra u.* ‖ 423 me *add. Pylades* ‖ 424 obuoluto B^2D : -tu B^1C ‖ 425 *Cf. ad u. 411* ‖ clauim *BCD hic* : clauem *supra* ‖ abi *BCD hic* : abii *supra* (abi *B ex ras.*) ‖ intro atque *BCD supra* : hinc intro atque *hic* ‖ occlude B^1CD *hic* : -di *supra* (-de B^2) ‖ ostium *BCD hic* : ostius *supra* (ostium B^2)

venir, à présent. Je vais lui faire aujourd'hui, lui vivant et présent, des jeux comme il n'en aura jamais, je crois, après sa mort. Retirons-nous par ici, loin de la porte; épions à distance afin de voir comment, pour son arrivée, nous pourrons lui en donner à porter.

⟨SCÈNE III⟩

THÉOPROPIDE TRANION
Esclaves portant des bagages

Théopropide. — Je te suis, ô Neptune, grandement reconnaissant d'avoir lâché ta proie pour me laisser, tant bien que mal, rentrer vivant chez moi. Mais, à l'avenir, si tu apprends que j'ai posé sur tes ondes seulement la largeur d'un pied, je te permets de faire incontinent de moi ce que tu voulais en faire ces jours-ci. Entre nous, dès aujourd'hui, c'est fini, bien fini. Tu as eu de ma confiance tout ce qu'elle pouvait te confier.

Tranion *(à part)*. — Par Pollux, Neptune, tu as joliment mal fait d'avoir laissé perdre une si belle occasion.

Théopropide. — Après trois ans d'absence, me voici qui rentre d'Egypte; mon arrivée, je crois, doit être attendue de tous mes gens.

Tranion *(à part)*. — Bien plus attendue, par Pollux, aurait été celle du messager qui nous eût apporté l'annonce de ta mort.

Théopropide *(allant pour entrer chez lui)*. — Mais qu'est-ce que c'est? La porte est fermée en plein jour. Frappons. Holà, y a-t-il quelqu'un? Ouvrez-vous?

Ludos ego hodie uiuo praesenti hic seni
Faciam, quod credo mortuo numquam fore.
Concedam a foribus huc; hinc speculabor procul,
Vnde aduenienti sarcinam inponam seni.

THEO⟨P⟩ROPIDES SENEX TRANIO SERVVS

TH. Habeo, Neptune, gratiam magnam tibi,
Quom me⟨d⟩ amisisti a te uix uiuom *domum*.
Verum si posthac me pedem latum modo
S⟨c⟩ies inposisse in undam, hau causast ilico
Quod nunc uoluisti facere quin facias mihi.
Apage, apage te a me nunciam post hunc diem!
Quod crediturus tibi fui, omne credidi.

TR. Edepol, Neptune, peccauisti largiter,
Qui occasionem hanc amisisti tam bonam.

TH. Triennio post Aegypto aduenio domum;
Credo, exspectatus ueniam familiaribus.

TR. Nimio edepol ille potuit exspectatior
Venire qui te nuntiaret mortuum.

TH. Sed quid hoc? occlusa ianua est interdius.
Pultabo. Heus, ecquis ⟨hic⟩ *est*? aperitin foris?

427 hodi B^1C^1 ‖ seni B^2 *Pius* : sene B^1CD ‖ 428 quod credo B^2 *ex ras.* : quo do edo B^1CD ‖ *Post hunc u. in codd. u. spatium unius in quo* TRANIO *tamquam initium nouae scaenae habet B* ‖ 430 imponam *CD*

Tertium actum hic incipere uolt Ritschl, cf. praef. editionis maioris XXXIII *sq., alii plerique post u. 531; secundum actum continuat Lorenz usque ad u. 1040. tres tantum actus efficiens* ‖ THEVROPIDES (*sic ubique*) SENEX TRANIO SERVVS *B* : *unius u. spat.* CD^1 ‖ 431 neptune B^2 : nepune B^1CD ‖ 432 med *Guyet* : me *BCD* ‖ a *B ex ras.* : ad B^1CD abs *Studemund* ‖ domum *P. Thomas* : modo *BCD* ‖ 433 Verum *FZ* : Virum *BCD* ‖ 434 Scies D^3FZ : Sies B^1CD Sines B^2 ‖ haud B^2 ‖ causast ilico *Scriverius* : causa illico est B^1 (ilico B^2) *CD* ‖ 436 apage B^1 *corr.* : acage *B ante corr.* CD^1 ‖ 437 omne B^2 : omni B^1CD ‖ 440 aegipto *BC*, *D* (e-) ‖ 445 heus B^2 : eus B^1CD ‖ ecquis B^2 : hec quis B^1CD ‖ hic est *? Schoell* aperitin *Leo* : ista perit in B^1CD istas aperit B^2

TRANION *(s'approchant et feignant de ne pas reconnaître son maître)*. — Qui est-ce qui s'est approché de notre maison?

THÉOPROPIDE *(le regardant)*. — Hé, mais! c'est mon esclave Tranion.

TRANION. — O Théopropide, mon maître, salut! Je suis heureux de te voir revenu sain et sauf. Tu t'es toujours bien porté?

THÉOPROPIDE. — Toujours, comme tu vois.

TRANION. — Ah, tant mieux!

THÉOPROPIDE. — Et vous autres, vous êtes fous?

TRANION. — Pourquoi donc?

THÉOPROPIDE. — Pourquoi? Vous vous promenez dans la rue, il n'y a pas âme qui vive dans la maison pour la garder, ni pour ouvrir, ni pour répondre. A force de frapper, j'ai presque défoncé les deux battants de la porte.

TRANION *(d'un air d'effroi)*. — Hein, comment dis-tu? tu as touché à cette maison?

THÉOPROPIDE. — Pourquoi n'y aurais-je pas touché? Et même à force de frapper, te dis-je, j'ai presque défoncé la porte.

TRANION. — Tu y as touché?

THÉOPROPIDE. — J'ai touché, te dis-je, et j'ai frappé.

TRANION *(se reculant avec effroi)*. — Oh!

THÉOPROPIDE. — Qu'y a-t-il?

TRANION. — Tu as eu grand tort, par Hercule.

THÉOPROPIDE. — Qu'est-ce que cette histoire?

TRANION. —Il n'y a pas de mots pour dire quelle chose indigne, épouvantable tu as faite.

THÉOPROPIDE. — Quoi donc?

TRANION. — Fuis, je t'en supplie, éloigne-toi de cette maison. Fuis de ce côté, fuis vers moi; plus près encore. Tu as touché à cette porte?

THÉOPROPIDE. — Comment aurais-je pu frapper, sans y toucher?

TR. Quis homo est qui nostras aedes accessit prope?
TH. Meus seruos hicquidem est Tranio.
TR. O Theo⟨p⟩ropides,
Ere, salue! saluom te aduenisse gaudeo.
Vsquin ualuisti?
TH. Vsque, ut uides.
TR. Factum optime.
TH. Quid uos, insanin estis?
TR. Quidum?
TH. Sic : quia
Foris ambulatis; natus nemo in aedibus
Seruat, neque qui recludat neque [quis] respondeat.
Pultando [pedibus] paene confregi hasce ambas ⟨foris⟩.
TR. Eho, an *tu* tetigisti has aedis?
TH. Cur non tangerem?
Quin pultando, inquam, p*a*ene confregi foris.
TR. Tetigistin?
TH. Tetigi, inquam, et pultaui.
TR. Vah!
TH. Quid est?
TR. Male hercle factum.
TH. Quid est negot*i*?
TR. Non potest
Dici quam indignum facinus fecisti et malum.
TH. Quid iam?
TR. Fuge, obsecro, atque abscede ab aedibus
Fuge huc, fuge ad me propius. Tetigistin foris?
TH. Quo modo pultare potui, si non tangerem?

447 seruus *B* ‖ theuropides *BCD* ‖ 448 salue *B²D²* : galue *B¹CD¹* ‖ saluom *B* : saluem *CD¹* ‖ 449 Vsquin *Ritschl ex Gloss. Pl.* : Vsque in- *BCD* ‖ 452 quis (qui *B²*) *del. Bothe* : qui prodeat *Schoell* ‖ 453 pedibus *del. Bothe* ‖ pene *BCD, it. 456* ‖ hasce *B²* : asce *B¹CD* ‖ foris *add. Ritschl, coll. Capt. 831* ‖ 454 Eho *B²* : Eo *B¹CD* ‖ an tu *FZ* : antute *B¹* ante te *CD¹* ‖ tetigisti *B* : -tis *CD* ‖ 456 confregi *B²* : confrigi *B¹CD* ‖ 458 negotii *BCD* ‖ 459 facinus *B* : -mus *CD¹* ‖ 461 propius *B* : proptus *D¹* propitius *C*

Tranion. — Tu as assassiné, par Hercule...

Théopropide. — Qui donc?

Tranion. — Tous les tiens.

Théopropide. — Que tous les dieux et les déesses en fassent autant de toi, avec ton présage!

Tranion. — J'ai grand peur que tu ne puisses pas trouver d'expiations suffisantes pour toi et pour tes gens.

Théopropide. — Pourquoi? quelle mauvaise nouvelle m'apportes-tu soudain?

(Lacune[1])

Tranion *(montrant les deux esclaves qui portent les bagages)*. — Et vite, ordonne-leur de se retirer de là, tous les deux.

Théopropide. — Retirez-vous. *(Il touche du doigt la terre en s'éloignant)*.

Tranion *(aux esclaves)*. — Ne touchez pas à la maison. Touchez la terre, vous aussi.

Théopropide. — Je t'en supplie, par Hercule, explique-toi donc[2]. *(Lacune)*.

Tranion. — Il y a sept mois que personne n'a mis le pied dans cette maison, depuis que nous en avons déménagé.

Théopropide. — Explique-toi; comment cela?

Tranion. — Regarde bien aux alentours s'il n'y a personne pour épier nos paroles.

Théopropide. — Il n'y a pas de danger.

Tranion. — Regarde encore.

Théopropide. — Il n'y a personne. Parle, enfin.

Tranion. — Il s'agit d'un assassinat.

Théopropide. — Que dis-tu? Je ne comprends pas.

1. Il manque ici un vers dans lequel Tranion ordonnait à Théopropide de toucher la terre.

2. Manquent également la fin du vers, et le vers suivant que l'on restitue ainsi « et dis à ton maître pourquoi tu m'ordonnes de fuir notre maison ».

TR. Occidisti hercle ...
TH. Quem mortalem?
TR. Omnis tuos.
TH. Di te deaeque omnes faxint cum istoc omine ...
TR. Metuo te atque istos expiare ut possies.
TH. Quam ob rem? aut quam subito rem mihi adportas nouam?

* * * * * * * * * * * * * *

TR. Et, heus, iube illos illinc am*bo* abscedere.
TH. Apscedite.
TR. Aedes ne attigatis. Tangite
Vos quoque terram.
TR. Obsecro hercle, quin eloquere

* * * * * * * * * * * * * *

TR. Quia septem menses sunt quom in hasce aedis pedem
Nemo intro tetulit, semel ut emigrauimus.
TH. Eloquere, quid ita?
TR. Circumspicedum, numquis est
Sermonem nostrum qui aucupet?
TH. Tutum probest.
TR. Circumspice etiam.
TH. Nemo est; loquere nunciam.
TR. Capital*e* scel*us* factu⟨m⟩ est.
TH. Quid est? non intellego.
TR. Scelus, inquam, factum est iam diu, antiquom et uetus.

464 omnis *BCD* ‖ faxint B^2 : axint B^1CD^1 ‖ istoc *Z* : isto *BCD* ‖ omine *B et D ex ras.* : homine B^1CD^1 ‖ 466 *Post hunc u. lacunam sign. Seyffert, nam* Et heus *in u. sequ. aliter uix intellegitur* ‖ 467 E heus *B ex ras.* ‖ ambo *Scaliger* : amabo *BCD* ‖ 468 aedes *BCD* : taedis DIOMEDES *GLK I 382,19* ‖ attigatis *Scioppius ex Diomede* (...Plautus in Mustellaria pluraliter « abscedite taedis ne attigat⟨is⟩ ») : atigate B^1CD attingite B^2 ‖ 469 TH. *solus suprascr. B* ‖ quin eloquere *BCD, deest aliquid* : quin dice. TR. eloquar *Schoell* quin eloquere ⟨rem⟩ *Bothe* ‖ *Lacunam post u. 469 signauit Leo* ‖ 473 sermonem B^2 : -num *BCD* ‖ THEO. : TRA. *B, it. u. 474* ‖ 475 Capitale scelus *Bergk* (Capu-) factumst *Goetz-Schoell* : Capitali scedis facta est *BCD* ‖ 476 antiquom *D ante ras.* : -quum *D post ras., BC*

TRANION. — Un crime, te dis-je, a été commis, il y a longtemps, un vieux, un ancien crime.

THÉOPROPIDE. — Un vieux crime?

TRANION. — Oui, et nous venons seulement de le découvrir.

THÉOPROPIDE. — Qu'est-ce donc que ce crime? et qui l'a commis? dis-moi.

TRANION. — C'est un hôte qui surprit son hôte et le tua. L'assassin doit être, je pense, celui qui t'a vendu la maison.

THÉOPROPIDE. — Il le tua?

TRANION. — Et il le dépouilla de son or, lui son hôte, et il l'enterra, lui son hôte, ici même dans sa propre maison.

THÉOPROPIDE. — Comment en avez-vous eu soupçon?

TRANION *(d'un ton mystérieux)*. — Je vais te le dire; écoute bien. Un jour que ton fils avait soupé en ville, lorsqu'il fut rentré à la maison, nous nous en allâmes tous coucher; nous nous endormons; justement j'avais oublié d'éteindre ma lanterne. Tout à coup le voilà qui pousse un cri effroyable.

THÉOPROPIDE. — Qui cela? mon fils?

TRANION. — Chut! tais-toi, écoute seulement. Il me dit qu'en rêve un mort était venu le trouver.

THÉOPROPIDE. — En rêve, naturellement?

TRANION. — Oui, mais écoute donc. Il me dit que le mort lui avait parlé en ces termes.

THÉOPROPIDE. — En rêve?

TRANION. — Le beau miracle qu'il ne lui ait point parlé pendant la veille, quand il était assassiné depuis soixante ans! Tu es vraiment parfois trop bête ⟨Théopropide⟩.

THÉOPROPIDE. — Je me tais.

TRANION. — Et voici ce que ⟨le mort⟩ lui ⟨dit dans

⟨TH.⟩ Antiquom?
⟨TR.⟩ Id adeo nos nunc factum inuenimus.
TH. Quid istuc est scele⟨ri⟩*s* aut quis id fecit? cedo.
TR. Hospes necauit hospitem captum manu;
Iste, ut ego *o*pinor, qui has tibi aedis uendidit.
TH. Necauit?
TR. Aurumque *ei* ademit hospiti,
Eumque hi*c* defodit hospitem ibidem in aedibus.
TH. Quapropter id uos factum suspicamini?
TR. Ego dicam; ausculta.| Vt foris cenauerat
Tuus gnatus, postquam redi*i*t a cena domum,
Abimus omnes *c*ubitum, condormiuimus.
Lucernam forte oblitus fueram extinguere;
Atque ille exclamat derepente maximum.
TH. Quis homo? an gnatus meus?
TR. *St*; tace; ausculta modo.
Ait uenisse illum in somnis ad se mortuum.
TH. Nempe ergo in somnis?
TR. Ita, sed ausculta modo.
Ait illum hoc pacto sibi dixisse mortuum ...
TH. In somnis?
TR. Mirum qui⟨n⟩ uigilanti diceret,
Qui abhinc sexaginta annis occisus foret.
Interdum inepte stultus es ⏑⏑́–⏑–
TH. Taceo.
TR. Sed ecce, quae illi in –⏑–́⏑–

477 *Pers. add. F* ‖ 478 sceleris *Spengel* : sceleste *BCD* ‖ 479 necauit B^2D^2 : negauit B^1CD^1 ‖ 480 opinor D^3 : oppinor BCD^1 ‖ has tibi B^2 : astibus B^1 hastibus CD^1 ‖ 481 Necauit BD^2 : Oecauit CD^1 ‖ ei *Scioppius* (eii) : & *BCD* ‖ 482 in B^2 : en B^1CD ‖ 484 ut *B ex ras.* D^2 : aut *B ante ras.* CD^1 ‖ 485 rediit a *Dousica* : redita B^1CD redit a B^2 ‖ 486 cubitum B^2D^2 : gu- B^1CD^1 ‖ 489 st tace *Camer.* : Sitace *B*, *CD* (si-). Sed tace B^2 ‖ 490 ad se *B post ras.* : adesse *B ante ras. CD* ‖ 493 quin *Pylades* : qui *BCD* ‖ diceret *B* : -rit *CD* ‖ 495 sq. *Sic B*; *unum u. faciunt CD*; stultus es ⟨Theopropides⟩, *et* in ⟨somnis mortuos⟩ *expl. Schoell. Lacuna congruit cum lacuna u. 517-518. De lacunis archetypi nostrorum codicum uideas Schoell ed. maior. praefat. pp. VIII sqq.*

son rêve[1] :〉 *(Prenant un ton sépulcral)* « Je suis Diapontius, un hôte d'outre-mer. J'habite ici; cette habitation est devenue mienne. Car Orcus n'a pas voulu me recevoir sur les bords de l'Achéron, parce que j'ai perdu prématurément la vie. Je fus victime d'une perfidie; mon hôte m'assassina et m'enfouit sans sépulture, secrètement, dans cette maison même, et cela, à cause de mon or, le scélérat. Maintenant quitte ces lieux. Cette maison est souillée par le crime, c'est un sacrilège de l'habiter. » *(Reprenant sa voix naturelle)* Pour te raconter tous les prodiges qui se passent ici, il me faudrait plus d'une année. *(S'interrompant avec une angoisse feinte)* Chut, chut!

Théopropide. — Qu'est-ce qui se passe, par Hercule, je t'en supplie?

Tranion. — La porte a craqué. Serait-ce lui qui a frappé?

Théopropide *(à part, tout tremblant)*. — Je n'ai plus une goutte de sang dans les veines. Les morts veulent me faire tout vivant descendre dans l'Achéron. *(On entend du bruit à l'intérieur de la maison)*.

Tranion *(à part)*. — Je suis mort; ils vont me brouiller toute mon histoire. J'ai bien peur que le vieux ne me prenne en flagrant délit de mensonge.

Théopropide. — Pourquoi parles-tu tout seul?

Tranion. — Éloigne-toi de la porte. Fuis, je t'en supplie, par Hercule!

Théopropide. — Où fuir? Fuis aussi, toi.

Tranion. — Je n'ai rien à craindre, moi; je suis en paix avec les morts.

Une voix de l'intérieur. — Hé, Tranion!

Tranion *(se tournant vers la maison, et feignant de parler au mort)*. — Tu feras bien de ne pas m'inter-

1. La fin des vers 495 et 496 manque dans les manuscrits. Les suppléments mis entre crochets correspondent à peu près à ce que l'on attend.

'Ego transmarinus hospes sum Diapontius.
Hic habito |, haec mihi dedita est habitatio.
Nam me Accheruntem recipere Orcus noluit,
Quia praemature uita careo. Per fidem
Deceptus sum; hospes me hic necauit, isque me
Defodit insepultum clam [ibidem] in hisce aedibus,
Scelestus, auri causa. Nunc tu hinc emigra.
Scelestae hae sunt aedes, impia est habitatio'.
Quae hic monstra fiunt, anno uix possum eloqui.
St! st!
TH. Quid, obsecro, hercle factum est?
TR. Concrepuit foris.
Hicine percussit?
TH. Guttam haud habeo sanguinis.
Viuom me accersunt Accheruntem mortui.
⟨TR.⟩ Per⟨ii⟩! illisce hodie hanc conturbabunt fabulam.
Nimis quam formido ne manifesto hic me opprimat.
TH. Quid tute ⟨te⟩cum loquere?
⟨TR.⟩ Abscede ab ianua.
Fuge, obsecro, hercle!
TH. Quo fugiam? etiam tu fug*e*.
TR. Nil ego formido; pax mihi est cum mortuis.
INTVS. Heus, Tranio!
⟨TR.⟩ Non me appellabis, si sapis.

498 habito *B* : habeto *CD* ‖ dedita haec mihi est *Bothe, hiatus uitandi causa* ‖ 499 me *B* : ine *CD* ‖ acheruntem ... orchus *BCD* ‖ 500 careo B^2D^2 : hareo B^1CD^1 ‖ 501 hopes *B* ‖ me hic *Guyet* : hic me *BCD seruat Ahlberg scribens* necuit ‖ 502 ibidem *del. Bentley* (*cf. u. 482*) ‖ hisce aedibus *B* : his cedibus *CD* ‖ 504 scelestae háe *suspectum*; « *fort.* scelestáe sunt (*om.* hae) » *Lindsay* ‖ impia *Pius* : impla B^1 · simpla B^2CD ‖ 505 Quae B^2D^2 : Que B^1CD^1 ‖ monstra B^2 : monitra B^1CD ‖ 506 St st *Gruter, extra uersum pos. Bothe* : Setet B^1 *in fine u. 505, cf. Lindsay Early lat. verse 266, n. 1*, Sedet B^2CD ‖ foris B^2 : fores B^1CD ‖ 508 Hicine *BC* : Hic me *D* Hicin *Schrader* ‖ 509 Acheruntem *Dousa* : ad cheruntem *CD* ad acheruntem *B* ‖ 510 TR. *add. Camer.* ‖ Perii illisce *Camer.* : Per illisce *BCD* ‖ 511 opprimat *B* : -mant *CD* ‖ 512. THE. *Camer.* : TRA. *B* ‖ Quid tute tecum *Z* : Quid tu tecum B^2 Quit te tu cum B^1CD ‖ TRA. *add. Camer.* ‖ abscede *B* : ab cede *C* abcedo D^1 ‖ 513 fuge *Pareus* : fuges B^1CD^1 fugies B^2 ‖ 515 INTVS *Rostius* : THEV. *B* ‖ TRA. *add. FZ*

peller. Je n'ai rien fait de mal, ce n'est pas moi qui ai frappé à ta porte. S'il te plaît * * * * * * * * * * * Quoi? Éloigne * * * * * * * * * * * * * * * * * [1].

THÉOPROPIDE. — Qu'est-ce qui te trouble ainsi, Tranion? Avec qui parles-tu?

TRANION *(prenant un air étonné)*. — Est-ce toi, je te prie, qui m'avais appelé? Me protègent les dieux, j'ai cru que le mort me demandait raison parce que tu avais frappé à la porte. Mais toi, tu es encore là, tu ne veux pas faire ce que je dis?

THÉOPROPIDE. — Quoi faire?

TRANION. — Ne regarde pas en arrière, fuis, couvre-toi la tête.

THÉOPROPIDE. — Pourquoi ne fuis-tu pas, toi?

TRANION. — Je suis en paix avec les morts.

THÉOPROPIDE. — Je sais. Alors pourquoi tout à l'heure...? Pourquoi étais-tu si effrayé?

TRANION. — Ne t'inquiète pas de moi, te dis-je, je saurai prendre mes précautions. Toi, continue ta route, et fuis aussi vite que tu peux. Et ne manque pas d'invoquer Hercule à ton secours.

THÉOPROPIDE. — Hercule, je t'invoque! *(Il sort en courant)*.

TRANION. — Et moi aussi... pour qu'il t'envoie aujourd'hui mal de mort, vieux bonhomme! *(Seul)* Dieux immortels, je vous en prie, protégez-moi! Dans quelle méchante affaire me suis-je embarqué aujourd'hui!

1. Les vers 517 et 518 sont lacunaires dans nos manuscrits. A titre d'exemple, voici la traduction des suppléments imaginés par Leo :

UNE VOIX DE L'INTÉRIEUR. — S'il te plaît.

TRANION *(impatienté, à la cantonade)*. — Garde-toi de souffler mot.

THÉOPROPIDE. — Dis-moi; pourquoi parles-tu à la cantonade?

TRANION. — Éloigne-toi de là.

Nil ego commerui, neque istas percussi fores.
Quaeso ⏑–⏑–́⏑– quid segreges
⏑–́⏑–⏑
⟨TH. Quae r⟩es te agitat, Tranio?
Quicum istaec loquere?
⟨TR.⟩ An, quaeso, tu appellaueras?
Ita me di amabunt, mortuum illum credidi
Expostulare quia percussisses fores.
Sed tu, etiamne astas nec quae dico optemperas?
TH. Quid faciam?
TR. Caue respexis, fuge, [atque] operi caput.
TH. Cur non fugis tu?
TR. Pax mihi est cum mortuis.
TH. Scio; quid modo igitur? cur tanto opere extimueras?
TR. Nil me curassis, inquam; ego mihi prouidero.
Tu, ut occepisti, tantum quantum quis fug*e*
Atque Herculem inuoc*a*.
TH. Hercules, te⟨d⟩ inuoco.
TR. Et ego — *t*ibi hodie ut det, senex, magnum malum.
Pro d*i* immortales, obsecro uestram fidem,
Quid ego hodie negoti confeci mal*i*!

---

516 commerui D^3 : quom merui *BCD* ‖ 517 sq. *Exempli gratia, lacunam sic expl. Leo* : ⟨INTVS Quaeso — TR. Caue uerbum faxis. TH. Dic quid⟩ segreges | ⟨Sermonem? TR. Apage hinc te⟩ ‖ 518 ⟨TH. Quae r⟩es *suppl. Camer.* ‖ 519 TRA. *praem.* B^1 ‖ TRA. *suppl. FZ* ‖ apellaueras *B* ‖ 520 amabunt B^2 : -bant B^1 (*ex* -bunt?) *CD* ‖ mortuum B^1 : -tum *CD* ‖ 521 percussissem *Acid.* ‖ 522 astas B^2 : astias B^1 astras *CD* ‖ 523 atque *del. Guyet* ‖ 527 fuge *FZ* : fui B^1CD fugis B^2 ‖ 528 inuoca *Bentley* : mane *BCD* ‖ ad B^2D^3 : a B^1CD ‖ 527 sq. *Sic B cum lacuna* 529 tibi D^3FZ : utibi B^1CD ‖ 530 dii *BCD* ‖ 531 mali *Guyet* : malum *BCD*

⟨ACTE III⟩

⟨SCÈNE I⟩

L'USURIER TRANION THÉOPROPIDE

L'usurier *(sans voir Tranion)*. — Jamais je n'ai vu pour mes prêts d'argent d'année plus maudite que cette année-ci. Du matin jusqu'au soir je passe toute ma journée sur le forum, sans pouvoir placer un denier à personne.

Tranion *(à part)*. — Cette fois, par Pollux, je suis perdu, à tout jamais perdu. Voici l'usurier qui nous a prêté ⟨à intérêts l'argent⟩ pour la bonne amie et aussi * * * * [1]. Le pot aux roses est découvert, si je ne préviens le coup, de manière que le vieux ne soit au courant de rien. Allons à la rencontre de celui-ci. *(Apercevant d'un autre côté Théopropide)* Mais pourquoi cet autre revient-il si vite à la maison? J'ai peur qu'il n'ait appris quelque chose de cette affaire. Avançons et allons lui parler. *(S'arrêtant)* Hélas! j'ai une peur affreuse. Il n'y a rien de plus malheureux qu'un homme qui n'a pas la conscience tranquille..., comme c'est mon cas. Mais, quoi qu'il en soit, je continuerai de brouiller les cartes : comment faire autrement? *(Haut, à Théopropide)* D'où viens-tu?

Théopropide. — J'ai vu celui qui m'a vendu cette maison.

Tranion. — Lui as-tu parlé de ce que je t'ai dit?

1. La fin des vers 537 et 538 manque dans nos manuscrits.

⟨ACTVS III⟩

DANISTA **TRANIO** **THEOPROPIDES**
SERVVS SENEX

DA. Scelestiorem ego annum argento fenori
Numquam ullum uidi, quam hic mihi annus optigit.
A man*i* ad noctem usque in foro dego diem,
Locare argenti nemini nummum queo.
TR. Nunc pol ego perii plane in perpetuum modum.
Danista adest, qui dedit ∪ – ∪ –́ ∪ –
Qui amica est empta quoque – ∪ –́ ∪ –
Manifesta res est, nisi qu*i*d occurro prius,
Ne | hoc senex resciscat. Ibo huic obuiam.
Sed quidnam hic sese tam cito recipit domum?
Metuo ne de hac re quippiam in*d*audiuerit.
Accedam atque adpellabo. E*i*, quam timeo miser!
Nil est miserius quam animus hominis conscius,
Sicut me ⟨male⟩ habet. Verum utut res esse habet.
Pergam turbare porro : ita haec res postulat.
Vnde is?
TH. Conueni illum, unde hasce aedis emeram.
TR. Numquid dixisti de illo quod dixi tibi?

Cf. ad. u. 431 ‖ DANISTA. THEVTROPIDES. SENEX. TRANIO. SERVVS (*ex* SEVVS) *B* : *unius u. spat. CD*[1] ‖ 532 faenori *BCD*, *ut saepe* ‖ 533 uidi *B* : iud *CD* ‖ 534 mani *Ritschl, cf. u. 767* : mane *BCD* ‖ ad *B*[2]*D*[3] : a *B*[1]*CD* ‖ 537 sq. *Sic B cum lacuna cui lacuna in u. 554-5 respondet*; *unum u. faciunt CD* ‖ dedit ⟨argentum fenori⟩ *et* quoque ⟨opus in sumptus fuit⟩ *suppl. Camer.* ‖ 539 quid *Angelius* : quod *BCD* ‖ 540 resciscat *FZ* : rescissat *BCD* ‖ 542 ne *ex* ni *B*[1] (*cf. 415 ?*) ‖ indaudiuerit *Bothe*: inau- *BCD* ‖ 543 Ei *Taubmann* : et *B* & *CD* ‖ 545 male *add. Niemeyer* ‖ sese *B*[2] : esse se *B*[1]*CD* ‖ 547 is *B ex ras.* : his *B ante ras. CD* ‖ hasce aedis *B* : has cedis *CD* ‖ 548 dixi *B ex ras.* : dixit *B ante ras., CD*

THÉOPROPIDE. — Parbleu, oui; je lui ai tout dit.

TRANION *(à part)*. — Hélas, pauvre de moi! j'ai peur que mon bel échafaudage ne soit par terre à tout jamais.

THÉOPROPIDE *(intrigué et soupçonneux)*. — Qu'est-ce que tu dis tout bas?

TRANION. — Moi? rien. Mais, dis-moi, tu lui as dit, vraiment...?

THÉOPROPIDE. — Je te le répète, je lui ai tout dit de point en point.

TRANION. — Alors, à propos de l'hôte, il avoue?

THÉOPROPIDE. — Pas du tout, il nie de toutes ses forces.

TRANION. — Il nie? * * * * * * * * * * * * * Réfléchis * * * * [1].

THÉOPROPIDE. — S'il avait avoué, je le dirais. Que penses-tu que je doive faire, maintenant?

TRANION. — Moi, ce que je pense? Prends, je t'en supplie par Hercule, prends de concert avec lui un arbitre (mais aie soin d'en prendre un qui ait confiance en moi); tu gagneras aussi aisément qu'un renard avale une poire[2].

L'USURIER *(apercevant Tranion et se dirigeant de son côté)*. — Mais voici Tranion, l'esclave de Philolachès; un beau couple qui de mon argent ne me donne ni capital ni intérêts.

THÉOPROPIDE *(à Tranion qui va du côté de l'usurier)*. —Où vas-tu?

TRANION. — Nulle part, je ne m'en vais pas. *(A part)* Ah! je suis bien malheureux, bien malencontreux, bien né avec tous les dieux contre moi! Il va m'aborder

1. Les vers 554 et 555 sont lacunaires. On peut imaginer un supplément de cette sorte :

TR. Il nie, le scélerat?
TH. Oui, te dis-je, il nie.
TR. Réfléchis. Il n'avoue pas?

2. Le proverbe n'est pas autrement attesté ni en latin, ni en grec.

TH. Dixi hercle uero | omnia.
TR. Ei misero mihi!
Metuo ne techinae meae perpetuo perierint.
TH. Quid tu⟨te⟩ tecum?
TR. Nihil enim. Sed, dic mihi,
†Dixtin quaeso?
TH. Dixi, inquam, ordine omnia.
TR. Etiam fatetur de hospite?
TH. Immo pernegat.
TR. Negat? ⏑–⏑–⏑– quom cogita
⏑–́⏑–⏑
⟨TH.⟩ Dicam, si confessus sit.
Quid nunc faciundum censes?
TR. Egon quid censeam?
Cape, obsecro hercle, cum eo | una iudicem;
(Sed eum uideto ut capias qui credat mihi.)
Tam facile uinces quam pirum uolpes comest.
DA. Sed Philolachetis seruom | eccum Tranium,
Qui mihi neque fenus neque sortem argenti danunt.
TH. Quo te agis?
TR. Nequoquam abeo. — Ne ego sum miser,
Scelestus, natus de*i*s inimicis omnibus.

549 uero ⟨ei⟩ omnia *Ritschl ut hiatus uitetur* ‖ Ei D^3 (Hei *FZ*) : V& B^1 Ve (= Vae) B^2 & CD^1 ‖ *Post* 549 *secuntur in codd. u.* 553, 557-9 *hic errore iterati, suis locis deinde redeuntes* ‖ 551 tute *FZ* : tu *BCD* ‖ dic *B* : dit CD^1 ‖ 552 *Sic codd.* : Dixtin ⟨ei⟩ (*Fay*), *uel* D. ⟨tu⟩ (*Schoell*), *uel* Dixtine (*Lindsay*) *ut u. plenus fiat* ‖ TH. *suprascr. in B, it. in u. sq.* ‖ 554-5 *uide ad u.* 537 ‖ 554 Negat *B, CD hic* : Necat CD^1 *priore loco* ‖ *Lacunam sic expl. Camer.* Negat? ⟨TH. Negat inquam. TR. perii oppido⟩ quom cogito. | Non confitetur? TH.⟩ Dicam e. q. s. ‖ Negat ⟨scelestus? TH. Negitat in⟩quam. TR. Cogita : | ⟨Non confitetur? Th.⟩ Dicam e. q. s. *Leo* ‖ 556 TH. *praem. B* ‖ TR. : TH. *B* ‖ 557 TRA. *praem. B priore loco* ‖ obsecro hercle *BCD hic* : hercle obsecro *BCD priore loco* ‖ cum eo *BCD hic* : cum meo *BCD priore loco* ‖ eo ⟨tu⟩ *Lindsay* una ⟨secum⟩ iudicem *Schoell hiatus uitandi causa* ‖ 558 ut *B* : u C^1D^1 ‖ 559 uinces *B* : uincis *CD* ‖ 560 seruom eccum B^2 : seruom ecum B^1 seruo mecum *CD* seruolum eccum *Schoell, hiatus uitandi causa* ‖ 562 Nequoquam *Z* : Nec quo quom B^1CD Nec quoquam B^2 ‖ 563 deis *Pius* : dehis *BCD*

en présence de celui-là. Vraiment, je suis bien malheureux. D'un côté comme de l'autre ils me mettent dans un beau pétrin. Mais je l'aborderai le premier. *(Il se dirige du côté de l'usurier).*

L'USURIER. — Il vient à moi; je suis sauvé. Il y a de l'espoir pour mon argent.

TRANION *(à part)*. — Il est joyeux; notre homme se leurre. *(Haut)* Je te souhaite bien le bonjour, Misargyride.

L'USURIER. — Bonjour aussi à toi. Et mon argent?

TRANION. — Au large, méchante bête! Tu n'es pas sitôt arrivé que déjà tu me lances ton dard[1].

L'USURIER *(à part, de manière à être entendu)*. — Il est à sec, assurément.

TRANION. — Il est devin, assurément.

L'USURIER. — Veux-tu faire trêve à tes balivernes?

TRANION. — Veux-tu me dire ce que tu veux?

L'USURIER. — Où est Philolachès?

TRANION. — Tu ne pouvais pas m'arriver plus à propos qu'en ce moment.

L'USURIER. — Comment cela?

TRANION *(l'éloignant de Théopropide)*. — Viens par ici.

L'USURIER. — Pourquoi ne me paie-t-on pas mes intérêts[2]?

TRANION. — Je sais que tu as une bonne voix; ne crie pas tant.

L'USURIER. — Et moi, morbleu, je veux crier.

TRANION *(d'un air suppliant)*. — Oh! aie un peu de complaisance pour moi.

L'USURIER. — Quelle complaisance veux-tu que j'aie?

1. Le texte dit : « Tu m'as lancé ton javelot (*pilum*). » Mais la métaphore *belua* - *pilum* est incohérente; et j'ai préféré traduire par « dard ».

2. Les vers 574-576 sont lacunaires, et ont été complétés par les manuscrits italiens, Camerarius et Ritschl.

Iam illo praesente adibit. Ne ego homo sum miser,
Ita et hinc et illinc mihi exhibent negotium.
Sed occupabo adire.
DA. Hic ad me *it*; saluus sum :
Spes est de argento.
⟨TR.⟩ Hilarus est; frustra est homo.
Saluere iubeo te, Misargyri*des*, bene.
DA. Salue et tu. Quid de argentost?
TR. Abi sis, belua!
Continuo aduemiens pilum iniecisti mihi.
DA. ⟨Certe⟩ hic homo inanis est.
TR. Hic homo est certe *h*ariolus.
DA. Quin tu istas mittis tricas?
TR. Quin quid uis cedo.
DA. Vbi Philolaches est?
TR. Numquam potuisti mihi
Magis *op*portunus aduen⟨ire quam⟩ aduenis.
DA. Quid est?
⟨TR.⟩ Concede huc.
⟨DA. Quin mihi fenus red⟩ditur?
TR. Scio te bona esse uoce; ne clam*a* *n*imis.
DA. Ego hercle uero clamo.
TR. Ah, gere morem mihi.
DA. Quid tibi ego morem uis geram?
TR. Abi, qu*a*eso, hinc domum.

564 presente *BCD* ‖ homo *del. Hermann* ‖ 565 exhibent B^2 : exi- B^1CD ‖ 566 me it *FZ* : meis *C*, *B* (*ex* meas), *D* (*ex* me his) ‖ saluus B^2 : salus B^1CD ‖ 567 ⟨TR.⟩ *hic add. Camer.* : *init. u. habet B* ‖ 568 Misargyrides *Gulielmus*, *ex* DONATO *in Adelphos I, 1,1* : mi sarcirites *B* mis artirites *CD* ‖ 569 quid de B^2 : quide B^1CD ‖ argentost B^2 : argentos *CD*, B^1 (*ex* -teo) ‖ 570 Continuo *B* : -nu CD^1 ‖ inlecisti *B ante corr.* ‖ 571 ⟨Certe⟩ *add. Seyffert* ‖ ariolus *BCD* ‖ 572 mittis *B* : mittistis *CD* ‖ TR. *add. B supra u.* ‖ 573 TRA. : *spatium B* ‖ 574 Magis *B corr.* : Magius *B ante corr.* Maius *C* Mauis *D* ‖ oportunus *BCD* ‖ 574-6 *lacunam in BCD* (*cf. vv.* 596-8) *suppl. Camer.*, *FZ*, *Ritschl* ‖ 575 faenus *BCD* ‖ 576 *accedit A* ‖ clama nimis *Camer* : clamat mimis *A*, *ut uid.*; *om. BCD* ‖ 577 clamo *B* : clamabo *A*, *CD* ‖ gere AB^2 : cherem B^1CD ‖ 578 geram B^2, *A ut uid.* (g....) : ceram *CD* ‖ queso *BCD*

TRANION. — Va-t-en d'ici; retourne chez toi, s'il te plaît.

L'USURIER. — Que je m'en aille?

TRANION. — Reviens ici vers midi.

L'USURIER. — Alors, on me paiera mes intérêts?

TRANION. — Oui, il te les paiera. Va-t-en vite.

L'USURIER. — Quel besoin d'un seconde course? Pourquoi perdre et mes pas et mon temps? Ne vaut-il pas mieux que je reste ici jusqu'à midi?

TRANION. — Non, va-t-en chez toi; je dis vrai, morbleu; va-t-en seulement. * * * * * * * * * * * * * * *[1].

L'USURIER *(criant)*. — Non, payez-moi mes intérêts. A quoi bon tous ces contes?

TRANION *(très embarrassé)*. — Bien, par Hercule! assurément tu... Va-t-en seulement, écoute-moi.

L'USURIER *(d'un ton menaçant)*. — Je vais, je te jure, l'appeler par son nom.

TRANION. — Bravo, hardi! Tu es bien avancé à crier comme ça.

L'USURIER. — Je réclame mon dû. Il y a déjà trop longtemps que vous m'attrapez de cette façon. Si je vous ennuie, rendez-moi mon argent, j'aurai vite fait de m'en aller. Tu coupes court avec ce seul mot[2] à toutes mes réclamations.

TRANION. — Accepte le capital.

L'USURIER *(criant à tue-tête)*. — Non, c'est l'intérêt que je veux d'abord.

TRANION. — Comment dis-tu, ô le plus dégoûtant de tous les hommes? Es-tu venu ici pour te dilater les poumons? Fais ce qui est en ton pouvoir. Il ne paie pas, il ne doit pas.

L'USURIER. — Il ne doit pas?

TRANION. — Pas un fétu, tu n'emporteras d'ici pas

1. Le palimpseste semble avoir ici un vers qui ne figure pas dans les manuscrits palatins. Mais le texte en est indéchiffrable.

2. C'est-à-dire: « Je rembourse ».

DA. Abeam?
TR. Redito huc circiter meridiem.
DA. Reddeturne igitur fenus?
TR. Redde*t*; nunc abi.
DA. Quid ego huc recursem aut operam sumam aut conteram?
Quid si hic manebo potius ad meridiem?
TR. Immo abi domum. Verum hercle dico; abi modo.
At uolo ⏑ – ⏑ faenus ... nqu ⏑ ⏑́ ⏑ o.
DA. Quin uos mihi fenus date. Quid hic nugamini?
TR. Eu hercle, ne tu ... abi modo; ausculta mihi.
DA. Iam hercle ego illum nominabo.
TR. Euge, strenue!
Beatus uero es nunc, quom clamas.
DA. Meum peto.
Multos me hoc pacto iam dies frustramini.
Molestus si sum, reddite argentum; abiero.
Responsiones omn*is* hoc uerbo eripis.
TR. Sortem accipe.
DA. Immo fenus, id primum uolo.
TR. Quid ais tu, hominum omnium taeterrume?
Venisti huc te extentatum? agas quod in manust.
Non dat, non debet.
DA. Non debet?
TR. N*e* frit quidem

579 huc AB^2 : hunc B^1CD ‖ meridiem *A* : -die *BCD* ‖ 580 faenus *A* ‖ Reddet *Guyet* : Reddetur *A*, *BCD* ‖ 581 sumam *A* : summam *BCD* ‖ 582 si hic manebo potius *BCD* : sic ma(nebo hic po)tius *A ?* ‖ merediem B^1 ‖ 583 *Inter* domum *et* uerum *spatium fuisse in A uidetur* ‖ abi ⟨abi⟩ *Ritschl metri causa* ‖ modo *BCD* : domum *A* ‖ 583b *solus habet A* : DA. At uolo ⟨dari iam⟩ faenus. ⟨TR. Quin i⟩nqu⟨am, i mod⟩o *suppl. Schoell* ‖ 586 illum *A*, *D corr.* : illunc *BC*, *D ante corr.* ‖ *Post* nominabo *clamationem intercidisse coni. Leo* ‖ *Post hunc u. lacunam sign. Ritschl* ‖ *V.* 588-597 *tanquam alteram recensionem u.* 576-585; 599-609 *secl. Schoell* ‖ 588 cum *A* ‖ clames ⌗ meum *A* : clamas meum *BCD*; *pers. add. Pius* ‖ peto *A* : puto *BCD* ‖ 589 DA. *praem. B* ‖ 591 omnes *ABCD* ‖ eripis *A* : -pit B^1CD -pite B^2 ‖ 593 hominum omnium B^2 : hominem omnium B^1CD omnium hominum *A* ‖ 594 manust D^1 (-nu̦ est D^2BC) : manu(me)st *A* ‖ 595 Ne *Acid.* : Nec *BCD* ‖ frit *Ellis* : erit *BCD*

un fétu[1]. As-tu peur, par hasard qu'il ne s'en aille au loin, qu'il ne quitte la ville et ne s'expatrie à cause de tes intérêts, alors qu'il t'est loisible de toucher dès maintenant le capital?

L'usurier. — Ce n'est pas le capital que je demande; c'est l'intérêt, et non autre chose, qu'on doit me payer d'abord.

Tranion. — Ne nous assomme pas. On ne te paie rien. Fais ce qu'il te plaira. Tu es le seul, j'imagine, qui prêtes à intérêt!

L'usurier *(criant à s'égosiller)*. — Paye-moi mes intérêts, rends-moi mes intérêts; mes intérêts, rendez-les moi. Voulez-vous me payer mes intérêts tout de suite? Me paye-t-on mes intérêts[2]?

Tranion *(haussant les épaules)*. — Intérêts par-ci, intérêts par-là, il ne sait pas dire autre chose que « mes intérêts ». Allons, décampe. Jamais, je crois, je n'ai vu nulle part bête féroce pire que toi.

L'usurier. — Parbleu, tu ne me fais pas peur avec tes injures.

Théopropide *(d'un air inquiet, en regardant la dispute)*. — Cela chauffe là-bas, j'ai beau être loin, cela brûle terriblement. Qu'est-ce donc, miséricorde, que ces intérêts qu'il réclame?

Tranion *(montrant Théopropide qui s'approche)*. — Voici justement son père qui vient d'arriver de voyage; il te paiera tout, intérêts et capital. Ne cherche pas à

1. *Ne frit quidem*, dit le texte. Le mot *frit*, qui semble être un indéclinable d'origine inconnue, ne se trouve qu'ici et dans un passage du *De Re Rustica* de Varron, livre I, 48, 2 où il désigne la pointe de l'épi : *Illud autem summa in spica iam matura, quod est minus quam granum, uocatur frit*. Comme *naucum*, *hilum*, c'est un terme emprunté à la langue rustique pour désigner quelque chose d'infiniment petit.

2. Parodie d'une scène de *conuicium* ou « charivari », par lequel le créancier lésé ameute les voisins pour les mettre au courant de la mauvaise foi du débiteur. Cf. Persa, 422 sqq. :

Cedo sis argentum, da mihi argentum impudens;
Possum a te exigere argentum? Argentum, inquam, cedo.
Quin tu mi argentum reddis? e. q. s.

Ferre hinc potes. An metuis nequo abeat foras
Vrbe exulatum fenoris causa tui?
Quoi sortem accipere iam †licebit†.
DA. Quin non peto 599
Sortem; illuc primum, fenus, reddundum est mihi. 600
⟨TR.⟩ Molestus ne sis. Nemo **dat**. Age quidlubet.
Tu solus, credo, fenore argentum datas.
DA. Cedo fenus, redde fenus, fenus reddite!
Daturin estis fenus actutum mihi?
Datur fenus mihi?
⟨TR.⟩ Fenus illic, fenus hic! 605
Nescit quidem nisi fenus fabularier.
V*l*tro te! neque ego taetriorem beluam
Vidisse me umquam quemquam quam te censeo.
DA. Non edepol tu nunc me istis uerbis territas. 609
⟨TH.⟩ Calidum hoc est : etsi procul abest, urit male. 609a
Quod illuc est fenus, opsecro, quod illic petit? 610
TR. Pater eccum aduenit peregre non multo prius

596-8 *Has lacunas in mediis uersibus habent BCD quae ex A suppleri potuerunt* : an Quo | exsul.. his | sortem cebit; *cf. 574-6* ‖ 596 (hi)nc *A* : hoc *BCD* ‖ abe(at) *A* : habeat *BCD* ‖ 597 urb(e e)xolatum *A* : Vrbem exsul... *BCD* ‖ faenoris *A* . ...his *BCD* ‖ 598 Quoi *BCD* : Cui *A* Quin *FZ* ‖ sortem *BCD* : ortem *A* ‖ licebit *A, BCD contra metrum* : licet *Studemund* ‖ 600 *solus habet A* ‖ *V.* 601-646 *post u. 885 in BCD leguntur, ordine 11 foliorum in archetypo horum codicum ita turbato ut uersus posterioris fabulae partis sic sese excipiant* : 686-801; 842-883; 802-841; 884 et 885 *dimidius*; 601-646; 885-1065; 647-685; 1068 *sqq.*; *de quo uide Schoell ed. maior, praefat, pp. 1 sqq., et Seyffert, Berl. Phil. Woch. 12.194* ‖ 601 TR. *om. B* ‖ sis *BCD* : sit *A* ‖ quod B^1 ‖ 603 rede funus B^1 ‖ reddidete *A* : redite B^1 ‖ 604 (est)is *A* : estiis *BCD* ‖ 605 Datur faenus mihi *A, quod tamen improbat Sjögren, Fut. 201* : Date mihi fenus *BCD* ‖ TR. *add. FZ* ‖ 606 TR. *praem B* ‖ 607 Vltro te *Seyffert* : Vetro te B^1 (uetero B^2) *CD* uno.. *A, ut uid. unde* unose *Studemund* ‖ tetriorem BCD^1 ‖ beluam AB^2 : belum B^1CD^2 bellum D^1 ‖ 608 quemquam (quam- *D*) quam *BCD* : quemquam *A* ‖ 609 tu nunc me *Schoell* : tunc me *A* nunc me tu *BCD* ‖ istis *ACD* : tuis *B* ‖ 609a *Post u. 665 trai. Acidalius; secl. Ritschl* ‖ TH. *add. Gruter* ‖ abest urit *A* : habes turita *BCD* ‖ 610 H *praem. B* ‖ illuc *A* : illud *BCD* ‖ opsecro *A, B* (ob-) : *om. CD* ‖ quod illic (ille B^2) petit *AB* : et sortem dabit *CD* (*e u.* 612)

nous mettre dedans[1] davantage. *(L'usurier s'approche avec empressement)* Voyez s'il se le fait dire deux fois.

L'USURIER. — Hé bien! J'accepterai ce qu'on me donnera.

THÉOPROPIDE *(à Tranion qui s'est approché de lui).* — Dis-moi donc?

TRANION. — Que veux-tu?

THÉOPROPIDE. — Qui est-ce là? Qu'est-ce qu'il demande? Pourquoi s'en prend-il ainsi à mon fils Philolachès, et te fait-il en face une pareille scène? Qu'est-ce qu'on lui doit?

TRANION. — Je t'en prie, par Hercule, fais jeter de l'argent à la gueule de cette sale bête.

THÉOPROPIDE. — Que je fasse...?

TRANION. — Oui, fais-lui battre le museau avec de l'argent.

L'USURIER. — Quand on me les porte avec de l'argent, j'accepte les coups très volontiers.

TRANION. — Tu l'entends? Ne te semble-t-il pas, je te le demande par Hercule, le type du parfait usurier, de cette détestable engeance?

THÉOPROPIDE. — Peu m'importe de savoir qui il est, et d'où il sort; mais il est une chose que je veux qu'on me dise, que je suis impatient d'apprendre : qu'est-ce que cet argent dont il parle?

TRANION. — C'est... c'est une petite somme que lui doit Philolachès.

THÉOPROPIDE. — Quelle petite somme?

TRANION. — Dans les... quarante mines... Ne va pas penser que ce soit beaucoup.

1. Ce semble être le sens du verbe *inconciliare* dans les trois autres passages de Plaute où il figure, Bacch. 551, Persa 834, Tri. 136. Le mot ne se retrouve que dans l'abrégé de Festus, p. 95, 7, où il est glosé : *inconciliasti : comparasti, commendasti, uel ut antiqui, per dolum decepisti.* C'est sans doute un terme emprunté à la langue des affaires et du commerce. Voir mon Commentaire des Bacchis, v. 551.

Illius; is tibi et fenus et sortem dabit.
Ne inconciliare quid nos porro postules.
Vide num moratur.
DA. Quin feram, si quid datur.
TH. Quid ais tu?
TR. Quid uis?
⟨TH.⟩ Quis illic est? quid illic petit?
Quid Philolachetem gnatum compellat ⟨meum⟩
Sic, et praesenti tibi facit conuicium?
Quid illi debetur?
TR. Obsecro hercle, ⟨tu⟩ iube
Obi⟨cere⟩ argentum ob os inpurae beluae.
TH. Iubeam ...?
TR. Iube [in] homini argento os uerberarier.
DA. Perfacile ego ictus perpetior argenteos.
⟨TR.⟩ Audin? uidetur, obsecro hercle, idoneus [629]
Danista qu*i* sit, genus quod inprobissimumst? [630]
TH. †Non ego istuc curo, qui sit, unde sit; [631]
†Id uolo mihi dici, id me scire expeto, [632]
Quod illuc argentum est.
TR. Est ... huic debet Philolaches
Paulum.
TH. Quantillum?
TR. Quasi quadraginta minas.
Ne sane id multum censeas.

612 et sortem *BCD* : est sortem *A* ‖ 613 quid *ACD* : quod *B* ‖ 615-652 *deest A* ‖ 615 uis? TH. Quis *FZ* : uis? quis *BCD* ‖ 616 meum *add. Camer.* ‖ 617 T *praem. B* ‖ contium *B*¹ ‖ 618 S *praem. B* ‖ tu *add. Schoell, Leo* ‖ iube *FZ* : iubi *BCD* ‖ 619 obicere *Mueller* : Obi *BCD* Obiici *F* ‖ 620 Iube *codd. Pyladis* : Iube in *B*¹*CD* Iuben *B*² ‖ homine *B*¹ ‖ argento os *B*² : -tos *B*¹ -teos *CD* ‖ 621 pepetior *B*¹ ‖ *V.* 622-625 *qui post 628 in codd. leguntur huc trai. Ritschl, duce Bothe* ‖ 622 TR. *om. B* ‖ uideturne *Camer.* ‖ 623 qui *FZ* : quid *BCD* ‖ improbissimumst : -mus est *B*¹ mum est *B*²*CD* ‖ *V.* 624-625 *uno pede breuiores sunt* ‖ 624 H *praem. B* ‖ qui sit ⟨quid sit⟩ *add. Leo ut u. plenus fiat* ‖ 625 ⟨Verum⟩ id uolo *add. Schoell eadem de causa* ‖ 626 S *praem. B* ‖ illuc *Ritschl, ut u. 610* : illud *BCD*

THÉOPROPIDE *(ironiquement)*. — En effet, c'est peu... Il y a aussi une question d'intérêts dont j'ai entendu parler.

TRANION. — Il lui est dû en tout quarante quatre mines, capital et intérêts.

L'USURIER. — Tout juste; je ne demande pas davantage.

TRANION *(d'un ton offensé)*. — Parbleu ,je voudrais bien te voir réclamer une obole de plus. *(Se tournant vers Théopropide)* Promets-lui que tu payeras, pour qu'il s'en aille.

THÉOPROPIDE *(interloqué)*. — Que je promette de payer, moi?

TRANION. — Promets.

THÉOPROPIDE. — Moi?

TRANION. — Oui, toi-même. Promets seulement, écoute-moi. Prends l'engagement; allons, te dis-je, c'est moi qui te le conseille.

THÉOPROPIDE. — Réponds-moi : qu'a-t-on fait de cet argent?

TRANION. — Il n'est pas perdu.

THÉOPROPIDE. — Alors payez vous-mêmes, s'il n'est pas perdu.

TRANION *(brusquement inspiré)*. — Ton fils a fait l'achat d'une maison.

THÉOPROPIDE. — D'une maison?

TRANION. — D'une maison.

THÉOPROPIDE *(tout joyeux)*. — Bravo! Philolachès tient de son père : le voilà qui se lance déjà dans les affaires. *(A Tranion)* Une maison, dis-tu?

TRANION. — Une maison, te dis-je. Mais sais-tu quelle sorte de maison?

THÉOPROPIDE *(haussant les épaules)*. — Comment puis-je le savoir?

TRANION *(se rengorgeant d'un air entendu)*. — Ah! ah!

TH. Paulum id quidem est.
Adeo etiam argenti fenus credit⟨um⟩ audio.
TR. Quattuor quadraginta illi debentur minae,
Et sors et fenus.
DA. Tantumst; nilo plus peto. [653]
TR. Velim quidem hercle ut uno nummo plus petas. [654]
Dic te daturum, ut abeat.
TH. Egon dicam dare?
TR. Dic.
TH. Egone?
TR. Tu ipsus. Dic modo, ausculta mihi.
Promitte, age inquam; ego iubeo.
TH. Responde mihi :
Quid eo est argento factum?
TR. Saluom est.
TH. Soluite
Vosmet igitur, si saluomst.
TR. Aedis filius
Tuus emit.
TH. Aedis?
TR. Aedis.
TH. Euge, Philolaches
Patrissat; iam homo in mercatura uortitur.
Ain tu, aedis?
TR. Aedis, inquam. Sed scin quoiusmodi?
TH. Qui scire possum?
TR. Vah!

627 Paulum *CD* : Paululum *B* ‖ 629 creditum *FZ* : credit *B cum spat. CD* ‖ 630 *iteratur in codd. post u.* 652, *sequentibus u.* 631-632 *quos huc trai. Ritschl, confirmante* SERVIO *et quadrante A, ubi tres u. fuisse in hoc loco probabile est; cf. Seyffert Berl. Phil. Woch. 16,253* ‖ TR. *FZ altero loco* : D *B altero loco; om. BCD hic* ‖ Quattuor *AC* : Quatuor *BD* Centum SERV. *ut uid.* ‖ minae *BCD* : librae SERV., *ut uid.* ‖ 631 faenus *A* (*in altero loco*) ‖ Tantumst : Tantunst *A*, Tantum est *BCD*, *sequente spatio* ‖ 632 S *praem. B* ‖ Vellm *B* ‖ numo *A* ‖ 633 habeat *B ante ras. D* ‖ 637 saluomst *B* : saluom si *CD* ‖ Aedes *B* ‖ 638 aedis euge *contin. CD* ‖ 639 Patrissat B^2 : Patrisat B^1CD ‖ 640 Ain *ex* An *B* ‖ TR. *suprascr. B* ‖ scin B^2 : sint B^1 in *CD* ‖ quoius B^2D : quouis B^1C

Théopropide. — Qu'est-ce donc?

Tranion. — Ne me le demande pas.

Théopropide. — Que veux-tu dire?

Tranion. — Brillante comme un miroir, une pure splendeur.

Théopropide. — Voilà qui est bien fait, par Hercule. Mais dis-moi, quel prix y a-t-il mis?

Tranion. — Autant de grands talents que nous sommes, toi et moi. Mais il a donné pour arrhes ces quarante mines. C'est à lui *(montrant l'usurier)* qu'il les a empruntées pour les donner au propriétaire; comprends-tu? Car puisque cette maison-ci se trouvait dans l'état que je t'ai dit, ton fils s'est empressé d'en acheter une autre.

L'usurier *(à Tranion)*. — Hé là! midi approche.

Tranion *(à Théopropide)*. — Solde-lui son dû, je te prie, qu'il cesse de nous empoisonner par son vomissement.

Théopropide *(à l'usurier)*. — Mon garçon, traite l'affaire avec moi.

L'usurier. — C'est donc à toi que je demanderai mon argent?

Théopropide. — Viens le demander demain.

L'usurier. — Je m'en vais; je suis content si je touche demain. *(Il sort)*.

Tranion *(continuant la phrase de l'usurier, à part)*. — La mort, que puissent lui donner tous les dieux et les déesses, pour avoir failli de si près renverser tous mes plans! *(Haut)* Par Pollux, il n'est pas aujourd'hui d'engeance plus dégoûtante, ni plus inique que celle des usuriers.

Théopropide. — Dans quel quartier mon fils a-t-il acheté la maison dont tu parles?

Tranion *(à part)*. — Voilà! je suis mort.

Théopropide *(le pressant)*. — Veux-tu répondre à ma question?

TH. Quid est?
TR. Ne me roga.
TH. Nam quid ita?
⟨TR.⟩ Speculoclaras, can⟨d⟩orem merum.
TH. Bene hercle factum. Quid, eas quanti destinat?
TR. Talentis *m*agnis totidem quot ego et tu sumus.
Sed arraboni has dedit quadraginta minas;
Hi⟨n⟩c sumpsit, quas ei dedimus. Satin intellegis?
Nam postquam haec aed*e*s *it*⟨a⟩ erant ut dixi tibi,
Continuo est alias aedis mercatus sibi.
TH. Bene hercle factum.
⟨DA.⟩ Heus! iam adpetit meridies.
⟨TR.⟩ Absolue hunc, quaeso, uomit*u* ne hic nos enecet.
⟨TH.⟩ Adulescens, mecum rem habe.
DA. Nempe aps te petam?
TH. Petito cras.
DA. Abeo; sat habeo, si cras fero.
TR. Malum quod isti di deaeque omnes duint!
Ita mea consilia perturbat paenissume.
Nullum edepol hodie genus est hominum taetrius
Nec minus bono cum iure quam danisticum.
TH. Qua in regione istas aedis emit filius?

642 TR. *add. Camer.* ‖ speculoclaras *Spengel* : speculo claras *BCD*; *compositum ex graeco uidetur expressum esse,* cf. ὑαλοειδής, κατοπτροειδής *etc.* ‖ candorem *Spengel* : canorem *BCD* ‖ 644 *Ad hunc u. alludit* SERVIVS *in Aen. 5,112 et 9,263* ‖ TR. *Saracenus* : DA. *B* ‖ magnis *Pius* : amagnis *BCD* ‖ quot *B*² SERV. : quod *B*¹*CD*. *Nec tamen ad quem pronomen* ei *referatur apparet; unde lacunam inter u.* 645 *et* 646 *statuit Ritschl* ‖ santin *B*¹ ‖ 647-648 *post* 639 *trai. Ritschl* ‖ 647 aedes : oedis *B*¹*CD* aedis *B*² ‖ ita erant *Camer.* : interant *BCD* ‖ 649-651 DA. *add. Pylades* ‖ meridies *Saracenus* : meridie *BCD, seruat Skutsch*; *cf. 579* ‖ 652 TR. *add. Pyl.* ‖ uomitu *Bothe* : -tum *BCD* ‖ *Cf. ad u. 630* ‖ 653 *accedit A* ‖ adolescens *CD* ‖ habe *AB* : hab& *CD* ‖ aps *A* : abs *BCD* ‖ 654 crasabeo *contin. A* ‖ habeo *B*¹*CD* ‖ 655 quod *BCD* : quad *A* ‖ di deaeque *AB*² : de deaque *B*¹*CD* ‖ 656 perturbat *BCD, A ut uid.* : peruortit PRISCIANVS *GLK I 99,17; II 67,8* ‖ paenissume: paenissime PRISC., CHARISIVS *GLK I 189,29* p(eniss)ume *A ut uid.* plenissime *BCD* ‖ 657 hodie *BCD* : *om. A* ‖ 659 Qua *BCD* : Quare *A*

Tranion. — J'y réponds... Mais je cherche le nom du propriétaire.

Théopropide. — Allons, tâche de te le rappeler.

Tranion *(à part)*. — Que faire à présent? Je n'ai plus qu'à tout mettre sur le dos du voisin d'à côté, et à dire que c'est sa maison que Philolachès a achetée. J'ai, ma foi, ouï dire que le meilleur mensonge était celui qui se servait tout chaud. Mon parti en est pris : je dis tout ce que les dieux me dictent.

Théopropide *(impatienté)*. — Hé bien! tu l'as retrouvé?

Tranion. — Que les dieux l'anéantissent... *(à part montrant Théopropide)* ou bien toi, plutôt! *(Prenant son parti)* C'est la maison du voisin, ici tout proche, que ton fils a achetée.

Théopropide. — En toute loyauté?

Tranion. — Si tu veux bien payer, le marché est loyal; si tu ne veux pas payer, il sera déloyal[1].

Théopropide. — Il n'a pas choisi pour son achat un bien bon emplacement[2].

Tranion. — Mais si, excellent au contraire.

Théopropide. — J'ai bien envie, ma foi, de visiter cette maison. Frappe donc à la porte et fais sortir quelqu'un jusqu'à toi, Tranion.

Tranion *(décontenancé, à part)*. — Cette fois, je suis bien mort. Je ne sais plus que dire. Voici que derechef les flots me poussent contre l'écueil.

Théopropide. — Eh bien?

Tranion *(à part)*. — Par Hercule, je ne trouve plus d'expédients. Je suis pris la main dans le sac.

1. Jeu de mots sur *bonan fide* qui dans la bouche de Théopropide veut dire « Parles-tu sérieusement? », cf. Pseudolus, v. 1095, et que Tranion interprète comme s'il signifiait *Bonan fide* ‹*emit*›? « l'achat a-t-il été loyalement fait? » De là sa réponse.

2. Certains éditeurs attribuent cette phrase à Tranion, en lui donnant la forme interrogative: « N'a-t-il pas choisi ... ? » et mettent la réponse « Mais si, au contraire » dans la bouche de Théopropide.

TR. Ecce autem perii!
TH. Dicisne hoc quod te rogo?
TR. Dicam. Sed nomen domini quaero quid siet.
TH. Age, comminiscere ergo.
TR. Quid ego nunc agam,
Nisi ut in uicinum hunc proximum ∪–́∪–
Eas emisse aedis huiius dicam filium?
Calidum hercle esse audiui optimum mendacium.
Quidquid dei dicunt, id decretumst dicere.
TH. Quid igitur? iam commentu's?
TR. Di istum perduint ...
Immo istunc potius! De uicino hoc proximo
Tuus emit aedis filius.
TH. Bonan fide?
TR. Siquidem tu argentum reddituru's, tum bona;
Si redditurus non es, non emit bona.
TH. Non in loco emit perbono.
TR. Immo in optumo.
TH. Cupio hercle inspicer hasce aedis. Pultadum fores
Atque euoca aliquem | intus ad te, Tranio.
TR. Ecce autem perii! Nunc quid dicam nescio.
Iterum iam ad unum saxum me fluctus ferunt.
⟨TH.⟩ Quid nunc?
⟨TR.⟩ Non hercle quid nunc faciam reperio.

661 TR. : SI. *B hic et in u. sqq.* ‖ siet *A*, *B minio corr.* : sciet *BCD* ‖ 663 proximum ∪–∪– : proximum mendatium *BD*, *C* (-cium) *ex u. 665* (pr)o(xi)mum —— percitem *uel* —rdiem *A* p. ⟨istunc percitem⟩ *Schoell* ⟨rem conferam⟩ *Ritschl, alii alia* ‖ 664 huiius *A* : huius *BCD* ‖ 665 esse audiui *A* : audiui esse *BCD* ‖ *Inter 665 et 667 inseruit Acid. u. 609ª quem secl. Ritschl* ‖ 667 Qudquid *A ut uid.* ‖ decretunst *A* : rectum est *B* decretum est *CD* ‖ 668 TR. *praem. B* ‖ commentu's *Lambin* : -tus *BCD* etcommentust *A* ‖ diis tuum *B*¹ ‖ 669 istunc *A* : istuc *BCD* ‖ 670 TH. *suppl. B* ‖ 671 tu *A* : es *BCD* ‖ reddituru's *Vssing* : -rus *ABCD* ‖ 672 *alterum* non *om. B*¹ ‖ 673 TH. *B spat. CD* : *del. Seyffert dein* perbono? TH. Immo *scribens* et *notam* TH. *initio u. 674 delens* ‖ 675 euoca⟨dum⟩ *Guyet* aliquem ⟨huc⟩ *Ritschl, hiatus uitandi causa* ‖ ad te Tranio *A* : atteterno *BCD* ‖ 676 perii *A* : iterum *BCD* ‖ 678 TH. *add. Schoell* ‖ TR. : *spatium A, nihil in BCD* ‖ reperio *A* : recerio *BCD*

Théopropide. — Dépêche-toi donc d'appeler quelqu'un, demande qu'on me fasse faire le tour.

Tranion *(d'un air scandalisé)*. — Ho! Ho, toi!... Mais c'est qu'il y a là des femmes. Il faut d'abord voir si elles veulent ou non.

Théopropide. — C'est juste; tu as raison. Va t'informer, et demande la permission. J'attendrai ici à la porte, jusqu'à ce que tu sois de retour.

Tranion *(à part)*. — Que les dieux et les déesses s'unissent pour t'anéantir, vieillard, qui viens battre en brèche aussi malencontreusement tous mes desseins. *(Simon sort de sa maison)* Bravo! à merveille! voici le maître de la maison, Simon en personne qui sort de chez lui. Retirons-nous de ce côté, le temps de rassembler dans ma tête le sénat de mes idées. Une fois que j'aurai trouvé mon plan, alors je l'aborderai.

⟨SCÈNE II⟩

SIMON TRANION THÉOPROPIDE

Simon *(d'un air joyeux, et sans voir les autres personnages)*. — Je n'ai pas, de toute l'année, été mieux traité chez moi, ni mangé une seule fois avec plus de plaisir. L'excellent déjeûner que m'a servi ma femme! Maintenant elle me conseille d'aller me coucher; ah! mais non. Je me suis bien douté tout de suite que ce n'était point par hasard qu'elle me servait un déjeûner

Manufesto teneor.
TH. Euocadum aliquem ocius,
Roga circumducat.
TR. Heus tu, at hic sunt mulieres.
Videndumst primum utrum eae uelintne an non uelint.
TH. Bonum aequomque oras. I, percontare et roga.
Ego hic tantisper, dum exis, te opperiar foris.
TR. Di te deaeque omnes funditus perdant, senex!
Ita mea consilia undique oppugnas male.
Eugae! optume eccum | aedium dominus foras
Simo progreditur intus. Huc concessero,
Dum mihi senatum consili in cor conuoco.
Igitur tum accedam hunc, quando quid agam inuenero.

SIMO THEOPROPIDES TRANIO
SENES II SERVVS

SI. Melius anno hoc mihi non fuit domi,
Nec quod una esca me iuuerit magis.
Prandium uxor mihi perbonum dedit.
Nunc dormitum iubet me ire; minime!
Non mihi forte uisum ilico fuit

679 ocius *A* : foras *BCD* ‖ 680 hic *AB* : hinc *CD* ‖ 681 uelintne an *BCD* : uelint aut non *A* ‖ 682 aequmque *A* ‖ oras *BCD* : rogas *A* ‖ percunctare *A* ‖ 684 Di te *AD* : Di de B^1 (Dice B^2) De te *C* ‖ omnis *BCD* ‖ pedant B^1 ‖ 685 male : mali *A ut uid.* mala *BCD* ‖ 686 TR. *praem. B, del. Camer.* ‖ Eugae *A* : Fuge *BCD* ‖ obtume *CD* ‖ 687 intus *A* : ipsus *BCD* ‖ 688 mihi *A* : mi *BCD* ‖ consilii *BCD* ‖ 689 Igitur *AB* : Itur *CD* ‖ hunc B^1D : huc AB^2 ‖ inuenero *A* : en uenero B^1C enuero D^1

SIMO THEOPROPIDES TRANIO *A, uno praeterea u. uacuo* SIMO THEVTROPIDES SENES. II. TRANIO SERVVs. *B, spat. CD* ‖ 691 nec *A* : ne *GCD* ‖ una esca *A* : est cauna *BCD* ‖ me iuuerit *A* : meruerit *BCD* ‖ 692 Prandium AB^2 : Peranium B^1C Perannium *D* ‖ 693 me ire AB^2 : mieire B^1CD ‖ 694 ilico *AB* : iloco D^1 in loco *C*

meilleur que d'ordinaire. La vieille aurait voulu m'emmener dans notre chambre. Dormir ne vaut rien au sortir de déjeûner. Pas de cela! Je me suis esquivé tout doucettement de la maison, et je sors. Ma femme, j'en suis sûr, est maintenant chez nous toute gonflée de rage contre moi.

Tranion *(à part)*. — Ce vieux-là se prépare pour ce soir une mauvaise réception. Il trouvera chez lui mauvais souper, et mauvais coucher par dessus[1].

Simon. — Plus j'y réfléchis en moi-même, plus je vois que, quand on a épousé une riche dot et une vieille femme, on ne se sent jamais tracassé par le sommeil, on a toujours horreur d'aller dormir. Ainsi moi, en ce moment, mon parti est bien pris, j'aime mieux m'en aller au forum que d'être au lit chez moi. *(Aux spectateurs)* Je ne sais pas, par Pollux, comment sont faites vos femmes; mais pour la mienne, je sais bien quelles misères elle me fait; et après cela, ce sera pour moi pis que jamais[2].

Tranion *(à part)*. — Si ton escapade te coûte cher, mon bonhomme, tu n'auras aucun droit de t'en prendre à aucun dieu; c'est toi-même, selon toute justice et toute raison, que tu pourras accuser. *(Comme frappé soudain d'une idée heureuse)* Voici le moment d'entrer en conversation avec ce vieillard. Il en tient. J'ai trouvé le moyen de le faire marcher, je sais par quel bon tour détourner de moi la tourmente. *(Il s'approche de Simon; Théopropide reste de l'autre côté de la scène, assez loin pour ne pas entendre leur entretien)* Avan-

1. Le trait se retrouve à la fin de l'*Asinaria*, v. 935 et s., où le vieux Déménète, à la suite de son incartade, est ramené chez lui rudement par sa femme Artémone :
DEM. Non licet manere — cena coquitur —, dum cenem modo?
ART. Ecastor cenabis hodie, ut dignus es, magnum malum.
DEM. Male cubandum est : iudicatum me uxor abducit domum.

2. Ce vers se rattache mal au vers précédent; peut-être y a-t-il un vers de disparu entre 709 et 710.

Melius quom prandium, quam solet, dedit.
Voluit in cubiculum abducere me anus.
Non bonust somnus de prandio. Apage!
Clanculum ex aedibus me edidi foras.
Tota turget mihi uxor, scio, domi.
TR. Res parata est mala in uesperum huic seni,
Nam et cenandum et cubandumst ei male.
SI. Quom magis cogito cum meo animo,
Siquis dotatam uxorem atque ⟨eam⟩ anum habet,
Neminem sollicitat sopor, i*ta* omnibus
Ire dormitum odio est. Velut nunc mihi
Exsequi certa res est, ut abeam
Potius hinc ad forum quam domi cubem.
Atque pol nescio ut moribus sient
Vostrae; haec sat scio quam me habeat male,
Peiius posthac fore quam fuit mihi.
TR. ⟨Si⟩ abitus tuus tibi, senex, fecerit male,
Nil erit quod deorum ullum accusites,
Te ipse iure optimo merito incusses licet.
Tempus nunc est senem hunc adloqui mihi.
Hoc habet. Repperi qui senem ducerem,
Quo dolo a me dolorem procul pellerem.

695 quom *B*² : qum *A* quam *BCD* ‖ solet *A* : solum *BCD* ‖ 690 me anus *AB* : -m eamus *CD* ‖ 697 bonust somnus *Ritschl* : bonum est somnum *A* bonus somnus est *BCD* ‖ 699 scio *A* : scio nunc *BCD* ‖ 700 mala *BCD* : male *A* ‖ 701 et cubandumst ei *Ritschl* : ei et cubandum est *A* et cubandumst ni trahis *BCD* ‖ 703-5 *Lacunam habuit archetypus codd. BCD cf. uu. 723-6* ‖ 703 *inter* uxorem *et* habet *lac. circiter 14 litter. BCD* ‖ ⟨eam⟩ *add. Sonnenschein, cf. Lindsay Earl. Lat. Vers. 294, nam hiatus* anum | habet *displicet* habét anúm *Leo* ‖ 704 sopo *nec quicquam praeterea B*¹*CD* ‖ ita *Skutsch* : in *A* ‖ 705 dormitum *BCD* : dom(itu)m *A* ‖ est uelut nunc mihi *A* : estue *BCD, reliquis omissis* ‖ uelut : ueluti *Ritschl* ‖ 706 exequi *AD* ‖ abeam *A* : ha- *B ante ras. CD*¹ ‖ 709 Vostrae *BCD* : uostra *A* ‖ me *B*²*CD* : *om. AB*¹ ‖ 710 *male cum u. 709 coniungitur; intercidisse uersum suspicatus est Leo* ‖ peiius *A* : Pelius *B*¹*CD*¹ ‖ 711 Si *add. Camer.; cf. Sjögren, Fut. 157* ‖ 712 ullum *AB*² : nullum *B*¹*CD* ‖ 713 ipse *BCD* : ipsei *A* ‖ incusses *A* : incusis *B*¹*CD* -ses *B*² ‖ 714 senem *AB* : semen *CD* ‖ adloquimini *BCD* ‖ *u. iterat A post 715 in loc. u. 716 ubi habet* (tempu)s nunc est mihi hunc adloqui senem ‖ 715 senem *B* : semen *CD* circum *A ut uid.* ‖ 716 Quo *B*² : Quod *B*¹ *CD*

çons. *(Haut)* Que les dieux te comblent de leurs faveurs, Simon!

SIMON. — Bonjour, Tranion.

TRANION. — Comment vas-tu?

SIMON. — Pas mal. Que fais-tu de beau?

TRANION *(saisissant avec effusion la main de Simon)*. — Je serre la main d'un honnête homme[1].

SIMON. — Merci du compliment.

TRANION. — Tu le mérites bien.

SIMON *(d'un ton moqueur)*. — Mais moi, par Hercule en te serrant la main, je tiens un fameux coquin.

[THÉOPROPIDE. — Holà, pendard! reviens vers moi.

TRANION. — Oui, je suis là dans un instant[2].]

SIMON *(d'un air railleur, en montrant la maison de Philoxène)*. — Eh bien? quand commence-t-on...?

TRANION. — Quoi donc?

SIMON. — Ce qui se fait d'habitude chez vous.

TRANION. — Qu'est-ce?

SIMON. — Tu sais bien ce que je veux dire. Du reste, tu as raison. *(Lacune)* Sache te montrer complaisant. Songe en même temps combien la vie courte.

TRANION. — Quoi? Ah! j'y suis à la fin; ce n'est pas sans peine. Tu veux parler du train que nous menons.

1. Équivoque traditionnelle. Le *Quid agis* de Simon veut dire simplement « Comment vas-tu? », de même que nous disons : « Que fais-tu de bon? ». Tranion l'entend dans son sens littéral « Que fais-tu? », et se précipite avec effusion sur la main de son interlocuteur, en faisant sa réponse. Cf. dans les Ménechmes, v. 137 et suiv.

MEN. Quis homo est?
PEN. Ego sum.
MEN. O mea Commoditas, o mea [Opportunitas,
Salue.
PEN. Salue.
MEN. Quid agis?
PEN. Teneo dextera genium meum.

2. Ce vers, qui est tout à fait déplacé dans le dialogue, a été rejeté par Schoell. Certains critiques le transportent après le v. 740.

Accedam. — Di te ament plurimum, Simo!
SI. Saluos sis, Tranio!
TR. Vt uales?
SI. Non male.
Quid agis?
TR. Hominem optumum teneo.
SI. Amice facis,
Quom me laudas.
TR. Decet certe.
SI. Quin mehercle te 720
Hau bonum teneo seruom.
[⟨TH.⟩ Heia, mastigia, ad me redi. 721
TR. *I*am isti ero. 721a
SI.] Quid nunc? quam mox ...
TR. Quid est?
SI. Quod solet fieri hic 722
Intus ...
TR. Quid id est?
SI. Scis iam quid loquar. Sic decet :
* * * morem geras. 725
Vita quam sit breuis, †simul cogita.
⟨TR.⟩ Quid?
Ehem, uix tandem percepi super his rebus nostris
te loqui. 727. 728

718 tranio ut *sine spat. A* ‖ 719 agis hominem *BCD* (TR. *s. u. B*) ‖ teneo # amice *A* : teneo uamice *BCD* (*corr. B*2) ‖ 720 Cum *A* ‖ me laudas *AB* : mel audis *CD* ‖ *Sic distinxit B* : decet # certe *A* ‖ SI. *B supra u.* : *spat. om. BCD* ‖ Quin mehercle te | Hau bonum *Schoell duce Grutero* : quinm—— | Haud bonum *A* hercle te habeo hau | Bonum *BCD* ‖ 721 seruum *A* ‖ 721a *secl. Schoell; alii post 740 traiec.* ‖ TH. *add. Camer.* ‖ Heia *A* : Eia *BCD* ‖ TR. *B supra u.* : *om. CD, A n. l.* ‖ iam *Camer.* : eam *BCD* ‖ isti *Bothe* : istic *BCD* ‖ 722 nunc *BCD* : num *A* ‖ TR... SI : SIMO ... TRA *B* ‖ Quid est *BCD* : quid is es(t) *A* ‖ hic *AB*1*CD* : Dic *B*2 *initio u. seq.* ‖ 723-725 *lacuna in archet. codd. BCD* (*cf. uu. 703-705*) SI. Dic (*lacuna*) loquar | SI. Sic decet (*lacuna*) morem geras ‖ 724-758 *deest A* ‖ 726 *u. mancus, ut uid.* ‖ breuis *B* : breui *CD* ‖ simul *supra u. in B* ‖ TR. *add. F* : *spatium in BCD* ‖ 727-8 *sic BCD* : Ehe tandem percipio super rebus nostris loqui te FESTVS *305,8*

SIMON. — Par Hercule! vous vivez en hommes de goût, comme il vous sied; bon vin, bonne chère, poissons fins, vous avez la vie belle.

TRANION *(avec un soupir)*. — Dis plutôt que nous l'avons eue. Aujourd'hui tout ce bonheur s'est évanoui pour nous[1].

SIMON. — Comment donc?

TRANION. — Oui, nous sommes tous bel et bien morts, Simon.

SIMON. — Tais-toi donc; jusqu'à présent tout vous a réussi à merveille.

TRANION. — Oui, c'est vrai, je ne le nie point; nous avons certainement mené bonne vie, comme nous le voulions. Mais, Simon, aujourd'hui nous n'avons plus le vent en poupe.

SIMON *(d'un ton faussement apitoyé)*. — Qu'y a-t-il? Quel accident?

TRANION *(d'un ton lamentable)*. — Effroyable.

SIMON. — Comment? un bâtiment amené à terre et mis en sûreté?

TRANION. — Hélas!

SIMON. — Qu'y a-t-il?

TRANION. — Malheur à moi! je suis mort.

SIMON. — Comment?

TRANION. — Un vaisseau est venu qui va briser la carcasse du nôtre[3].

SIMON. — Je suis de cœur avec toi, Tranion. Mais de quoi s'agit-il?

TRANION. — Je vais te le dire. Mon maître est revenu de son voyage.

1. Texte peu sûr. Le *communia* des manuscrits est inintelligible; il a été diversement corrigé (cf. apparat critique), sans qu'aucune des corrections s'impose. Le sens général ne fait pas de doute.

2. L'expression *nostrae naui ratem* est étrange. Si le texte est correct, sans doute faut-il entendre par *ratis* l'assemblage des bois qui forme la carcasse; cf. Varron, L. L. 7, 23.

SI. Musice hercle agitis aetatem ita ut uos decet;
Vino et uictu, piscatu probo, electili,
Vitam colitis.
TR. Immo uit⟨a⟩ antehac erat;
Nunc nobis †communia haec exciderunt.
SI. Quidum?
TR. Ita oppido occidimus omnes, Simo.
SI. Non taces? prospere uobis cuncta usque adhuc
Processerunt.
TR. Ita ut dicis facta hau nego.
Nos profecto probe ut uoluimus uiximus;
Sed, Simo, ita nunc uentus nauem ⟨nostram⟩ deseruit.
SI. Quid est?
Quo modo?
⟨TR.⟩ Pessimo.
⟨SI.⟩ Quae*n*e subducta erat
Tuto in terra?
TR. Ei!
SI. Quid est?
TR. Me miserum! occidi.
SI. Qui?
TR. Quia uenit nauis, nostrae naui quae frangat ratem.
SI. Vel⟨l⟩*e*m ut tu uelles, Tr*an*io. S⟨ed⟩ quid est negoti?
TR. Eloquar.

731 colitis *BCD* : percolitis *Schoell* ⟨quom⟩ colitis *Redslob ut tetram. plenus fiat* ‖ uita *FZ* : uit *B*^{1}*CD* ut *B*^{2} ‖ 732 communia *BCD, corruptum* : omnia *Camer.* conuiuia *Schoell* comia h. e. ⟨Simo⟩ *Lindsay* ‖ 733 Qudum *B* ‖ TR. *supra u. B* : *nihil in CD* ‖ 734-36 *sic discr. B* : — processerunt | — nos | — uiximus; *corr. Camer.* ‖ 735 hau *D* : heu *C* haud *B* ‖ 737-740 *sic. discr. B* : — nauem | — pessimo | — interra | — Quia | — ratem; *corr. Bothe* ‖ 737 Simo *B*^{2}*C* : scimo *B*^{1}*D*^{1} ‖ nostram *add. Camer.* ‖ 738 *Pers. add. Bothe* ‖ Quaene *Pylades* : Quae nec *BCD* ‖ 740 ratem *BCD, corrupt. uid.* : trabes *Lorenz* ‖ 742 Vellem *Muret* : Velim *BCD* ‖ ut ut *B*^{1} ‖ Tranio sed quid est *FZ* : trannios est *CD* trannios quid est *B*^{1} *cum* quid *supra u.* (trannioset *B*^{2}) ‖ est negoci *BCD* : negotist *Brix* ‖ Eloqvere *B*^{1}

Simon. — Alors * * * * * * * *(lacune)*, puis les fers, ensuite *(lacune)*[1].

Tranion. — ⟨Par tes⟩ genoux, je t'en conjure, ne me dénonce pas à mon maître.

Simon. — De moi, sois sans crainte, il ne saura rien.

Tranion. — O mon patron, salut!

Simon. — Je ne me soucie pas de clients de ton espèce.

Tranion. — Maintenant, voici la commission dont notre vieillard m'a chargé pour toi...

Simon. — Réponds d'abord à ma question : votre vieillard a-t-il eu vent de vos fredaines, déjà?

Tranion. — Pas du tout.

Simon. — A-t-il grondé son fils?

Tranion. — Il est d'humeur aussi sereine que le temps le plus serein[2]. Il m'a chargé, pour l'heure, de te demander avec instance la permission de visiter ta maison que voici.

Simon. — Elle n'est pas à vendre.

Tranion. — Je le sais bien. Mais le vieillard veut bâtir un gynécée dans la sienne, ainsi que des bains, et puis, un promenoir, et un portique.

Simon. — Qu'est-ce qu'il a rêvé?

Tranion. — Je vais te le dire. Il veut marier son fils le plus tôt possible; pour cela il veut construire un nouveau gynécée. Il prétend que je ne sais quel architecte lui a fait l'éloge de ta maison, qu'elle est exces-

1. Les vers 743-744 présentent en leur milieu une lacune, qu'on a comblée de diverses façons. Ussing propose un texte qui peut se traduire ainsi : « Alors c'est le fouet pour ton dos que ce retour présage, puis les fers, ensuite le gibet. »

2. Image fréquente; cf. entre autres le vers 417 de notre comédie :

Profecto ut liqueant omnia et tranquilla sint.

Périplectomène dit de même, dans le Miles, v. 665, en parlant de son humeur :

Leniorem dices quam mutum est mare,
Liquidiusculusque ero quam uentus est fauonius,

Erus peregre uenit.
SI. Tunc * * * * * *
portenditur,
Inde ferriterium,postea * *
⟨TR. * * g⟩enua obsecro,
Ne indicium ero facias meo.
SI. E me, ne quid metuas, nibil sci*e*t.
TR. Patrone, salue.
SI. N*i*l moror m*i* istiusmodi clientis.
TR. Nunc hoc, quod ad te noster me [me] misit senex ...
SI. Hoc mihi responde primum quod ego te rogo :
Iam de istis rebus uoster quid sensit senex?
TR. N*i*l quicquam.
⟨SI.⟩ *N*umquid increpitauit filium?
TR. Tam liquidust quam liquida esse tempestas solet.
Nunc te hoc orare iussit opere maximo,
Vt sibi liceret inspicere hasce aedis tuas.
SI. Non sunt uenales.
TR. Scio equidem istuc; sed senex
Gynaeceum aedificare uolt hic in suis,
Et balineas, et ambulacrum, et porticum.
SI. †Quid consomniauit?
TR. Ego dicam tibi.
Dare uolt uxorem filio quantum potest;
Ad eam rem facere uolt nouom gynaeceum.

743-4 *lacunam in archet. BCD (cf. uu. 763-5) quam sign. codd., alii aliter suppleu.* ‖ Tunc ⟨flagrum tergo tuo⟩ *Ussing* ‖ portenditur *Vssing* : cor tenditur *BCD* ‖ postea ⟨crux. TR. per tua te g⟩enua *Vssing* ‖ 745 sciet B^2 : sciat B^1*CD* ‖ 746 nihil ... mihi *BCD* ‖ 747 me B^2 : meme B^1*CD* ‖ 748 ϱrogo *B* ‖ 750 Nihil *BCD* ‖ SI. Nunquid *FZ* : unum quid B^1 Vnum quid *CD* ‖ increpitauit *CD* : increpauit *B* ‖ 751 liquidust *Guyet* (-dus est *iam Camer.*) : liquidum est *codd.* ‖ 753 has cedis B^1 ‖ 755 Cineceum B^1 ‖ 757 *u. mancus* : ⟨Hem⟩ quid con- *Ritschl* Quid ⟨ergo⟩ somniauit *Leo ut u. plenus fiat* ‖ 759 *accedit A* ‖ nouom : noum B^1 nouum B^2*CD*, *A n. l.*

sivement bien bâtie. Il veut prendre modèle dessus, si tu permets. Il désire d'autant plus prendre modèle sur toi qu'il a ouï dire que tu y as, en été, une ombre des plus agréables, par les jours les plus secs[1], pendant toute la journée.

SIMON. — Tout au contraire, par Pollux. Quand il y a de l'ombre partout ailleurs, le soleil donne ici sans arrêt depuis le matin jusqu'au soir; comme un créancier, il ne bouge pas de ma porte; et je n'ai d'ombre nulle part, sauf ce qu'il peut y en avoir au fond du puits.

TRANION. — A défaut d'ombre véritable, n'as-tu pas au moins celle d'une Sarsinienne[2]?

SIMON. — Ne sois pas assommant; je te dis ce qui en est.

TRANION. — Pourtant, il voudrait visiter.

SIMON. — Qu'il visite, s'il en a envie. S'il y a quelque chose qui lui plaise, il n'a qu'à bâtir sur mon modèle.

TRANION. — Alors, je vais l'appeler?

SIMON. — Oui, appelle-le.

TRANION. — On vante les fameux exploits du grand Alexandre et d'Agathocle[3]; qu'adviendra-t-il de moi, ce troisième héros, qui, sans l'aide de personne, accomplis des prouesses immortelles? *(Montrant Simon)*

1. L'expression *sub sudo columine*, qui n'est pas autrement connue, n'est pas des plus claires.

2. Tranion joue sur le double sens de *umbra* « ombre » et *Vmbra* nom propre, « Ombrienne ». Sa phrase équivoque peut vouloir dire « A défaut d'ombre (ou « d'Ombrienne ») n'as-tu pas au moins une Sarsinienne? » Sarsina est, on le sait, la patrie de Plaute: la plaisanterie est de son crû.

3. C'est un procédé fréquent que d'évoquer les noms de héros ou de personnages fabuleux pour comparer leurs exploits à celui du personnage en cause, cf. Aulularia 704, Bacch. 925, Merc. 469. Agathocle, tyran de Syracuse, mort en 289 avant J. C., s'était rendu célèbre par ses victoires sur les Carthaginois. Il est encore cité dans le Pseudolus, au v. 532.

Nam sibi laudauisse hasce ait architectonem
Nescioquem exaedificatas insanum bene.
Nunc hinc exemplum capere uolt, nisi tu neuis.
Nam ille eo maiore hinc opere sibi exemplum petit,
Quia isti umbram audiuit esse aestate perbonam
Sub sudo columine usque perpetuum diem.

SI. Immo edepol uero, quom usque quaque umbra est, tamen
Sol semper hic est usque a mani ad uesperum.
Quasi flagitator astat usque ad ostium,
Nec *mi* umbra hic usquamst, nisi si in puteo quaepiamst.

TR. Quid? Sarsinatis ecqua est, si Vmbram non habes?

SI. Molestus ne sis; haec sunt sicut praedico.

TR. At tamen inspicere uolt.

SI. Inspiciat, si lubet.
Siquid erit quod illi placeat, de exemplo meo
Ipse aedificato.

TR. Eon, uoco huc hominem?

SI. I, uoca.

TR. Alexandrum magnum atque Agathoclem aiunt maxumas
Duo res gessisse; quid mihi fiet tertio,
Qui solus facio facinora immortalia?

760 laudauisse *A* : laudasse *BCDT* ‖ hasce ait *BT* : ait has *A ut uid.* ait *CD* ‖ architectonem AB^1T : -torem B^2CD ‖ 761 exaedificatas *Studemund* : exaedificatas esse *A* esse aedificatas has *B* aedificatas has *CD* ‖ insanum *A* : sane *BCD* ‖ 763-765 *lacuna in archet. BCD (cf. uu. 742-3); suppl. A* ‖ 763 mai(ore) hinc *A* : malo *cum lac. BCD* ‖ s(ibi) *A* : ex te *B*, *om. CD* ‖ 764 isti *A* : hic *BCD* ‖ umbram audiuit *om. BCD* ‖ 765 Sub sudo *Studemund ex A* (subs..o), *cf. Franck ALLG 10,344* : Subdiu *BCD* Sub diuo *alii; cf. Thes. Ling. Lat. III 1736, 11 et s.* ‖ col(umi)ne usq. *A* : col *BCD cum lac.* ‖ 766 quom *B* : cum *ACD* ‖ est *BCD* : es *A* ‖ 767 hic est usque *BCD* : hucusque *A* ‖ mani B^1, *confirmat* SERVIVS *in Aen. 5,19* : mane *A*, *CD*, *B corr.* ‖ 768 ostium *B* : hostium *ACD* ‖ 769 Nec : Haec B^1 ‖ mihi *ABCD* ‖ hic *A* : *om. BCD* ‖ 770 sarsinatis *BCD* : arsinatis *A* ‖ ecqua *A* : ec quam *B* et quam *CD* ‖ 774 Ispe B^1 ‖ i *A* : *om. BCD* ‖ 777 immortalia *A* : inm- *BCD*

Celui-ci porte son bât; l'autre vieux porte aussi le sien[1]. Je me suis créé un nouveau métier assez lucratif. Les muletiers ont des mulets porteurs de bât; moi ce sont des hommes bâtés que j'emploie. Ils sont vigoureux; quelque charge qu'on leur mette sur le dos, ils la portent.

⟨SCÈNE II⟩

TRANION THÉOPROPIDE SIMON

TRANION *(montrant Théopropide)*. — Maintenant peut-être devrais-je parler à celui-ci. Allons à sa rencontre. *(Haut)* Hé! Théopropide.

THÉOPROPIDE. — Hein? qui m'appelle?

TRANION. — Un esclave en tout point fidèle à son maître.

THÉOPROPIDE. — D'où viens-tu?

TRANION. — Je t'apporte le résultat de ta commission : tout est arrangé.

THÉOPROPIDE. — Pourquoi, s'il te plaît, es-tu resté si longtemps parti?

TRANION. — Le vieillard n'était pas libre, aussi ai-je attendu.

THÉOPROPIDE. — Tu n'as pas perdu ta vieille habitude de lambiner.

TRANION. — Dis donc, si tu voulais te rappeler le proverbe : il n'est pas facile de souffler et d'avaler à

1. Cf. 430. L'image, proverbiale, est fréquemment employée; cf. Bacch. 349 :
Ille est oneratus recte et plus iusto uehit.
Et Cicéron, dans une lettre à Atticus, cite cet autre vers :
Clitellae boui sunt impositae; plane non est nostrum onus,
repris par Ammien Marcellin XVI, 5 et abrégé par Quintilien, l. V, 11, 21.

Vehit hic clitellas, uehit hic autem alter senex.
Nouicium mihi quaestum institui non malum.
Nam muliones mulos clitellarios
Habent, at ego habeo homines clitellarios.
Magni sunt oneris; quicquid imponas, uehunt.

TRANIO — **THE*OP*ROPIDES** — **SIMO**

SERVVS — SENES II

TR. Nunc hunc hau scio an conloquar. Congrediar.
Heus, Theopropides!
TH. Hem, quis hic nominat me?
TR. Ero seruos multimodis suo fidus.
TH. Vnde is?
TR. Quod me miseras, adfero omne impetratum.
TH. Quid illic, opsecro, tam diu destitisti?
TR. Seni non erat otium; id sum opperitus.
TH. Antiquom optines hoc tuum, tardus ut sis.
TR. Heus tu, si uoles uerbum hoc cogitare :
Simul flare sorbereque haud factu facilest.
Ego hic esse et illic simitu hau potui.

778 Vehit (hic) *A*, B^2 : Vehit B^1CD ‖ clitellas AB^1 : ditellas *B m. rec.* *CD* ‖ 781 at *Studemund, quadrante spatio in A : om.* *BCD* ‖ 782 honeris *B ante ras.*, *CD* ‖ imponas *AC* : in- *BD*

***Nouam scaenam incipiunt BCD; priorem continuat A* ‖ TRANIO SERVV•. THEVROPIDES. SIMO. SENES. II. *B* : *unius u. spatium* CD^1 ‖ 783 hunc AB^2 : *om.* B^1CD ‖ hau scio : haud scio *A* hauscio B^1CD haut scio B^2 ‖ con conloquar B^1 colloquar *CD* ‖ 784-785 *lacuna in archet.* *BCD* (*cf. 802-803*) ‖ 784 (t)heoropides *A* theupropides *B* theuropides *CD* ‖ hem quis hic *A* : hem B^1CD *cum lac.* ‖ 785 multimodis suo fidus *Ritschl* : multimodis filius *A* multum suo *BCD cum lac.* ‖ 786 Quod B^1 : Quõ AB^2CD ‖ affero *CD* ‖ 787 obsecro *BCD* ‖ 788 erat otium *A* : otium B^1 *cum lac.* otium erat B^2CD ‖ operitus *BD* ‖ 789 Antiquom : -qum *A* -quum *BCD* ‖ obtines *CD* ‖ pardus B^1 ‖ sies *A* ‖ 791 haud *ABC* : aut *B* ‖ 792 illic *A*, *CD* : illi *B* ‖ simitu *A* : simul *BCD* ‖ hau AB^1 : haud B^2CD**

la fois. Je ne pouvais être en même temps ici et là.

THÉOPROPIDE. — Et maintenant?

TRANION. — Visite, regarde partout, à ta fantaisie.

THÉOPROPIDE. — Allons, va, conduis-moi.

TRANION. — Est-ce que je te retiens?

THÉOPROPIDE. — Je marche à ta suite.

TRANION *(montrant Simon)*. — Voici le vieillard en personne qui t'attend devant la porte. Mais comme il est déjà désolé d'avoir vendu cette maison!

THÉOPROPIDE. — Et après?

TRANION. — Il me prie de conseiller à Philolachès de la lui recéder.

THÉOPROPIDE *(s'arrêtant pour parler)*. — Ce n'est pas mon avis. Aux champs chacun moissonne pour soi. Si nous avions fait une mauvaise emplette, nous n'aurions pas le droit d'y renoncer. Tout ce qui est profit, nous devons le garder pour nous. Il ne faut pas se montrer trop compatissant.

TRANION. — Tu nous fais perdre notre temps, morbleu, avec toutes tes sornettes[1]. Marche à ma suite.

THÉOPROPIDE. — Volontiers. Je suis à ta disposition.

TRANION. — Voici le vieillard. *(A Simon)* Tiens, je te l'amène.

SIMON. — Je suis heureux que tu sois revenu sain et sauf de ton voyage, Théopropide.

THÉOPROPIDE. — Que les dieux te protègent!

SIMON. — Il m'a dit que tu voulais visiter cette maison.

THÉOPROPIDE. — Si cela ne te gêne pas.

1. Le texte des manuscrits présente au milieu des vers 802-803 une lacune qui rend le sens douteux. La traduction donnée répond au supplément de Schoell. Certains éditeurs attribuent le vers 802 à Tranion et lisent: *Misericordia⟨m tamen habere⟩ hominem oportet* et distribuent ainsi le v. 803: TH. *Morare hercle quom uerba facis.* TR. *Subsequere.* TH. *Fiat.* « TR. Cependant l'humanité veut qu'on soit compatissant. — TH. Tu me fais perdre le temps, par Hercule, avec tous tes discours. — TR. Suis mes pas. — TH. Volontiers. » L'hésitation est permise.

TH. Quid nunc?
TR. Vise, specta tuo usque arbitratu.
TH. Age, ⟨i⟩, duce me.
TR. Num moror?
TH. Subsequor te.
TR. Senex ipsus te ante ostium eccum opperitur.
Sed ut maestus est se hasce ⟨aedis⟩ uendidisse!
TH. Quid tandem?
TR. Orat ut suadeam Philolacheti
Vt istas remittat sibi.
TH. Haud opinor.
Sibi quisque ruri metit. Si male emptae
Forent, nobis istas redhibere haud liceret.
Lucri quicquid est, id domum trahere oportet.
Misericordias * * * hominem oportet.
TR. Morare hercle, * * facis. Sussequere.
⟨TH.⟩ Fiat.
Do tibi ego operam.
⟨TR.⟩ Senex illic est. Em, tibi adduxi hominem.
SI. Saluom te aduenisse peregre gaudeo, Theo⟨p⟩ropides.
TH. Dei te ament!
SI. Inspicere ⟨is⟩te aedis te has *u*elle aiebat mihi.
⟨TH.⟩ Nisi tibi est incommodum.
SI. Immo commodum. Intro atque inspice.

793 *Sic dist. BCD* : quid nunuis ǂ uisaspecta ǂ tuo *A* ‖ usque *A* : *om. BCD* ‖ 794 i *add. Weise* ‖ duce *Ritschl* : duc *A, BCD* ‖ num *Camer.* : nom *A* nunc *BCD* ‖ 795 ipsus *A* : ipse *BCD* ‖ te *AB* : *om. CD* ‖ hostium *AD* ‖ eccum *BCD* : illud *A* ‖ opperitur *A* : ope- *CD* opperibitur *B* ‖ 796 ut *A* : *om. BCD* ‖ se *BCD* : sese *A* ‖ aedis *add. Ritschl* ‖ 797-825 *deest A* ‖ 798 Haut B^1, *it. 800* ‖ 799 metit *B* : metuit *CD* ‖ 800 liceret *B* : placeret *CD* ‖ 802-3 *lacunam in archet. BCD alii aliter suppl.; e. g.* M. s⟨obrie uti⟩ *et* ⟨nugas⟩ facis *Schoell*; M. ⟨supersedere⟩ *uel* s⟨e abstinere⟩ *et* ⟨odiose⟩ facis *Leo* ‖ 803 TH. *add. Gruter* ‖ fiat *om. B* ‖ 804 TR. *add. Camer.* ‖ ego *ex* senex B^2 ‖ homine B^1 ‖ ⟨Simo⟩ *add. Schoell in fine uersus* ‖ 805 theuropides *BCD* ‖ 806 Inspicere B^2 *ex ras.* : -rent B^1CD ‖ iste *Lorenz* : te *BCD* ‖ uelle *FZ* : belle *BCD* ‖ 807 TH. *add. FZ* ‖ est incommodum *Bentley* : incommodum est *BCD* ‖ SI. *FZ* : H *B qui deinde* SI intro

Simon. — Au contraire, avec plaisir. Entre, visite.

Théopropide. — Mais les femmes...

Simon. — Qu'il n'y ait pas de femme qui t'inquiète le moins du monde. Promène-toi à travers la maison du haut en bas; fais tout comme chez toi.

Théopropide *(avec un sursaut d'étonnement).* — Comme...?

Tranion *(bas à Théopropide).* — Ah! avec le chagrin qu'il a, ne va pas lui jeter à la tête que tu as acheté sa maison. Tu ne vois pas la triste mine que fait le pauvre vieux?

Théopropide. — Je vois.

Tranion *(de même).* — N'aie donc pas l'air de te moquer de lui et de montrer trop de joie ou d'impatience; ne dis pas un mot de ton achat.

Théopropide. — Je comprends; l'avis me semble sage, et partir d'un bon naturel. *(A Simon)* Eh bien?

Simon. — Eh bien! entre, examine à ton aise, tant qu'il te plaira.

Théopropide. — Tu es bien aimable, je te remercie.

Simon. — A ton service, par Pollux. [Veux-tu quelqu'un pour te mener?

Théopropide. — Fi donc! point de ton meneur, je n'en veux pas. Quoi qu'il m'arrive, j'aime mieux me perdre que de me laisser mener par personne[1].]

Tranion *(à Théopropide).* — Tu vois ce vestibule devant la maison et ce promenoir, comme c'est fait?

Théopropide. — Magnifique, par Pollux, assurément.

Tranion. — Tiens, regarde ces jambages de porte, comme c'est fait! avec quelle solidité ils sont construits! et quelle épaisseur!

Théopropide. — Je ne crois pas en avoir vu de plus beaux.

1. Ces deux vers, qui répètent les v. 843-846 ont été ajoutés sans doute à l'occasion d'une reprise de la pièce, de manière à permettre l'omission des vers 817-847.

TH. At enim mulieres ...
SI. Caue tu ullam flocci faxis mulierem.
Qualibet perambula aedis oppido tamquam tuas.
TH. 'Tamquam'?
TR. Ah, caue tu illi obiectes nunc in aegritudine
Te has emisse. Non tu uides hunc uoltu ut tristi | est senex?
TH. Video.
TR. Ergo inridere ne uideare et gestire admodum;
Noli facere mentionem te | emisse.
TH. Intellego;
Et bene monitum duco, atque ⟨es⟩se existumo humani ingeni.
Quid nunc?
SI. Quin tu is intro atque otiose perspecta, ut lubet.
TH. Bene beni⟨gne⟩que arbitror te facere.
⟨SI.⟩ Factum edepol uolo.
[SI. Vin qui perductet?
TH. Apage istum perductorem; non placet. 816a
Qui⟨cqui⟩d est, errabo potius quam perductet quispiam.] 816b
TR. Viden uestibulum ante aedis hoc et ambulacrum, cuiusmodi?
TH. Luculentum edepol profecto.
TR. Age specta postis, cuiusmodi,

808 ullam *CD* : illam *B* ‖ flocci faxis *CD* : floxcifati faxis *B*, *cum linea sub* fati ‖ 810 Tanquam *BC* ‖ 811 *sic codd. cum hiatu* : uti *Ritschl* est tristi *Bothe* ‖ 812 et *CD* : *om.* *B* ‖ 813 te *BCD cum hiatu* : ted *Bothe* te ⟨has⟩ *Guyet* ‖ 814 atque esse *Bothe* : atque se B^1CD ac esse *iam Z* ‖ ingeni : -nio *BCD* (*unde* humano B^2) -nii *FZ* ‖ 815 Quintu TR. *B* quintu ⌗ *CD* ‖ is B^1CD : i *B minio corr.* ‖ 816 benigneque *Camer.* : benique B^1CD ‖ 816ab *a retractatore additos esse, ut uu. 817-847 in agenda fabula omitti possent, docuit Seyffert seclusitque; cf. 845 sqq.* ‖ Quicquid (Quid quid *B*) *ABCD in u. 847* : S. Quid *B* Quid *CD hic* ‖ TH. errabo *B hic* ‖ 817 TR *FZ* : S *B* ‖ ambulacrum B^2 : amplacrum B^1CD ‖ 818 TR. *FZ* : SI. *B* ‖ postes *BCD*

SIMON. — Parbleu, je les avais toutefois payés un beau prix.

TRANION *(bas à Théopropide)*. — Tu l'entends? « Je les avais... »[1]. On voit qu'il a peine à retenir ses larmes.

THÉOPROPIDE. — Combien les avais-tu payés?

SIMON. — Trois mines les deux, sans compter le transport.

THÉOPROPIDE *(examinant la porte de plus près)*. — Pourtant, par Hercule, ils sont beaucoup moins bons que je n'ai cru d'abord.

SIMON. — Pourquoi cela?

THÉOPROPIDE. — Parce que, ma foi, les vers les piquent tous les deux par le bas.

TRANION. — Ils ont dû être coupés hors de saison; c'est là le défaut qui leur fait tort. Mais, malgré cela, ils sont encore assez bons, si on les passe à la poix. Car ce n'est pas un mangeur de bouillie, un ouvrier barbare qui a fait ce travail-là. Tu vois les assemblages des vantaux?

THÉOPROPIDE. — Je vois.

TRANION. — Regarde comme ils s'embrassent étroitement.

THÉOPROPIDE. — Comme ils s'embrassent?

TRANION. — Je voulais dire comme ils s'unissent bien[2]. *(Lui montrant la maison)* Es-tu content?

THÉOPROPIDE. — Plus j'examine chaque détail, plus je suis charmé.

TRANION. — Tu vois cette peinture, qui représente une corneille se jouant de deux buses?

1. Tranion équivoque sur le temps. Simon dit « Je les avais payés », parce qu'il pense que la porte a fait son temps, et qu'il va devoir la remplacer (cf. v. 825 sqq.). Tranion interprète le plus que parfait comme un aveu de dépossession.

2. Le latin dit, équivoquant sur *conivere* « fermer les yeux », et aussi simplement « fermer » (au sens absolu de « être fermé ») : TR. Regarde comme ils dorment bien (étroitement). — TH. Comme ils dorment? — TR. Je voulais dire comme ils ferment. — J'ai emprunté la traduction de Naudet, qui substitue au jeu de mots du latin un jeu de mots analogue.

Quanta firmitate facti et quanta crassitudine.
TH. Non uideor uidisse postis pulchriores.
⟨SI.⟩ Pol mihi
Eo pretio empti fuerant olim.
TR. Audin 'fuerant' dicere?
Vix uidetur continere lacrimas.
TH. Quanti hosce emeras?
⟨SI.⟩ Tris minas pro istis d*uo*bus praeter uecturam dedi.
TH. Hercle qui mult*o* improbiores sunt quam a primo credidi.
SI. Quapropter?
TH. Quia edepol ambo ab infimo t*ar*mes secat.
⟨TR.⟩ Intempestiuos excissos credo; id eis uitium nocet.
Atque etiam nunc satis boni sunt, si sunt inducti pice.
Non enim haec pultifagus opifex opera fecit barbarus.
Viden coagmenta in foribus?
TH. Video.
TR. Specta quam arte dormiunt.
TH. Dormiunt?
TR. Illud quidem, ut coniuent, uolui dicere.
Satin habes?
⟨TH.⟩ Vt quicquid magis contempl*o*, tanto magis placet.
TR. Viden pictum ubi ludifica*t* una cornix uolturios duos?
TH. Non edepol uideo.
⟨TR.⟩ At ego uide*o*; nam inter uolturios duos
Cornix astat, ea uolturios duo uicissim uellicat.
Quaeso, huc ad me specta, cornicem ut conspicere possies.

819 Quanta *CD* : Qua (*ex* Quam) *B* ‖ 820 SI. *add. FZ* ‖ 821 Audin fuerant *FZ* : Aut infuerat $B^{1}CD$ Audenfuerant B^{2} ‖ 823 SI. *FZ* : *om. B* ‖ duobus *Z* : diebus *BCD* ‖ 824 multo *FZ* : multum *BCD* ‖ 825 tarmes secat *Scaliger* : tramisecat $B^{1}D$, tra mi set at *C* tramis secat B^{2} ‖ 826 *accedit A* ‖ TR. *add. Camer.* ‖ intempestiuos *BCD* : -tius *A* ‖ excisso(s) *A* : excisos *BCD* ‖ nocet *BCD* : docet *A* ‖ 827 etiannunc *A* ‖ 828 pultifagus *BCD* : pultufagis *A* ‖ 829 TR. *praem. B, del. Camer.* ‖ dormiunt AB^{2} : dormunt $B^{1}CD$ ‖ 831 H *praem. B* ‖ Satim B^{1} ‖ TH. *add. FZ* : *nihil in ABCD* ‖ contemplo *Langen* : -plor *ABCD* ‖ 832 ludificat *Bentley* : -catur *ABCD* ‖ duos *A* : duo *BCD* ‖ 833 *solus habet A* ‖ TR. *add. Bothe* ‖ uideo *Studemund* : -or *A* ‖ 834 duo *BCD* : duos *A* ‖ uellicat AB^{2} : -tat $B^{1}CD$ ‖ 835 possies *A* : possis *BCD*

Théopropide. — Non, ma foi, je ne vois pas.

Tranion. — Mais je vois, moi. La corneille se tient entre les deux buses, et elle les plume l'une et l'autre tour à tour. Regarde, s'il te plaît, de mon côté, pour apercevoir la corneille.

Théopropide *(regardant Tranion, et ensuite en l'air).* — Vraiment, je n'y vois pas trace de corneille.

Tranion. — Eh bien! tourne les yeux par là, de votre côté : puisque tu n'es pas capable de voir la corneille, tu verras peut-être les buses.

Théopropide *(regardant de tous les côtés).* — Pour en finir avec tous tes contes, je n'aperçois ici aucune espèce d'oiseau en peinture.

Tranion. — Allons, n'en parlons plus, je ne t'en veux pas; c'est l'âge qui t'empêche d'y voir clair.

Théopropide. — En tout cas ce que je peux voir me plaît énormément.

Simon. — Tu ferais bien maintenant d'avancer.

Théopropide. — L'avis est bon, par Pollux.

Simon *(appelant dans la maison).* — Holà, garçon. *(Un jeune esclave sort; Simon lui montre Théopropide)* Fais-lui faire le tour de la maison et des appartements. *(A Théopropide)* Je te mènerais bien moi-même, si je n'avais à faire au forum.

Théopropide. — Fi donc! point de ton meneur[1]; je ne me soucie pas d'être mené. Quoi qu'il m'arrive, j'aime mieux me perdre que de me laisser mener par personne.

Tranion. — J'entends dans la maison.

Théopropide. — Alors j'entrerai bien sans être mené.

Simon. — Va, soit.

1. Jeu de mots sur *perducto, perductor* qui, comme *duco* et beaucoup de composés ou dérivés, a souvent dans la langue familière un sens péjoratif. « Le *perductor* était quelquefois un agent du *leno*, quelquefois encore c'était le *leno* lui-même. Asconius (*ad* Cic., lib. I, *in Verr.*) dit aussi que le *perductor* employait la violence, au lieu que le *leno* faisait seulement un commerce de personnes de bonne volonté. » (Naudet).

Iam uides?
TH. Profecto nullam equidem illic cornicem intuor.
TR. At tu isto ad uos optuere, quoniam cornicem nequis
Conspicari, si uolturios forte possis contui.
TH. Omnino, ut te absoluam, nullam pictam conspicio hic auem.
TR. Age, iam mitto; ignosco; aetate non quis optuerier.
TH. Haec quae possum, ea mihi profecto cuncta uehementer placent.
SI. Latius demumst operae pretium iuisse.
TH. Recte edepol mones.
SI. Eho, istum, puere, circumduce hasce aedis et conclauia.
Nam egomet ductarem, nisi mi esset apud forum negotium.
TH. Apage istum a me perductorem; nil moror ductarier.
Quicquid est, errabo potius quam perductet quispiam.
SI. Aedis dico.
TH. Ergo intro eo igitur sine perductore.
SI. Ilicet.
TH. Ibo intro igitur.
TR. Mane sis uideam, ne canis ...
TH. Agedum uide.
⟨TR.⟩ *St*! abi, canis! *st*; abin dierecta? abin hinc in malam crucem?

836 TH. ***supra u. add.*** B^2 **:** ***spat.*** ***A***, ***om.*** B^1CD **‖ cornicem** ***BCD*** **: -cum** ***A*** **‖ intuor** ***A*** **: intueor** ***B*** **intues** ***C*** **(*ex* in uos)** ***D*** **‖ 841 placent** ***AB*** **: iacent** ***CD*** **‖ 842 demumst : demum est** ***BCD*** **demunst** ***A?*** **‖ opererae** ***A*** **‖ tretium** B^1 **‖ recte** AB^2 **: E recte** B^1CD **‖ 843 puere** ***A*** **: puer** ***BCD*** **‖ hasce** ***BCD*** **: hos** ***A*** **‖ 844 egomes** B^1 **‖ nisi** ***add.*** B^2, ***om.*** B^1 ***relicto spatio*** **‖ mihi** ***A*** **‖ apud** ***A*** **: ad** ***BCD*** **‖ 845-847** ***lacuna in archet.*** ***BCD*** ***qui*** **perductorem et errabo potiusquam** ***omis.*** **(*cf. uu. 863-7*) ‖ 845 a me** ***A*** **: me** ***BCD*** **‖ 846-7 :** ***cf.*** 816^b **‖ 848 Aedis : Adis** ***BCD*** **aedes** ***A*** **‖ SI.** ***om.*** B^1 ***CD sine spatio*** **‖ 849 igitur** AB^2 **: igitur est** ***BCD*** **‖ uide** ***A*** **: unde** ***BCD*** **‖ 850 TR.** ***add. Camer.*** **‖ St ... st** ***Scioppius*** **: Est ... est** ***codd.*** **‖ canis st! : caniest** ***A*** **canis est** ***B*** **canis | Est** ***CD*** **‖ abin** ***A*** **: abi** ***BCD*** **‖ dierecta : dierecte** ***A?*** **die recta est** ***B*** **dierecte est** ***CD*** **‖ in** ***AB*** **:** ***om. CD***

Théopropide. — J'entre donc.

Tranion. — Attends, s'il te plaît, que je prenne garde que la chienne...

Théopropide. — Oui, prends garde.

Tranion. — Psu! Va-t-en, chienne! Psu! T'en iras-tu, vilaine? Psu! Va-t-en donc.

Simon *(à Théopropide)*. — Il n'y a pas de danger; va donc. Elle est aussi douce qu'une bête pleine; tu peux entrer sans crainte. Moi je m'en vais au forum.

Théopropide. — Tu as été bien aimable. Bonne promenade. *(Simon sort)*. Allons, Tranion; tâche toujours qu'on éloigne ce chien de la porte, même s'il n'est pas à craindre.

Tranion. — Mais tiens, regarde-le, comme il est couché tranquillement. A moins de vouloir te faire passer pour un grincheux et un poltron...

Théopropide. — Allons, comme tu voudras. Suis-moi donc par ici.

Tranion. — Oui-dà, je ne te quitte pas d'une semelle. *(Ils entrent dans la maison)*.

⟨ACTE IV⟩

⟨SCÈNE I⟩

PHANISCUS

(Il vient à la rencontre de Callidamate)

Les esclaves qui, sans être en faute, redoutent pourtant la correction, sont généralement ceux qui servent bien leurs maîtres. Ceux qui ne redoutent rien, une fois qu'ils ont mérité la correction, ont recours à de

At etiam restas? *St*! abi istinc.
⟨SI.⟩ Nil pericli est; age •
Tam placidast quam feta quaeuis; ire intro audacter licet.
Eo ego hinc ad forum.
TH. Fecisti commode; bene ambula.
Tranio, age, canem istam a foribus ⟨aliquis⟩ abducat face,
Etsi non metuenda est.
TR. Quin tu illam aspice ut placide accubat.
Nisi molestum uis uideri te atque ignauom...
TH. Iam ut lubet.
Sequere hac me igitur.
TR. Equidem haud usquam a pedibus apscedam tuis.

⟨ACTVS IV⟩

PHANISCVS
⟨ADVORSITOR⟩

Serui qui, quom culpa carent, tamen malum metuunt,
I solent esse eris utibiles.
Nam illi qui nil metuunt, †postquam sunt malum meriti,
Stulta sibi expetunt consilia.

851 restas? st! abi *Scioppius* : Restas? est abi *CD* restat est ab B^1 re(st)as(abi) istinc *A ut uid.* ‖ SI. *add. F Camer.* ‖ nihil *BCD* ‖ age ⟨modo⟩ *Weise* ‖ 852 placidast *A* : p. est *BCD* ‖ quaeuis *A* : quauis *BCD unde* feta. Quam uis ire *Leo* ‖ ire *A* : eire *BCD* ‖ 853 SI. *praem. B* ‖ Eo (Eo *CD*) ego *B, CD* : Ego abeo *A* ‖ 854 aliquis *add. Weise* ‖ 855 illam *BCD* : illa *A?* ‖ 856 TH. *supra u. B* ‖ 857 hau B^1 ‖ e pedibus *AB* : ab aedibus *CD* ‖ Apscedam tuis *B singulari uersu* : Abscedam tuis *CD*
PHANISCVS *Camer.* : PHANICVS — INA..V— *A litteris incertis, uno praeterea u. uacuo* : TRANIO. THEVROPIDES. SIMO. DANISTA *B* Adūsitores tranio Teuropides Simo Senex danista D^2 : *om.* CD^1 *spatium uacuum post* Apscedam tuis *relinquentes* ‖ 858 sqq. *Cf. Men. 984 sqq.* ‖ 858 cum *A* ‖ carent *A* : carint *BCD* ‖ 859-890 *deest A* ‖ 859 I *Seyffert, item 862* : Hi B^1 Hii B^2C (Hu) *D* ‖ 860 *Metrum incertum* : malum postquam sunt meriti *Schoell, ut u. Reizianus fiat*; postquam sunt malum ⟨pro⟩meriti *Sonnenschein*

sots expédients. Ils s'exercent à la course, ils fuient; mais s'ils sont rattrapés, ils se font un pécule de malheur, faute de pouvoir s'en faire un meilleur. Ils le grossissent peu à peu, ils accumulent ⟨dans ce genre des trésors⟩. Mais moi, je suis fermement décidé ⟨à me garder⟩ du malheur à l'avance plutôt que ⟨d'exposer⟩ mon ⟨dos à la bastonnade[1]⟩. Il faut que ma peau reste, comme elle a été jusqu'ici, pure et nette de tout bleu, et que, de tout mon pouvoir, je la préserve des coups. Tant que je saurai me gouverner, je saurai bien la tenir à l'abri, et quand les coups pleuvront sur les autres, empêcher qu'ils ne pleuvent sur moi. Car, généralement, ce sont les esclaves qui font du maître ce qu'il est : sont-ils bons, il est bon; sont-ils mauvais, il devient méchant. Voyez aujourd'hui chez nous : combien y a-t-il de mauvais garnements, prodigues de leur pécule, le dos couvert de plaies[2]. Quand on les appelle pour aller à la rencontre de leur maître : « Je n'y vais pas; laisse-moi tranquille. Je sais ce qui te fait tant te presser : tu grilles d'aller quelque part. Parbleu, tu veux sortir, bonne mule, pour chercher ta pâture. » Voilà toute la récompense que j'ai récoltée pour mon zèle. J'ai pris la porte. Maintenant je suis le seul, d'une foule d'esclaves, qui aille à la rencontre de mon maître. Demain quand le maître l'apprendra, dès le matin il les corrigera avec la dépouille des bœufs. En somme, je ne donnerais pas autant de leur dos que du mien. On en fera des tueurs de bœufs bien plutôt que de moi un cordier[3].

1. Le texte latin présente de légères lacunes depuis le v. 863-864 jusqu'au v. 867. Les restitutions proposées ne peuvent être qu'approximatives.

2. « Porteurs de plaies » dit littéralement le texte : *plagigeruli*. On lit également l'expression *plagigera genera hominum* dans Pseudolus, v. 153. Le composé hybride *plagipatidae* se lit dans notre comédie au v. 356.

3. C'est-à-dire « Ils feront connaissance avec le martinet de cuir (fait avec la peau des bœufs abattus, cf. le *exuuiis bubulis* du v. 882), plutôt que moi avec la corde (qui servirait à me pendre ou à me battre). »

Exercent sese ad cursuram, fugiunt. Sed *i* si reprehensi sunt,
Faciunt de malo peculium quod nequeunt ⟨de bono⟩
Augent ex pauxillo * * * * * de parant.
Mihi in pectore consili * * * * malam rem prius
Quam ut meum * * * * *
Vt adhuc fuit mihi corium esse oportet
Sincerum atque, †ut uotem uerberare.
Si huic imperabo, probe tectum habebo,
Malum quom impluit ceteris, ne inpluat m*i*.
Nam ut serui uolunt esse erum, ita solet :
†Bonis sum† inprobi sunt, malus f*i*t.
Nam nunc domi nostrae tot pessumi uiuont
Peculi sui prodigi, plagigeruli.
Vbi aduorsum ut eant uoc⟨it⟩antur ero :
'Non eo, molestus ne sis.
Scio quod properas : gestis aliquo ... Iam hercle ire uis,
mula, foras pastum.'
Bene merens hoc pret*i* inde abstuli. Abi⟨i⟩ foras.
Solus nunc eo aduersum ero ex plurimis seruis.
Hoc die crastini quom erus resciuerit,
Mane castigabit eos bubulis exuuiis.
Postremo minoris pendo tergum illorum quam meum.

862 sqq. *Sic distinx. B* ‖ 863-867 *lacunam habuit archet. codd. BCD, quam alii aliter suppl.* ‖ 863-4 de *Gulielmus* : a *BCD* ‖ peculium *Pylades* : -lio *BCD* ‖ ⟨de bono⟩ *suppl. Ritschl* ‖ 865 pauxillo B^2 : pauxil B^1C pausil *D* ‖ ⟨thesaurum in⟩de *suppl. Camer.* ‖ 866 consili⟨umst cauere⟩ *suppl. Vssing* ‖ 867 meum ⟨tergum doleat⟩ *suppl. Ritschl* ‖ 869 ut uotem uerberare *BCD, corrupt.* : ut (uti *Lindsay*) uotem uerberari *Pylades* ut potero uotem uerberare *Schoell* ‖ 870 tectum B^2CD : tecum B^1 ‖ 871 ceteris B^2 : -ros B^1CD, *tuetur Lindsay, scribens deinde* me, *Class. Quart* 7 (1913), *1 sqq.* ‖ mihi *BCD* ‖ 873 *u. corruptum in codd. alii aliter correx.* : boni sunt : ⟨bonust⟩ *Bergk* ‖ inprobi sunt *D* : improbis sunt B^2 (sum B^1) *C* ‖ fit *Gruter* : fuit *BCD* ‖ 874-876 *duos u. facit B* (— uiuont | — eant) ‖ 877 uocitantur *Hermann* : Vocantur B^2 (Vocatur B^1) *CD* ‖ 878 hercle *B* : erde *D* erede *C* (*ex* erete) ‖ ire uīs *uel* īr(e) uis *suspectum sed neque* ibis (*Schoell*) *neque* iueris (*Skutsch*) *placet*; *cf. Sjögren, Fut 204* ‖ 879 preti *Hermann* : precium *BCD* ‖ inde abstuli *Camer.* abii *Bothe* (ita abii *Camer.*) : unde abstultabi *BCD* ‖ 881 die B^2 : di B^1CD ‖ 883 pendo tergum B^2 : pen ergum B^1CD *cum lacuna*

⟨SCÈNE II⟩

PINACION PHANISCUS

PINACION *(encore dans le fond de la scène)*. — Demeure, Phaniscus; arrête-toi tout de suite. Veux-tu regarder de mon côté?

PHANISCUS. — Laisse-moi tranquille.

PINACION. — Voyez comme il fait le dégoûté, ce singe! Veux-tu t'arrêter tout de suite, sale parasite?

PHANISCUS. — Comment suis-je un parasite?

PINACION. — Eh bien, je vais te le dire : en te donnant à manger, on peut faire de toi ce que l'on veut.

PHANISCUS. — Je suis bien libre; il me plaît de manger. De quoi te mêles-tu?

PINACION. — Tu fais le fier, parce que tu es le chéri du maître.

PHANISCUS. — Ah! ah! les yeux me font mal.

PINACION. — Pourquoi?

PHANISCUS. — Parce que tes billevesées m'incommodent[1].

PINACION. — Veux-tu te taire, fabricant de fausse monnaie[2].

PHANISCUS. — Tu ne me forceras pas à te dire des injures. Le maître me connaît.

PINACION. — Il le faut bien parbleu; toi qui lui sers d'oreiller mignon.

PHANISCUS. — Si tu étais à jeun, tu ne me dirais pas d'injures.

1. *Fumus* est pris ici dans le sens de « propos en l'air, paroles sans valeur » (*inania uerba* dit le Thesaurus), sans doute à l'imitation du grec καπνός; de là le jeu de mots *oculi dolent ... quia fumus molestust.*

2. « Pour saisir la malice de ces paroles, il faut se rappeler, je crois, que les pièces fausses se nomment en grec κίβδηλα et que κύβδα désigne une attitude penchée soi-disant familière à Phaniscus. » (Ph. E. Legrand, *Daos*, p. 603).

Illi erunt bucaedae multo potius quam ego sim restio.

⟨PINACIVM PHANISCVS⟩
⟨ADVORSITORES II⟩

PI. Mane tu atque adsiste ilico, 885a
Phanisce; etiam respicis? 885b
⟨PH.⟩ Mihi molestus ne si⟨e⟩s. 886a
PI. Vide ut fastidit simia! 886b
Manesne ilico, impure parasite?
PH. Qui parasitus sum?
⟨PI.⟩ Ego enim dicam : cibo perduci poteris quouis.
PH. Mihi sum, lubet esse. Quid id curas?
PI. Ferocem facis, quia te erus amat.
⟨PH.⟩ Vah!
Oculi dolent.
PI. Qur?
PH. Quia fumus molestus*t*.
PI. Tace sis, faber, qui cudere soles plumbeos nummos.
PH. Non potes tu cogere me ut tibi maledicam.
Nouit erus me.
⟨PI.⟩ Suam quidem pol culcitu*l*am oportet.

884 DA. *praem. B*
885 *Nouam scaenam hic inscripsit Ritschl duce Camerario; priorem continuant BCD* ‖ PINACIVM *Schoell ex A ante u. 358* ‖ 885b *et* 886a *coniung. B* ‖ respicis *D* : -ces *C* -ce *B* ‖ sies *Hermann* : sis *BCD* ‖ 886b *et* 889 *uno uersu coniung. B* : *distinx. et trai. Acid.* ‖ 887 *an* Manen *?* ‖ inpure *D* ‖ 886 poteris *Camer.* : -res *BCD* ‖ 889 Mihi B^2 : milis B^1CD ‖ 890 erus *Leo* : eratus *BCD* erus tuus *Studemund, unde fit bacch. tetram. acatal.* ‖ PH. *add. Camer.* ‖ Vah : uha *BCD* ‖ 891 *accedit A, perpaucis usque ad u. 922 seruatis* ‖ 891 *pers. notas om. B sine spat.* ‖ molestust *Ritschl* : -tus *BCD* -(tu)s (est) *A ut uid.* ‖ 892 sis *ACD* : si *B* ‖ nummos *CD* : numbosnos *B* ‖ 893 *sic codd.* : Non ⟨pol⟩ potes *Ritschl* ‖ 894 pol *del. Schoell (cf. 893) ut u. Reizianus fiat* ‖ culcitullam BCD^2 (-ulla D^1)

Pinacion. — J'aurais des égards pour toi, quand tu n'en as pas pour moi?

Phaniscus. — En tout cas, vaurien, viens avec moi au devant du maître. Par Hercule, plus un mot de tout ceci, s'il te plaît.

Pinacion. — Entendu, je vais frapper à la porte[1]. Holà! y a-t-il quelqu'un ici pour préserver cette porte des pires outrages? Y a-t-il quelqu'un pour ouvrir cette porte? C'est bien cela, personne ne sort. Pour des fainéants, ils le sont bien. Raison de plus pour prendre garde qu'il ne sorte quelqu'un qui vienne ici me rosser sérieusement.

⟨SCÈNE III[2]⟩

TRANION THÉOPROPIDE PHANISCUS

Tranion. — Que penses-tu de l'acquisition?

Théopropide. — ... *(Lacune dans le vers)* J'en suis enchanté.

Tranion. — Penses-tu que ce soit payé trop cher?

Théopropide. — Jamais, par Pollux, je n'ai vu nulle

1. La répartition du dialogue entre les personnages est très incertaine du v. 895 au v. 898. Les manuscrits ne fournissent pas d'indications.

2. Cette scène a été transposée après la scène II de l'acte III par Camerarius, et figure à cette place dans les anciennes éditions. Il est évident que la composition de la comédie a de quoi surprendre. On se demande ce que deviennent les deux esclaves pendant l'entretien de Tranion et de Théopropide; et il faut admettre qu'ils assistent à ce dialogue, silencieux, immobiles et invisibles; d'autre part, la transposition de Camerarius, en supprimant cette invraisemblance, en crée une autre presque aussi grande. Elle oblige à admettre que Tranion et Théopropide sortent immédiatement de la maison après y être entrés. A moins de faire commencer l'acte IV avec cette scène, et de supposer que la visite a eu lieu pendant l'entr'acte? Devant ces difficultés nouvelles apportées par le remède de Camerarius, le plus sage est de s'en tenir, avec les éditeurs modernes, à l'ordre des manuscrits. Sur les perturbations qu'on observe dans les manuscrits palatins, v. l'apparat critique au v. 601.

PH. Si sobrius sis, male non dicas.
⟨PI.⟩ Tibi optemperem, cum tu mihi nequeas? 895. 896
⟨PH.⟩ At tu mecum, pessime, ito aduersus. Quaeso hercle, abstine
Iam sermonem de istis rebus.
⟨PI.⟩ Faciam et pultabo foris.
Heus, ecquis hic est maximum his qui iniuriam
Foribus defendat? ecquis has aperit foris? 900
Homo nemo hinc quidem foras exit.
Vt esse addecet nequam homines ita sunt. 902a
Sed eo magis cautost opus, 902b
Ne huc exeat qui male mulcet. 903

TRANIO THEOPROPIDES
⟨SERVVS SENEX⟩
PHANISCVS ⟨PINACIVM⟩
⟨ADVERSITORES II⟩

TR. Quid tibi uisum est mercimoni?
TH. * * totus gaudeo.
TR. Num nimio emptae tibi uidentur?
TH. Nusquam edepol ego me scio 905

895 sqq. *Pers. om. B* ‖ obtemperem *CD* ‖ neq, eas *B* ‖ 897 sq. *Sermonem inter personas alii aliter distribuerunt; ordinem ueterum editorum seruaui* ‖ 897 pessime ito *A ut uid.* : pessimi tu *BCD* ‖ 899 hiš qui *Guyet* : qui his *BCD*, *A ut uid.* ‖ 900 (ecquish)as aperit foris *A* : hec quis ec quis huc exit atque aperit *B*, *CD* (haec huis haec quis, hec quis hec quis) ‖ 901 sqq. *sic discr. Studemund* : 901-902a; 902b-903 *coniung. B*; 902a-902b *coniung. A* ‖ 901 Homo nemo *A* : Nemo *BCD* ‖ 902 addecet *B* : adeč̄t *C* add& *D*, *A n. l.* ‖ 903 male *A ut uid.* : male me *BCD* ‖ mulcet *B*[2]*CD* : multet *B*[1]

——— ROP ——— SCVS *A* (*litteris incertis*), *uno praeterea u. uacuo* TRANIO. PHANISCVS. THEVROPIDES *B*, *unius u. spat. CD*[1] ‖ 904 mercimonii *B*, *CD* (merti-) *it. 912*, *A n. l.* ‖ *Ante* totus *lac. sign. Gruter, quam alii aliter suppl.* ‖ 905 Nusquam *Schoell*: numquam *BCD*, *A n. l.* ‖ ego *BCD* : *om. A* ‖ scio *A ut uid.*, *Pius* : scito *BCD*

part, que je sache, de maison vendue à aussi bas prix que celle-là.

TRANION. — Tu la trouves bien?

THÉOPROPIDE. — Si je la trouve bien, me demandes-tu? Non seulement bien, par Hercule, mais très bien.

TRANION. — Et le gynécée, que t'en semble? Et le portique?

THÉOPROPIDE. — Furieusement bien. Je ne pense pas même qu'il y en ait un plus grand dans les monuments publics.

TRANION. — Que dis-tu là? moi-même et Philolachès nous avons mesuré tous les portiques des monuments publics.

THÉOPROPIDE. — Eh bien?

TRANION. — Celui-ci est le plus long de tous, et de loin.

THÉOPROPIDE. — Dieux immortels! l'excellent marché! Par Hercule, s'il m'en offrait maintenant six grands talents d'argent comptant, jamais je n'accepterais.

TRANION. — Par Hercule, si tu avais envie d'accepter, je ne te laisserais jamais faire.

THÉOPROPIDE. — C'est un bon placement de notre bien que ce marché-là.

TRANION. — Tu peux dire hardiment que c'est sur mes conseils et sur mon impulsion qu'il s'est fait; c'est moi qui ai poussé ton fils à emprunter à l'usurier l'argent que nous avons donné pour arrhes à cet autre.

THÉOPROPIDE. — Tu as bien mené notre barque. Ainsi, il est dû à Simon quatre-vingts mines?

TRANION. — Pas un sou de plus.

THÉOPROPIDE. — Je veux qu'il les touche aujourd'hui.

TRANION. — C'est bien ce qu'il faut faire pour éviter toute chicane. Si tu veux, tu n'as qu'à me les verser, je les lui verserai ensuite.

THÉOPROPIDE. — C'est que j'ai peur d'un piège, si je te les donr

Vidisse umquam abiectas aedes, nisi modo hasce.
TR. Ecquid placent?
TH. Ecquid placeant me rogas? immo hercle uero perplacent.
TR. Cuiusmodi gynaeceum? quid porticum?
TH. Insanum bonam.
Non equidem ullam in publico esse maiorem hac existimo.
TR. Quin ego ipse et Philolaches in publico omnis porticus
Sumus commensi.
TH. Quid igitur?
TR. Longe omnium longissima est.
TH. Di immortales, mercimoni lepidi! ⟨Si⟩ hercle nunc ferat
Sex talenta magna argenti pro istis praesentaria,
Numquam accipiam.
TR. Si *hercle* accipere cupias, ego numquam sinam.
TH. Bene res nostra conlocata est istoc mercimonio.
TR. Me suasore atque inpulsore id factum audacter dicito,
Qui subegi fenore argentum ab danista ut sumeret
Quod isti dedimus arraboni.
TH. Seruauisti omnem ratem.
Nempe octoginta debentur huic minae?
TR. Hau nummo amplius.
⟨TH.⟩ Hodie accipiat.
TR. Ita enim uero, nequa causa subsiet.
Vel mihi denumerato; ego illi porro denumerauero.
TH. At enim ne quid captioni mihi sit, si dederim tibi.
TR. Egone te ioculo modo ausim dicto aut facto fallere?

906 umq' B^1 || abiectas D^3 : ablectas B^2CD ablactas B^1, *A n. l.* || haecquid B^1CD || 907 placeant *Camer.* : -cent *BCD, A n. l.* || 908 Cuius modi *B* : Cuius modo *CD* || 911 Sumus B^2 : Summus B^1CD, *A n. l.* || 912 si *add. Camer.* || 914 accipiam *Camer.* : -piem *BCD, A n. l.* || hercle *codd. Pyladis* : ere te *BC* erecte *D* || accipere BD^3 : accicere CD^1 || cupias *Camer.* : cupies *BCD, A n. l.* || numq' *B, cf. 905* || 915 collocata *C* || 918 Quod *BCD* : Quid *A* || arriboni *B* || 919 TR. *Camer.* : H (= TH) *B* || 920 TH. *add. Pyl.* : TR. *eras. in B* || 922 captionis *Geppert* || sit B^2 : sed B^1CD || 923 te ioculo B^1 : te ioco *A ut uid.* te loculo B^2D celo oulo *C*

TRANION. — Moi? Est-ce que j'oserais, même par plaisanterie, hasarder un mot, un geste pour te tromper?

THÉOPROPIDE. — Et moi? est-ce que j'oserais ne pas me méfier de toi, et te confier quelque chose?

TRANION. — Comment? depuis que je t'appartiens, t'ai-je jamais attrapé le moins du monde?

THÉOPROPIDE. — C'est que j'ai pris soigneusement mes précautions : * * * * * * * * * * * * * *[1]. Et je me tiens pour bien fin, si je réussis seulement à me précautionner contre toi.

TRANION. — Je suis de ton avis.

THÉOPROPIDE. — A présent, va-t-en à la ferme dire à mon fils que je suis arrivé.

TRANION. — Je t'obéirai.

THÉOPROPIDE. — Cours vite, dis-lui de venir tout de suite à la ville avec toi.

TRANION. — Entendu. *(A part)* Maintenant je vais me rendre par la porte de derrière auprès de nos joyeux compagnons; je leur dirai comment tout est calme de ce côté, et comment j'ai su éloigner d'ici le vieillard. *(Il sort)*.

⟨SCÈNE IV⟩

PHANISCUS PINACION THÉPROPIDE

PHANISCUS. — Sur ma foi, je n'entends ni le bruit des convives comme de coutume, ni la musique des joueuses de flûte, ni aucune autre voix.

THÉOPROPIDE *(apercevant Phaniscus)*. — Qu'est-ce que c'est? que veulent ces gens-là devant ma maison? que cherchent-ils? qu'est-ce qu'ils ont à regarder à l'intérieur?

1 Ici le texte est corrompu, et inintelligible.

TH. Egone aps te ausim non cauere ne quid committam tibi?
TR. Quid? tibi umquam quicquam, postquam tuus sum, uerborum dedi?
⟨TH.⟩ Ego enim caui recte †eam bis gratiam† atque animo meo
Sat sapio, si aps te modo uno caueo.
TR. Tecum sentio.
⟨TH.⟩ Nunc abi rus, dic me aduenisse filio.
TR. Faciam ut iubes.
TH. Curriculo iube in urbem ueniat iam simul tecum.
TR. Licet.
Nunc ego me illac per posticum ad congerrones conferam;
Dicam ut hinc res sint quietae atque hunc ut hinc amouerim.

PHANISCVS **⟨PINACIVM⟩** **THEO*P*ROPIDES**
ADVERSITORES II **SENEX**

PH. Hic quidem neque conuiuarum sonitus⟨t⟩, item ut antehac fuit,
Neque tibicinam cantantem neque alium quemquam audio.
TH. Quae illaec res est? quid illisce homines quaerunt apud aedis meas?
Quid uolunt? quid intro spectant?
PI. Pergam pultare ostium.

924 aps *A* : abs *BCD, it. 927* ‖ ne *A ut uid.* : ni *BCD* ‖ 925 Quid *Bothe* : Quia *A, BCD* ‖ tibin *Schrader* ‖ 926 TH *om. B* ‖ *cf.* 927 ‖ eambis gratiam A : ⌗ Eam dehis gratiam *BCD, utrumque corruptum; de remedio ambigitur* ‖ 927-8 TH *hic praem. B* ‖ 929 abi *A* : abi i *BCD* ‖ filio faciam *sine spatio A* ‖ iubes *A* : uoles *BCD, quod tuetur Sjögren, Fut. 65, coll. Men. 1152, Sti. 567 etc.* ‖ 930 iube *A* : ubi iube *BCD* ‖ tecum licet *sine spat. BCD* ‖ 931 TR. *praem. B* ‖ illac *A* : illa *BCD* ‖ ad *B²D* : at *B¹C, A n. l.* ‖ 932 hinc *AD* : hic *BC* ‖ quietae *BCD* (-te) : quaesitae *A* ‖ hunc ut *A* : ut hunc *BCD*

933 *Nouam scaenam ordiuntur BCD, non A*; ADVERSITOR. THANISCVS (T *ex* P). THEVROPIDES SENEX *B* (*qui deinde solis* A (= Aduersitor) *et* S (= Senex) *notis utitur; unius u. spat. CD¹* ‖ sonitust *Ritschl* : -tus *A, BCD* ‖ item *Bothe* : itidem *A, BCD* ‖ 935 illisce homines *A* : illis chomines *BCD* ‖ meas *A, B ex ras.* : mem *B ante ras. CD* ‖ 936 pultare *AB²* : -ri *B¹CD*

PINACION. — Continuons de frapper à la porte. *(Il frappe à coups redoublés)* Holà! ouvre; holà! Tranion, ouvres-tu?

THÉOPROPIDE *(à part)*. — Qu'est-ce que cette comédie?

PINACION *(continuant à frapper)*. — Ouvres-tu? nous sommes venus au devant de Callidamate notre maître.

THÉOPROPIDE *(aux esclaves)*. — Hé là! petits, que faites-vous là? pourquoi démolissez-vous cette maison?

PHANISCUS. — Hé là! vieillard, pourquoi nous interroges-tu sur ce qui ne te regarde pas?

THÉOPROPIDE. — Ce qui ne me regarde pas?

PHANISCUS. — A moins que tu ne viennes d'être nommé préfet, pour t'occuper des affaires d'autrui, rechercher, voir, entendre ce qui se passe chez les autres.

THÉOPROPIDE. — Cette maison devant laquelle vous êtes est à moi.

PHANISCUS. — Que dis-tu? Philolachès aurait-il vendu sa maison, maintenant? Ou bien ce vieillard cherche sans doute à nous tromper.

THÉOPROPIDE. — Je dis la vérité. Mais vous-mêmes, qu'avez-vous affaire ici?

PHANISCUS. — Je vais te l'expliquer. Notre maître est ici à boire.

THÉOPROPIDE. — Votre maître est à boire ici?

PHANISCUS. — Comme je te le dis.

THÉOPROPIDE. — Petit, tu as trop d'esprit.

PHANISCUS. — Nous venons à sa rencontre.

THÉOPROPIDE. — De qui?

PHANISCUS. — De notre maître : combien de fois faut-il te le répéter, je te prie?

THÉOPROPIDE *(reprenant un air sévère)*. — Petit, personne n'habite ici. *(Voulant l'éloigner de la maison, comme par intérêt pour lui)* Car tu m'as l'air d'un honnête garçon.

Heus, reclude; heus, Tranio, etiamne aperis?
TH. Quae haec est fabula?
PI. Etiamne aperis? Callidamati nostro aduorsum uenimus.
TH. Heus uos, pueri, quid istic agitis? quid istas aedis frangitis?
PH. ⟨Heu⟩s senex, quid tu percontare ad te quae nihil attinent?
TH. ⟨Nihi⟩l ad me attinet?
PH. Nisi forte factu's praefectus nouos,
Qui res alienas procures, quaeras, uideas, audias.
TH. ⟨Meae su⟩n⟨t ist⟩a⟨e⟩ ae⟨des⟩, ubi statis.
PH. Quid ais? an iam uendidit
Ae⟨dis P⟩hilolaches? aut quidem iste nos defrustratur senex.
TH. Vera dico. Sed quid uobis est negoti hic?
PH. Eloquar.
Erus hic noster potat.
TH. Erus hic uoster potat?
PH. Ita loquor.
⟨TH.⟩ Puere, nimium delicatu's.
PH. Ei aduorsum uenimus.
TH. Cui homini?
PH. Ero nostro : quaeso, quotiens dicendumst tibi?
TH. Puere, nemo hic habitat. Nam te esse arbitror puerum probum.
PH. Non hic Philolaches adulescens habitat hisce in aedibus?
TH. Habitauit; uerum emigrauit iam diu ex hisce aedibus.

937 etiamne *A* : etiam *BD*, *C* (eciam) ‖ 938 callidamati *A* : cali- *BCD* ‖ aduersum *A* ‖ 940-945 *solus habet A* ‖ percunctare *A* ‖ ad : at *A ?* ‖ *utrum* quae ... attinent *an* quod ... attinet *in A fuerit dubium est* ‖ 941 factu's *Schoell* : -tus *A* ‖ 943 *suppl. Schoell et Studemund* ‖ 946 A *praem. B* ‖ Herus *BCD* ‖ uester *B* ūster D^1 uster *C* ‖ 947 H *om. B* ‖ Puere *A* : Puer *BCD*, *it. 949* ‖ delicatu's *Pylades* : delicatum *A* adelicatus *BCD* ‖ aduersum *BCD* ‖ 948 dicendumst : -dust *A* -dum est *BCD* ‖ 949 nemo hic *A* : hic nemo *BCD* ‖ 950 PH. *codd.* : *an* PI. *?* ‖ Non AB^2CD : Nam B^1 ‖ hisc in aedibus *A* : his cedibus B^1D^1 his tedibus *C* ‖ 951 *solus habet A*

Phaniscus. — Est-ce que le jeune Philolachès n'habite pas ici, dans cette maison?

Théopropide. — Il l'a habitée; mais il y a longtemps qu'il en a déménagé.

Pinacion. — Ce vieux a besoin d'ellébore, sûrement.

Phaniscus. — Tu es dans une profonde erreur, père; à moins qu'il n'ait déménagé d'ici aujourd'hui ou hier, je sais, je suis sûr qu'il y demeure.

Théopropide. — Mais non; depuis six mois personne n'habite plus ici.

Pinacion. — Tu rêves.

Théopropide. — Moi?

Pinacion. — Toi.

Théopropide. — Tu es assommant, toi. Laisse-moi parler à ce petit. *(S'adressant à Phaniscus)* Personne n'habite là.

Phaniscus. — Il y habite certainement, car hier et avant-hier, il y a trois jours, quatre jours, cinq jours, enfin depuis que le père est parti pour l'étranger, jamais on n'est resté ici trois jours de suite sans faire la noce.

Théopropide *(changeant de visage)*. — Que dis-tu?

Phaniscus. — Que jamais on ne s'est interrompu ici trois jours de suite de manger et de boire, de louer des filles, de vivre à la grecque, de louer des joueuses de lyre, des joueuses de flûte.

Théopropide. — Qui s'amusait à cela?

Phaniscus. — Philolachès.

Théopropide. — Quel Philolachès?

Phaniscus. — Celui qui a pour père Théopropide, j'imagine.

Théopropide *(à part)*. — Malheur à moi! je suis assassiné, s'il dit vrai. Continuons toujours de l'interroger. *(Haut)* Tu dis que ce Philolachès, quel qu'il soit, a l'habitude de s'enivrer ici avec votre maître à tous deux?

PI. Senex hic elleborosus est certe.
PH. Erras peruorse, pater;
Nam nisi hinc hodie emigrauit aut heri, certo scio
Hic habitare.
TH. Quin sex mensis iam hic nemo habitat.
PI. Somnias.
TH. Egone?
PI. Tu.
TH. Tu ne molestu's. Sine me cum puero loqui.
Nemo habitat.
PH. Habitat profecto; nam heri et nudius tertius,
Quartus, quintus, sextus, usque postquam hinc peregre eiius pater
Abiit, numquam hic triduum unum desitumst potarier.
TH. Quid ais?
PH. Triduum unum est haud intermissum hic esse et bibi,
Scorta duci, pergraecari, fidicinas, tibicinas
Ducere.
TH. Quis istaec faciebat?
PH. Philolaches.
TH. Qui Philolaches?
PH. Quoi patrem Theopropidem esse opinor.
TH. Ei ⟨mihi⟩, occidi,
Si haec hic uera memorat. Pergam porro percontarier.

952 *Sic distr. B ut uid.*; *nullum person. interuallum in A* ‖ elleborosus est *A* (*an* -sust?) : cerebrosus est *BCD* ‖ certe *AB* : certi *CD* ‖ 953 hinc *A* : hic *BCD* ‖ 954 mensis *A* : -ses *BCD* ‖ 955 *sic dist. A* ‖ molestu's *Ritschl* : -tus *ABCD* ‖ Egone? — Tune. — Ne molestus sis *Havet* ‖ 956 S *praem. B* ‖ habitat profecto *A* : Haectat profecto *BCD* ‖ eri *BCD* nũdus *CD* ‖ 957 hinc *BCD* : *om. A* ‖ peregre *BCD* : peregrei *A* ‖ 958 abiit : ab(it) *A* Habiit *B*¹*CD* ‖ unum *AB*²*CD* : munum *B*¹ ‖ desitum est potarier *A* : desitum esse & bibi est *D* haud inter missum hic esse & bibi ē *C* desitũ ē esse et bibi////// *B* (bibi *ex* bibisse; itũ ē *B*² *in ras.*), *cf. u. 959* ‖ 959 ais *A*, *B ex ras.* : agis *B ante ras.*, *CD* ‖ unum haud intermissumst *Sonnenschein* ‖ 961 ducere *ABCD* : conduci *Ritschl* ducier *Lambin* ‖ ista hec *B* ista haec *CD* ‖ Qui *B* : quid *CD* ‖ 962 Quoi *BCD* : cuiius *A* ‖ Ei *A ut uid.* : Et *BCD* ‖ mihi *add. Camer.*

Phaniscus. — Oui, te dis-je.

Théopropide. — Petit, à te voir, on ne te dirait pas si sot. Prends garde, s'il te plaît, que tu n'aies fait halte dans quelque auberge pour casser la croûte, et que tu n'aies bu là plus que de raison[1].

Phaniscus. — Que veux-tu dire?

Théopropide. — Ce qui expliquerait que tu aies pu te tromper de maison.

Phaniscus. — Je sais par où je dois passer, et je connais l'endroit où je suis arrivé. C'est Philolachès qui habite ici, celui dont le père est Théopropide, celui qui, depuis que le vieillard s'en est allé pour son commerce, a ici affranchi une joueuse de flûte.

Théopropide. — Quoi? Philolachès aurait affranchi...?

Phaniscus. — Philématie; mais oui.

Théopropide. — Pour quelle somme?

Phaniscus. — Trente.

Théopropide. — Talents?

Phaniscus. — Non, par Apollon[2]! trente mines.

Théopropide. — Il l'a affranchie?

Phaniscus. — Il l'a affranchie, bel et bien, pour trente mines.

Théopropide. — Tu dis que Philolachès l'a achetée

1. Le texte est légèrement corrompu, mais le sens ne fait pas de doute. Le mot *merenda* qui est proprement le féminin du participe futur passif de *mereo*, *merenda cena*, désigne une collation faite dans la journée. C'est un terme de la langue rustique, que l'étymologie populaire a rapproché de *meridies*, bien que le repas désigné par le mot eût lieu dans l'après-midi, ou vers le soir, comme notre goûter : ainsi l'abrégé de Festus, p. 111.4, le définit *merendam antiqui dicebant pro prandio, quod scilicet medio die caperetur*. Nonius est plus près de la vérité en expliquant, p. 28, 32 : *merenda dicitur cibus post meridiem qui datur*. Il a survécu dans la plupart des langues romanes, cf. Meyer-Lübke, *Romanisches etymologisches Wörterbuch*, 3e éd., no 5521.

2. Trente talents sont une somme invraisemblable pour le prix d'un esclave. Phaniscus en est si étonné qu'au lieu de jurer en latin il a recours au grec. Même procédé dans les Captifs, v. 880.

Ain tu istic potare solitum Philolachem istum, quisquis est,
Cum ero uostro?
PH. Hic, inquam.
TH. Puere, praeter speciem stultus es.
Vide sis ne forte ad merendam quopiam deuorteris,
Atque ibi amplius †quam† satis fuerit biberis.
PH. Quid est?
TH. Ita dico, ne ad alias aedis perperam deueneris.
⟨PH.⟩ Scio qua me ire oportet, et quo uenerim noui locum.
Philolaches hic habitat, cuiius est pater Theo⟨p⟩ropides,
Qui, postquam pater ad mercatum hinc abiit, hic tibicinam
Liberauit.
TH. Philolachesne ergo?
PH. Ita, Philematium quidem.
TH. Quanti?
PH. Triginta.
TH. Talentis?
PH. Μὰ τὸν 'Απόλλω, sed minis.
TH. Liberauit?
PH. Liberauit ualide, triginta minis.
TH. Ain minis triginta amicam †destinatam† Philolachem?

964 istic *A* : istuc *BCD* ‖ potare *A* : portare *BCD* ‖ solitum *BCD* : silitum *A, ut uid.* ‖ 965 uostro B^2 : uestro *A* uostra B^1CD ‖ Hic*FZ* : Hec B^1 Haec ′*CD* ‖ Ais *uel* Aio *A ut uid.* ‖ 966 Vnsis B^1 ‖ quopiam *A* : copiam *BCD* ‖ 967 *u. uno pede breuior* ‖ amplius quam *A* : melius cuiquam B^1CD^3, *unde* meliuscule quam *Camer.* ampliuscule quam *Leo* amplius quam quod *Schoell ut u. plenus fiat* ‖ 968 ad AB^2 : ab B^1CD ‖ saedis B^1 ‖ deueneris *A* : ne ueneris B^1CD ‖ 969 A *om. B* ‖ ire *A* : et re *BCD* (= eire) ‖ et *om.* B^1 ‖ locum *A* : loqui *BD* loqui cur *C* ‖ 970 cuiius *A* : cuius *CD* adcuius B^1 ‖ Theopropides : theoropides *A* theu- *BCD* ‖ 971 hinc abiit *A* (abit) : abit (habit B^1, abiit B^2) hinc *BCD* ‖ 972 Philolachesne *A* : philolaches *BCD* ‖ 973 *sic dist. A* : Triginta — minis *sine interuallo contin. BCD* ‖ sed *A* : sex *BCD* ‖ 974ª *solus habet A* ‖ 974ᵇ destinatam *A* : -tum *BCD, utrumque corruptum uidetur*; destinasse *Ritschl* ‖ Philolachem *ABCD* ‖ destinatam Philolachi (-chae *Lindsay*) *Gulielmus* destinatam Philolachem... *cum aposiopesi Schoell, qui senem pudoris causa sententiam interrumpere coniecit*

trente mines pour en faire sa maîtresse[1]?

PHANISCUS. — Oui-da.

THÉOPROPIDE. — Et qu'il l'a affranchie?

PHANISCUS. — Oui-da.

THÉOPROPIDE. — Et que depuis le départ de son père pour l'étranger, il n'a pas cessé de faire la noce, en compagnie de ton maître?

PHANISCUS. — Oui-da.

THÉOPROPIDE. — Ah! encore une question. A-t-il acheté cette maison toute proche d'ici?

PHANISCUS. — Non-da.

THÉOPROPIDE. — A-t-il donné aussi au propriétaire quarante mines à titre d'arrhes?

PHANISCUS. — Non-da[2].

THÉOPROPIDE. — Ah! tu me ruines.

PHANISCUS. — C'est plutôt lui qui a ruiné son père.

THÉOPROPIDE. — Cet oracle n'est que trop vrai.

PHANISCUS. — Je voudrais qu'il fût menteur. Tu es un ami du père, à ce que je vois?

THÉOPROPIDE. — Hélas, par Pollux! le père dont tu parles est bien malheureux.

PHANISCUS. — Ce n'est encore rien que ces trente mines, en comparaison de ses autres prodigalités.

THÉOPROPIDE. — Il a ruiné son père.

PHANISCUS. — Il y a là un esclave, un scélérat s'il en fut, nommé Tranion; celui-là est capable de dévorer jusqu'aux revenus d'Hercule. En vérité, par Pollux,

1. Le texte de ce vers semble corrompu; mais le sens général n'est pas douteux.

2. L'effet comique produit par la répétition de *aio*, auquel succède la phrase négative *non aio*, rappelle l'emploi de *nugas agis* et de *non nugas agis* dans les Ménechmes, v. 621 et suiv. *Aio* est le verbe que l'on emploie dans les réponses de caractère solennel; c'est ce terme dont use notamment le jurisconsulte Trébatius pour répondre à la consultation que lui demande Horace, Satires, II, 1, 4 et suiv. :

Trebati,
Quid faciam praescribe. — Quiescas. — Ne faciam, inquis,
Omnino uersus? — Aio.

Aio veut dire proprement : « Je dis oui. »

PH. Aio.
TH. Atque eam manu emisisse?
PH. Aio.
TH. Et postquam eiius hinc pater
Sit profectus peregre, perpotasse assiduo | ac simul
Tuo cum domino?
PH. Aio.
TH. Quid is? aedis emit has hinc proxumas?
PH. Non aio.
TH. Quadraginta etiam dedit huic, quae essent pignori?
PH. Neque istud aiio.
TH. Ei, perdis.
PH. Immo suum patrem illic perdidit.
TH. Vera cantas.
PH. Vana uellem. Patris amicu's uidelicet.
TH. Heu, edepol patrem eiius miserum praedicas!
PH. Nil hoc quidem est,
Triginta minae, praequam alios dapsilis sumptus facit.
⟨TH.⟩ Perdidit patrem.
PH. Vnus istic seruos est sacerrimus,
Tranio; is uel Herculi conterere †quaestum potest.
Edepol ne me eius patris misere miseret qui, cum istaec sciet
Facta ita, amburet ei misero corculum carbunculus.

975 emisisse AB^2CD : emisse B^1 ‖ Aio postquam B^1, *corr.* B^2 ‖ 976 ac simul *A* : *om. BCD* ‖ assiduo? ⟨PH. Aio.⟩ TH. Ac simul *Schoell, hiatus uitandi causa* ‖ 977 Aio # Quid is *A* : Alio (Aio B^2) quid? Is *BCD* ‖ aedis *D* : edes *A* edis *C* aedes *B* ‖ has hinc *A* : hic *BCD* ‖ 978 aio *AC* : agio *BD* ‖ TH. *om.* B^1 *CD* ‖ dedit *BCD* : *om. A ut uid.* ‖ huic AB^2 : huc B^1CD ‖ quae *B*, *CD* (que) : qui *A* ‖ essent *A* : est *BCD* ‖ 979 istud *CD* : illud *B*, *A n. l.* ‖ aiio : allo *B ante ras.* iaio *C* aio *D*, *A n. l.* ‖ 981 Heu *A* : Eu *B ante ras. CD* Ei *B ex ras.* ‖ eiius *A* : meum B^1D eum *C* ‖ 982 praequam *A* : praeter quam *BCD* ‖ dapsilis *A* : dapsillies B^1CD ‖ 983 TH. *add. Ritschl* ‖ PH. *Ritschl* : *spatium A*, *om. BCD* ‖ est sacerrimus *A* : si acerrimus *B*, *D* (*ex* si aceruus), *C* (-mus *ex-* mos) ‖ 984 conterere *A*, B^2 : conterre *B CD* ‖ c. quaestum ⟨suom⟩ p. *Schoell ut u. plenus fiat* ‖ 985 ne *A* : *om. BCD* ‖ misere *A* : *om. BCD* ‖ 986 ita *BCD* : ista esse *A* ‖ ei misero : (e)i miseri *A*, *ut uid.* misero ei *BCD*

j'ai grande pitié du pauvre père; quand il apprendra ce qui s'est passé ici, le pauvre homme aura le cœur sur des charbons ardents.

Théopropide. — Si toutefois tu dis la vérité.

Phaniscus. — Quel intérêt aurais-je à mentir?

Pinacion *(frappant à la porte)*. — Holà, vous autres! m'ouvre-t-on?

Phaniscus. — Pourquoi frappes-tu, puisqu'il n'y a personne? Ils sont sans doute partis bambocher ailleurs. Partons maintenant...

Théopropide. — Petit...

⟨Phaniscus *(sans relever l'appel de Théopropide)*. — Et continuons à chercher après eux. *(A Pinacion)* Suis-moi par ici.

Pinacion. — Je te suis.⟩

Théopropide. — Tu t'en vas déjà, petit?

Phaniscus. — Toi, tu as la liberté pour protéger ton dos; moi, en dehors de la crainte de mon maître, et de mon zèle pour lui, je n'ai rien pour garantir le mien. *(Il sort avec son camarade)*.

⟨SCÈNE III⟩

THÉOPROPIDE, *d'abord seul; puis* **SIMON**

Théopropide. — Je suis perdu, par Hercule; inutile d'en dire plus long. Si je les ai bien entendus, ce n'est pas en Égypte que le vaisseau m'a naguère emporté d'ici, mais on m'a promené dans des régions désertes, au bout du monde, car je ne sais plus où je suis. *(Apercevant Simon)* Mais je vais le savoir : voici justement celui à qui mon fils a acheté la maison. *(Se dirigeant vers lui)* Que deviens-tu?

Simon. — Je reviens du forum, et rentre chez moi.

Théopropide. — Y a-t-il eu du nouveau au forum aujourd'hui?

TH. Si quidem istaec uera sunt.
PH. Quid merear quam ob rem mentiar?
PI. Heus uos, ecquis hasce aperit?
PH. Quid istas pultas, ubi nemo intus est?
Alio credo comissatum abisse. Abeamus nunciam ...
TH. Puere ...
⟨PH.⟩ Atque porro quaeritemus. Sequere hac me.
⟨PI. Sequor.⟩
TH. Puere, iamne abis?
PH. Libertas paenulast tergo tuo,
Mihi, nisi ut erum metuam et curem, nil est qui tergum tegam.

THEOPROPIDES SIMO
SENES II

TH. Perii hercle! quid opust uerbis? Vt uerb*a* audio,
Non equidem in *A*egyptum hinc modo uectus fui,
Sed etiam in terras solas orasque ultumas
Sum circumuectus, ita ubi nunc sim nescio.
Verum iam scibo; nam eccum unde aedis filius
Meus emit. Quid a*g*is tu?
SI. A foro incedo domum.

988 hasce aperit *BCD* : aperit has *A* ‖ PH. *Ritschl* : S (= TH.) *B* ‖ istas *A* : ista *B*¹*CD* ‖ intus est *A* : intusst *B*¹*CD* intust *B*² ‖ 989 A *praem. B* (= *Aduorsitor*) ‖ comissatum : comisatum *A* commissatum *BCD* ‖ abisse *BCD* : abesse *A* ‖ abeamus *A B corr.* : abemus *B*¹*CD* ‖ nunciam *A* : nuntiam *B*¹*CD* ‖ 990 *solus habet A* ‖ PH. *add. Schoell* ‖ porro *Goetz* : puero *A* ‖ ⟨PI. Sequor.⟩ *suppl. Vssing* ‖ 991 abis libertas *contin. BCD* ‖ 992 A *praem. B* ‖ ut erum *A* : erum ut *B*¹*CD cf. Lindsay, Class. Quart.* 7 (*1913*) *1 sqq.* erum *B*² ‖ tegam *BCD*² : tergam *A* teram *D*¹
THEVROPIDES. SIMO////. SENES. II. *B*, *unius u. spat. CD*; *duae uersuum laciniae ad inscript. pertinent in A* ‖ 993-1013 *nil fere in A seruatur* ‖ 993 Perii *B*² : Peri *B*¹ eri *C cum spatio init.* Heri *D* ‖ opus est *BCD* ‖ uerba *Camer.* : uerbera *BC* -rit *D* ‖ 994 SI. *praem. B* ‖ 995 horasque *B* ‖ ultumas *B*² : uultum as *B*¹*CD* ‖ 996 circumuectus *Z* : circumuentus *BCD* ‖ 998 agis *Aldina* : ais *BCD*

SIMON *(avec ironie)*. — Oui.

THÉOPROPIDE. — Quoi donc?

SIMON. — J'ai vu enterrer un mort.

THÉOPROPIDE *(haussant les épaules)*. — Vraiment! c'est du nouveau

SIMON. — Oui, j'ai vu emporter un mort pour l'enterrer; il n'y a pas longtemps, disait-on, qu'il vivait encore.

THÉOPROPIDE. — Malédiction sur ta tête!

SIMON. — Pourquoi t'amuses-tu à me demander des nouvelles?

THÉOPROPIDE. — Parce que j'arrive aujourd'hui de voyage[1].

SIMON *(comme pour prévenir une demande indiscrète)*. — J'ai un engagement en ville; ne compte pas sur moi pour t'inviter à souper.

THÉOPROPIDE. — Je n'y tiens pas, par Pollux.

SIMON. — Mais demain, si d'ici là... je ne suis pas invité, je pourrai, si tu veux, souper chez toi.

THÉOPROPIDE. — Cela non plus, par Pollux, je n'y tiens pas. Si tu n'as rien de plus pressé, voudrais-tu m'écouter?

SIMON. — Volontiers.

THÉOPROPIDE. — N'as-tu pas reçu, que je sache, quarante mines de Philolachès?

SIMON. — Pas un sou, que je sache.

THÉOPROPIDE. — Et de mon esclave Tranion?

SIMON. — Bien moins encore.

THÉOPROPIDE. — Qu'il t'a données à titre d'arrhes?

SIMON. — Que rêves-tu là?

1. Il est invraisemblable que Simon, qui est le voisin immédiat de Théopropide, ne connaisse pas le voyage de celui-ci. Mais la question qu'il pose, et la réponse qu'il reçoit n'ont été imaginées que pour introduire la plaisanterie, classique, sur l'invitation à dîner. Les quolibets traditionnels échangés, le dialogue reprend comme si rien ne s'était dit.

TH. Numquid processit ad forum ⟨hic⟩ hodie noui?
SI. Etiam.
TH. Quid tandem?
SI. Vidi efferri mortuum.
TH. Hem,
Nouum!
SI. Vnum uidi mortuum efferri foras;
Modo eum uixisse aiebant.
⟨TH.⟩ Vae capiti tuo!
SI. Quid tu [ut] otiosus res nouas requiritas?
TH. Quia hodie adueni peregre.
⟨SI.⟩ Promisi foras;
Ad cenam ne me *te* uocare censeas.
TH. Haud postulo edepol.
SI. Verum cras, nisi ⟨qui⟩ prius
Vocauerit — me, uel apu*d* te cenauero.
TH. Ne istuc quidem edepol postulo. Nisi quid magis
Es occupatus, operam mihi da.
⟨SI.⟩ Maxime.
TH. Minas ⟨qua⟩*dra*ginta accepisti, qu*od* sciam,
A Philolachete?
SI. Numquam nummum, quod sciam.
TH. Quid, a Tranione seruo?
SI. †Multo id† minus.
TH. Quas arraboni tibi dedit?
SI. Quid somnias?

999 hic *add. Ritschl, hiatus uitandi causa* ‖ 1000 mortum hem B^1 (*corr.* B^2) ‖ 1001 SI. *add.* B^2 ‖ 1002 TH. *praem. B* ‖ TH. *add. FZ* ‖ Vae *B ex ras.* : tuae *B ante ras., CD* ‖ 1003 tu *Z* : tu ut *BCD* ‖ 1004 SI. *add. Pylades* ‖ 1005 Ad *BCD* : At *A* ‖ te *Pylades*: tue *BCD* ‖ 1006 TH. ... SI. *Aldina* : SI. ... TH. *B* ‖ Hau *A* : Hau *BCD* ‖ qui *add. Seyffert duce Camerario* (quis) ‖ 1007 aput B^1CD ‖ 1008 TH. *Aldina* : SI. *B* ‖ istuc AB^2 : iste B^1CD ‖ 1009 Es *BCD*: *om. A* ‖ 1010 quadraginta *Pylades* : triginta *A, BCD* ‖ accepisti B^2CD : -tin *A, ut uid.* -tis B^1 ‖ quod *Guyet* : quas *B, A ut uid.* qua *CD* ‖ 1011 SI. *supra u. B* ‖ 1012 Multo id (*cum 4 litt. spatio*) *BCD* : multo *A, om.* id., *sed plura quam in archet.* codd. *BCD praecedebant* ‖ Multo ⟨hercle⟩ id m. *Ritschl* ⟨nimi'⟩ multo id m. *Fay ut u. plenus fiat*

Théopropide. — Moi? C'est plutôt toi, qui de cette façon, en faisant l'innocent, espères pouvoir annuler le marché.

Simon. — Quel marché?

Théopropide. — Celui qu'en mon absence mon fils a conclu avec toi.

Simon. — Il a conclu un marché avec moi pendant ton absence? Quel marché? et quel jour?

Théopropide. — Je te dois quatre-vingts mines d'argent.

Simon. — Pas à moi, en tout cas, par Hercule. Mais, si tu dois, donne. Il faut tenir ta parole; ne cherche pas à la renier.

Théopropide. — Assurément, je ne nierai point ma dette, et je paierai. Mais toi, ne va pas nier que tu aies reçu de nous quarante mines.

Simon. — Je t'en prie, par Pollux, regarde-moi en face et réponds moi. *

Théopropide. — Je vais te le dire. C'est exactement * ce qu'il te doit pour la maison qu'il t'a achetée.

Simon. — Vraiment? Il m'aurait acheté ma maison[1]?

(Lacune[2])

Simon. — C'est Tranion qui m'a dit que tu voulais marier ton fils, et qu'à cause de cela tu voulais faire bâtir ici dans ta propre maison.

Théopropide. — Je voulais faire bâtir ici?

Simon. — C'est ce qu'il m'a dit.

Théopropide. — Malheur à moi, je suis assassiné! La voix me manque. Ah! voisin, je suis mort, je suis égorgé!

1. Les vers 1026^{a}-1026^{c} ne sont conservés que dans le palimpseste, et sont en grande partie indéchiffrables. Mais le sens général du dialogue se laisse deviner sans qu'il soit besoin de préciser davantage.

2. Théopropide, évidemment, s'étonnait que Simon lui eût laissé visiter la maison, comme si elle était sienne. Simon lui répond en lui expliquant pourquoi il a autorisé cette visite.

TH. Egone? At quidem tu, qui istoc speras te modo
Potesse dissimulando infectum hoc reddere.
SI. Quid autem?
TH. Quod me apsente hic tecum filius
Negoti gessit.
SI. Mecum ut ille hic gesserit,
Dum tu hinc abes, negoti? quidnam? aut quo die?
TH. Minas tibi octoginta argenti debeo.
SI. Non mihi quidem hercle; uerum si debes, cedo.
Fides seruanda est; ne ire infitias postules.
TH. Profecto non negabo debere, et dabo;
Tu caue quadraginta accepisse hinc te neges.
SI. Quaeso edepol huc me aspecta et responde mihi :
Q * * * * * * * * * i argenti minas?
Fu * * * * * *
TH. * * * * * * * Ego dicam tibi :
Tantu * * * * * * * * ebeat
De te aedis.
SI. I⟨tane? De me⟩ ille aedis emerit?
* * * * * * * * * * * * * *
SI. Te uelle uxorem aiebat tuo nato dare;
Ideo aedificare hic uelle aiebat in tuis.
TH. Hic aedificare uolui?
SI. Sic dixit mihi.
TH. Ei mihi, disperii! Vocis non habeo satis.
Vicine, perii, interii!
⟨SI.⟩ Numquid Tranio
Turbauit?
TH. Immo | exturbauit omnia.

1014 *Spatium post* egone *habet A* ‖ speras te *A* : te speras *BCD* ‖ 1016 tecum *A* : *om. BCD* ‖ 1017 ut AB^2C : hut B^1 aut *D* (a *ex corr.*) ‖ 1025 hinc accepisse *B* ‖ hinc *om. A ut uid.* ‖ te neges *Lambin* : ne neges *BCD* (*seruat Sonnenschein*) minas *A* ‖ 1026^a-1026^e *solus habet A, qui insuper XXI uersus quos non seruauit archet. codd. BCD habuisse uidetur* ‖ 1026^d *suppl. Schoell et Studemund* ‖ 1027 aiebat B^2 : agebat B^1CD ‖ 1028 hic *Camer.* : hoc *ABCD* ‖ 1029 TH. *supra u. B* ‖ 1030 disperii *B* : disperi *C* dispergi *D* ‖ 1031 Vicine *Acid.* : -ni *BCD* ‖ peri interi *CD* ‖ SI. *om. B* ‖ 1032 Turbauit B^2 : -bit B^1CD ‖ exturbauit B^2D : -bit B^1C

SIMON. — Est-ce que Tranion t'a fait quelque tour?

THÉOPROPIDE. — Dis plutôt qu'il m'a détourné tout mon bien. Il s'est aujourd'hui joué de moi d'une abominable façon.

SIMON. — Que dis-tu là?

THÉOPROPIDE. — Je te dis la chose comme elle est. Il s'est aujourd'hui joué de moi sans discontinuer. Maintenant, je t'en supplie, prête-moi aide et assistance.

SIMON. — Que veux-tu?

THÉOPROPIDE. — Viens avec moi, je te prie, rentrons chez toi.

SIMON. — Soit.

THÉOPROPIDE. — Et donne-moi des cordes, et des esclaves pour m'assister.

SIMON. — Prends.

THÉOPROPIDE. — ... Par la même occasion je te raconterai mes aventures, et avec quelle effronterie il s'est aujourd'hui joué de moi. *(Ils entrent chez Simon)*

⟨ACTE V⟩

⟨SCÈNE I⟩

TRANION, *d'abord seul; puis* **THÉOPROPIDE**

TRANION. — L'homme timide dans le péril ne vaut pas un zeste; — d'ailleurs que veut dire le mot « zeste », ma foi je n'en sais rien. Ainsi, lorsque le maître m'a

Deludificatust me hodie indignis modis.
SI. Quid tu ais?
TH. Haec res sic est ut narro tibi :
Deludificatust me hodie in perpetuum modum.
Nunc te obsecro, ut me bene iuues operamque des.
SI. Quid uis?
TH. I mecum |, obsecro |, una simul.
SI. Fiat.
TH. Seruorumque operam et lora mihi cedo.
⟨SI.⟩ Sume.
⟨TH.⟩ * * Eademque opera haec tibi narrauero,
†Quis me e⟨x⟩emplis hodie eludificatus est.

⟨ACTVS V⟩

TRANIO
SERVVS

Qui homo timidus erit in rebus dubiis, nauci non erit; —
Atque equidem quid id esse dicam uerbum nauci nescio.

1033 Deludificatust me *Bothe* : Te ludificatust *BCD* ‖ me : mi *D* mihi *C* & me *B in marg.* ‖ indignis modis B^2 : indigni dis B^1CD ‖ 1034 SI. ... TH. *FZ* : TH. ... SI. *B* ‖ ais *B corr.* : agis B^1CD ‖ 1035 Teludificatust *ex* De- B^2 ‖ me B^1, *C ex corr.*, *D* : mi *C ante corr.* & me B^2 ‖ 1036 TH. *praem. B* ‖ Nunc B^2 : Nun B^1CD ‖ 1037 *Sic codd. cum duplici hiatu* : ⟨hinc⟩ obsecro ⟨ad te⟩ *Leo, alii alia* ‖ 1038 TH. *supra u. B* ‖ 1039 *Pers. not. add. FZ* ‖ 1039 *Lacunam post* sume *signauit Schoell* ‖ opera *D* : operam *BC* ‖ opera ⟨ego⟩ haec *Lindsay, sine lacuna, duce Camerario qui* eademque ⟨ego⟩ opera *scripserat* ‖ 1040 me exemplis B^2 : meae emplis B^1, *ut uid.*, *D* me emplis *C* ‖ eludificatus *BCD* : ludificatus *FZ*, *Versus corruptus, nec qui satis sanari potest scribendo* med *pro* me *ut Bothe fecit; nam ille deesse uidetur, et uerbum* eludificatus *suspectum.*

TRANIO *Ritschl qui nouam scaenam post u. 1063 dist. cum A* : TRANIO. SERVs. THEVROPIDES. SIMO. SENES. LORARII *B*, *D* (SERVVS THRANIO), *unius u. spat. C*, *qui eandem scaenam post 1063 continuant* ‖ 1041 dubiis PRISCIANVS *GLK I 204,14* : dubii sis *BCD* ‖ 1042 *Accedit A* ‖ quid *ABCD* : quod FESTVS *166,20*

envoyé aux champs pour ramener son fils, je suis parti de ce côté, par la ruelle j'ai gagné subrepticement notre jardin; la porte du jardin qui donne sur la ruelle, je l'ai ouverte, et par cette issue j'ai fait sortir toute mon armée, mâles et femelles. Mes soldats une fois dégagés du blocus et mis en lieu sûr, je prends la résolution de convoquer le sénat de nos compagnons de bamboche. A peine l'ai-je convoqué qu'ils m'excluent de leur assemblée. Quand je vois que je suis trahi dans ma propre place, vite, vite, je fais comme beaucoup d'autres, qui, pour se tirer d'un péril ou d'une affaire embrouillée, s'évertuent à brouiller les affaires de plus en plus, afin qu'on ne puisse pas s'y retrouver. Car je sais bien, pour ma part, qu'il n'y a plus moyen de cacher aux vieux nos fredaines... Il n'y a point d'autre ami...[1].

Je vais occuper la place, prévenir leur arrivée, et conclure un traité. Ne perdons pas de temps. Mais qu'est-ce? j'entends grincer la porte de la maison d'à côté. C'est mon maître, ma foi! Je veux savourer ses propos. *(Il s'écarte pour n'être pas vu).*

1. Les vers 1056-1061 ne sont conservés que par le palimpseste ambrosien; mais le texte des vers 1056-1058 y est tellement mutilé qu'il est impossible d'en restituer le sens avec certitude.

Nam erus me postquam rus misit filium ut suum arcesserem,
Abii illa per angiportum ad hortum nostrum clanculum.
Ostium quod in angiporto est horti, patefeci fores,
Eaque eduxi omnem legionem, et maris et feminas.
Postquam ex opsidione in tutum eduxi maniplaris meos,
Capio consilium, ut senatum congerronum conuocem.
Quoniam conuocaui, atque illi me ex senatu segregant.
Vbi ego me uideo uenire in meo foro, quantum potest
Facio idem quod plurimi alii quibus res timida aut turbidast:
Pergunt turbare usque, ut nequid possit conquiescere.
Nam scio equidem nullo pacto iam esse posse haec clam senem.
Non amicus alius quis * * * riuabo se * *
Aut ut * * * * * * * * * * * * * * *
Prosi * * * * * * * * * * * * * * *
Ille qui * * * * * * * * * * ero simul * *
Praeoccupabo atque anteueniam et foedus feriam. Me moror.
Sed quid hoc est quod foris concrepuit proxima uicinia?
Erus meus hicquidem est. Gustare ego eius sermonem uolo.

1043-4 filium ut *Bothe* : ut filium *ABCD* ‖ arcesserem *A* : accerserem *BCD* ‖ 1045 Abii *A*, *ut uid.* : Ab *BCD* ‖ 1046 angiporto *A* : -tu *BCD* ‖ horti *A* : orti *BCD* ‖ 1048 ex *BCD* : exii *A* ‖ obsidione *A* : opsidionem B^{1} (-ne B^{2}) *CD* ‖ maniplares *BCD*, *A n. l.* ‖ 1049 congerronum : congerronem *A* congeronem B^{1} (-num B^{2}) *CD* ‖ 1050 Quoniam *A* : Quom *B* Qm̃ *CD* ‖ ex senatu *A* : e senatus *BCD* ‖ 1051 *om. B* ‖ uenire *A* : uentrem *CD* ‖ 1052 alii q(uibus) *A* : aliquibus *BCD* ‖ 1053 ut ne *AB* : ut *CD* ‖ possit *A* : sit *BCD* ‖ 1054 Nam scio $AB^{2}CD$: Nescio B^{1} ‖ haec *A* : *om. BCD* ‖ 1055-1061 *solus seruauit A ubi fere nil extat* : *om. archet. BCD, propter lacunam, cf.* 1026^{a-e} ‖ 1061 praeoccupabo *Studemund* : -to *A* ‖ 1062 quid AB^{2} : qui $B^{1}C$, *D* (*ex* quid) ‖ 1063 sermonem AB^{2} : -ne $B^{1}CD$

⟨SCÈNE II⟩

THÉOPROPIDE TRANION ESCLAVES

Théopropide *(aux esclaves de Simon)*. — Restez-là où vous êtes, derrière le seuil, et, dès que je vous appellerai, élancez-vous sans perdre un instant. Attachez-lui promptement les menottes. Moi je vais l'attendre devant la maison, mon mystificateur, et, sur ma vie, je lui mystifierai aujourd'hui le cuir de la belle manière.

Tranion *(à part)*. — Tout est découvert. Le mieux, maintenant, est d'aviser à ta conduite, Tranion.

Théopropide. — Il me faut m'y prendre avec lui par finesse et par adresse, lorsqu'il sera là. Je ne lui montrerai pas tout d'abord l'hameçon, je laisserai filer doucement ma ligne. Je ferai semblant de n'être au courant de rien.

Tranion *(à part)*. — O le malin! Il n'a pas son pareil dans Athènes pour la finesse. On a autant de peine à lui en conter qu'à une pierre. Allons à lui, et entrons en conversation.

Théopropide. — Je voudrais maintenant qu'il arrive.

Tranion *(haut)*. — Si c'est moi que tu cherches, ma foi, me voici face à face devant toi.

Théopropide *(prenant un air de douceur)*. — C'est toi, Tranion? tant mieux. Quelles nouvelles?

Tranion. — Nos campagnards arrivent de la campagne. Philolachès sera ici dans un moment.

Théopropide. — Par Pollux, il m'arrivera fort à propos. Notre voisin m'a tout l'air d'un effronté coquin.

Tranion. — Comment cela?

Théopropide. — Il dit qu'il ne vous connaît pas.

THEO⟨P⟩ROPIDES TRANIO ⟨LORARII⟩

TH. Ilico intra limen isti astate, ut, cum extemplo uocem,
Continuo exiliatis. Manicas celeriter conectite.
Ego illum ante aedis praestolabor ludificatorem meum,
Cuius ego hodie ludificabor corium, si uiuo, probe.
⟨TR.⟩ Res palam est. Nunc te uidere meliust quid agas, Tranio.
⟨TH.⟩ Docte atque ast*u* mihi captandumst cum illo, ubi huc aduenerit.
Non ego illi extemplo hamum ostendam, sensim mittam lineam.
Dissimulabo me horum quicquam scire.
TR. O mortalem malum!
Alter hoc Athenis nemo doctior dici potest.
Verba illi non magis dare hodie quisquam quam lapidi potest.
Adgrediar hominem, appellabo.
TH. Nunc ego ille huc ueniat uelim.
TR. Siquidem pol me quaeris, adsum praesens praesenti tibi.
TH. Euge, Tranio. Quid agitur?
TR. Veniunt ruri rustici.
Philolaches iam hic aderit.
TH. Edepol mi op*p*ortune aduen*e*rit.
Nostrum ego hunc uicinum opinor esse hominem audacem et malum.

THEOROPIDES TRANIO *A unius praeterea u. spatio relicto* : *priorem scaenam continuant BCD* ‖ 1064 Ilico *A* : Illico *BCD* ‖ isti astate *Vssing* : istastate *A* astate illic *BCD* ‖ extemplo *AD* : exemplo $B^{1}C$ ‖ 1065 manicas *A* : manilas *BCD* ‖ conectite *BCD* : coniectite *A* ‖ 1066 praestolabor AB^{2} : prestabor B^{1} praestabo *CD* ‖ 1067 Cuiius *A* ‖ hodie *A* : hic *BCD* ‖ ludificabor AB^{1} : -bo $B^{2}CD$ ‖ 1068 TR. *om. B* ‖ meliust : meliusst *A* melius est *BCD* ‖ 1069 TH. *add. Pylades* ‖ astu *Bothe* : astute *ABCD* ‖ illo *A* : illoc *BCD* ‖ 1070 hamum *A* : itamum *B* ita meum *CD* ‖ 1071 scire o *contin. BCD* ‖ mortalem *A* : -le *BCD* ‖ 1073 *om.* D^{1} ‖ dare *A* : *om. BCD* ‖ *Post* lapidi *deficit A* ‖ 1075 Siquidem *B* : squidem *C* s'quidem *D* ‖ 1076 tranio *B* : ranio *CD* ‖ 1077 *om. C* ‖ oportune *D* opurtune *B* ‖ aduenerit *Bentley* : aduenies *BD*; *cf. Sjögren Fut. 21* ‖ 1078 hunc B^{2} : hunc $B^{1}CD$ ‖ uicinum *B* : incinum *CD*

TRANION. — Il dit cela?

THÉOPROPIDE. — Et que vous ne lui avez jamais donné le moindre écu d'argent.

TRANION. — Va donc, tu te moques de moi; il ne dit pas cela, j'imagine.

THÉOPROPIDE. — Et alors?

TRANION. — Je vois, tu es en train de plaisanter. Sûrement, il ne dit pas cela.

THÉOPROPIDE. — Si, par Pollux, il le dit, assurément, et il soutient qu'il n'a pas vendu cette maison à Philolachès.

TRANION. — Ho, ho! aurait-il dit qu'on ne lui avait pas donné d'argent, je te prie?

THÉOPROPIDE. — Et même il m'a offert de m'affirmer sous serment, si je voulais, qu'il n'avait ni vendu cette maison-ci, ni reçu le moindre argent.

(Lacune[1])

THÉOPROPIDE. — C'est exactement ce que je lui ai dit.

TRANION. — Qu'a-t-il répondu?

THÉOPROPIDE. — Il a offert de me livrer tous ses esclaves à fin d'enquête.

TRANION. — Chansons! Jamais il ne les livrera, par Pollux!

THÉOPROPIDE. — Si fait.

TRANION. — * [2].

THÉOPROPIDE. — J'en ferai l'épreuve, je pense.

1. Il y a ici sans doute, comme l'a vu Acidalius, une lacune d'un vers, contenant la réponse de Tranion, et qui devait se terminer par *illi argentum datum est,* ce qui explique à la fois l'omission de ce vers, et la présence de *est* à la fin du vers précédent.

2. La réponse de Tranion est inintelligible dans les manuscrits, et les corrections proposées sont toutes arbitraires. Leo propose de lire:
TR. Quin i cum illo in ius. Sine inueniam.
TH. Mane.
TR. Hé bien, va avec lui en justice. *(Cherchant à se sauver)* Laisse-moi le trouver.
TH. *(l'arrêtant).* Demeure.

TR. Quidum?
TH. Qui⟨a⟩ negat nouisse uos ...
TR. Negat?
TH. Nec uos sibi
Nummum umquam argenti dedisse.
TR. Abi, ludis me, credo, haud negat.
TH. Quid iam?
TR. Scio, iocaris tu nunc ⟨is⟩tu⟨c⟩; nam ille quidem haud negat.
TH. Immo edepol negat profecto, neque se hasce aedis Philolachi
Vendidisse.
TR. Eho! an negauit sibi datum argentum, obsecro?
TH. Qui⟨n⟩ ius iurandum pollicitust dare se, si uellem, mihi,
Neque se hasce aedis uendidisse neque sibi argentum datum [st].

* * * * * * * * * * * * * * *

TH. Dixi ego istuc idem illi.
TR. Quid ait?
TH. Seruos pollicitust dare
Suos mihi omnis quaestioni.
TR. Nugas! numquam edepol dabit.
TH. Dat profecto.
⟨TR.⟩ Quin †et illum in iussi ueniam mane.

1079 Quia *Bothe* : Qui *B, CD* ‖ nouisse uos B^2D^2 : nouiseuor B^1C nouisse uor D^1 ‖ 1080 umquam B^2 : quam B^1CD ‖ argenti *FZ* : argetei B^1 argentei B^2CD ‖ haut B^1D ‖ 1081 *solus habet B* ‖ istuc *Schoell* : tu B^1 (*del.* B^2) ‖ haut B^1 ‖ 1082 hasce aedis D^2 : has cedis B^1CD^1 ‖ 1083 TR. eho *B* : reeho *CD* ‖ 1084 Quin *FZ* : Qui *BCD* ‖ pollicitus est *BCD, item 1087* ‖ dare se si *FZ* : dare sisi *CD* dare si *B ex ras.* ‖ 1085 datum *Pylades* : datum est *BCD* ‖ *Post hunc u. lacunam unius u. agnouit Acid., fortasse cum uerbis* datum est *desinentis* ‖ 1087 TR. *praem. B* ‖ idem ego istuc *Niemoeller, ex usu Plautino* ‖ TR. : TH. *ex* TR. *B* ‖ 1088 omnes *codd.* ‖ TR. *Camer.* : TH. *supra u. B, nihil CD* ‖ 1089 TR. *add. Camer.* ‖ *Versum in exitu mancum et corruptum alii aliter correx., e. g.* : Quin et illum in ius iube ire. TH. Iam mane *Camer.* Quin illum inice, in ius si ueniat, manum *Schoell* quin ego, illum intus si inueniam — TH. Mane *Lindsay in appar.*

TRANION. — Je pense, dis-tu? C'est chose sûre. Remets-moi l'individu. Ou bien charge-nous de le poursuivre en revendication de propriété[1].

THÉOPROPIDE. — Non, avant toute autre chose, je veux prendre livraison de ses esclaves à fin d'enquête.

TRANION. — Parbleu, c'est bien aussi mon avis.

THÉOPROPIDE. — Si je faisais venir ici ses gens?

TRANION. — Ce devrait déjà être fait. *(Se dirigeant vers l'autel qui est devant la maison de Théopropide)* Moi, en attendant, je m'empare de l'autel.

THÉOPROPIDE. — Pourquoi cela?

TRANION. — Tu ne comprends rien : c'est pour qu'il ne puisse servir d'asile aux esclaves qu'il te donnera pour l'enquête. *(Il s'assied sur l'autel)* Ici je te servirai de président, pour que l'enquête ne tombe pas à l'eau.

THÉOPROPIDE. — Lève-toi.

TRANION. — Pas du tout.

THÉOPROPIDE. — Ne t'empare pas de l'autel, je te prie.

TRANION. — Pourquoi?

THÉOPROPIDE. — Tu vas le savoir. C'est que je tiens essentiellement à ce qu'ils s'y réfugient. Laisse; il me sera d'autant plus facile de le faire condamner en justice à des dommages et intérêts[2].

TRANION. — Fais tout bonnement ton affaire. Pourquoi vouloir te créer de nouveaux embarras? Tu ne sais pas quelle chose redoutable c'est que d'aller en justice?

THÉOPROPIDE. — Lève-toi donc; viens. Il y a un

1. Le texte des manuscrits semble bien corrompu, mais le sens général ne fait pas de doute.

2. En se réfugiant sur l'autel, c'est-à-dire en se dérobant à l'enquête, les esclaves avoueront implicitement la culpabilité de leur maître; et Théopropide se verra sûr de gagner son procès. Le prétexte invoqué pour déloger Tranion de son asile n'est pas très vraisemblable, et l'esclave ne s'y laisse pas prendre.

⟨TH.⟩ Experiar, ut opino.
TR. ⟨Opino?⟩ Certumst. Mihi hominem cedo.
Vel hominem iube aedis †mancipio poscere†.
⟨TH.⟩ Immo hoc primum uolo,
Quaestioni accipere seruos.
TR. Faciundum edepol censeo.
⟨TH.⟩ Quid si igitur ego accersam ⟨huc⟩ homines?
TR. Factum iam esse oportuit.
Ego interim hanc aram occupabo.
TH. Quid ita?
TR. Nullam rem sapis :
Ne enim illi huc confugere possint quaestioni quos dabit.
Hic ego tibi praesidebo, ne interbitat quaestio.
TH. Surge.
TR. Minime.
TH. Ne occupassis, obsecro, ar*am*.
TR. Cur?
TH. Scies :
Quia enim id maxime uolo, ut illi istoc confugiant. Sine;
Tanto apud iudicem hunc argenti condemnabo facilius.
TR. Quod agas, id agas. Quid tu porro *s*erere *u*is negotium?
Nescis quam metuculosa res sit ire ad iudicem.

1090 TH. *add. FZ* ‖ opino TR. opino? certumst *Schoell duce Gruter qui* opinor *bis scripserat* : opinor TH. certum est *B cum* TH. *supra u.* opinor certum est *CD* ‖ *Sequitur in codd. u. quem post 1092 trai. Acid.* ‖ 1091 *Neque metrum neque sensus placet* ‖ mancipio poscere *BCD* : mancipare *Vssing ;alii alia* ‖ TH. *add. FZ* ‖ hoc *B* : *om. CD* ‖ 1092 TH. *praem. B* ‖ 1093 *Hunc u. post. 1090 habent codd., huc trai. Acid.* ‖ TH. *add. FZ* ‖ Quid *ex* Quis B^2 ‖ huc *add. Mueller* (hoc) ‖ iam esse *Camer.* : esse iam *BCD* ‖ 1094 occupabo *B* : -babo *CD* ‖ TR. *supra u. B* ‖ 1095 Ne *ex* Non *B* ‖ huc *Saracenus* : hic *BCD* ‖ 1097 Minine *B* ‖ ne occupassis B^2 : neoctu passis B^1CD ‖ aram *Pylades* : arma *BCD* ‖ TR. *et* TH. *supra u. B* ‖ 1098 illi ut *Mueller, hiatus uitandi causa* ‖ 1099 hunc B^2 : hinc B^1CD ‖ condemnabo B^2 : condem /// dabo *B* condemp dabo *D* condem dabo *C* ‖ 1100 serere uis *Bothe* : uis serere *BCD* ‖ 1101 res sit B^2D^2, PRISCIANVS *GLK I, 138,27* : resit *BCD*

point sur lequel je veux te consulter.

TRANION. — Je te donnerai aussi bien conseil sans bouger d'ici. J'ai l'esprit bien plus vif quand je suis assis Et puis, les conseils sont plus sûrs quand ils viennent d'endroits sacrés.

THÉOPROPIDE. — Lève-toi, assez de plaisanteries. *(Avec un geste exprimant la bonne foi et commandant la confiance)* Regarde-moi bien en face.

TRANION. — C'est tout regardé.

THÉOPROPIDE. — Tu vois?

TRANION. — Je vois. S'il survenait un tiers, il mourrait de faim.

THÉOPROPIDE. — Pourquoi cela?

TRANION. — Parce qu'il n'y aurait rien à gagner pour lui. Par Hercule! nous sommes des malins, tous les deux.

THÉOPROPIDE. — Mort de ma vie!

TRANION. — Qu'est-ce que tu as?

THÉOPROPIDE. — Tu m'en as conté.

TRANION. — Comment donc?

THÉOPROPIDE. — Tu m'as mouché de la belle manière.

TRANION. — Regarde, veux-tu; est-ce d'assez beau travail? est-ce que la morve te coule?

THÉOPROPIDE. — Oh! non; tu m'as mouché jusqu'à me tirer toute la cervelle de la tête. J'ai appris à fond tous vos méfaits; et non pas à fond, par Hercule, mais même jusqu'au tréfond.

TRANION. — Jamais, par Pollux, aujourd'hui on ne me forcera * * * * * * * * * * * * * * * * [1].

THÉOPROPIDE. — Je vais faire entourer l'autel de fagots auxquels on mettra le feu, bourreau.

1. Le texte de ce vers est corrompu en son milieu. D'autre part, la réponse de Tranion s'accorde mal avec ce que vient de dire Théopropide. Peut-être y a-t-il là trace d'une coupure, et d'un mauvais remaniement.

TH. Surgedum huc *i*gitur; *c*onsulere quiddam est quod tecum uolo.
TR. Si⟨c⟩ tamen hinc consilium dedero. Nimio plus sapio sedens.
Tum consilia firmiora sunt de diuinis locis.
TH. Surge, ne nugare. Aspicedum contra me.
TR. Aspexi.
TH. Vides?
TR. Video. Huc siquis intercedat tertius, pereat fame.
TH. Quidum?
TR. Quia n*i*l quaesti si*t* ⟨ei; ita⟩ mali hercle ambo sumus.
TH. Perii.
TR. Quid tibi est?
TH. Dedisti uerba.
⟨TR.⟩ Qui tandem?
⟨TH.⟩ Prob*e*
Me⟨d⟩ emunxti.
TR. Vide sis, satine recte? num mucci fluunt?
TH. Immo etiam cerebrum quoque omne e capite ⟨e⟩munxti meo.
Nam omnia male facta uestra repperi radicitus;
Non radicitus quidem hercle, uerum etiam exradicitus.
TR. Numquam edepol hodie †inuitus destinant tibi.
TH. Iam iubeo ignem et sarmen ⟨arae⟩, carnifex, circumdari.

1102 huc igitur; consulere quiddam est *Langen* : huc est consulere igitur quiddam *BCD* consulere quiddam est SERVIVS DAN. *in Aen. XI, 343* ‖ 1103 Sic *Pius* : Si *BCD* ‖ sapio *B* : saplo *CD* ‖ 1104 Tum *B* : Tunc *CD* ‖ 105 TR. *supra u. B* ‖ 1106 intercedat B^1 : -das B^1CD ‖ 1107 nihil *BCD* ‖ quaesti sit ⟨ei ita⟩ *Ritschl* : qua estis (*uel* quaestis) id *BCD* nil ⟨illi⟩ quaesti sit. mali e. q. s. *Leo* ‖ 1108 *Pers. add. Camer.* ‖ Probe *FZ* : probi B^1CD ‖ 1109 Med *Bothe* : Me *BCD* ‖ emunxti *Pius* : -xit B^1CD, -xisti B^2 ‖ satine recte *Pius* : satin erecte *BCD* ‖ 1110 omne *B ex ras.* : omnem *B ante ras.*, *CD* omne mi *Bugge* ‖ e capite emunxti meo « *prisca exemplaria* » *Pii* (emunxsti) : e capite munxit (munxti B^2) meo B^1 ecapitē u^{n}xti meo *C* ecapitem uncxi mero *D* ‖ 1111 facta B^2CD : fata B^1 ‖ 1112 exradicitus FRONTO *ad M. Anton. de orat. 156,1 Nab.* : eradicitus *BCD* ‖ 1113 inuitus (inditus B^2) destinant tibi *BCD*, *corruptum* : ⟨hinc, si uiuo,⟩ inuitus desistam t. *Leo, alii alia* ‖ 1114 iubeo *Saracenus* : lubeo *B* lubo *C* iube *D* iubebo *Sjögren, Fut. 31* ‖ sarmen *B* : sarnem *CD* sarmenta *Pylades* ‖ arae *add. Seyffert*

TRANION. — N'en fais rien : j'ai meilleur goût bouilli que rôti.

THÉOPROPIDE. — Je ferai, par Pollux, un exemple sur toi.

TRANION. — Tu es donc content de moi que tu veux m'offrir en exemple?

THÉOPROPIDE. — Parle : comment mon fils était-il, au moment où je l'ai quitté?

TRANION. — Avec ses pieds, ses mains; avec ses doigts, ses oreilles, ses yeux, ses lèvres.

THÉOPROPIDE. — Ce n'est pas cela que je te demande.

TRANION. — Alors, ce n'est pas à ta demande que je réponds. *(Apercevant Callidamate)* Mais voici justement Callidamate, le camarade de ton fils, qui s'avance de ce côté : plaidons notre affaire par devant lui, si tu as quelque grief à exprimer.

⟨SCÈNE III⟩

CALLIDAMATE THÉOPROPIDE TRANION

CALLIDAMATE *(aux spectateurs)*. — Une fois que j'eus cuvé mon vin dans un bon somme et dissipé en dormant toute trace d'ivresse, Philolachès m'a dit que son père était revenu de voyage, et comment, à son arrivée, il avait été mystifié par son esclave. Il n'osait pas, m'a-t-il dit, paraître en présence de son père. Aussi entre tous ses camarades m'a-t-il choisi comme ambassadeur, afin d'obtenir du père un traité de paix. *(Apercevant Théopropide)* Ah! le voici tout justement. Je te salue bien, Théopropide, je suis charmé de te

TR. Ne faxis [sis]; nam elixus esse quam assus soleo suauior.
TH. Exempla edepol faciam ego in te.
TR. Quia placeo, exemplum expetis?
TH. Loquere : quoiusmodi reliqui, quom hinc abibam, filium?
TR. Cum pedibus, manibus, cum digitis, auribus, oculis ,labris.
TH. Aliud te rogo.
TR. Aliud ergo nunc tibi respondeo.
Sed *e*ccum tui gnati sodalem uideo | hu*c* incedere,
Callidamatem; illo praesente mecum agito, siquid uoles.

CALLIDAMATES **THEO*P*ROPIDES** **TRANIO**
ADVLESCENS ⟨SENEX SERVVS⟩

CA. Vbi ⟨s⟩omn*o* sepeliui omnem atque *e*dormiui crapulam,
Philolaches uenisse ⟨dixit⟩ mihi suum peregre huc patrem,
Quoque modo hominem ad⟨uenientem⟩ seruos ludifi-catu*s* sit.
Ait se metuere in conspe⟨ctum sui patris pr⟩ocedere.
Nunc ego de sodalitate solus sum orator datus,
Qui a patre eius conciliarem pacem |. Atque eccum optume.
Iubeo te saluere, et saluos cum aduenis, Theo*p*ropides,

1115 faxis *B ex ras.* : faxis sis B^1CD ‖ soleo B^2 : solio B^1CD ‖ suauio B^1 ‖ 1116 in te *B* : inter *CD* ‖ TR. *supra u. B* ‖ 1118 Quom *B* ‖ dicitis B^1 ‖ 1119 ergo *CD* : ego *B* ‖ 1120 eccum *FZ* : haec cum *BD* hic cum *C* ‖ gnati *B ex ras.* : gnatis *B ante ras.* gnatus *CD* ‖ huc *codd. Pylades* : huic *BCD* ‖ 1121 Calidamatem *B* ‖ praesente *B* : -ti *CD* ‖ agito B^2 : -te B^1CD
CALLIDAMATES. ADOLESCENS. THEVROPIDES. TRANIO. *B* CALIIDAMATES ADVLESCENS EIDEM D^1; *unius u. spat. C* ‖ 1122 somno *Ritschl* : omnium B^1CD somnum *Z* ‖ edormiui *Camer.* : obdormiui *BCD* ‖ 1123-5 *lacuna in archet. codd. BCD (cf. ad u. 1144-6)* ‖ 1123 dixit *hic suppl. Bothe, post* huc *Pylades* ‖ 1124 hominem *BCD* : dominum *Bugge* ‖ ad⟨uenientem⟩ *suppl. Aldina* : *lacuna in BCD* ‖ ludificatus *Aldina* : -tum *BCD* ‖ 1125 conspe⟨ctum sui patris pr⟩oce- *suppl. Ritschl* : *lac. in BCD* ‖ -ocedere *B* : -occedere *CD* ‖ 1127 cociliarem B^1 ‖ optime B^2 : optimi B^1CD^2 optim D^1 ‖ 1127 saluere *B* : saluare *CD* ‖ aduenis Theopropides : aduenis teuropides *FZ* aduenisset heuropides *CD* adueninisset heuropides B^1

voir revenu sain et sauf de ton voyage. Veux-tu bien souper chez nous aujourd'hui? Accepte.

Théopropide. — Que les dieux te protègent, Callidamate! Quant au souper, non, merci.

Callidamate *(insistant)*. — Pourquoi refuses-tu?

Tranion. — Accepte; j'irai à ta place, si tu n'as pas envie.

Théopropide *(d'un ton menaçant)*. — Maraud, tu te moques encore?

Tranion. — Parce que j'offre d'aller souper à ta place?

Théopropide. — Tu n'iras pas, je te le promets. C'est au gibet, selon tes mérites, que je te ferai porter.

Callidamate. — Allons, laisse tout cela, et ce soir au souper chez moi...

Tranion. — Dis que tu iras. Pourquoi gardes-tu le silence?

Callidamate *(à Tranion)*. — Mais toi, pourquoi t'es-tu réfugié là, sur cet autel?

Tranion. — Tu ne comprends rien. *(Montrant Théopropide)* C'est lui qui dès son retour m'a terrorisé[1]. *(A Théopropide)* Dis-lui maintenant ce que tu me reproches. Voici un tiers qui est là, juste à point pour trancher notre différend; allons, explique ton affaire.

Théopropide. — Je prétends que tu as perverti mon fils.

Tranion *(à Théopropide)*. — Écoute un peu. J'avoue qu'il s'est mal conduit, qu'il a, pendant ton absence, affranchi une maîtresse, qu'il a emprunté de l'argent à intérêts; que cet argent est dépensé, j'en conviens. A-t-il agi autrement que ne font les fils des meilleures familles?

1. On peut lire aussi: *Inscitissimus / adueniens perterruit me*: « C'est ce vieil imbécile qui dès son retour m'a terrorisé. » Le texte du passage n'est pas très sûr, et la répartition du dialogue varie avec les éditeurs.

Peregre, gaudeo. Hic apud nos hodie cenes; sic *face*.
TH. Callidamates, di te ament. De cena facio gratiam.
CA. Quin uenis?
TR. Promitte; ego ibo pro te, si tibi non libet.
⟨TH.⟩ Verbero, etiam inrides?
TR. Quian me pro te ire ad cenam autumo?
TH. Non enim ibis; ego ferare faxo, ut meruisti, in crucem.
CA. Age mitte ista; ac tu ad me ad cenam ...
TR. Dic uenturum. Quid taces?
CA. Sed tu, istuc quid confugisti in aram?
⟨TR.⟩ Inscitissimu's.
Adueniens perterruit me. ⟨E⟩loquere nunc quid fecerim.
Nunc utrisque disceptator eccum adest; age, disputa.
TH. Filium corrupisse aio te meum.
⟨TR.⟩ Ausculta modo.
Fateor peccauisse, amicam liberasse absente te,
Fenori argentum sumpsisse; id esse absumptum praedico.
Numquid aliud fecit nisi quod [faciunt] summis gnati generibus?
⟨TH.⟩ *H*ercle mihi tecum cauendum est, nimis qui's orator catus.
⟨CA.⟩ Sine me dum istuc iudicare. Surge; ego isti adsedero.

1129 face *Scioppius* : tale *BCD* ‖ 1130 Callidamates *Ritschl* : Calidamate *BCD* ‖ 1131 si tibi *B* : sibi D^{1}; *uerba* sitibi ... me pro te *om. C* ‖ 1132 TH. *om. B* ‖ Verbero $B^{2}CD$: Verbo B^{1} ‖ inrides B^{2} : -dens $B^{1}D$ ‖ Quian *D, B ante ras.* : Quia *B ex ras.* ‖ ire *CD* : *om. B* ‖ autumo *B ex ras. FZ* : aut humo *B ante ras. C* .a. ut humo *D* ‖ 1133 ibis *ex* ibi *B* ‖ 1134 ac te *Vssing* : ac tu $B^{1}CD$, aito B^{2} : istaec. tu ad me ad cenam — *Lindsay* ista : in tu a. m. a. c? *Schoell* ista et ito a. m. a. c. *Camer.* (*it. Goetz, Seyffert, deleto* et) ‖ Dic uenturum B^{2} : Dic uentum B^{1} dicuntur ū *CD* ‖ 1135 ⟨TR.⟩ inscitissimu's *Ferger* (-sumu's) : inscitissimus *codd.* ‖ 1136 TR. *praem. B* ‖ eloquere *Langen* : loquere *BCD* ‖ 1138 TR. *add. Camer.* ‖ 1139 peccauisse *BCD* : potauisse *Acid.* ‖ te *add.* B^{2} : *om.* $B^{1}CD$ ‖ 1140 *Spatium ante* id *in B D, ante* praedico *in C* ‖ 1141 fecit B^{2} : feci $B^{1}CD$ ‖ quod *Guyet* : quod faciunt *BCD* ‖ summis B^{2} : summi *CD* sum B^{1} ‖ 1142-1146 *Pers. add. aut corr. Camer.* ‖ 1142 Hercle *Pius* : Erile *BCD* ‖ qui's *Giphanius* : quis *BCD*

THÉOPROPIDE. — Par Hercule, il faut que je me tienne sur mes gardes avec toi; tu es un avocat trop habile.

CALLIDAMATE *(à Théopropide)*. — Laisse-moi donc juger cette affaire. *(A Tranion)* Lève-toi de là, que j'établisse mes assises à ta place.

THÉOPROPIDE. — Très volontiers; sois l'arbitre du procès.

TRANION. — Mais c'est un piège! *(A Callidamate)* Arrange-toi pour que je n'aie rien à craindre, et prends toutes mes craintes à ton compte.

THÉOPROPIDE. — Tout le reste est pour moi peu de chose, en comparaison de la manière dont il m'a mystifié.

TRANION. — C'est bien fait, par Hercule, et je suis content de l'avoir fait. A ton âge, on doit avoir un peu de bon sens, avec ces cheveux blancs.

THÉOPROPIDE *(à Callidamate)*. — Que dois-je faire, maintenant?

TRANION. — Si tu as pour amis Diphile ou Philémon, tu leur diras de quelle façon ton esclave t'a mystifié : ce sont d'excellentes fourberies que tu leur fourniras pour leurs pièces.

CALLIDAMATE *(prenant un air grave)*. — Tais-toi un moment, laisse-moi parler à mon tour. *(A Théopropide)* Écoute.

THÉOPROPIDE. — Je veux bien.

CALLIDAMATE. — Tout d'abord, tu sais bien que je suis le camarade de ton fils. Il est venu me trouver, car il n'ose pas se présenter devant toi, parce qu'il sait que tu es au courant de sa conduite. Eh bien! je te supplie de pardonner à sa sottise, à sa jeunesse : c'est ton fils. Tu sais que c'est l'âge où l'on joue à pareils jeux. Tout ce qu'il a fait, il l'a fait de concert avec nous : c'est nous qui sommes coupables. Intérêts, capital, tous les frais faits pour acheter sa maîtresse, nous

⟨TH.⟩ Maxime. Accipito hanc ⟨modo⟩ ad te litem.
⟨TR.⟩ Enim istic captio est.
Fac ego ne metuam ⟨mihi, atque⟩ ut tu meam timeas uicem.
⟨TH.⟩ Iam minoris ⟨omnia alia fa⟩cio praequam quibus modis
Me ludificatust.
TR. Bene hercle factum, et factum gaudeo.
Sapere istac aetate oportet qui s⟨unt⟩ capite candido.
TH. Quid ego nunc faciam?
⟨TR.⟩ Si amicus D*i*philo aut Philemon*i* es,
Dicito *is* quo *pa*cto tuus te seruos ludificauerit.
Optumas frustrationes dederis in co*mo*ediis.
CA. Tace parumper; sine uicissim me loqui. Ausculta.
⟨TH.⟩ Licet.
⟨CA.⟩ Omnium primum sodalem me esse scis gnato tuo.
Is ad*i*t me; nam illum prodire pudet in conspectum tuum
Propter ea qu*ae* fecit, quom te scire scit. Nunc te obsecro,
Stultitiae adulescentiaeque eius ignoscas : tuu*s*t.
Scis solere illanc aetatem tali ludo ludere.
Quicquid fecit, *n*obiscum *u*na fecit : no*s* del*i*quimus.
Fenus, sortem sumptumque omnem, qui amica ⟨empta⟩ est, omnia

1144-6 *lacuna in archet. codd. BCD* ‖ 1144 accipito *Pius* : accipte B^1 (-to B^2) accipite *CD* ‖ *post* hanc *lacuna in BCD* ‖ modo *suppl. Vssing* (tute, *Ritschl*) ‖ 1145 *Post* metuam *lacuna* ‖ mihi atque *suppl. Ritschl* ‖ 1146 *Post* minoris *lacuna* ‖ ⟨omnia alia fa-⟩ *suppl. Camer. Ritschl* ‖ 1147 ludificatust *Bentley* : -tus est *BCD* ‖ TR. *FZ* : CAL. *supra u. B* ‖ 1148 qui sunt *Camer.* : quis *BCD* qui sis *Schoell* ‖ 1149 TR. *add. Leo* ‖ *Sic Bücheler* (*scribens* Deiphilo) *ap. Leo, Hermes XVIII, 560* : dephilo aut philomontes *BCD* ‖ 1150-1 CAL. *praem. B, del. Bücheler* ‖ iis *codd.* ‖ pacto *FZ* : capto *BCD* ‖ 1152 TH. *praem. B* ‖ coomediis *Z* : commodiis *BCD* ‖ 1153 parumper sine B^2 : paruom persine *B CD* ‖ uicissim me *Acidalius* : me uicissim *BCD* ‖ TH. *add. Z* ‖ licet *B ex ras.* : lucet *B ante ras. CD* ‖ 1154 CA. *FZ* : *om. B* ‖ esse B^2D : esses *C* esse si B^1 ‖ 1155 adit *Bentley* : adiit *BCD* ‖ me nam B^2CD : me est nam B^1 ‖ 1156 quae *Ritschl* : qui B^1 quia B^2CD ‖ fecit *Z* : facit *BCD* ‖ quom *Ritschl* : qum *B* quae *D* que *C* ‖ 1157 ignoscat B^1 ‖ 1159 Quid quid *B* ‖ nobiscum una *Camer.* : una nobiscum *BCD* ‖ nos *Camer.* : non *BCD* ‖ deliquimus *Pius* : delin- *BCD* ‖ 1160 empta *suppl. Ritschl*

les rembourserons, en nous cotisant, à nos frais, non aux tiens.

THÉOPROPIDE. — Il ne pouvait m'être délégué un avocat plus persuasif que toi. Je n'ai plus contre lui ni colère, ni rancune. Bien plus, que ma présence ne l'empêche pas d'aimer, de boire, de faire ce qu'il lui plaît : pourvu qu'il ait honte des dépenses qu'il a faites, je me tiens pour satisfait.

CALLIDAMATE. — Il meurt de honte.

TRANION. — Après ce beau pardon, que vais-je devenir, moi?

THÉOPROPIDE. — Tu seras mis en croix et roué de coups, ordure.

TRANION. — Même si j'ai honte, moi aussi?

THÉOPROPIDE. — Je te ferai périr, par Hercule, sur ma vie!

CALLIDAMATE. — Que le pardon soit complet : fais grâce à Tranion pour cette fois; fais-le pour moi, je te prie.

THÉOPROPIDE. — Demande-moi n'importe quoi d'autre; tu l'obtiendras plus facilement que de me faire renoncer à faire périr, pour prix de tous ses mauvais coups, ce maraud sous les coups.

CALLIDAMATE. — Fais-lui grâce, je te prie.

THÉOPROPIDE *(voyant Tranion qui plastronne pour le braver)*. — Lui faire grâce? Vois quelle pose il prend, le pendard!

CALLIDAMATE *(d'un ton sévère)*. — Reste tranquille, Tranion, tu feras bien.

THÉOPROPIDE *(à Callidamate)*. — Tranquillise-toi, tu n'as pas besoin de le lui recommander; je le forcerai bien de rester tranquille, à coups de fouet.

TRANION. — Il n'en est pas besoin, assurément.

CALLIDAMATE *(à Théopropide)*. — Allons; laisse-toi fléchir cette fois, cède à ma prière.

THÉOPROPIDE. — Je ne veux pas que tu me pries.

Nos dabimus, nos conferemus, nostro sumptu, non tuo.
TH. Non potuit uenire orator magis ad me inpetrabilis
Quam tu. Neque *s*um *i*llic iratus neque quicquam suscenseo.
Immo me praesente amato, bibito, facito quod lubet :
Si hoc pudet, fecisse sumptum, supplic*i* | habeo satis.
CA. Dispudet.
⟨TR. Post⟩ istam ueniam, quid me fiet nunciam?
⟨TH.⟩ Verberibus, *l*utum, *c*aedere pendens.
⟨TR.⟩ Tamen *e*tsi pudet?
⟨TH.⟩ Interimam hercle ego ⟨te⟩, si uiuo.
CA. Fac istam cunctam gratiam :
Tranioni *a*mitte, quaeso, hanc noxiam causa mea.
TH. Aliud quiduis impetrari a me facilius perferam,
Quam ut non ego istum pro suis factis pessumis pessum premam.
CA. Mitte, quaes⟨o⟩, istum.
⟨TH.⟩ * * * uiden ut *a*stat furcifer?
⟨CA.⟩ Tranio, quiesce, ⟨si⟩ sapis.
TH. Tu quiesce hanc rem modo
Petere; ego illum ut sit *q*uietus *u*erberibus subegero.

1161 conferemus *CD* : -rimus *B* || 1162 inpetrabilis *B* : im- *CD* || 1163 sum illic *Schoell, Lindsay* : illi sum *BCD* || iratus *ex* eratus *uel* ratus *B*2 || 1164 presenti *B*1 || libet *B* || 1165 supplici : supplicii *BCD* : supplici ⟨id⟩ *Luchs, hiatus uitandi causa* || 1166 CA. *Acid.* : TR. *BCD* || TR. *add. Acid.* || Post *add. Mueller* Istam ⟨das⟩ ueniam *Ritschl* || 1167 sqq. *Pers. add. et correx. Itali, edd.* || 1167 lutum caedere *Guyet* : caedere lutum *BCD* || TR. *add. Lambin* || tamen etsi *Gruter* : tam inest si *B*1*CD* tametsi *B*2 || 1168 TH. *add. Lambin* || Interemam *B*1 || te *add. Mahler, duce Guyet* || si uiuo *B*2 : suibo *B*1*CD* || fac istam *Camer.* : facis tam *B*1*CD* || 1169 amitte *Vssing* : remitte *BCD* || noxia *B*1 || 1170 TH. *add. D*2 || *sic codd.* : perferam a me facilius *Bothe, rythmi causa* || 1171 pro suis *B*2*CD* : prosus *B*1 || pessumis pessum *B*2 *post ras. ex* spes sum //////// spessum || 1172 quaeso *FZ* istum. ⟨TH.⟩ *Camer.* (istunc) : que sis tume uiden *B*2 (tum euident *B*1) *CD* || *Lacunam alii aliter suppl.* : istum, ⟨Theopropides⟩ *et* istum. TH. ⟨Men istum⟩⟩ *Lindsay in appar.* istum. ⟨TH. Illum ut mittam?⟩ *Ritschl, etc.* || astat *Ritschl* : restat *BCD* || 1173 CA. *add. FZ* || quiesce si *Camer.* : qui esse *B*1*CD* || 1174 ergo *B*1 || ut sit quietus uerberibus *Acid.* : uerberibus ut sit quietus *BCD*

Callidamate. — S'il te plaît, voyons.

Théopropide. — Je ne veux pas, te dis-je, que tu me pries.

Callidamate. — Tu as beau ne pas vouloir. Grâce pour cette faute, pour cette faute seulement; voyons, fais cela pour moi.

Tranion *(à Théopropide)*. — Pourquoi te faire tirer l'oreille? Comme si dès demain je n'allais pas commettre une autre faute. Alors tu pourras pour toutes les deux, celle-ci et celle-là, te venger comme il faut.

Callidamate. — Cède à ma prière.

Théopropide *(à Tranion)*. — Allons, va-t-en, va-t-en; je te fais grâce. *(Montrant Callidamate)* Tiens, c'est lui que tu dois remercier. *(Au public)* Spectateurs, la pièce est jouée; à vous d'applaudir.

TR. Nil opust profecto.
⟨CA.⟩ Age iam sine te⟨d⟩ exorarier.
TH. Nolo ores.
CA. Quaeso hercle.
TH. Nolo, inquam, ores.
CA. Nequ*i*quam neuis.
Hanc modo [unam] noxiam unam, quaeso, ⟨missam⟩ fac causa mea.
TR. Quid grauaris? quasi non cras iam commeream aliam noxiam.
Ibi | utrumque, et hoc et illud, poteris ulcisci probe.
CA. Sine te exorem.
TH. Age abi, abi inpune. Em, huic habeto gratiam.
Spectatores, fabula haec est acta; uos plausum date.

1175 TR. *FZ* : CAL. *B* ‖ opus est *B* ‖ CA. *add. FZ* ‖ ted *Guyet* : te *B* (*in ras.*) *CD* ‖ 1176 nequicquam *BCD* ‖ unam *ante* noxiam *del. Loman* ‖ missam *hic add. Ritschl ante* noxiam *Loman*; *alii alia, nec meliora* ‖ 1178 cras iam B^2, *Camer.* : gras iam B^1 gratiam *CD* ‖ 1179 ibi utrumque *BCD, cum hiatu* : ibi ⟨tu⟩ u. *Ritschl* ibidem u. *Sonnenschein* ‖ 1180 abi abi *B ex ras.* : abe abi B^1CD ‖ impune *CD* ‖ em *B* : hem *CD* ‖ *Post* 1181 PLAVTI MVSTELLARIA (MO- *C*) EXPLICIT *BCD*.

PERSA
(LE PERSAN)

NOTICE

En écrivant le Persan, l'auteur semble n'avoir eu d'autre prétention que d'offrir aux spectateurs une sorte d'opérette, toute farcie de chants et de danses, agrémentée de costumes exotiques. Sur les huit cent cinquante sept vers dont se compose la pièce, une des plus courtes du théâtre plautinien, le parlé n'en comprend que trois cent cinquante six[1]; le reste se compose de récitatifs ou de cantica, solos ou duos, souvent accompagnés de jeux de scène, de mouvements, de pas et de figures qui évoquent les comédies-ballets de Molière. Les acteurs prennent soin de nous annoncer eux-mêmes qu'ils vont danser le pas d'Hégéas, ou celui de Diodore l'Ionien. Etant donné l'importance accordée à la partie spectaculaire, il ne faut pas trop demander à l'intrigue ou aux caractères. Nous retrouverons une fois de plus le thème du léno berné par un coquin d'esclave, qui lui fait acheter, en la présentant comme une captive de guerre venue du fond de l'Arabie, une fille libre, aussitôt réclamée après la vente par son honorable père, le parasite Saturion. Dépouillé de son emplette, le léno est, pour comble, bafoué et rossé. Revenu du forum où il s'est entendu condamner à restituer la jeune fille, Dordale surprend Toxile et ses complices en train de festoyer avec son bon argent. Il s'approche furieux, mais il n'est pas de taille à lutter

1. Seuls les vers 53-167; 329-469; 501-512; 520-527; 673-752 sont en sénaires iambiques; Les suites de septénaires sont assez rares (v. 203-250; 279-328; 528-672)); le reste de la pièce est écrit en vers libres, mélange de septénaires et d'octonaires, de dimètres iambiques et trochaïques, d'anapestes, de bacchiaques, sans compter quelques vers dont la scansion demeure incertaine.

contre cette bande. On l'invite ironiquement à prendre place au festin; Pégnion, sous prétexte de le caresser, l'accable de soufflets; Sagaristion en fait autant; Toxile lui pince les fesses; finalement il s'enfuit, pendant que ses mystificateurs continuent à boire et à danser.

L'intérêt du spectacle est donc tout entier dans le faire du poète, dans la façon dont il nous présente un plat dont nous sommes un peu blasés. Il faut dire que Plaute a su l'accommoder d'une manière nouvelle. Cette fois l'amoureux n'est plus un jeune homme de bonne famille, et son amante n'est pas une fille de condition libre, dont le mauvais sort a fait une esclave, et qui verra au dénoûment la fin de ses malheurs. Nous sommes dans un monde servile : Toxile, Sagaristion, Pégnion, Lemnisélène et sa servante Sophoclidisque sont d'authentiques esclaves; l'élément libre est représenté seulement par le parasite Saturion et par sa fille; pour être complet, ajoutons-y le léno. Ainsi s'expliquent le ton particulier de la pièce, et la liberté d'allures que Plaute a pu se donner : aucun des personnages ne s'embarrasse de scrupules. Toxile a profité de l'absence de son patron pour affranchir Lemnisèlène, sans verser d'argent à Dordale, naturellement; Sagaristion n'hésite pas, pour venir en aide à son compagnon, à s'approprier la somme qu'il a reçue de son maître en vue d'un achat de bœufs — et nous retrouvons ici une situation déjà rencontrée dans l'*Asinaria* —; quant à Saturion, il consent non moins volontiers à vendre sa fille à Dordale, afin de réaliser l'escroquerie imaginée par Toxile. Pégnion, Sophoclidisque, Lemnisélène ne déparent pas cet ensemble. Une seule figure semble mettre une note d'honnêteté dans ce concert de coquins : c'est la fille de Saturion qui exprime en termes très nobles sa répugnance pour le rôle qu'on lui fait jouer, et qui moralise son père fort congrûment. Suivant Lejay[1] « le ton, la gravité, la subtilité de ce débat rappellent plutôt les grandes scènes entre père et fille dans

1. *Plaute*, p. 49.

les tragédies d'Euripide que les dialogues habituels de la comédie. » Sans doute, mais il ne faut pas oublier qu'après avoir exhalé son indignation, cette honnête fille tient fort bien sa partie, et que non contente de bien répéter son rôle, elle sait aussi improviser les réponses qui aideront à duper Dordale[1]. L'indignation vertueuse qu'elle montre d'abord et le ton sentencieux qu'elle prend ne servent qu'à rendre plus piquante l'attitude qu'elle a dans la suite; et ce serait, je crois, un contresens que de la comparer avec Alcmène. Non, l'atmosphère n'est pas à la vertu, même par occasion, dans le Persan, et nous sommes toujours dans la farce bouffonne. Ce caractère explique la conduite de l'action, le grand nombre de scènes ou de fragments de scènes qui en retardent inutilement la marche, et qui sont là uniquement pour faire rire, comme le monologue de Saturion et les propos de bouche qu'il échange avec Toxile[2], le dialogue entre Toxile, Pégnion et Sophoclidique[3]; les injures qu'échangent Pégnion et Sagaristion[4], Toxile et Dordale[5], le début de l'interrogatoire de la jeune fille[6]. Et c'est aussi ce qui autorise le poète à se montrer plus libre encore que de coutume dans la plaisanterie, à multiplier les injures, les quolibets, les allusions aux mauvaises mœurs de ses personnages, et même des jeux de scène assez risqués. Si le Persan n'est pas une des meilleures comédies de Plaute, elle a pour nous le mérite de nous faire connaître un aspect nouveau de son art, assez voisin du mime et de l'atellane, et proche ancêtre de ce que sera plus tard la comédie italienne, avec ses Arlequin, ses Scapin, et ses Pantalon.

Nous ne savons rien de l'original grec du Persan; et les hypothèses qu'on a faites pour le déterminer reposent sur des indices bien fragiles. Se fondant sur le vers 506

1. Cf. les vers 622, 626, 630, 635.
2. v. 53-125.
3. v. 183-250.
4. v. 272-301.
5. v. 405-430.
6. v. 549-560.

Chrysopolim Persae cepere urbem in Arabia

Wilamowitz en a conclu que cet original devait remonter à une époque où l'empire perse était encore debout, donc au temps de Démosthène et de la moyenne comédie. C'est accorder bien du poids à une indication qui peut être de pure fantaisie, et il ne semble pas qu'il y ait jamais eu de Chrysopolis en Arabie. Avec aussi peu de raison, M. Meyer a soutenu que la pièce grecque appartenait à la comédie nouvelle. La date de la pièce latine est peut-être un peu moins incertaine. Une plaisanterie de Saturion

O mi Iuppiter
Terrestris, te coepulonus compellat tuus

a fait supposer que le Persan devait être de peu postérieur à la fondation du collège des Épulons que les pontifes firent créer en 196 avant Jésus Christ. Une allusion aux courses d'autruches données dans le cirque (v. 199) laisse conjecturer aussi que ces animaux avaient déjà figuré dans les jeux à Rome, et place la pièce après la prise de Carthage, par exemple aux Ludi Romani de l'année 197. C'est à cette date aussi que conduit la plaisanterie sur les richesses proverbiales du roi Attale (v. 339), mort en cette même année 197. Il n'est donc pas trop audacieux de conclure avec Naudet qu' « on peut, avec quelque probabilité, ranger le Persan dans les productions des dix dernières années de l'auteur[1]. »

1. Théâtre de Plaute, tome III, p. 557.

PERSONNAGES

TOXILE, esclave.
SAGARISTION, autre esclave, ami de Toxile.
SATURION, parasite.
SOPHOCLIDISQUE, servante de Lemnisélène.
LEMNISÉLÈNE, esclave de Dordale et amante de Toxile.
PÉGNION, jeune esclave, serviteur de Toxile.
LA FILLE de Saturion.
DORDALE, léno.

La scène est à Athènes.

PERSONAE

TOXILVS SERVVS
SAGARISTIO SERVVS
SATVRIO PARASITVS
SOPHOCLIDISCA ANCILLA
LEMNISELENIS MERETRIX
PAEGNIVM PVER
VIRGO
DORDALVS LENO

PERSONAE. **Sagaristio** : -cio *B u. 459 et IV, 2 tit.; quam lectionem tuetur K. Schmidt, Herm. 87,205.* **Virgo** : Lucris virgo. *Ritschl, coll. uu. 624,626, sed nomen commenticium esse apparet.*

ARGUMENT
(acrostiche)

En l'absence de son maître, Toxile achète la belle qu'il aime, et la fait affranchir par le léno. Il engage en outre celui-ci à acheter une jeune étrangère au pirate qui l'a ravie : c'est la fille de son parasite qui joue ce rôle. Dordale tombe dans le panneau; et Toxile le berne tout en s'enivrant[1].

1. Cet argument acrostiche n'est conservé que par les manuscrits palatins. Le palimpseste ambrosien a gardé quelques traces d'un second argument de quatorze vers, mais dans un tel état de mutilation que toute restitution est impossible.

ARGVMENTVM I

Profecto domino suos amores Toxilus
Emit atque curat leno ut emittat manu;
Raptamque ui emer*e* de praedone uirginem
Subornata suadet sui parasiti filia,
Atque ita intricatum ludit potans Dor*d*alum.

Argumentum I. Lectiones codicis T in hac fabula partim seruatae sunt. ‖ *Hoc argum. om. A* ‖ INCIP PERSA. ARGVMENTVM *B, C (omittens* ARGVMENTVM), *D* ‖ EMittat que *B* ‖ 3 emere *Schoell* : emeret *BCD, seruat Lindsay* ‖ 5 intrichatum *BCD* ‖ Dordalum *Camer.* : dorpalum *BCD*

ARGVMENTVM II

tur ⟨se⟩ruu
umn * * mm
mat * * rce
m * * eru o
fingunt
ant ⟨u⟩erec dum
ru
ta * * rsi
de ⟨ui⟩rgi
cam uen
⟨pr⟩etio ⟨p⟩aru
ua * faci
a re⟨ci⟩pit e
tue ⟨l⟩eno

Argumentum II. Alterum argum. solus habet A, perpaucis litteris tantum seruatis, quas aegerrime dispexit Studemund. Supplementa Schoell add., qui totum argum. refinxit ad arbitrium suum, e. g. u. 1 **⟨Erus dum peregrina⟩tur ⟨se⟩ruu⟨s Toxilus⟩;** ***u. 5*** **⟨Lenonem ut fallant⟩ fingunt ⟨raptam uirginem⟩;** ***u. 8*** **⟨Fertur tum adla⟩ta ⟨e Pe⟩rsi⟨a una epistula;** ***u. 13*** **⟨seruos cum praed⟩a re⟨ci⟩pit ‖** ***u. 10*** **⟨pudi⟩cam uen⟨dit⟩;** ***u. 14*** **⟨perpe⟩tue leno ⟨luditur⟩** ***suppl. Leo*** **‖** ***Post u. 14 secuntur 4 u. uacui.***

⟨ACTE I⟩

⟨SCÈNE I⟩

TOXILE

Toxile *(seul)*. — L'amoureux qui, le premier, s'est engagé sans argent dans les voies de l'Amour, a connu des tribulations qui surpassent les tribulations d'Hercule. Pour moi, je préférerais lutter à mort avec le lion, avec l'hydre, avec le cerf, avec le sanglier d'Étolie, avec les oiseaux du Stymphale, avec Antée plutôt qu'avec l'Amour : tant j'ai de peine pour trouver à emprunter. « Je n'ai pas d'argent » c'est la seule réponse que savent me faire ceux à qui je m'adresse.

⟨SCÈNE II⟩

SAGARISTION TOXILE

Sagaristion *(entrant sans voir Toxile)*. — Le serviteur qui veut, dans son service, bien servir son maître, doit, par Pollux, avoir toujours présentes à l'esprit mille attentions capables selon lui de plaire à ce maî-

⟨ACTVS I⟩

TOXILVS
SERVVS

Qui amans egens ingressus est princeps in Amoris uias,
Superauit aerumnis suis aerumnas †Herculi.
Nam cum leone, cum excetra, cum ceruo, cum apro Aetolico,
Cum auibus Stymphalicis, cum Antaeo deluctari mauelim
Quam cum Amore: ita fio miser quaerendo argento mutuo;
Nec quicquam nisi 'non est' sciunt mihi respondere quos rogo.

⟨SAGARISTIO TOXILVS
SERVI II⟩

⟨SA.⟩ Qui ero suo seruire uolt bene seruus seruitutem,
Ne illum edepol multa in pectore suo conlocare oportet

Personarum notas fere nullas per totam fabulam habent BCD, spatiis tantum seruatis. ‖ TOXILVS *A, uno praeterea uersu uacuo relicto, itemque inter u. 6 et 7* : TOXILVS. SAGARISTIO. SERVI. II. *B, nullo spatio inter u. 6 et 7; unius u. spatium CD* 1 aegens *A ut uid.* ‖ est *A item* SCHOL. VERG. *Buc. 10,69* : es *BCD* ‖ uias *BCD* : uiam *schol. Verg.* ui.. *A. De metro non constat : iamb. octon. contractum (?) facit Lindsay; an, cum Guyeto* Amoris in uias *legendum ut iamb. octon. fiat ?* ‖ 2 suis *A, BCD*: in suis *schol. Verg., unde* is suis *Lindsay, septen. troch. efficiens* ‖ herculi *BCD* : herculis *schol. Verg.* hercul.. *A* herculi ⟨sex⟩ *Seyffert ut sept. iamb. fiat* ‖ aerumnas ⟨omnis⟩ H. *Loman ut octon. iamb.* ‖ 3 cum excetra *A, schol. Verg.* : et cum ecscetera *B* et cum exscedra *CD* ‖ aetolito *B* : etholico *CD, A n. l.* ‖ 4 delluctari *B* ‖ me deluctari malueram *schol. Verg.* ‖ 6 non est (nonem *B*) sciunt *BCD* : non^{e}stuestiunt *A, ut uid.*

Inter 6 et 7 unius u. spatium habet A, nihil BCD ‖ 7 SA. *add. Camer.* ‖ uult *BCD* ‖ 8 illum edepol *A* : edepol illum *BCD*

tre, absent et présent. Quant à moi, ce n'est pas que j'aime à servir, ou que je donne entière satisfaction à mon maître; mais, pas plus qu'on ne peut s'empêcher de toucher à un œil malade, il ne peut se passer de moi; il faut toujours qu'il me donne des ordres, qu'il me prépose au soin d'étayer ses affaires.

Toxile. — Quel est cet homme-là debout en face de moi?

Sagaristion. — Quel est cet homme-ci debout en face de moi?

Toxile. — On dirait Sagaristion.

Sagaristion. — Mais c'est mon ami Toxile.

Toxile. — Pas de doute, c'est lui.

Sagaristion. — C'est lui, je crois bien.

Toxile *(marchant à la rencontre de Sagaristion)*. — Allons le trouver.

Sagaristion *(même jeu)*. — Allons à sa rencontre, nous aussi.

Toxile. — Ah! Sagaristion, que les dieux te protègent!

Sagaristion. — Ah! Toxile, que les dieux comblent tous tes vœux! Comment te portes-tu?

Toxile. — Comme je peux.

Sagaristion. — Quoi de neuf?

Toxile. — On vivote.

Sagaristion *(avec sollicitude)*. — Tout va comme tu le veux, j'espère?

Toxile. — Si mes désirs se réalisent, oui.

Sagaristion *(haussant les épaules)*. — Tu en uses sottement avec tes amis.

Toxile. — Que veux-tu dire?

Sagaristion. — Il faut savoir exiger.

Toxile. — Je te croyais mort, à force de ne pas te voir.

Quae ero placere censeat praesenti atque apsenti suo.
Ego neque lubenter seruio neque satis sum ero ex sententia;
Sed quasi lippo oculo me erus meus manum apstinere hau quit tamen,
Quin mihi imperet, quin me suis negotiis praefulciat.

⟨TO.⟩ Quis illic est qui contra me astat?
SA. Quis hic est qui si⟨c⟩ contra me astat?
TO. Similis est Sagaristionis.
SA. Toxilus hicquidem meus amicust.
TO. Is est profecto.
SA. Eum esse opinor.
TO. Congrediar.
SA. Contra adgredibor.
TO. O Sagaristio, di ament te!
SA. O Toxile, dabunt di quae exoptes!
Vt uales?
TO. Vt queo.
SA. Quid agitur?
TO. Viuitur.
SA. Satin ergo ex sententia?
TO. Si eueniunt quae exopto, satis.
SA. Nimis stulte amicis utere.
TO. Quid iam?
SA. Imperare oportet.
TO. Mihi quidem tu iam eras mortuus, quia non te uisitabam.

9 *De scansione huius uersus uide Lindsay, Class. Quart. 7 (1913) 1 sqq.* ‖ quae ero *BCD* : quaero *A, ut uid.* ‖ absenti *BCD* ‖ 10 libenter *A* ‖ seruio *BCD* : serui *A* ‖ 11 ocillo *B*[1] ‖ abstinere *BCD* ‖ hau quit : hau qui *A* aut quit *B* aut quid *CD* ‖ 12 Quin *A* : Quid *BCD* ‖ 13-14 *inuertit A* ‖ 13 TO. *add. Bothe* ‖ astat quis *contin. A* ‖ qui sic *Schoell* : qui si *A* qui *BCD* quis illic est qui o. m. a. *Bach* ‖ 14 sagaristionitoxilus *contin. A* ‖ amicust *A* : amicus est *BCD* ‖ 15 profectoeum *contin. A* ‖ opinor congrediar *contin. A* ‖ adgredibor *A* : adgredior *B, CD* (agg-) ‖ 16 dei *A* ‖ o toxile *BCD* : toxile *A* ‖ exoptes *BCD* : optes *A* ‖ 17ab *sic dist. A* : *unum u. faciunt BCD* ‖ 18 *Pers. spat. om BD* ‖ 19 imperare *A* : quia iam imperare *B* (inp-) *CD* ‖ 20 uisitabam *A* : -aui *BCD*

Sagaristion *(d'un air d'importance)*. — Une occupation, par Pollux...

Toxile *(l'interrompant en riant)*. — Dans les ferrures, peut-être?

Sagaristion. — Je suis resté un peu plus d'un an, tout bardé de fer, au moulin comme tribun vapulaire[1].

Toxile. — Tu es un vétéran dans cette arme-là.

Sagaristion. — Et toi, t'es-tu toujours bien porté?

Toxile. — Pas trop bien.

Sagaristion. — En effet, ma foi! tu es pâle.

Toxile. — J'ai été blessé dans les combats de Vénus; une flèche de Cupidon m'a transpercé le cœur.

Sagaristion. — Les esclaves se mêlent donc d'être amoureux ici?

Toxile. — Qu'y puis-je faire? Résister aux dieux comme les Titans? guerroyer contre un adversaire auquel je ne pourrais tenir tête?

Sagaristion. — Veille seulement à ce que les catapultes d'orme ne te transpercent pas le flanc.

Toxile. — Bah! Je célèbre royalement les Éleuthéries.

Sagaristion. — Comment cela?

Toxile. — Parce que mon maître est en voyage.

Sagaristion. — En voyage, dis-tu?

Toxile. — Si tu peux consentir à prendre du bon temps, viens; tu partageras ma vie, tu seras traité royalement.

Sagaristion *(avec un transport de joie)*. — Ah! les épaules me démangent déjà, de t'entendre parler de la sorte.

Toxile. — Il n'y a qu'un point qui me tourmente.

Sagaristion. — Quoi donc?

1. Expression forgée plaisamment par Plaute sur le modèle de *tribunus militaris* « tribun militaire »; Naudet traduit « tribun à verge », ce qui n'est ni très exact, ni très clair. J'ai préféré calquer l'expression latine : par tribun vapulaire, il faut entendre celui qui est chargé de recevoir les coups.

SA. Negotium edepol ...
TO. Ferreum fortasse?
SA. Plusculum annum
Fui praeferratus apud molas tribunus uapularis.
TO. Vetus iam istaec militiast tua.
SA. Satin tu usque ualuisti?
TO. Hau probe.
SA. Ergo edepol palles.
TO. Saucius factus sum in Veneris proelio;
Sagitta Cupido cor meum transfixit.
SA. Iam serui hic amant?
TO. Quid ego faciam? disne aduorser quasi Titani? Cum eis belligerem
Quibus sat esse non queam?
SA. Vide modo ulmeae catapultae tuum ne transfigant latus.
TO. Basilice agito eleutheria. 29a
SA. Quid iam?
TO. Quia erus peregri est.
SA Ain tu, 29b
Peregri est?
TO. Si tut' tibi bene esse 30a
Pote pati, ueni : uiues mecum, 30b
Basilico accipiere uictu.
SA. Vah, iam scapulae pruriunt, quia te istaec audiui loqui. 32a
TO. Sed hoc me unum excruciat.
SA. Quidnam id est? 32b

21 negotium *BCD* : negoti *A* ‖ 23 tuasatin *contin.* *A* ‖ ualuisti haud *contin.* *BCD* ‖ 24 factus sum *BCD* : sum factus *A* ‖ 25 tranfixit *B* ‖ 26 ego *A* : ergo *BCD* ‖ deisne *A* ‖ aduorser *A* : aduorse *BCD* ‖ eis *A* : dis *BCD* ‖ 27 ese *B* ‖ 28 ulmeae *Scutarius* : uimeae *A*, *ut uid.* ut meae *BCD* ‖ cataputae *BCD* ‖ transfigant latus *A* : trans fagandatus *BCD* ‖ 29a-29b *coniung.* *B* ‖ 29b-100 *deficit* *A* ‖ 29b Quia *BCD* : Qui CHARISIVS *GLK I, 212,22* ‖ peregre *BCD* : peregri CHARIS. ‖ 30 Si tut' *Lindsay* : Sicut et *B* Sit ut *CD* Si tu *Camer.* ‖ mecum *CD* : meum *B* ‖ 29b-31 *quattuor u. facit Lindsay* (—ain tu | — bene esse | — mecum | — uictu) ‖ 30-31 *coniung.* *B* ‖ 32 Vah iam *CD* : Vaiham *B* ‖ 32b me unum *CD* : meum am *B* ‖ excruciat *D³FZ* : -cia *B*, *C* (-tia) *D*

Toxile. — C'est aujourd'hui le jour suprême qui va décider si ma bonne amie sera libre, ou condamnée à servir une éternelle servitude.

Sagaristion. — Alors, que veux-tu?

Toxile. — Tu peux faire de moi ton ami pour l'éternité.

Sagaristion. — Par quel moyen?

Toxile. — En me donnant six cents écus, que je dois payer pour sa liberté, et que je te rendrai, sans délai, dans deux ou trois jours. Allons, un effort de générosité; secours-moi.

Sagaristion. — Sur quoi te fondes-tu pour oser me demander une pareille somme, effronté? Eh! quand on me vendrait avec appartenances et dépendances, à peine en pourrait-on retirer l'argent que tu me demandes. Tu prétends aujourd'hui tirer de l'eau d'une pierre ponce, qui elle-même a toujours soif.

Toxile. — Quoi, te conduire ainsi envers moi, toi?

Sagaristion. — Quelle conduite veux-tu que j'aie?

Toxile. — Belle question! Trouve à emprunter quelque part.

Sagaristion. — Fais toi-même ce que tu me demandes.

Toxile. — J'ai cherché; je n'ai rien trouvé.

Sagaristion. — Je chercherai de mon côté quelque prêteur.

Toxile. — Alors, l'affaire est dans le sac.

Sagaristion. — Si j'étais en fonds, je t'aurais déjà promis[1]. Tout ce que je peux, c'est de m'y employer sérieusement.

Toxile. — Quel que soit le résultat, reviens chez moi. Cherche toujours; moi-même de mon côté, si j'ai quelque chose, je te le ferai savoir sans faute. Je t'en

1. On attendrait « je t'aurais déjà donné ». Le comique est dans l'inattendu.

TO. Haec d⟨i⟩e⟨s⟩ summa hodie est, mea amica sitne libera
An sempiternam seruitutem seruiat.
SA. Quid nunc uis ergo?
TO. ⟨Facere ami⟩cum tibi me potis es sempiternum.
SA. Quem ad modum?
TO. Vt mihi des nummos sescentos, quos pro capite illius pendam;
Quos continuo tibi reponam in hoc triduo aut quadriduo.
Age, fi benignus; subueni.
SA. Qua confi*d*entia rogare tu a me*d* argenti tantum audes,
Impudens? quin si egomet totus uen*e*am, uix recipi potis est
Quod tu me rogas; nam tu aquam a pumice nunc postulas
Qui ipsus siti are*t*.
TO. Sicine hoc te mihi facere?
SA. Quid faciam?
TO. Rogas?
Alicunde exora mutuum.
SA. Tu fac idem quod rogas me.
TO. Quaesiui; nusquam repperi.
SA. Quaeram equidem, si quis credat.
TO. Nempe *h*abeo in mundo.
SA. Si id domi esset mihi, *i*am pollicerer.
Hoc meumst ut faciam sedulo.
TO. Quicquid erit, recipe te ad me.

33 *Post* Haec *spatium B* ‖ dies *Camer.* : de *BCD* disees *T* (*ex* dis *corr. in* dies *?*); Haec hodie summast dies *Klotz*; *alii alia* ‖ 34 ergo *BCD* : et ego *T* ‖ 35 ⟨Facere ami⟩cum *suppl. Camer. duce Pio* : ..... cum *praecedente lacuna B* Cum *CD* ‖ SA. : *spat. om. B* ‖ 36 mihi des : mihi dens *B* des mihi *CD* ‖ sexcemos *B* ‖ 37-38 *coniung. B* ‖ 37 In *cum init. maiusc., ut saepius, cf. 86* ‖ 38 fi *B* : Sed *CD* ‖ 39 confidentia *D*[3]*FZ* : confitentia *BCD* ‖ tu a me *B* : tui a me *CD* ‖ argenti *D, T ?* : argentum *BC* ‖ 40 ueneam *FZ* : -niam *BCD* ‖ 41 nam *CD* : manam *B* ‖ pimice *B* ‖ 42 siti aret *Roppenecker* : sitiare *B* (-ci-) *CD* sitiat *D*[3]*FZ, edd.* ‖ sitine *B* ‖ sicin te mi hoc *Mueller* ‖ rogan *B cum* s *eadem manu suprascr.* ‖ *u. 44 post 46 iterat B* ‖ 45 abeo *BCD* ‖ iam *FZ* : am *BCD* ‖ 46 meunst *B* ‖ recipe *B* : recipi *CD*

prie, je t'en supplie, aide-moi fidèlement dans cette affaire[1].

SAGARISTION. — Ah! tu m'assommes avec ton insistance.

TOXILE. — Ce n'est pas ma faute si je te rabâche toujours la même chose, c'est la faute de l'Amour.

SAGARISTION. — En tout cas, je m'en vais te quitter, par Pollux.

TOXILE. — Tu t'en vas déjà? Bonne promenade. Mais reviens le plus tôt possible. Ne me force pas à te chercher. Je resterai à la maison jusqu'à ce que j'aie fini de mijoter quelque mauvais coup contre le léno. *(Ils sortent et se séparent).*

⟨SCÈNE III⟩

SATURION

Je garde, je continue le bon vieux métier de mes ancêtres, et je l'exerce avec un soin pieux. Jamais de tous mes ascendants il n'y en eut un qui n'ait empli sa panse par l'industrie parasitique. Mon père, mon aïeul, mon bisaïeul, mon trisaïeul, mon quadrisaïeul, mon quinquisaïeul ont toujours mangé, comme les rats, à la table d'autrui. Personne ne pouvait les vaincre en voracité. On les surnommait aussi les Duretêtes.

1. La distribution des vers 46 et 47 est incertaine. Le texte semble présenter ici quelque lacune.

Quaere tamen; ego item sedulo, siquid erit, ⟨te fac⟩iam ut scias.
†Obsecro te resecro, operam da hanc mihi fidelem.
SA. Ah, odio me enicas.
TO. Amoris uitio, non meo nunc tibi morologus fio.
SA. At pol ego aps te concessero.
TO. Iamne abis? Bene ambulato.
Sed recipe [te] quam primum potes, caue fuas mihi in quaestione.
Vsque ero domi, dum excoxero lenoni malam * * *

SATVRIO
PARASITVS

Veterem atque antiquum quaestum maio⟨rum meum⟩
Seruo atque obtineo et magna cum cura colo.
Nam numquam quisquam meorum maiorum fuit,
Quin parasitando pauerint uentris suos.
Pater, auos, proauos, abauos, atauos, tritauos
Quasi mures semper edere alienum cibum,
Neque edacitate eos quisquam poterat uincere;
*A*t*que* *i*s cognomentum erat Duri*c*apitonibus.

47 sq. *inter personas alii aliter distribuerunt. Verba* Siquid erit ... ut scias *Sagaristioni dedit Bothe. Personae spat. ante et post* resecro *habet B* (*ante, non post D*; *utrumque om. C*) *unde nonnulli uerba* resecroque *Sagaristioni dant. Lacunam ante* obsecro *sign. Schoell*; *alii alia* ‖ 47 te faciam *Abraham duce Camer.* : iam *BCD* ‖ 48 *De metro ambigitur*; *duos u. facit Schoell* (— mihi | — enicas [*dimet. iamb.*]), *u. mancus aut corruptus uidetur esse* ‖ resecro *BC* : resecroque *D* ‖ me enicas *CD* : moenicas *B* ‖ 49 morologus D^2 : -locus BCD^1 ‖ 50 *post* abis *personae spatium in BCD*; *corr. Acid.* ‖ 51 recipe *Bothe, coll. Merc. 498* : recipete *B* recipite *CD* ‖ 52 malam *B* : malum *CD* malam⟨rem magnam⟩ *Ritschl, alii alia.*

Act. I Sc. 3, uel Act. II Sc. 1 (*cf. ad u. 168*) : SATVRIO PARASITVS D^2FZ : *unius u. spat.* BCD^1 ‖ 53 maiorum meum *suppl. Gruter* : mali *B* malo *CD* ‖ 54 magna Cum *B* : cum magna *CD* ‖ 55 maorum *B* ‖ 56 uentris : uentres *CD*, uertris *B* ‖ 60 Atque *Leo* : Neque *BCD*; *del. Six* ‖ is : iis *B* hus *CD* ‖ Cognomentum *CD* : cognomen tum *B* ‖ Duricapitonibus *Six* : duris capitonibus *BCD*

C'est pourquoi j'exerce ce métier et je garde leur rang. Je ne veux pas être délateur de profession; il ne me sied pas en effet d'aller sans péril arracher le bien d'autrui, et je n'aime pas ceux qui agissent de la sorte. Suis-je assez clair? Du reste, si quelqu'un se charge de cette besogne dans l'intérêt public plutôt que pour son profit personnel, je ne me refuse pas à le regarder comme un loyal et bon citoyen. Mais je voudrais que, lorsqu'on a fait condamner un infracteur des lois[1], on donnât au trésor la moitié de son salaire; et qu'on ajoutât également à la loi cet article *(Il prend le ton sentencieux et impératif)* : « Toutes les fois qu'un délateur mettra la main sur un prévenu, celui-ci, en revanche, lui mettra la main dessus pour autant, afin qu'ils se présentent à égalité devant les triumvirs. » Si cette règle se pratiquait, je garantis qu'on ne verrait plus nulle part de ces gens qui se servent de l'album du préteur comme d'un filet pour s'attaquer au bien d'autrui. Mais ne suis-je pas fou de me mêler des affaires publiques, alors qu'il y a des magistrats dont c'est le devoir? Maintenant je vais entrer là, inspecter la réserve d'hier, voir si elle a bien reposé ou non, si elle n'a pas eu la fièvre, si on l'a bien couverte; je crains que quelque indiscret ne se soit glissé jusqu'à elle. Mais la porte s'ouvre; arrêtons notre marche.

1. Le texte ici est corrompu, et sans doute lacunaire.

Vnde ego | hunc quaestum optineo et maiorum locum.
Neque quadrup*u*lari me uolo; neque enim decet
Sine meo peric*l*o ire aliena ereptum bona,
Neque illi qui faciunt mihi placent. Planen loquor?
Nam publicae rei causa quicumque id facit
Magis quam sui quaesti, animus induci potest
Eum esse ciuem | et fidelem | et bonum.
†Sed si leg*iru*pam qui damnet†, det in publicum
Dimidium; atque etiam | in ea lege adscribier :
Vbi quadrup*u*lator quempiam in*i*exi*t* manum,
Tantidem ille illi rursus iniciat manum,
Vt aequa parti prodeant ad trisuiros.
Si id fiat, ne isti faxim *n*usquam appareant
Qui hic albo rete aliena oppugnant bona.
Sed sumne ego stultus, qui rem curo publicam,
Vbi sint magistratus quos curare oporteat?
Nunc huc intro ibo, uisam hesternas reliquias,
Quierintne recte necne; num *a*fuerit febris;
Opertae*n* fuerint; ne quis obreptauerit.
Sed aperiuntur aedes; remorandu*s*t gradus.

---

61 *sic codd. cum hiatu* : optineo quaestum *Schoell* ‖ obtineo *CD* ‖ maiorum *D, C corr.* : maorem *B* (*corr. in* -um) maiorem *C*¹ ‖ 62 quadrupulari *Fleckeisen, item* quadrupulator *u. 70, cf. Lindsay Early lat. v. p. 213* : quadruplari, quadruplator *BCD* ‖ 63 periclo *Guyet* : periculo *BCD* ‖ 64 planen *B* : plane *CD* ‖ 65 publicae *D* : publice *B cum* bli *in litura* puplicae *C* ‖ quicumque *B* (-que *add. in litura*) : quicum *CD* ‖ 67 et fidelem et *B* : et fidelem *CD*. *Versus cum duplici hiatu suspectus* : nec ... nec *pro* et ... et *Mueller, Rh. M. 54,527* ‖ 68 Sed si *B* : sed *CD* ‖ legirupam *FZ* : legerumpam *BCD* ‖ quidam net det *B* : quidam nedet *CD*. *Totus locus corruptus est necdum sanatus. Lacunam unius u. post* Sed *statuit Brix, quam sic suppl. Leo in appar.* : sed ⟨qui caueatur, legem conscribi uolo⟩; *alii alia* ‖ 69 *sic codd. cum hiatu* : etiam ⟨hoc⟩ in *suppl. Schoell* ‖ 70 iniexit *Camer.* : inlexi *BCD* ‖ 71 initiat *BCD*² (itiat *D*¹) ‖ 72 Vt *BD* : et *C* ‖ 73 faxim nusquam *Pylades* : faximus quam *BCD* ‖ 78 Quierintne recte *Camer.* : Quieuenerint nerecte *BD*, *C* (qui eue-) *T* (-rit), Quierint *iam Dousa* ‖ afuerit *Haupt., coll. Curc. 17* : infuerit *BCD* ‖ 79 Opertaen *Pylades* (-ne) : Oportene *BCD* ‖ fueritt *B* ‖ 80 remorandus est *BCD* ‖ gradus toxius saturio *B*

⟨SCÈNE III⟩

TOXILE SATURION

Toxile *(se frottant les mains de joie)*. — Ça y est, j'ai trouvé le moyen de faire payer au léno, de son propre argent, l'affranchissement de ma belle. Mais voici mon parasite dont le secours m'est nécessaire. Faisons semblant de ne pas le voir; c'est le moyen d'allécher mon homme. *(Haut, aux gens dans la maison)* Au travail, vous autres, dépêchez-vous, plus vite que ça, que rien ne me retarde quand je serai rentré. Mélange le vin miellé, apprête les coings et les baguenaudes[1], qu'ils chauffent bien dans les bassines; jettes-y de la cannelle. Par Pollux, nous verrons bientôt, arriver mon gai convive.

Saturion *(à part)*. — C'est de moi qu'il parle; bravo!

Toxile. — J'espère qu'au sortir du bain, lavé de frais, il sera bientôt ici.

Saturion. — Comme il connaît son affaire en détail!

Toxile. — Faites bouillir les pâtes et les boulettes farcies. Ne me les servez pas mal cuites.

Saturion. — Il parle d'or. Crues, elles ne valent rien; il faut qu'elles soient bien bouillies pour se faire avaler. Et puis si le bouillon de pâte n'est pas épais comme une crême, il ne vaut rien, ce n'est qu'une lavasse jaune, maigre, transparente : il faut que le

1. Passage discuté, peut-être corrompu ou lacunaire. Si c'est là le texte de Plaute, peut-être a-t-il voulu opposer plaisamment la vertu constipante du coing à l'action purgative des baguenaudes.

TOXI*L*VS SATVRIO
SERVVS PARASITVS

TO. Omnem rem inueni, ut sua sibi pecunia
Hodie illam faciat leno libertam suam.
Sed eccum parasitum quoius mihi auxilio est opus.
Simulabo quasi non uideam; ita alli*c*iam u*i*rum.
Curate istic uos atque adproperate ocius,
Ne mihi morae sit quisquam, ubi ego intro aduenero.
Commisce mulsum, struthea, colu*te*aque appara,
Bene ut in scutris concalea⟨n⟩t; et calamum ⟨i⟩nice.
Iam pol ille hic aderit, credo, congerro meus.
SA. Me dicit; eugae!
TO. Lautum credo e bal*i*neis
Iam hic adfuturum.
⟨SA.⟩ Vt ordine omnem rem tenet!
TO. Collyrae facite ut madeant et colyphia;
Ne mihi | incocta detis.
⟨SA.⟩ Rem loquitu*r* meram.
Nihil⟨i⟩ sunt crudae, nisi quas madidas gluttias.
Tum nisi cremore crassost ius collyricum,
Nihil⟨i⟩ est, macrum illud epic*r*ocum pellucidum :

TOXIVS SERVVS. SATVRIO. PARASITVS *D*[2] : *un. u. spat. B* (*cf. u. 80*), *CD*[1] || 83 quoius mihi *B* : quo mihi ius *CD* || 84 alliciam *Camer.* : allictam *B* allietam *CD* || uirum *Camer.* : uerum *BCD* || 85 ocius *Camer.* (ocy-) *T* (?) : oculus *B* oculos *CD* || 87 coluteaque *FZ* (-thea) : coluthequam *BCD*; *uox graecum* κολοιτία (κολοιτέα, κολουτέα, κολυτέα) *referre uidetur, sed* colŭtea *cum u breui legendum, quod cum diphthongo nominis graeci male congruit, unde* colutea *Ritschl metri gratia; alii alia. Lacunam coniec. Seyffert, Leo, seruantes* concaleat *in u. sequenti* || 88 scutris *Camer.* : stutris *BC* strutris *D* || concaleant *Scaliger* : concaleat *BCD* || calamum *test.* PLINIVS *N. H. XIV 13* (*15*), *92* || inice *FZ* (iniice) : nice *BCD* || 89 congerro meus *B*, VARRO *L. L. VII, 55* : congero meus *CD* congerro meus *uel* congerrae omnia meus *codd.* NONII *p. 118,26* || 90 dicti *B* || euge *CD* || crodo *B* || e balineis *Ritschl* : ebalieneis *B* Abalieneis *CD*[1] || 91 *Pers. spat. om. B* || ordine *CD* : in ordine *B* || rem *CD* : rea *B* || 93 Incocta ne mihi *Bothe, hiatus uitandi causa* || *Pers. spat. om. B* || loquitur meram *Camer.* : loquitum eram *BCD* || 94 Nihili *Pius* : Nihil *BCD* || 95 cresso *B* || 96 Nihili *Scaliger* : Nihil *BCD* || macrum *Z* : magrum *BCD* || epicrocum *Pius* : epigrocum *BCD*

bouillon soit comme une sorte de coulis[1]. Je veux quelque chose qui me descende dans le ventre, et non dans la vessie.

Toxile. — J'entends quelqu'un parler près d'ici.

Saturion. — O mon Jupiter en ce bas monde, c'est un membre de ton collège en goinfrerie qui te salue.

Toxile. — Ah! Saturion, tu m'arrives fort à propos.

Saturion. — Pourquoi mentir, par Pollux? Cela n'est pas digne de toi. C'est Famélicion qui vient, ce n'est pas Saturion.

Toxile. — Tu auras bientôt à manger. Déjà les fomentations du ventre fument à la cuisine. J'ai donné l'ordre de faire chauffer la réserve.

Saturion. — Le jambon pourtant se sert froid le lendemain, c'est tout juste[2].

Toxile. — Ainsi ai-je dit de faire.

Saturion. — Reste-t-il de la sauce d'anchois?

Toxile. — Tu le demandes?

Saturion. — Tu t'y entends en savoir-vivre.

Toxile. — Et toi, as-tu quelque souvenance de l'affaire dont je t'ai parlé hier?

Saturion *(affectant de prendre le change)*. — Fort bien : ne pas faire réchauffer la murène et le congre, car ils se découpent beaucoup mieux froids. Mais que tardons-nous à engager le combat? Nous sommes au matin, c'est l'heure de manger pour tous les mortels.

Toxile. — Il est encore trop matin.

Saturion. — Quand on met en train une affaire dès le matin, on est sûr du succès pour toute la journée.

Toxile. — Écoute ce que je vais te dire, s'il te plaît.

1. Texte et sens peu sûrs.

2. Il y a dans le texte latin une équivoque sur *ius* « droit, justice », et *ius* « jus, sauce » (cf. le fameux *ius uerrinum* de Cicéron). Naudet indique que Saturion « *prononce ce dernier mot d'une manière équivoque, pour faire entendre* jus. » Le calembour est souligné encore par le *iussi* de la réponse de Toxile.

Quasi †iuream† esse ius decet collyricum.
Nolo in uesicam quod eat, in uentrem uolo.
TO. Prope me hic nescioquis loquitur.
SA. O mi Iuppiter
Terrestris! te coepulonus compellat tuus.
TO. O Saturio, opportune aduenisti mihi.
SA. Mendacium edepol dicis, atque haud te decet.
Nam Essurio uenio, non aduenio Saturio.
TO. At edes; nam iam intus uentris fumant focula.
Calefieri iussi reliquias.
SA. Pernam quidem
Ius est adponi frigidam postridie.
⟨TO.⟩ Ita fieri iussi.
SA. Ecquid hallecis?
TO. Vah, rogas?
SA. Sapis multum ad genium.
TO. Sed ⟨tu⟩ *e*cquid meministi, here
Qua de re ego tecum mentionem feceram?
SA. Memini : ut muraena et conger ne calefierent;
Nam nimio melius oppectuntur frigida.
Sed quid cessamus proelium committere?
Dum mane est, omnis esse mortalis decet.
TO. Nimis paene manest.
SA. Mane quod tu occeperis
Negotium agere, id totum procedit diem.

97 iuream *uel* uiream *BC* iureseam *D*, *corruptum* : tyrium *Schoell* uīream « hard as wire » *Lindsay*, *conferens* uiriae ‖ 99 nescio qui CHARISIVS *GLK I 215,7* ‖ 100 compellat tuus *B* : compellatiuus *CD* ‖ 101 sqq. *Pers. not. add.* D^2 ‖ 101 oportune *CD* ‖ 103 essurio *B* : esurio *CD* ‖ 104 At *BCD* : ad NONIVS *10,1* ‖ edes D^3*Z* : aedes NON. edis *BCD* ‖ uentris *FZ*, *Non.* : ueneris *BCD* ‖ 106 Ius est *BCD*, *suspectum*; *cf. tamen cum Lindsay Petronii Sat. 35* « hoc est ius cenae » : satiust *Schoell* (sat- *omissum tamquam personae nota?*) ‖ apponi *D* ‖ 107 TO. *add. Ald.* ‖ hallecis D^3 : hallegis BCD^1 ‖ 108 tu *add. Schoell* ‖ haecquid *B* (hec-), *CD* ‖ here *B* : ere *CD* ‖ 110 murena *BCD* ‖ gonger *codd.* PRISCIANI *GLK II 224,12* ‖ ne PRISC. : nec *BCD* ‖ 114 pene *BCD*

Déjà hier je t'ai dit, je t'ai prié de me prêter six cents écus.

SATURION. — Je me souviens, je sais que tu m'en as prié, et que je n'avais pas de quoi te prêter. Un parasite ne vaut rien, s'il a quelque argent chez lui. Il lui prend aussitôt envie d'ordonner un festin, de faire bombance à ses frais, s'il a quelques sous à lui. Un parasite doit être aussi bien démuni qu'un cynique. Il faut que tout son avoir se compose d'une fiole d'huile, d'une étrille de bain, d'une tasse, de sandales, d'un petit manteau, et d'une bourse peu garnie, pour servir seulement à l'entretien de sa famille.

TOXILE. — Je ne veux plus d'argent; prête-moi seulement ta fille.

SATURION *(scandalisé)*. — Jamais jusqu'à ce jour, par Pollux, je ne l'ai prêtée à personne[1].

TOXILE. — Ce n'est pas pour l'usage que tu supposes.

SATURION. — Que veux-tu d'elle?

TOXILE. — Tu vas le savoir. C'est parce qu'elle est jolie et distinguée.

SATURION. — C'est vrai.

TOXILE. — Le léno qui habite ici n'a jamais eu commerce avec toi, ni avec ta fille?

SATURION *(prenant un air affecté de pruderie et de tendresse successivement)*. — Quelqu'un avoir commerce avec moi, en dehors de l'ami qui me fournit la nourriture!

TOXILE. — C'est parfait. Tu peux ainsi me procurer de l'argent.

SATURION. — Je ne demande pas mieux, par Hercule!

TOXILE. — Alors, permets-moi de vendre ta fille.

SATURION. — De la vendre, toi?

TOXILE. — Non, j'en chargerai un autre qui se fera

1. Saturion se méprend sur le sens de l'expression *utendam dare* qu'il interprète dans un sens obscène. La même équivoque se retrouve au v. 131 dans l'emploi de *nouit* (cf. Most. 894).

TO. Quaeso animum aduorte hoc. Iam heri narraui tibi
Tecumque oraui, ut nummos sescentos mihi
Dares utendos mutuos.
SA. Memini et scio
Et te me orare et mihi non esse quod darem.
Nihili parasitus est cui argentum domi est.
Lubido extemplo coeperest conuiuium,
Tuburcinari de suo, si quid domi est.
Cynicum esse ⟨e⟩gentem oportet parasitum probe :
Ampullam, strigilem, scaphium, soccos, pallium,
Marsuppium habeat, inibi paullum praesid*i*,
Qui familiarem suam uitam oblectet modo.
TO. Iam nolo argentum; filiam utendam tuam
Mihi da.
SA. Numquam edepol cuiquam etiam u⟨t⟩enda*m* dedi.
TO. Non ad istuc, quod tu ins*i*mulas.
SA. Quid eam u⟨i⟩s?
TO. Scies :
Quia forma lepida et liberali est.
SA. Res itast.
TO. Hic leno neque te nouit neque gnatam tuam?
SA. Me ut quisquam norit nisi ille qui praebet cibum?
TO. Ita est. Hoc tu mihi reperire argentum potes.
SA. Cupio hercle.
TO. Tum tu me sine illam uendere.
SA. Tun illam uendas?
TO. Immo alium adlegauero

116 iam *B* : enim iam *CD* || narraui : narrauit *CD*, narra ut *B* || 117 sescento mih *B* || 118 Dare *B* || 119 me *CD* : meo *B* || 120 Nihili *CD* : Nihil *B* || domi est *Pylades* : domideste *B* domi idē *CD* || qui Argentumdonidast *Schoell* || 122 tuburcinari NONIVS *179,20*, *FZ* : Turbucinari *BD* turbiciãnari *C* || est *BCD* : sit NON. || 123 egentem *FZ* : gentem *BCD* || parasitcis *B* || 125 marsuppium *C* : marsupium *D* Marsipium *B* || habiat *B* || praesidii *BCD* || 128 Mihilda numquaam *B* || utendam dedi *FZ* : uendaadedi *BCD* || 129 istoc *D* || insimulas *F* : instimulas *BCD* || eam uis *FZ* : eamus *BCD* || 130 libirali *B* || 134 uedere *B*, *item* uedat 136

passer pour étranger. Comme il n'y a pas encore six mois que ce léno est venu de Mégare s'établir ici...

Saturion *(inquiet)*. — La réserve se gâte. Nous pourrons aussi bien parler de tout cela plus tard.

Toxile. — Plus tard, dis-tu? Tu vas voir si c'est possible. Pour ne pas te bercer d'un vain espoir, par Hercule, tu n'auras aujourd'hui rien, mais rien à manger, avant de m'avoir formellement promis de faire ce que je te demande; et si tu ne m'amènes ici ta fille au plus tôt, par Hercule! je te raie de ma décurie. Eh bien?

⟨Saturion⟩. — Quoi?

⟨Toxile⟩ *(avec une insistance pleine de menaces)*. — Voyons; dis-moi quelle est ta résolution.

Saturion. — Je t'en prie, vends-moi aussi moi-même, par Hercule, si le cœur t'en dit, pourvu que tu me vendes la panse pleine.

Toxile. — Alors si tu acceptes, exécute-toi.

Saturion *(d'un ton résolu)*. — Je m'exécute : tout ce que tu voudras.

Toxile. — Je te remercie. Dépêche, va-t'en chez toi; fais bien la leçon à ta fille, enseigne-lui habilement le rôle qu'elle doit jouer : ce qu'elle racontera sur le lieu de sa naissance, sur ses parents, sur le pays où elle a été enlevée. Mais qu'elle se dise née loin d'Athènes, et qu'elle y aille de sa larme en faisant son récit.

Saturion. — Tais-toi donc; elle a par elle-même trois fois plus de malice que tu n'en veux.

Toxile. — Par Hercule, voilà une bonne parole. Mais sais-tu ce que tu dois faire? Prends une tunique avec une ceinture, apporte une chlamyde et un chapeau à larges bords[1], pour habiller celui qui viendra la vendre au léno.

1. Ce chapeau est l'accessoire obligé des voyageurs; il figure dans le déguisement que Pleusiclès doit revêtir pour tromper Pyrgopolinice; cf. Mil. Glor. 1178.

Qui uendat; qui esse se peregrinum praedicet;
Sicut istic leno *hau* dum sex menses Megaribus
Huc est cum commigrauit.
SA. Pereunt reliquiae.
Posterius istuc tamen potest.
TO. Scin quam potest?
Numquam hercle | hodie hic prius *edes*, ne frustra sis,
Quam te hoc facturum quod rogo adfirmas mihi;
Atque nisi gnatam tecum huc iam quantu*m* potest
Adducis, exigam hercle ego te ex hac decuria.
Quid nunc?
⟨SA.⟩ Quid est?
⟨TO.⟩ Quin dicis quid facturus sis?
SA. Quaeso hercle me quoque etiam uende, s*i* lubet,
Dum saturum uendas.
TO. Hoc, si facturu's, face.
SA. Faciam equidem quae uis.
TO. Bene facis. Propera, abi domum;
Praemonstra docte, praecipe astu filiae
Quid fabuletur : ubi se natam praedicet,
Qui sibi parentes fuerint, unde surrupta sit.
Sed longe ab Athenis esse se gnatam autumet;
Et ut adfleat, cum ea memoret.
SA. Etiam tu taces?
Ter tanto peior ipsa est quam illam tu esse uis.
TO. Lepide hercle dicis. Sed scin qui⟨d⟩ facias? cape
Tunicam atque zonam, et chlamydem adferto et caus*i*am,

136 pergrinum *B* ‖ 136 *Post hunc u. lac. coni. Ritschl* ‖ 137 hau dum *Ritschl* : nondum *BCD* ‖ non *Weise* ‖ 140 *sic codd. cum hiatu* : hercle hic hodie *Spengel* ‖ edes *Bothe* : sedis *BCD* ‖ 142 quantum *FZ* : quantua *B* quam Tua *CD* ‖ 144 *Pers. not. add. Seyffert* ‖ 145 etiam *D* : ut iam *C* ciam *supra u. B* ‖ uende *Schoell* si lubet *Pylades* : uendes elubet *B* uendas elubet *CD* ‖ 146 uedas *B* ‖ facturu's *Ritschl* : -rus *BCD* ‖ 147 *Pers. add. D*[2] ‖ donum *B* ‖ 154 quid *D*[3] *Ald.* : qui *BCD* ‖ 155 clamidem *CD* ‖ causiam *Pius* (causeam *iam Saracenus*) : camsem *B* causē *CD*

Saturion. — Bravo, fort bien.

Toxile. — Comme si c'était un étranger.

Saturion. — Bonne idée.

Toxile. — Et toi, de ton côté, amène ta fille costumée élégamment à la mode étrangère.

Saturion. — A qui emprunter les costumes?

Toxile. — Demande-les au directeur; il doit les donner; il a fait marché avec les édiles pour les fournir.

Saturion. — Le tout sera ici dans un moment, j'en réponds. Mais je ne dois rien savoir, moi, de tout ceci?

Toxile. — Rien du tout, parbleu. Dès que j'aurai reçu l'argent, tu viendras aussitôt la réclamer comme tienne au léno.

Saturion. — Je lui permets de la garder, si je ne la tire pas tout de suite de ses griffes.

Toxile. — Va, et occupe-toi de ce que je t'ai dit. En attendant, je vais envoyer un esclave à ma bonne amie, pour lui dire d'avoir bon courage, que je compte lui tenir parole aujourd'hui. Mais je bavarde trop longtemps. *(Il rentre, Saturion s'en va d'un autre côté).*

⟨ACTE II⟩

⟨SCÈNE I⟩

SOPHOCLIDISQUE LEMNISÉLÈNE

(Elles sortent de chez Dordale)

Sophoclidisque. — Bon pour une ignorante, une écervelée, une sotte, de s'entendre dire tant de fois la même chose. Vraiment, à la fin, je trouve que tu m'as jugée par trop gourde et par trop simple. J'ai beau

Quam ille habeat qui hanc lenoni huic uendat ...
SA. Eu, probe.
TO. Quasi sit peregrinus.
SA. Laudo.
TO. Et tu gnatam tuam
Ornatam adduce lepide in peregrinum modum.
SA. Πόθεν ornamenta?
TO. Abs chorago sumito.
Dare debet; praebenda aediles locauerunt.
SA. Iam faxo hic aderunt. Sed ego nil horunc scio?
TO. Nil hercle uero. Nam ubi ego argentum accepero
Continuo tu illam a lenon⟨e⟩ adserito manu.
SA. Sibi habeat, si non extemplo ab eo abduxero.
TO. Abi et istuc cura. *Int*er*i*bi ego puerum uolo
Mittere ad amicam meam, ut habeat animum bonum :
Me esse effecturum | hodie. Nimis longum loquor.

⟨ACTVS II⟩

SOPHOCLIDISCA ANCILLA ⟨**LEMNISELENIS MERETRIX**⟩

SO. Satis fuit indoctae, immemori, insipienti dicere totiens.
Nimis tandem mequidem pro barda et pro rustica reor habitam esse aps te.

157 perregrinus laudo *sine. spat. B* ‖ gnatam tuam *Camer.* : tuam gnatam tamen *BCD* ‖ 158 peregrinus *B* ‖ 159 ΠΟΘΕΝ *Z* : ΠoEn *B* ΠΟΘΕ *D* Πoe *C* ‖ chorago *Z* : horago *B* coragro *CD* ‖ 161 nihil horunc *B* (hornuc) : horunc nihil *CD* ‖ 163 lenone *FZ* : lenon *BCD* ‖ 165 cura : interibi *Acid.* : curam metibi *BCD* ‖ 166 amcam mam *B* ‖ 167 *sic codd. cum hiatu* : Me ⟨aes⟩ esse *Schoell, coll. Bacch. 233* me⟨d⟩ esse *Bothe, quod uereor ne nimis simplex sit* me e. e. ⟨hoc⟩ hodie *Guyet* ‖ loquor sophoclidisca *B*

Cf. ad u. 54 ‖ SOPHO.CLIDISCA//////ANCILLA D^2 : *unius u. spat. BCD*[1] ‖ 168 *accedit A* ‖ satist *A, ut uid.* ‖ indoctae *A* : indotae *BCD* ‖ inmemori *CD* ‖ infienti *B* ‖ 169 tanden *B* ‖ equidem NONIVS *10,7* ‖ aps *B* : abs *ACD*

aimer le vin, je n'ai pas pour habitude d'avaler en même temps les commissions qu'on me donne. Je pensais que tu avais mieux observé ma personne et mes façons. Il y a cinq ans, bel et bien, que je suis à ton service; il n'en eût pas fallu davantage, j'imagine, à un mouton qui serait allé à l'école pour savoir lire parfaitement; et pendant tout ce temps, grande ou petite, tu n'as pas encore appris à me connaître. Veux-tu te taire? Veux-tu cesser ta leçon? J'ai tout retenu, je sais, je suis au courant, j'ai bonne mémoire. L'amour te tourmente, parbleu! ton cœur en est tout débordant. Je saurai bien te l'apaiser.

LEMNISÉLÈNE *(soupirant)*. — Qu'on a de tourment quand on aime! *(Elle rentre)*.

SOPHOCLIDISQUE. — Et quand on n'aime pas, qu'on est peu de chose! A quoi bon vivre, alors?... *(Seule)* Il me faut m'en aller maintenant, pour obéir aux ordres de ma maîtresse, et hâter autant que je puis, son affranchissement. Je vais aller trouver Toxile ici chez lui; je lui glisserai dans l'oreille la commission dont on m'a chargée.

Quamquam ego uinum bibo, at mandata non consueui simul bibere una.
Mequidem iam satis tibi spectatam censebam esse et meos mores.
Nam equidem te iam sector quintum hunc annum : quom interea, credo,
*O*uis si in ludum iret, potuisset iam fieri ut probe litteras sciret,
Quom interim tu meum ingenium fans atque infans nondum etiam edidicisti.
Potin ut taceas? potin ne moneas?
Memini et scio et calleo et commemini,
Amas pol misera; id tuos scatet animus.
Ego istuc placidum tibi ut sit faciam.
⟨LE.⟩ Miser est qui amat.
⟨SO.⟩ Certo is quidem nihili est,
Qui nihil amat : quid ei homini opus uita est?
Ire decet me ut erae opsequens fiam, libera ea opera ocius ut sit.
Conueniam hunc Toxilum |; eius auris | quae mandata sunt onerabo.

170-1 *sic A* : *tres u. efficit B* (— simul, — spectatam, — mores) ‖ 170 Quanquam *B* ‖ at *A* : ad *BCD* ‖ consueui *ACD* : consui *B* ‖ unam equidem *BCD* ‖ 171 tibi spectatam *A* : bis pectatam *BCD* ‖ censebam *A* : censueram *BCD*, *probante Redslobio* ‖ 172 te iam *BCD* : iam te *A* ‖ quom *B* : cum *ACD* ‖ interea *A* : inter iam *BCD* interim *T*, *ut uid.* ‖ 173 Ouis *Bregk* : Quis *A* Ouis *B* Ouius *CD* ‖ potuisset *BCD* : -se *A*, *ut uid.* ‖ 174 Quom *B* : cum *CD* quum *A* ‖ tu meum *AB* : eum *CD* ‖ fans atq. infans nō/dum etiam edidicisti *A* : fans non edidicisti atque infans *BCD* ‖ 175-180 *sic distr. A* : *quattuor u. efficit B* (— commemini | — placidum | —amat | — est) ‖ 176 callea *B* ‖ 178 placidum *BCD* : pelagus *A* ‖ 179 nihili *A* : nihil *BCD* ‖ 180 nihil *BCD* : nihili *A* ‖ ei *BCD* : et *A* ‖ 181 ut erae *A* : utere *B* ere *CD* ‖ fiam *AB* : filiam *CD* ‖ l(ib)era ea *A ut uid.* : liberam ea *BCD* ‖ 182 auris *BCD* : aureis *A*

⟨SCÈNE II⟩

TOXILE PÉGNION SOPHOCLIDISQUE

TOXILE *(sortant de chez lui avec Pégnion auquel il donne des tablettes)*. — Est-ce bien clair et bien entendu? As-tu bien compris et bien retenu?

PÉGNION. — Mieux que celui qui m'a fait la leçon.

TOXILE. — Vraiment, tête à gifles?

PÉGNION. — Oui, vraiment.

TOXILE. — Eh bien! qu'ai-je dit?

PÉGNION. — Je le lui dirai bien.

TOXILE. — Parbleu, tu n'en sais rien.

PÉGNION. — Veux-tu parier, par Hercule, que je me souviens de tout, que je sais tout, et que toi, tu ne sais pas seulement combien tu as de doigts à la main?

TOXILE. — Que je parie avec toi?

PÉGNION. — N'hésite pas, si tu as envie de perdre.

TOXILE. — Faisons plutôt une bonne paix.

PÉGNION. — Alors laisse-moi aller.

TOXILE. — Oui, et même je te l'ordonne. Mais je veux que tu te dépêches assez pour être ici à la maison quand je te croirai encore là-bas.

PÉGNION *(avec ironie)*. — Je n'y manquerai pas. *(Il fait mine de rentrer dans la maison)*.

TOXILE *(étonné)*. — Où vas-tu donc?

PÉGNION. — A la maison : pour être ici quand tu me croiras là-bas.

TOXILE *(d'un air moitié plaisant, moitié menaçant)*. — Tu es un fripon d'enfant, et je t'arrondirai quelque peu ton pécule[1], pour ta peine.

1. L'expression doit sans doute s'entendre dans un sens obscène, *de pathico*. Toxile menace le jeune garçon d'un châtiment qui peut passer pour une faveur. Naudet traduit *peculiabo te* par « tu tâteras de mes faveurs. »

TOXILVS PAEGNIVM SOPHOCLIDISCA
⟨SERVVS PVER ANCILLA⟩

TO. Satin haec tibi sunt plana et certa? satin haec meministi et tenes?
PAE. Melius quam tu qui docuisti.
TO. Ain uero, uerbereum caput?
PAE. Aio enim uero.
TO. Quid ergo dixi?
PAE. Ego recte apud illam dixero.
TO. Non edepol scis.
PAE. Da hercle pignus, ni omnia memini et scio,
Et quidem si scis tute quot hodie habeas digitos in manu.
TO. Egon dem pignus tecum?
PAE. Audacter, si lubido est perdere.
TO. Bona pax sit potius.
PAE. Tum tu igitur sine me ire.
⟨TO.⟩ Et iubeo et sino;
Sed ita uolo te currere, ut domi sis, cum ego te [esse] illi censeam.
PAE. Faciam.
TO. Quo ergo is nunc?
PAE. Domum : uti domi sim, quom illi censeas.
TO. Scelus tu pueri es, atque ob istanc rem ego aliqui te peculiabo.

TOXILVS PEGNIVM SOPHOCLIDISCA *A* : Toxilus paegnium sophoc lidisca *B cum unius u. spatio*; *unius u. spatium CD*[1] ‖ 183 plana *A* : planae *B* plane *CD* ‖ haec *B* (hec) *CD* : hac *A* ‖ 184 tu *A* : *om. BCD* ‖ 185 uero quid *sine spatio A* ‖ dixiero *B* ‖ 186 omia *B* ‖ 187 Et quidem *A* : Equidem *BCD* ‖ quot *A* : quod *BCD* ‖ hodie habeas *A* : habeas hodie *BCD* ‖ 188 Egon dem *A* : Eoondem *B* eodem *CD* ‖ Aucdacter *B* ‖ lubido *A* : lubidos *BCD* ‖ 189 TO. *add. Ital.* ‖ 190 uolo *BCD* : urolo *A* ‖ currere *A* : curare *BCD* ‖ te illi *Schoell* (*uel* illi) : te esse illi *AB* (illic) *CD* ‖ 191 *duos u. facit A* (— ubi, — censeas) ‖ quom : quam *A* cum *BCD* 192 istanc *AB* : istam *CD* ‖ aliqui *Dousa* : -quit *A* -quid *BCD* ‖

Pégnion *(haussant les épaules)*. — Promesses de maître! je sais quels reproches d'impudeur on a coutume de leur faire, sans pouvoir jamais les obliger à venir devant le juge pour ces promesses-là.

Toxile. — Va toujours.

Pégnion. — Tu me feras des compliments, je te le promets.

Toxile. — Mais aie bien soin, Pégnion, de remettre ces tablettes à Lemnisélène en personne, et de lui annoncer ce que je t'ai dit.

Sophoclidisque *(sans voir Toxile et Pégnion)*. — Que tardè-je d'aller où l'on m'envoie?

Pégnion *(à Toxile)*. — Je m'en vais.

Toxile. — Oui, va-t'en; moi je vais à la maison. Tâche de bien faire ma commission. Vole en courant.

Pégnion. — C'est ce que fait l'oiseau d'outre-mer à travers le cirque. *(Toxile rentre)*. Le voilà rentré. Mais qui est cette femme qui s'avance à ma rencontre?

Sophoclidisque *(apercevant Pégnion et cachant ses tablettes)*. — C'est Pégnion, ma foi!

Pégnion *(cachant aussi les siennes)*. — C'est Sophoclidisque, la propre esclave de celle à qui l'on m'envoie.

Sophoclidisque *(à part)*. — Il n'y a pas au monde plus malin que ce garçon. Je vais lui parler.

Pégnion *(de même)*. — Il va falloir m'arrêter devant cet obstacle.

Sophoclidisque. — Bonjour Pégnion, mignon d'enfant! Quelles nouvelles? comment vas-tu?

Pégnion. — Les dieux sauront me protéger, Sophoclidisque[1].

Sophoclidisque. — Eh bien! et moi?

Pégnion. — Ils en feront, parbleu, ce qu'ils voudront. Mais s'ils te traitaient comme tu le mérites,

1. Pégnion parodie ironiquement la formule de salut, en substituant *me* à *te*. D'où l'étonnement de Sophoclidisque.

PAE. Scio fide hercle erili ut soleat inpudicitia opprobrari,
Nec subigi queantur umquam ut pro ea fide habeant iudicem.
TO. Abi modo.
PAE. *E*go laudabis faxo.
TO. Sed has tabellas, Paegnium,
Ipsi Lemniseleni fac des, et quae iussi nuntiato.
SO. Cesso ire ego quo missa sum?
PAE. Eo ego.
TO. I sane; ego domum ibo. Face rem hanc cum cur*a* geras.
Vola curriculo.
PAE. Istuc marinus passer per circum solet.
Illic hinc abiit intro huc. Sed quis haec est quae me⟨d⟩ aduorsum incedit?
SO. Paegnium hicquidem est.
PAE. Sophoclidisca haec peculiarist eius
Quo ego sum missus.
SO. Nullus esse hodie hoc puero peior perhibetur.
Compellabo.
PAE. Commorandust apud hanc ob*icem* ⟨gradus⟩.
SO. Paegnium, deliciae pueri, salue. Quid agis? ut uales?
PAE. Sophoclidisca, di me amabunt!
SO. Quid me?
⟨PAE.⟩ Vtrum hercle ´– ⏑ –

193 fide *A* : fidei *BCD* ‖ hercle *BCD* : hercole *A, ut uid.* ‖ opprobrar(i) *A* : opprobari *BCD* ‖ 194 Nec *BCD* : Ne *A* ‖ 195-247 *deficit A* ‖ 195 Ego *D*[3] *Acidalius* : ergo *BCD* ‖ 196-7 *coniung. B : dimetrum discr. Camer.* ‖ 196 lemnisse leni *CD* ‖ 198 sane *CD* : san *B* ‖ cura *F* : curas *BCD* ‖ 199 marrinus *B* ‖ 200 Illic *B* ‖ hinc abiit *Ritschl secundum morem Plautinum* : abiit hinc *BCD* ‖ huc *B* : hunc *CD* ‖ med *Guyet* : me *CD* ma *B* ‖ 201 SO. *Sarac.* : T *D* ‖ Sophodi disca *C* —clisca *D, item 205* ‖ 202 missus *CD* : missum *B* ‖ SO. *D*[2] ‖ poior *B* ‖ 203 T. *supra u. add. D*[2] ‖ hana *B* ‖ obicem *Valla* (obiecem) : obieci *BCD* ‖ gradus *suppl. Schoell, duce Langeno. Versum alii aliter discripserunt et correxerunt* ‖ 204 Penignum *B* ‖ delici& pueris *B* ‖ 205 PAE. *suppl. Ritschl* ‖ *V. in exitu mancus* : ei (illis) lubet *uel* uoluerint *uel* di uolent *suppl. edd.*

ils t'auraient certainement en horreur et ne te feraient que du mal.

Sophoclidisque. — Cesse de parler mal de moi.

Pégnion. — En te traitant comme tu le mérites, je parle bien, et non pas mal.

Sophoclidisque. — Que fais-tu de bon?

Pégnion *(la dévisageant d'un air moqueur)*. — Je suis auprès d'une méchante femelle que je regarde en face.

Sophoclidisque. — Non, vraiment, je ne connais pas de pire garnement que toi.

Pégnion *(faussement étonné)*. — Quel mal fais-je? à qui dis-je du mal?

Sophoclidisque. — A tous ceux, parbleu, qui t'en fournissent l'occasion.

Pégnion. — Jamais personne ne l'a pensé.

Sophoclidisque. — Et pourtant plus d'une personne le sait.

Pégnion *(d'un air moqueur)*. — Ah!

Sophoclidisque *(sur le même ton)*. — Bah!

Pégnion. — Tu juges les autres d'après toi.

Sophoclidisque. — Je suis évidemment, je l'avoue, ce que doit être une fille au service d'un léno.

Pégnion. — Tu n'as pas besoin d'en dire davantage.

Sophoclidisque. — Mais toi? Conviens-tu que je t'ai bien jugé?

Pégnion. — J'en conviendrais, si j'étais comme cela.

Sophoclidisque. — C'est bon, tu as le dernier mot.

Pégnion. — C'est bon, adieu donc.

Sophoclidisque. — Ah! dis-moi, où vas-tu?

Pégnion. — Et toi?

Sophoclidisque. — Dis, toi.

⟨Pégnion. — Dis, toi.

Sophoclidisque⟩. — C'est moi qui t'ai interrogé la première.

Sed si ut digna's faciant, odio hercle habeant et faciant male.
SO. Mitte male loqui.
PAE. Quom ut digna's dico, bene, non male loquor.
SO. Quid agis?
PAE. Feminam scelestam te astans contra contuor.
SO. Certe equidem puerum peiorem quam te noui neminem.
PAE. Quid male facio aut cui male dico?
SO. Quoi pol cumque occasio est.
PAE. Nemo homo umquam ita arbitratust.
SO. At pol multi esse ita sciunt.
PAE. Heia!
⟨SO.⟩ Beia!
PAE. Tuo ex ingenio mores alienos probas.
SO. Fateor *ego* profecto me esse ut decet lenonis familiae.
PAE. Satis iam dictum habeo.
SO. Sed quid tu? confitere ut te autumo?
PAE. Fatear, si ita sim.
SO. Iam abi; uicisti.
PAE. Abi nunciam ergo.
SO. Hoc m*i* expedi,
Quo agis?
PAE. Quo tu?
SO. Dic tu.
⟨PAE. Dic tu.
SO.⟩ Prior rogaui.
PAE. At post scies.
SO. Eo ego hinc haud longe.
PAE. Et quidem ego ⟨eo⟩ haud longe.
SO. Quo ergo ⟨tu is⟩, scelus?

207 cum *CD* ‖ 208 PA. D^2 ‖ astan *B* ‖ 209-211 *pers. add.* D^2 ‖ 210 male facio *B* : mali facio *CD* ‖ 213 ego *Camer.* : ergo *BCD* ‖ 215 Faciar *B* ‖ *spatium pers. ante* ergo *habent BCD* ‖ SO. *add. Brix* ‖ Hoc *B* ‖ mihi *BCD* ‖ 216 agis *B* : abis *ex* ais *CD* ‖ ⟨PAE. Dic tu. SO.⟩ *add. Bentley* : At post⟨erius⟩ scies *Schoell, coll. Epid. 261* (posterior *iam Acid.*) ‖ 217 ego ⟨eo⟩ *Ritschl* : ego *BCD* ‖ ergo *CD* : ego *B* ‖ ⟨tu is⟩ *suppl. Ritschl* : *lacun. signif. BCD*

Pégnion. — Et moi, je te répondrai le dernier.

Sophoclidisque. — Moi, je ne vais pas loin d'ici.

Pégnion. — Moi non plus.

Sophoclidisque. — Où vas-tu donc, brigand?

Pégnion. — Si tu ne me réponds pas d'abord, jamais je ne répondrai à ta question.

Sophoclidisque. — Et jamais, par Castor, tu ne sauras rien de moi avant que tu ne m'aies renseignée.

Pégnion. — C'est comme cela?

Sophoclidisque. — Oui, c'est comme cela.

Pégnion. — Coquine!

Sophoclidisque. — Scélérat!

Pégnion. — Cela me va.

Sophoclidisque. — Mais cela ne me va pas.

Pégnion. — Ah ça! tu es bien décidée à me cacher le but de ton voyage, friponne?

Sophoclidisque. — Et toi, tu es fermement résolu à ne pas me dire où tu te diriges, fripon?

Pégnion. — Tu réponds à ma question par la même. Adieu donc, puisque c'est ton idée. Je me moque de le savoir. Bonne santé. *(Il fait mine de partir)*.

Sophoclidisque. — Arrête.

Pégnion. — Je suis pressé.

Sophoclidisque. — Et moi aussi, par Pollux!

Pégnion *(indiquant les tablettes qu'elle porte)*. — N'as-tu pas quelque chose?

Sophoclidisque *(avec un geste pareil)*. — Et toi?

Pégnion. — Moi? rien du tout.

Sophoclidisque *(lui tendant la main comme pour lui dire adieu)*. — Alors, donne-moi la main.

Pégnion *(lui présentant la main droite, tandis qu'il tient de l'autre les tablettes sous son manteau)*. — Celle-ci?

Sophoclidisque. — Où est cette autre voleuse de main gauche?

PAE. Nisi sciero prius ex te, tu ex me numquam hoc quod rogitas scies.

SO. Numquam ecastor hodie scibis prius quam ⟨ego⟩ ex te audiuero.

PAE. Itane est?

SO. Itane est.

PAE. Mala's.

SO. Scelestu's.

PAE. Decet me.

SO. Me quidem haud decet.

PAE. Quid ais? certum⟨n⟩est celare quo iter facias, pessuma?

SO. Offirmasti⟨n⟩ occultare quo te immittas, pessume?

PAE. Par pari respondes dicto. Abi iam, quando ita certa rest.
Nihili facio scire. Valeas.

SO. Asta.

PAE. At propero.

SO. Et pol ego ite⟨m.⟩

PAE. Ecquid habes?

SO. Ecquid tu?

PAE. Nil equidem.

SO. Cedo manum ergo.

PAE. Estne haec manus?

SO. Vbi illa altera est furtifica laeua?

PAE. Domi eccam |; huc nullam attuli.

218 scies *B corr. D* : scis *C, B ante corr.* ‖ 219 ego *suppl. Kampmann* : ex ted *scrips. Guyet* ‖ 220 mala's : maleas *B* mala es *CD* ‖ Scelestu's *Ritschl* : -tus *BCD* ‖ mequide *B* ‖ 221 ⟨Sed⟩ quid ais *Sonnenschein* ‖ certumne *Camer.* : certum *BCD* ‖ itær facies *B* ‖ 222 Offirmastin *Camer.* : -ti *BCD* ‖ inmittas *C* ‖ pessume *ex* -ma *B* ‖ 223 pari *CD* : piri *B* ‖ dicto *B* : dicito *CD* ‖ *Pers. spat. inter* dicto *et* abi (Abi *B*) *habent BCD* ‖ rest *Guyet* : res est *BCD* ‖ 224 Nihili *Camer.* : Nihilo *BCD* ‖ uleas *B* ‖ At *CD* : a *B* ‖ item *Camer.* : ite *B* ire *CD* ‖ 225 Etquid tu *BCD* ‖ 226 Ubi *CD* : Vibi *B* ‖ altera *CD* : alterra *B* altra *Spengel* ‖ eccam *BCD* : eccillam *Mueller* ‖ atuli *B*

Pégnion. — Là, chez nous. Je ne l'ai pas apportée ici.

Sophoclidisque *(essayant de tâter ce qu'il porte)*. — Tu as là je ne sais quoi.

Pégnion. — Ne me pelote pas, patineuse.

Sophoclidisque. — Mais si je t'aime?

Pégnion. — C'est peine perdue.

Sophoclidisque. — Pourquoi?

Pégnion. — Autant vaut n'aimer rien que d'aimer un ingrat.

Sophoclidisque. — Le temps passe, ne laisse pas s'endormir cette jeunesse et cette gentillesse, de peur que, quand tes cheveux viendront à changer, tu ne croupisses toujours dans l'esclavage. Il est vrai que tu ne pèses pas encore quatre-vingts livres.

Pégnion. — Mais c'est la hardiesse bien plus que le poids qui fait le bon militaire dans cette milice. Au surplus, je perds ici ma peine.

Sophoclidisque. — Comment cela?

Pégnion. — Parce que je prêche une convertie. Mais je m'amuse. *(Il fait mine de s'éloigner)*.

Sophoclidisque. — Reste.

Pégnion. — Tu es assommante.

Sophoclidisque. — Je ne cesserai pas que je ne sache où tu vas.

Pégnion. — Chez vous.

Sophoclidisque. — Et moi chez vous aussi, ma foi!

Pégnion. — Pour quoi faire?

Sophoclidisque. — En quoi cela t'intéresse-t-il?

Pégnion. — Hé bien! tu ne t'en iras pas d'ici que je ne le sache à mon tour.

Sophoclidisque. — Tu es insupportable.

Pégnion. — Cela me plaît. Tu auras beau te creuser la cervelle, jamais, par Hercule! tu ne seras plus maligne que moi.

SO. Habes nescioquid.
PAE. Ne me attrecta, subigitatrix.
SO. Sin te amo?
PAE. Male operam locas.
⟨SO.⟩ Qui?
PAE. Quia enim nil amas, quom ingratu⟨m⟩ amas.
SO. Temperi hanc uigilare oportet formulam atque aetatulam,
Ne, ubi uersicapillus [pellis] fias, foede semper seruias.
Tuquidem haud etiam es octoginta pondo.
PAE. At confidentia
†Illa militia militatur multo magis quam pondere.
Atque ego hanc [nunc] operam perdo.
SO. Quid iam?
PAE. Quia peritae praedico.
Sed ego cesso.
SO. Mane.
PAE. Molesta's.
SO. Ergo ⟨ero⟩ quoque, nisi scio
Quo agas te.
PAE. Ad uos.
SO. Et pol ego ad uos.
PAE. Quid eo?
SO. Quid id ad te attinet?
PAE. Enim non ibis nunc, uicissim nisi scio.
SO. Odiosu's.
PAE. Lubet.

227 Habescio quid *B* ‖ subigitatrix *Ritschl* : sibigitatrix *B* subigatrix *CD* ‖ 228 *Inter* quia *et* enim *spatium BCD* ‖ quom *B* : cum *CD* ‖ ingratum D^3 : -tu BCD^1 ‖ 230 ubi *CD* : ibi *B* ‖ uorsicapillus *Ritschl* : capillus, uersipellis *B* (uesi-) *C* (-bellis) *D* (-ppellis) ‖ 232 illa militia *BCD contra metrum aut prosodiam, nam neque* ílla mīlitia (*sic Lindsay in appar.*) *placet, neque* ílla / militia : Militia illa *Ritschl* Tua mil. *Schoell* Ea mil. *Enger* ‖ 233 hanc *Bothe* : hanc nunc *BC*, *D* (*ubi* nunc *suprascr. est*) ‖ peritae *B* : peritaē *CD* ‖ 234 Molesta's : -tes *B* -ta es *CD* ‖ ero *add. Bothe* ‖ *spatium ante* nisi *B* ‖ 235 ate atten& *B* ‖ 236 nisicio *B* ‖ odiosu's *Bothe* : -sus es *BCD*

SOPHOCLIDISQUE. — Disputer de malice avec toi, on aurait de la peine.

PÉGNION. — Mauvaise pièce! Qu'as-tu à craindre?

SOPHOCLIDISQUE. — Même chose que toi.

PÉGNION. — Dis-le donc.

SOPHOCLIDISQUE. — *On m'a défendu* de le dire à personne, et avant que je ne parle, tous les muets parleront[1].

PÉGNION. — On m'a instamment recommandé de ne confier mon secret à âme qui vive; il faudra que tous les muets en parlent avant que j'en dise mot.

SOPHOCLIDISQUE. — Mais veux-tu faire une chose? confidence réciproque après parole donnée.

PÉGNION. — Je connais : parole de maquerelle s'envole vite, et parole de léno ne pèse pas plus qu'une araignée d'eau.

SOPHOCLIDISQUE. — Dis, de grâce.

PÉGNION. — De grâce, dis, toi.

SOPHOCLIDISQUE. — Je ne veux pas de tes grâces.

PÉGNION. — Tu es tout de suite servie.

SOPHOCLIDISQUE. — Garde ton secret.

PÉGNION. — Et toi le silence.

SOPHOCLIDISQUE. — On se taira.

PÉGNION. — On sera discret. *(Il feint de s'en aller)*.

SOPHOCLIDISQUE *(le retenant et découvrant ses tablettes)*. — Je vais chez Toxile, chez ton maître, lui porter cette lettre.

PÉGNION *(ayant l'air de vouloir la laisser aller sans rien lui dire)*. — Bon, va; justement il est chez lui. *(Se ravisant)* Et moi, je vais chez Lemnisélène, chez ta maîtresse, lui porter cette planche de sapin scellée.

1. Il y a une légère lacune à la fin du v. 239, mais elle se laisse facilement combler par le contexte, notamment par la réponse de Pégnion. Cette réponse est tellement semblable à la phrase de Sostrata que Goetz considère le v. 240 comme une répétition fautive des vers 241 et 242, et l'exclut du texte.

Numquam hercle istuc exterebrabis, tu ut sis peior quam ego siem.
SO. Malitia certare tecum miseria est.
PAE. Mers tu mala es.
Quid est quod metuas?
⟨SO.⟩ Idem istuc quod tu.
PAE. Dic ergo.
SO. * * *
Ne hoc cuiquam homini *dicerem*, omnes mu*t*i ut loquerentur prius.
PAE. Edictum est magnopere mihi ne quoiquam hoc homini crederem,
Omnes muti ut ⟨e⟩loquerentur prius hoc quam ego.
SO. At tu hoc face :
Fide data credamus.
PAE. Noui; omnes sunt lenae leuifidae.
Neque tippulae leuius pondus*t* quam fides lenonia.
SO. Dic, amabo.
PAE. Dic, amabo.
SO. Nolo ames.
PAE. Facile impetras.
SO. Tecum habeto.
PAE. Et tu hoc taceto.
SO. Tacitum erit.
PAE. Celabitur.
SO. Toxilo has fero tabellas tuo ero.
PAE. Abi; ec⟨c⟩illum domi.

237 peior *Camer.* : prior *BCD* ‖ 238 Milicia *B* ‖ 239 dic ergo *CD*: diergo *B* ‖ *Lacunam in fine uersus sign. Camer.* : idem istuc quod tu : mora *scrips. Lindsay, T secutus qui* more n *habuisse uidetur* (?); ⟨SO. At ita uotita sum⟩ *in fine, duce Lambino, suggerit Schoell* ‖ 240 dicerem « *libri uet.* » *Lambini* : edicerem *BCD* ‖ muti *FZ* : multi *BCD* ‖ 241 Editum est *B* ‖ cuiquam *CD* ‖ hoc *B* : *om. CD* ‖ eloquerentur *Mueller* : loquerentur *BCD* ‖ 244 tippulae FESTVS PAVLI *503,8* : stipulae *C, BD* (-le) ‖ pondus est *BCD*, PAVL. ‖ 246 habeto ... taceto *CD* : abeo ... taceo *B* ‖ 247 tabellas *CD* : tabella es *B* ‖ ecillum *BCD*

Sophoclidisque. — Qu'y a-t-il d'écrit?

Pégnion. — Je suis tout comme toi; si tu n'en sais rien, je n'en sais rien non plus : problablement des mamours.

Sophoclidisque. — Je pars.

Pégnion. — Et moi, je suis parti.

Sophoclidisque. — Va. *(Elle sort, et Pégnion se dirige vers la maison de Dordale).*

⟨SCÈNE III⟩

SAGARISTION

seul, portant sur son épaule une sacoche pleine d'argent

Opulent Jupiter, glorieux fils d'Ops, dieu suprême, dieu fort, dieu tout puissant, dispensateur des biens, des espérances, de l'abondance, je t'offre d'un cœur joyeux et reconnaissant mes transports de joie pour m'avoir amicalement donné, ainsi que les autres dieux, le moyen de rendre service à mon ami, et par un prêt d'argent permis de soulager sa détresse. L'occasion fortunée, à laquelle je ne rêvais plus, je ne pensais pas, je ne croyais pas, la voilà maintenant qui m'est quasiment tombée du ciel. Mon maître m'envoie à Erétrie pour lui acheter des bœufs dressés au joug; il m'a donné l'argent, car il y aura, m'a-t-il dit, marché dans sept jours. Le sot, de me confier cet argent, quand

At ego | hanc ad Lemniselenem tuam eram opsignatam abietem.
SO. Quid istic scriptum?
PAE. Iuxta tecum, si tu nescis, nescio :
Nisi fortasse blanda uerba.
SO. Abeo.
PAE. *E*t ego abiero.
SO. Ambula.

SAGARISTIO
⟨SERVVS⟩

Ioui opulento, incluto, Ope gnato,
Supremo, ualido, uiripotenti,
Opes, spes bonas, copias commodanti
* * * * lubens uitulorque merito,
Quia meo amico amiciter hanc commoditatis copiam
Danunt, argenti mutui ut ⟨e⟩i egenti opem adferam.
Quod ego non magis somniabam neque opinabar neque censebam,
Eam fore mihi occasionem, ea nunc quasi decidit de caelo.
Nam erus meus me Eretriam misit domitos boues u*t* sibi mercarer;
Dedit argentum, nam ibi mercatum dixit esse die septumi.

248 *accedit A, perpaucis usque ad u. 258 seruatis* || hanc *codd. cum hiatu* : hanc ⟨huc⟩ *Schoell* || obsignatam *BCD* || 249 nesscis *B* || 250 Et *Acid.* : At *BCD, A n. l.* || Ambula sagaristio *BCD in singulari uersu.*

Act. II Sc. 3 (uel Act. III Sc. 1). Duorum u. spatium A : de BCD uide ad u. 250 || 251-254 *sic A* : *duos u. facit B* (—uiripotenti, — merito) || 251 incluto *AB* : induto *CD* || 252 supremo *A* : supraemo *B* suppremo *CD* || 254 *lacunam ex A sign. edd.* || 255 quia *A, BCD* : quam NONIVS *510,21* || 256 argeti *B* || mutui *AB* : minuti *CD* || ut ei egenti *Weise* : uti(ege)nti *A, ut uid.* ut legenti *BCD* || afferam *CD* || 258 sq. *hoc ordine A* : *inuertunt BCD* || 259 Nam *A* : Num *BCD* || Eretriam *A* : er&tsiam *B* iam *CD praecedente lacuna* || ut *A ?, Bothe* : uti *BCD* || 260 mertatum *B* || esse *A, BCD (legas* ess' *cum Lindsay)* : fore *Seyffert* || dies *B* || septumi *A* : septimei *BCD*

il connaissait mon naturel! Je vais détourner la somme pour un autre usage : il n'y avait pas (lui dirai-je) de bœufs bons à acheter. Pour le moment, je vais faire le bonheur de mon ami, et du même coup ouvrir à mon bon Génie une ère de prospérité : je rafle en un seul jour de quoi être heureux pour longtemps. Ensuite, clic clac sur mon dos! Peu m'importe. Pour le moment songeons à tirer de ma bourse mon attelage de bœufs pour en faire cadeau à mon ami. Car c'est un vrai plaisir que de mordre à pleines dents ces ladres renforcés, ces vieux grigous, ces avares au cœur sec, qui tiennent le sel sous scellés dans la salière, de peur qu'un esclave n'y touche... Le vrai mérite, c'est de saisir l'occasion au premier signal... Qu'est-ce qu'il me fera? Il me fera battre de verges, mettre aux fers? Qu'il aille se faire pendre! Qu'il ne croie pas me voir à ses genoux. Au diable soit-il! Quoi qu'il puisse m'offrir, il n'y a là plus rien de nouveau pour moi, ni que je ne connaisse par expérience. Mais voici Pégnion, le petit esclave de mon ami Toxile.

Stultus, qui hoc mihi daret argentum cuius ingenium nouerat.
Nam hoc argentum | alibi abutar : 'boues quos emerem non erant'.
Nunc et amico prosperabo et genio meo multa bona faciam.
Diu quo bene erit, die uno adsoluam. Tuxtax tergo erit meo; non curo.
†Nunc amico homini binis domitis mea ex crumina largiar.
Nam id demum lepidumst, triparcos homines, uetulos auidos, ardos
Bene admordere, qui salinum seruo obsignant cum sale.
Virtus est ubi occasio 268a
Admonet dispicere. Quid faciet mihi? 268b
Verberibus caedi iusserit, compedes inpingi? Vapulet;
Ne sibi me credat supplicem fore. Vae illi, nihil iam mihi noui
Offerri potest quin sim peritus. Sed Toxili puerum Paegnium eccum.

---

262 abutar alibi *Guyet, hiatus delendi causa* ‖ 263 Nunc et *BCD* : Nunc *A* ‖ amico *A* : amico meo *BCD* ‖ properabo *B* ‖ 264 quo *A* : quod *BCD* ‖ tuxtax *A* : tuxcax *BCD* tuttax *uel* tutax *Gloss. Plaut.* ‖ 265 *V. corruptus ut uid.* ‖ Nunc *A*, *BCD* : Dum *Schoell* ‖ homini binis (*uix* bibus) *A* : hominibus *B* (*ex* homibus), *CD* homini bubus *T, ut uid.* Nunc amico homini boues domitos mea ex crumena largiar, *Spengel efficiens septen. troch., alii alia* ‖ 266 lepidumst *A* : -dum est *BCD* ‖ ardos *Seyffert* : aridos *A BCD* ‖ 267 qui salinum *A* : quis alienum *BCD* ‖ 268-269 *Sic A* : *duos u. facit B* (— mihi, — uapulet) ‖ 268b dispecere *B* ‖ faciaet *B* ‖ 269 Verboribus *B* ‖ cedi *BCD* ‖ iussirit *B* ‖ compedis *B* ‖ impingi *A* : imponi *CD* Inpono *B* ‖ 270 suplicem *CD* ‖ rore *B* ‖ mihi *A* : nihil *BCD* ‖ 271 Offerri *CD* : Oferi *B* Offerre *A* ‖ eccoum *B*

⟨SCÈNE IV⟩

PÉGNION, *sortant de chez Dordale,* **SAGARISTION**

Pégnion *(sans voir Sagaristion).* — Voilà ma tâche accomplie. Maintenant, je cours à la maison.

Sagaristion *(d'un autre côté de la scène, de manière que Pégnion lui tourne le dos).* — Arrête, malgré ta hâte, Pégnion; écoute.

Pégnion *(sans regarder qui lui parle).* — Achète des gens si tu veux qu'on t'obéisse.

Sagaristion. — Arrête-toi.

Pégnion *(toujours sans regarder).* — Tu saurais joliment m'ennuyer, je crois, si j'étais ton débiteur, puisque, sans que je te doive rien, tu m'ennuies déjà tant.

Sagaristion. — Coquin, veux-tu regarder par ici?

Pégnion *(toujours de même).* — Je sais l'âge que j'ai; aussi tu peux m'injurier impunément.

Sagaristion. — Où est Toxile, ton maître?

Pégnion. — Où il lui plaît. Il ne te demande pas conseil.

Sagaristion. — Veux-tu me dire où il est, empoisonneur?

Pégnion *(se retournant du côté de Sagaristion).* — Je ne sais pas, te dis-je, gibier de potence[1].

Sagaristion. — Tu insultes ton aîné?

Pégnion. — C'est toi qui as commencé; à ton tour d'encaisser. Si mon corps est esclave, ma langue est libre, de par la volonté de mon maître.

Sagaristion. — Me diras-tu où est Toxile?

Pégnion. — Je te dis de crever à tout jamais.

1. Proprement — « useur d'ormeaux (avec lesquels on faisait les verges) »; *ulmitriba* est un composé hybride, forme de *ulmus* « orme, ormeau » et de *-triba*, tiré de τρίβω « j'use, je frotte ».

PAEGNIVM SAGARISTIO
PVER SERVVS

PAE. Pensum meum quod datumst confeci; nunc domum propero.
SA. Mane, etsi properas.
Paegnium, ausculta.
PAE. Emere oportet quem tibi oboedire uelis.
SA. Asta.
PAE. Exhibeas molestiam |, ut opinor, si quid debeam,
Qui nunc sic tamen es molestus.
SA. Scelerate, etiam respicis?
PAE. Scio ego quid sim aetatis; eo istuc maledictum inpune auferes.
SA. Vbi Toxilus est tuus erus?
PAE. Vbi illi libet, neque
Te consulit,
SA. Etiam
Dicis ubi sit, uenefice?
PAE. Nescio, inquam, ulmitriba tu. 278b
SA. Male dicis maiori?
PAE. Prior promeritus perpetiare.
Seruam operam, linguam liberam erus iussit me⟨d⟩ habere.
SA. Dicisne mihi ubi sit Toxilus?
PAE. Dico ut perpetuo pereas.

PAEGNIVM SAGARISTIO *A*, *uno praeterea u. uacuo*, *B* : PICNIO PUER SAGARISTIO SERV'. *D*2, *duor, u. spat. C* ‖ 272 datumst *CD* : d. si *B* d. est *A* ‖ domum propero *A* : pro domum *BCD* ‖ 273 Paegnium *A D* (Pe-) : Paepnium *B*, *C* (Pe-) ‖ asta *BCD* : astas *A* ‖ 274 *sic codd. cum hiatu* : molestiam ⟨mi⟩ *Mueller* ut ⟨ego⟩ opinor *Ritschl* ‖ 275 tamen *A* : tam *BCD* ‖ 276 impune *B* ‖ 277-278b *sic discripsit A* : *duos u. B* (— consulit, — tu) ‖ 278 Dicis *A* : edicis *BCD* ‖ ulmitriba *B* : ui- *A*, *ut uid.* mul- *CD* ‖ 279 Male *ACD* : Mali *B* ‖ 280 liberam *BCD* : operam *A* ‖ iussit med *Ritschl* : iussit meo *A*, *ut uid.* (meo *ex* med *an in* met *mutatum?*) i. me *B* me i. *CD*

SAGARISTION. — Toi, tu recevras le fouet aujourd'hui.

PÉGNION. — A cause de toi sans doute, beau coucou! Quand je t'aurais embroché le museau[1], par Hercule, je n'aurais pas peur, charogne.

SAGARISTION. — Je vois : on a déjà couché avec toi.

PÉGNION. — Eh bien, oui : est-ce que cela te regarde? En tout cas, ce n'est pas pour rien, comme toi.

SAGARISTION. — Quelle assurance!

PÉGNION. — Oui-da, j'en ai, par Hercule! J'ai l'assurance d'être libre un jour; toi, tu n'espères pas l'être jamais.

SAGARISTION. — Veux-tu bien me laisser tranquille?

PÉGNION. — Ce que tu dis-là, tu ne sais pas le faire pour les autres.

SAGARISTION. — Va-t'en au gibet.

PÉGNION. — Et toi à la maison; il y est déjà tout prêt pour toi.

SAGARISTION *(avec ironie)*. — Voilà qu'il répond de moi!

PÉGNION. — Fasse le ciel que tu ne trouves pas de répondants, pour qu'on te fourre en prison!

SAGARISTION *(en colère)*. — Comment cela?

PÉGNION *(d'un ton moqueur)*. — Qu'est-ce?

SAGARISTION. — Tu m'insultes encore, scélérat?

PÉGNION. — Esclave, permets du moins à un esclave comme toi de te dire ton fait.

SAGARISTION. — Vraiment? Attends, je t'en donnerai.

PÉGNION. — Rien du tout; tu n'as rien à donner.

SAGARISTION. — Que les dieux et les déesses s'unissent pour me perdre...

PÉGNION. — En bon ami, voilà un vœu dont je souhaite l'accomplissement.

SAGARISTION. — Et que mon souhait se réalise, si

1. *Os percidere* doit s'entendre dans le sens obscène de *irrumare*.

SA. Caedere hodie tu restibus.
PAE. Tua quidem, cucule, caussa!
Non hercle, si os perciderim tibi, metuam, morticine.
SA. Video ego te; iam incubitatus es.
PAE. Ita sum : quid id attinet ad te?
At non sum ita ut tu, gratiis.
SA. Confidens!
PAE. Sum hercle uero;
Nam ego me confido liberum fore; tu te numquam speras.
SA. Potin ut molestus ne sies?
PAE. Quod dicis facere non quis.
SA. Abi in malam rem.
PAE. At tu domum; nam ibi tibi parata praestost.
SA. Vadatur hic me.
PAE. Vtinam uades desint, in carcere ut sis!
SA. Quid hoc?
PAE. Quid est?
SA. Etiam, scelus, male loquere?
PAE. Tandem ut liceat,
Quom seruos sis, seruom tibi male dicere.
SA. Itane? specta
Quid dedero.
PAE. Nihil, nam nihil habes.
SA. Di deaeque me omnes perdant ...
PAE. Amicus sum; eueniant uolo tibi quae optas.
⟨SA.⟩ Atque id fiat,

282 Caedere *BC* : Ce- *AC* ‖ odie *B* ‖ caussa *A* : causa *BCD* ‖ 283 hercli *B* ‖ os *BCD* : hos *A* ‖ morticine *BCD* : -ceine *A* ‖ 284 es *BCD* : sum *A* ‖ attinet ad te *BCD* : an te attinet *A*, ad te attingit *Mueller* attinet te *Bothe, rythmi gratia* ‖ 285 sum ita *BCD* : ita *A* ‖ ut tu *A* : uitu *B* uita *CD* ‖ gratiis *A* : gratis *CD* ‖ 286 tu te nunquam *AB* : ut enumquam *CD* ‖ 287 sies *BCD* : sis *A* ‖ 288 in *ACD* : im *B* ‖ 289 desint *BCD* : desinit *A* ‖ 290 ut liceat *CD* : uti liceat *A* udiceat *B* ‖ 292 Quid *AB* : Qui *CD* ‖ di *A* : dii *BCD* ‖ deaeque *AB* : dete *CD* ‖ 293 sq. *hoc ordine A* : *inuert. BCD, omiss. pers.* ‖ 293 eueniant *BCD* : -niat *A* ‖ ⟨SA.⟩ *add. Brix*

aujourd'hui je ne te cloue par terre à coups de poing : que je t'attrape seulement!

Pégnion. — Toi, me clouer par terre? C'est toi-même que d'autres cloueront avant peu, mais sur la croix.

Sagaristion. — Que les dieux et les déesses te... Tu sais ce que j'allais dire, si je ne savais retenir ma langue? Veux-tu t'en aller?

Pégnion. — Tu n'as pas grand mal à me chasser : mon ombre est déjà sous les verges à la maison. *(Il s'en va).*

Sagaristion *(seul).* — Que les dieux et les déesses le foudroient! Il est comme le serpent, sa langue a double dard, à ce coquin! Par Hercule, je suis content d'en être débarrassé. *(Apercevant Toxile qui sort de chez lui)* La porte s'ouvre; voici justement que sort de chez lui l'homme que je souhaitais rencontrer entre tous.

⟨SCÈNE V⟩

TOXILE SOPHOCLIDISQUE SAGARISTION

Toxile *(reconduisant Sophoclidisque).* — Annonce-lui que j'ai trouvé le moyen d'avoir de l'argent. Dis-lui d'avoir bon courage, ajoute que je l'en prie tendrement[1]. En se réconfortant, elle me réconforte moi-même. As-tu bien retenu tout ce que je t'ai chargée de lui dire?

Sophoclidisque. — Je suis plus calée là-dessus qu'un cuir de sanglier avec tous ses cals.

Toxile. — Hâte-toi, retourne auprès d'elle. *(Sophoclidisque sort).*

1. Sur le sens de l'expression *me illam amare multum*, cf. Ménechmes, v. 524. Le sens : « Dis-lui que j'en suis fort amoureux » ne semble pas convenir ici.

Nisi te hodie, si prehendero, defigam in terram colaphis.
PAE. Tun me defigas? te cruci ipsum adfigent propediem alii.
SA. Qui te di deaeque ... scis quid hinc porro dicturus fuerim,
Ni linguae moderari queam. Potin abeas?
PAE. Abigis facile;
Nam umbra mea hic intus uapulat.
SA. Vt istum di deaeque perdant!
Tamquam proserpens bestiast bilinguis et scelestus.
Hercle istum abiisse gaudeo. Foris aperit. Eccere autem,
Quem conuenire maxime cupiebam, egreditur intus.

TOXILVS SAGARISTIO SOPHOCLIDISCA
SERVI II ANCILLA

TO. Paratum iam esse dicito unde argentum sit futurum.
Iubeto habere animum bonum; dic me illam amare multum.
Vbi se adiuuat, ibi me adiuuat. Quae dixi ut nuntiares,
Satin ea tenes?
SO. Magis calleo quam aprugnum callum callet.
TO. Propera, abi domum.
SA. Nunc huic ego graphice facetus fiam;

294 te *AB* : *om. CD* ‖ defigam *BCD* : deferam *A* ‖ colapheis *A* ‖ 295 Tun *A* : Tunc *BCD* ‖ adfigent propediem *A* : p. a. *B* -dienti affigent *C*, *D* (ad-) ‖ aliei *A* ‖ 296 Qui *A* : Quin *BCD* ‖ 297 Ni linguae *A* : Nil ingruae *B* Nil linguae *CD* ‖ moderarei *uel* -ris *A* ‖ queam *BCD* : quiam *A* ‖ *Post* queam *pers. spat. AB* ‖ abeas *A* : habeas *BCD* ‖ 298 mea hic (*uel* m. iam) *A* : mea *BCD* ‖ intú apulat *B* ‖ istum *A* : istunc *BCD* ‖ 299 Tanquam *AC* ‖ bestiast *A* : bestiae *BCD* ‖ celestus *B* ‖ 300 Herde *B* ‖ istum *A* : illum *BCD fortasse recte; cf. tamen u. 298* ‖ abisse *B* ‖ foris *A* : fores *BCD* ‖ 301 conuenire *A* : cum uenire *BCD*

TOXILVS SAGARISTIO SOPHOCLIDISCA *A*, ToxiLVS SAGARISCIO SoPHocLi.DiScA *B*, *uterq. cum uno u. uacuo*; TOXIL' SAGARISTIO SERVI. II. SOPHO(cL)DISCA ANC. *D*; *duor. u. spatium C* ‖ 302 dicito *A* : dicto *BCD* ‖ 304 adiuuat *Valla*, *A ut uid.* : adluat *BCD*, *bis* ‖ 305 Satinea *BCD* : Satine *A* magis *A*, *BCD*, CHARISIVS *GLK I, 72,2* : plus NONIVS *258,13* ‖ calleo *ABCD*, NON. : tabello CHARIS. ‖ aprugnum *ABCD*, SERVIVS *in Aen. 11,65* : aprunum NON., prunum CHARIS. ‖ callet *AB*, NON. CHARIS. : cilet *CD* ‖ 306 huic ego *A* : ego huic *BCD*

SAGARISTION *(à part)*. — Maintenant, prenons devant lui notre air le plus distingué. Avançons-nous les coudes détachés *(il met les poings sur les hanches)*, et enveloppons-nous fièrement *(il drape son petit manteau sur lui)*.

TOXILE *(regardant de loin Sagaristion)*. — Quel est ce pot à deux anses qui se promène?

SAGARISTION. — Crachons avec magnificence.

TOXILE. — Mais c'est Sagaristion en personne. Quoi de neuf, Sagaristion? Comment va la santé? Et la commission dont je t'ai chargé? M'apportes-tu quelque lueur d'espoir?

SAGARISTION *(sans changer de posture et d'un ton protecteur)*. — Approche. On verra. Je ne demande pas mieux. Tu n'as qu'à venir. Rafraîchis-moi la mémoire[1].

TOXILE *(apercevant sur l'épaule de Sagaristion la bosse que fait le sac d'argent sous le manteau)*. — Quelle enflure as-tu au cou? *(Il va pour prendre le sac)*.

SAGARISTION *(l'arrêtant)*. — C'est un abcès; doucement, ne presse pas trop. Dès qu'on y touche un peu brutalement, cela me fait mal.

TOXILE. — Depuis quand t'est-il venu?

SAGARISTION. — D'aujourd'hui.

TOXILE. — Fais-le ouvrir.

SAGARISTION. — J'ai peur de le faire ouvrir avant qu'il ne soit mûr : il me gênerait davantage encore.

TOXILE *(portant la main sur le sac)*. — Je suis curieux d'examiner ton mal.

SAGARISTION *(le repoussant)*. — Là! là! va-t'en; gare aux coups de corne, s'il te plaît.

TOXILE. — Comment?

SAGARISTION. — Il y a une paire de bœufs dans ce sac.

1. Certains lisent : *Promoueto* « Pousse en avant ».

Subnixis alis me inferam atque amicibor gloriose.
TO. Sed quis hic ansatus ambulat?
SA. Magnifice conscreabor.
TO. Sagaristio hicquidemst. Quid agitur, Sagaristio? ut ualetur?
Ecquid quod mandaui tibi †estne in te speculae?
SA. Adito.
Videbitur. Factum uolo. Venito. Promoneto.
TO. Quid hoc hic in collo tibi tumet?
SA. Vomicast, pressare parce.
Nam ubi qui mala tangit manu, dolores cooriuntur.
TO. Quando istaec innatast tibi?
SA. Hodie.
TO. Secari iubeas.
SA. Metuo ne inmaturam secem, ne exhibeat plus negot*i*.
TO. Inspicere morbum tuum lubet.
SA. Ah! ah! abi atque caue sis
A cornu.
TO. Quid iam?
SA. Qui boues bini hic sunt in crumena.
TO. Emitte sodes, ne enices fame; sine ire pastum.
SA. Enim metuo ut possim in bubile reicere, ne uagentur.
TO. Ego reiciam; habe animum bonum.
SA. Credetur; commodabo.
Sequere hac sis; argentum hic inest quod mecum dudum orasti.

308-309 *inuerso ordine in A* ‖ 308 ansatus *A*, *BCD* : conatus NONIVS *479,15* ‖ ambulat magnifico *B*, *sine spatio* ‖ conscreabor NON.: concreabor *A* constabor *BC* contestabor *D* ‖ 309 quidemst: quidemest *A* quidem sed *BCD* ‖ 310 *u. propter metrum suspectus*: e., q. m. t., in te speculaest *Ritschl* ‖ 311 promoneto *A*, *BCD* : promoueto *FZ* ‖ 313 tangit *A* : tetigit *BCD* ‖ cooriuuntur *B* ‖ 314 innata est *A* ‖ odie *B* ‖ 315 immaturam *B* ‖ exibeat *B* ‖ negoti : -tei *A*, -tii *CD* -cii *B* ‖ 316 lubet *BCD* : iubet *A* ‖ ah ah abi *A* : ahbi *B* abi *CD* ‖ 317 crumena *A* : crumina *B* (cri-) *CD* ‖ 318 fame sine ire *A* : fames in eire *B* fames inire *CD* ‖ 319 bubile *A* : bubilem *BCD* ‖ reicere in bubile *Bothe*, *metri causa* ‖ uagentu *A* : uagientur *CD* uiagentur *B* ‖ 320 credetur *Guyet* : creditur *BCD*; *A n. l.* ‖ 321 Sequere *A* : Seque *BCD* ‖ argentur *B* ‖ mecum *A* : me *BCD* ‖ orasti *A* : rogasti *BCD*

TOXILE. — Lâche-les, je te prie; ne les fais pas mourir de faim; laisse-les aller pâturer.

SAGARISTION. — C'est que j'ai peur de ne pouvoir les ramener à l'étable, et qu'ils ne courent les champs.

TOXILE. — Je les ramènerai; sois sans inquiétude.

SAGARISTION. — Je veux t'en croire, je te les prêterai. *(Sérieusement)* Suis-moi, veux-tu? *(Il le conduit à l'écart)* J'ai là-dedans l'argent que tu m'as demandé tout à l'heure.

TOXILE *(étonné et joyeux)*. — Comment dis-tu?

SAGARISTION. — Mon maître m'a chargé d'aller lui acheter des bœufs à Érétrie. Pour moi, Érétrie sera aujourd'hui chez toi.

TOXILE. — Voilà qui est parler d'or. Du reste je te rendrai sous peu tout cet argent, sans qu'il y manque une obole. J'ai préparé, disposé toutes mes machines, pour enlever cette somme au léno.

SAGARISTION. — Tant mieux.

TOXILE. — En sorte que ma maîtresse soit libre, et que lui-même fasse les frais de son affranchissement. Mais suis-moi; j'ai besoin de ton secours pour cette affaire.

SAGARISTION. — Use de moi comme tu voudras. *(Ils rentrent dans la maison)*.

⟨ACTE III⟩

⟨SCÈNE I⟩

SATURION ET SA FILLE *en habits persans*

SATURION. — Puisse la chose bien tourner pour moi, pour toi, pour mon ventre et pour son perpétuel entretien, en sorte que perpétuellement le vivre me soit

TO. Quid tu ais?
SA. Dominus me bou*e*s mercatum Eretriam misit;
Nunc m*i* Eretria erit haec tua domus.
TO. Nimis tu facete loquere;
Atque ego | omne argentum tibi hoc actutum incolume redigam.
Nam iam omn*i*s sycophantias instruxi et comparaui,
Quo pacto ab lenone auferam hoc argentum ...
SA. Tanto melior.
TO. Et mulier ut sit libera atque ipse ultro det argentum.
Sed sequere me; ad eam rem usus est tua mihi opera.
SA. Vtere ut uis.

⟨ACTVS III⟩

SATVRIO VIRGO
PARASITVS

SA. Quae res bene uortat mihi et tibi et uentri meo,
Perennitas*sit*que adeo huic perpetuo cib*um*,
Vt mihi supersit, suppetat, superstitet :
Sequere hac, mea gnata, me cum dis uolentibus.
Quoi rei opera detur scis, tenes, intellegis;
Communicaui tecum consilia omnia.
Ea caussa ad hoc exemplum te exornaui ego :

322 boues : bouis *A* uobis *BCD* ‖ eretriam *AB* : -tria *CD* ‖ 323 mihi *ABCD* ‖ 324 *sic codd. cum hiatu* : omne ego *Bothe* ‖ actutum *A* : tutum *BCD* totum *T* ‖ 325 omnis : omneis *A* omnes *BCD* ‖ sychophantias *B* ‖ 326 *Pers. spat. om. B* ‖ 328 utere *BCD* : uter *A in fine u.* ‖ ut uissaturacio *B*

SATYRIO *A, uno praeterea u. uacuo : unius u. spat.* BCD^1 PARASIT' VIRGO D^2 ‖ 330 Perennitassitque *Bücheler* : perennitateiq. *A* Perennitatisque *BD, C* (perhen-) ‖ cibum *Büch.* : cibo *AB* (cy-) *CD* ‖ 331 puppetat *B* ‖ 332 dis *BCD* : deis *A* ‖ 333 Quoi *A* : Cui *BCD* ‖ 334 consilia omnia *AB* : consilio meo *CD* ‖ 335 caussa *A* : causa *BCD* ‖ exemplum *BCD* : exemptum *A*

assuré en abondance, surabondance et superabondance : suis-moi de ce côté, ma chère fille, et que les dieux nous protègent. Tu sais l'affaire à laquelle on t'emploie, tu as bien retenu, tu as bien compris? Je t'ai communiqué tous nos plans. Si je t'ai affublée de ce costume, c'est que tu vas être vendue aujourd'hui, quoique fille d'un citoyen.

La jeune fille. — Dis-moi, je te prie, mon père, quelque plaisir que tu aies à manger à la table des autres, peux-tu bien, par amour pour ton ventre, vendre ta propre fille?

Saturion. — Voudrais-tu que je te vende pour le roi Philippe ou pour le roi Attale, plutôt que par amour pour moi, quand tu es à moi?

La jeune fille. — Me tiens-tu pour ta fille, ou pour ta servante?

Saturion. — Parbleu, ce qui me semblera le mieux servir les intérêts de mon ventre. C'est moi qui ai pouvoir sur toi, j'imagine, et non pas toi sur moi.

La jeune fille. — Oui, mon père, ce pouvoir t'appartient. Cependant, si pauvrette que soit notre condition, mieux vaut, mon père, garder une certaine retenue. Car si à la pauvreté vient s'adjoindre mauvaise renommée, la pauvreté devient plus pesante, et le crédit plus léger.

Saturion. — Vraiment, tu es insupportable.

La jeune fille. — Je ne le suis pas, et je ne crois pas l'être, pour faire, toute jeune que je suis, de justes remontrances à mon père. Songe que les méchants, dans les propos qu'ils répandent, dénaturent souvent la vérité.

Saturion. — Qu'ils la dénaturent, et qu'ils aillent se faire pendre au diable! Je ne fais pas plus de cas de toutes leurs méchancetés que d'une table vide qu'on dresserait devant moi.

La jeune fille. — Le déshonneur est immortel, mon

Venibis tu hodie, uirgo.
VI. Amabo, mi pater,
Quamquam lubenter escis alienis studes,
Tuin uentris causa filiam uendas tuam?
SA. Mirum quin regis Philippi caussa aut Attali
Te potius uendam quam mea, quae sis mea.
VI. Vtrum pro ancilla me habes an pro filia?
SA. Vtrum hercle magis in uentris rem uidebitur.
Meum, opinor, imperium in te, non in me tibist.
VI. Tua istaec potestas est, pater. Verum tamen,
Quamquam res nostrae sunt, pater, pauperculae,
Modice et modeste meliust uitam uiuere.
Nam ad paupertatem si admigrant infamiae,
Grauior paupertas fit, fides sublestior.
SA. Enim uero odiosa es.
VI. Non sum neque me esse arbitror,
Qum parua natu recte praecipio patri.
Nam inimici famam non ita, ut natast, ferunt.
SA. Ferant eantque maximam malam crucem.
†Non ego inimicitias omnis pluris existimo,
Quam mensa inanis nunc si apponatur mihi.
VI. Pater, hominum immortalis est infamia;
Etiam tum uiuit, cum esse credas mortuam.
SA. Quid? metuis ne te uendam?
VI. Non metuo, pater;

336-399 *person. notas plerasque add.* D^2, *non semper recte* ‖ 338 tui uentris *A* : tu inuentris *BCD* ‖ causa *BCD* : causam *A* ‖ uendas *A* : uendis *BCD* uendes *Saumaise, probante Sjögren, Fut. 94* ‖ 339 caussa *A* : causa *BCD* ‖ 341 Vtrum *A* : Vtrum tu *BCD* ‖ 343 imperium *Camer.* : imperiumst *ABCD, quod seruat Lindsay, scribens* opino ‖ tibist *BCD* : tibi *A* ‖ 344 ista & *B* ‖ 346 est melius NONIVS *342,26* ‖ 347 Nam *om.* FESTVS *378,4* ‖ admigrant *ABCD* : immigrant FESTVS, accessit NONIVS *177,8* ‖ infamiae *A*, FEST. : -im famiae *B*, *CD* (famae) infamiam NON. ‖ 348 paupertas grauior NON. ‖ suptestior *A, ut uid.* ‖ 349 diosa *B* ‖ me *BCD* : *om.* *A* ‖ 350 Qum *A* : Cum *BCD* ‖ natu recte *A* : natur ec te *B* natura eete *C* natura ēē te *D* ‖ 351 natast : nata est *A* nata si *BCD* ‖ 352 maximam *A* : in maximam *BCD* ‖ 353 *sic ABCD; u. a metro abhorrentem alii aliter correx.; nil autem certi* ‖ 355 immortalis *AC* : inm- *BD* ‖ imfamia *B*

père; il vit toujours, même quand on le croit mort.

Saturion. — Tu crains donc que je ne te vende?

La jeune fille. — Non, mon père. Mais je ne veux pas qu'on t'en accuse.

Saturion. — Ta volonté et rien, c'est la même chose. Ce sera moi qui en déciderai plutôt que toi.

La jeune fille *(haussant les épaules)*. — Soit.

Saturion *(d'un ton grondeur et menaçant)*. — Qu'est-ce que c'est que cela?

La jeune fille. — Souviens-toi de ce qu'on dit, mon père : si le maître a menacé son esclave de la correction, la menace dût-elle rester vaine, cependant, en voyant prendre le fouet, en mettant sa tunique bas, combien déjà souffre le pauvre esclave! Et moi aussi, pour un mal qui n'arrivera pas, je tremble tout de même.

Saturion. — Femme ou fille ne vaudra jamais rien, quand elle en saura plus que ne veulent ses parents.

La jeune fille. — Femme ou fille ne vaudra jamais rien, quand elle demeure muette en voyant faire quelque chose de travers.

Saturion *(faisant un geste menaçant)*. — Tu ferais mieux de prendre garde à toi.

La jeune fille. — Mais si je n'en ai pas le droit, comment ferais-je? Je voudrais prendre garde à toi, pourtant.

Saturion. — Je suis donc un homme auquel il faut prendre garde[1]?

La jeune fille. — Je ne dis pas cela, et il ne me siérait pas de le dire. Mais je voudrais empêcher les propos de ceux qui ont le droit de parler.

Saturion. — Libre à chacun de dire ce qu'il voudra;

1. Il y a ici une équivoque intraduisible portant à la fois sur *cauere* et sur *malo*, qui peut être soit l'ablatif de *malum* (*malo cauere* « prendre garde à la correction, tâcher d'éviter la correction), soit le datif de *malus* (*malo cauere* « veiller aux intérêts d'un méchant »).

Verum insimulari nolo.
SA. At nequiquam neuis.
Meo modo istuc potius fiet quam tuo.
VI. Fiat.
SA. Quae hae res sunt?
VI. Cogita hoc uerbum, pater :
Erus si minatus est malum seruo suo,
Ta*m*etsi id futurum non est, ubi captumst flagrum,
Dum tunicas ponit, quanta adficitur miseria!
Ego nunc quod non futurumst formido tamen.
SA. Virgo atque mulier nulla erit quin sit mala,
Quae praeter sapiet quam placet parentibus.
VI. Virgo atque mulier nulla erit quin sit mala,
Quae reticet, si quid fieri peruorse uidet.
SA. Malo cauere meliust te.
VI. At si non licet
Cauere, quid agam? nam ego tibi cautum uolo.
SA. Malusne ego sum?
VI. Non es, neque me dignu⟨m⟩st dicere;
Verum ei rei operam do, ne alii dicant quibus licet.
SA. Dicat quod quisque uolt; ego de hac sententia
Non demouebor.
VI. At, meo si liceat modo,
Sapienter potius facias quam stulte.
SA. Lubet.
VI. Lubere tibi per me licere intellego,
Verum lubere hau liceat, si liceat mihi.

360 hae *BCD* : ehae *A, ut uid.* ‖ heres *B* ‖ 361 minatus *BCD* : mnatus *A* ‖ 362 Tametsi *FZ* : tamenetsi *BCD* tamenesi *A* ‖ id futurum *BCD* : aurus A^1 *cum* id futu *suprascr.* ‖ captum est *A* ‖ 363 afficitur *CD* ‖ 364 futurum est *A* ‖ 367 erit *A* : erat *BCD* ‖ 369 meliust *B* : melius est *A* melius st *CD* ‖ licet *BCD* : liceat *A* ‖ 371 es *BCD* : est *A* ‖ dignumst : dignust *A* dignusst *BCD* ‖ 372 Verum *A* : Virum *BCD* ‖ do ne *AB* : donec *CD* ‖ 373 uolt *A* : uult *BCD* ‖ 374 iiceat *A, ut uid.* ‖ 375 lubet AB^1 : libet *B corr. CD* ‖ 376 tibi per me *A* : per me tibi *BCD* ‖ 377 hau *AB* : haud *CD* ‖ si liceat *A* : si lubeat *B* (iu) *CD* ‖ hau(d) lubeat si liceat *Pistoris, cf. Gray, Class. Rev. 14,24, Ritschl, Phil. Anz. 17,163*

pour moi, mon parti est pris, je n'en démordrai pas.

La jeune fille. — Pourtant, si la chose dépendait de moi, tu agirais en sage plutôt qu'en sot.

Saturion. — Il me plaît ainsi.

La jeune fille. — Je sais bien que je ne puis t'empêcher que cela te plaise; mais si j'y pouvais quelque chose, cela ne pourrait te plaire[1].

Saturion. — Es-tu décidée à obéir à ton père, oui ou non?

La jeune fille. — Je le suis.

Saturion. — Or çà, tu sais ta leçon?

La jeune fille. — Tout entière.

Saturion. — Et comment tu as été enlevée?

La jeune fille. — Je le sais parfaitement.

Saturion. — Et quels étaient tes parents?

La jeune fille. — J'ai tout cela dans la tête. Tu uses de contrainte envers moi et me forces à mal agir. Mais prends garde que, le jour où tu voudras me marier, le bruit de cette affaire n'éloigne les maris.

Saturion. — Tais-toi, sotte. Ne vois-tu pas quelles sont les mœurs d'aujourd'hui? quelque réputation qu'elles aient, les filles ici n'ont pas de peine à se marier : pourvu que la dot y soit, il n'est plus de faute qui compte.

La jeune fille. — Alors, tâche de te souvenir que je suis sans dot.

Saturion. — Garde-toi de dire cela, je te prie. Par Pollux, je puis le dire : grâce aux dieux et au mérite de mes ancêtres, tu ne peux pas dire que tu es sans dot, quand tu as une dot qui t'attend chez nous. N'ai-je pas un coffre tout plein de livres? Si tu tiens bien ton rôle dans l'affaire qui nous occupe, je tirerai de là, pour

1. Texte et sens controversés. Certains lisent, avec Pistoris :

Verum libere hau libeat, si liceat mihi

« Mais ce qui te plaît ne saurait te plaire, si j'y pouvais quelque chose ». Ou encore, avec une autre ponctuation : « Mais il ne me plairait pas que cela te plût, si j'y pouvais quelque chose ».

SA. Futura es dicto oboediens an non patri?
VI. Futura.
SA. Scis nam tibi quae praecepi?
VI. Omnia.
SA. Et ut ui surrupta fueris?
VI. Docte calleo.
SA. Et qui parentes fuerint?
VI. Habeo in memoria.
Necessitate me mala ut fiam facis.
Verum uideto, me ubi uoles nuptum dare,
Ne haec fama faciat repudiosas nuptias.
SA. Tace, stulta. Non tu nunc hominum mores uides?
Quoiu*is* modi hic cum [mala] fama facile nubitur.
Dum dos sit, nullum uitium uitio uortitur.
VI. Ergo istuc facito ut ueniat in mentem tibi
Me esse indotatam.
SA. Caue sis tu istuc dixeris.
Pol deum uirtute dicam et maiorum meum,
Ne te indotatam dicas, quoi dos sit domi :
Librorum eccillum | habeo plenum soracum :
Si hoc adcurassis lepide cui rei operam damus,
Dabuntur dotis tibi inde sescenti logi,
Atque Attici omnes; nullum Siculum acceperis.
Cum hac dote poteris uel mendico nubere.
VI. Quin tu me ducis, si quo ducturu's, pater?

379 nam *suspectum* : iam *Seyffert* ‖ praecipi *B* ‖ 380 ut ui *A* : id ut *BCD* ‖ surrepta *B* ‖ 382 necesitate *A* ‖ 383 uoles *AB* : uioles *CD* ‖ 385 stultam *B* ‖ 386 Quoiuis modi *Lorenz* (Cuiusuis modi *iam Guyet)* : Quoius modi *B* quouis modi *CD* Cuiusmodi *A* ‖ mala *del. Camer.* ‖ 387 sit *BCD* : et *A* ‖ 390 uirtute *ABCD* : -tem NONIVS *495,13* ‖ dicam *BCD*, NON. : dico *A* ‖ 391 Ne *BCD* : Ni *A* ‖ quoi *BCD* : cui *A* ‖ 392 *sic codd. cum hiatu* : soracum *neutrum scribit* FESTVS *382,2 unde* eccillud *Sonnenschein; at cf. Class. Rev. 5,9* ‖ eccillum *B* : ecillum *A* ecce illum *CD* ‖ plenum *BCD* : plenum illum *A* ‖ 393 adcurassis *A* : acc- *BCD* ‖ 394 logi PSEVDO-ASCONIVS *in Cic. Diuin.* § *39* : logei *A* longi *BCD* ‖ 396 poteris *AB* : -ras *CD* ‖ 397 ducturu's *Ritschl* : -rus *ABCD*

te les donner en dot, plus de six cents bons mots, et tous attiques, pas un seul sicilien. Avec une dot pareille, tu pourras épouser même un mendiant.

La jeune fille. — Conduis-moi donc où tu dois me conduire, père. Vends-moi, fais de moi tout ce qu'il te plaira.

Saturion. — A la bonne heure, te voilà raisonnable. Suis-moi par ici.

La jeune fille. — Je t'obéis. *(Ils entrent chez Toxile)*.

⟨SCÈNE II⟩

DORDALE, *seul*

Qu'est-ce que va bien faire mon voisin *(montrant la maison de Toxile)*, qui m'a juré de me donner de l'argent aujourd'hui? Si la journée se passe sans qu'il m'en donne, il en sera pour son serment, et moi pour mon argent. Mais j'entends le bruit de sa porte. Qui est-ce qui sort?

⟨SCÈNE III⟩

TOXILE DORDALE

Toxile *(parlant aux gens de la maison)*. — Faites ce qu'il y a à faire dans la maison, vous autres; je rentrerai tout à l'heure.

Dordale. — Hé bien, Toxile, comment va?

Toxile. — Tiens! lie des maquereaux, fumier public mélangé d'ordure, être malpropre, malhonnête, homme sans foi ni loi, fléau du peuple, vautour avide et

Vel tu me uende uel face quid tibi lubet.
SA. Bonum aequomque oras. Sequere hac.
VI. Dicto sum audiens.

DORDALVS
LENO

Quidnam esse acturum hunc dicam uicinum meum,
Qui mihi iuratust sese hodie argentum dare?
Quod si non dederit atque hic dies praeterierit,
Ego argentum, ille ius iurandum amiserit.
Sed ibi concrepuit foris; quisnam egreditur foras?

TOXILVS DORDALVS
SERVVS LENO

TO. Curate isti intus; iam ego domum me recipiam.
DO. Oh,
Toxile, quid agitur?
TO. Oh, lutum lenonium,
Commixtum caeno sterculinum publicum,
Inpure, inhoneste, iniure, inlex, labes popli,

398 ⟨me⟩ face *Ritschl, ut u. plenus fiat* ‖ lube *B* ‖ 399 aequm *A* : aequum *BCD* ‖ dicto *BCD* : endicto *A* ‖ audiens *A* : audi eas *BCD* a. e. dordalus *B*

Vnius u. spat. ABCD^1 : DORRA LVS LENO *D*^{2} ‖ 400 hunc dicam *BCD* : dicat hunc *A* ‖ 401 iuratust *Bothe* : -tus est *ABCD* ‖ sese *BCD* : se *A* ‖ 404 foris *A* : fores *BCD*

ToxilVS DORDALVS *B u. qui sequitur uacuo ; unius u. spat. A, duorum CD*^{1} TOXIL' SERV' DORRAL' LENO *D*^{2} ‖ 405 isti *A* : istic *B* istuc *CD* ‖ oh *A* : Ob *B* o *CD* ‖ 406 oh *A* : eo *BCD* ‖ 407 caeno sterculinum *A* : caenoster cilinum *B* noster cilinum *CD, praecedente spatio* ‖ 408 iniure *BCD*, NONIVS *10,10* ; *447,2* : periure *A* ‖ labes *B*, NON. : tabes *A, ut uid.* inlabes *CD* ‖ popli *A*, NON. *10* : populi *BCD*, NON. *447*

envieux de notre argent, quémandeur, voleur, rapineur... on ne pourrait en trois cents vers énumérer toutes tes saletés... *(il lui présente une bourse; mais à chaque fois que Dordale va pour la prendre, il la lui retire)* prends-tu ton argent? prends donc ton argent, effronté; tiens, le voilà ton argent; veux-tu bien le tenir à la fin, ton argent? Pourrai-je te décider à prendre ton argent, fumier? Tu ne pensais pas que j'aurais l'argent à ma disposition, quand tu n'as consenti à me faire crédit que sous serment?

Dordale *(respirant comme pour reprendre haleine et d'un ton ironique)*. — Laisse-moi respirer, afin de te répondre. Illustre chef du peuple, repaire de toute servitude, affranchisseur de putains, terreur du fouet[1], grand consommateur d'entraves, citoyen du moulin[2], esclave à perpétuité, goinfre, bâfreur, voleur, déserteur, passe-moi donc mon argent, donne-moi mon argent, effronté; pourrai-je enfin obtenir de toi mon argent? Mon argent, te dis-je; donne. Pourquoi ne me le rends-tu pas, mon argent? Tu n'as pas honte? *(Il crie plus fort)* Le léno te réclame son argent, modèle des esclaves, l'argent que tu lui dois pour l'affranchissement de ta maîtresse, afin que tout le monde l'entende.

Toxile *(d'un ton admiratif)*. — Tais-toi, je t'en prie, par Hercule! Tu as une voix d'une force!

Dordale. — J'ai une langue faite pour rendre à chacun son dû. On ne me vend pas le sel à meilleur marché qu'à toi. Si ma langue ne peut me défendre, elle n'en aura jamais à lècher.

Toxile. — Ne sois plus en colère, maintenant. J'étais fâché contre toi parce que tu avais refusé de me faire crédit.

1. Le texte dit « propre à faire suer (*suduculum*) le fouet. »
2. Texte peu sûr.

Pecuniae | accipiter auide atque inuide,
Procax, rapax, trahax — trecentis uersibus
Tuas inpuritias transloqui nemo potest —
Accipin argentum? accipe sis argentum, inpudens.
Tene sis argentum; etiam tu argentum tenes?
Possum te facere ut argentum accipias, lutum?
Non mihi censebas copiam argenti fore,
Qui nisi iurato mihi nihil ausu's credere?

DO. Sine respirare me, ut tibi respondeam.
Vir summe populi, stabulum seruitricium,
Scortorum liberator, suduculum flagri,
Compedium tritor, pistrinorum ciuitas,
Perenniserue, lurco, edax, furax, fugax,
Cedo sis m*i* argentum, da mihi argentum, inpudens.
Possum a te exigere argentum? argentum, inquam, cedo.
Quin tu m*i* argentum reddis? n*i*lne te pudet?
Leno te argentum poscit, solida seruitus,
Pro liberanda amica, ut omnes audiant.

TO. Tace, obsecro, hercle! Ne tua uox ualide ualet.

DO. Referundae ego habeo linguam natam gratiae.
Eodem mihi pretio sal praehibetur quo tibi.
Nisi me haec defendet, numquam delinget salem.

TO. Iam omitte iratus esse. Id tibi suscensui,
Quia te negabas credere argentum mihi.

409 pecuniae *ABCD cum hiatu* : -niarum *Pylades* -niai *Bentley* -nias *Bücheler*; *alii alia* ‖ 411 inpuritias *A* : im- *BCD* ‖ transloqui *A* : traloqui *BCD* ‖ 415 *solus habet A* ‖ 416 ausu's *Bentley* : ausus *ABCD* ‖ 417 Sine *A* : Sene *BCD* ‖ respirare me ut tibi *A* : respirarem et ibi ut *BCD* ‖ 418 popli *B* ‖ seruitricium *D* : -tium *ABC* ‖ 419 suduculum *A* : subiculum *BCD* seduculum *codd.* PAVL. FEST. *453,13* ‖ 420 pistrinorum *CD* : pristinorum *AB* ‖ ciuilas *A* ‖ 421 perenniserue *BCD* : perennisserue *A* perennis herbae *codd.* NONII *11,6* ‖ lurco edax NON. : lyrchee(da)x *A* lurchedax *BCD* ‖ furax fugax *AB* : fugax furax *CD* ‖ 422 mi : mihi *ABCD* ‖ argnntum ... argentam *B* ‖ impudens *BC* ‖ 423 a te *BCD* : te *A* ‖ 424 mihi ... nihil *ABCD* ‖ nihilne *AD* : nihil nite *BC* ‖ 428 referundae *BC* : -rendae *AD* ‖ 429 praetio *A* ‖ 430 me haec *BCD* : haec me *A* ‖ nunquam *A* ‖ delinget *AB* : delinquet *CD* ‖ 431 omitte *A* : omitto *BCD* ‖ 432 te *BCD* : tu A, *ut uid.*

Dordale. — Le beau miracle que je ne t'aie pas fait crédit, pour que tu me joues le même tour que jouent certains banquiers. A peine leur a-t-on prêté quelque chose que, prout! ils s'enfuient du forum plus vite qu'un lièvre lâché dans le cirque.

Toxile. — Prends ceci, veux-tu?

Dordale. — Alors, donne-le moi. *(Il prend la bourse)*.

Toxile. — Il doit y avoir six cents écus de bon aloi, bien comptés. Mets en liberté la femme et amène-la ici tout de suite.

Dordale. — Elle y sera dans un instant. Je ne sais, par Hercule, à qui faire examiner ces pièces, maintenant.

Toxile. — Tu as peut-être peur de les confier en mains propres à quelqu'un?

Dordale. — Quelle merveille! comme si les banquiers aujourd'hui ne disparaissaient pas au forum plus vite que ne tourne la roue dans sa course[1].

Toxile. — Va-t'en par là au forum, en prenant par les ruelles de traverse; en même temps tu m'enverras ma bonne amie par le jardin.

Dordale. — Elle sera ici dans un instant.

Toxile. — Mais qu'elle ne se montre pas.

Dordale. — Fort sagement raisonné.

Toxile. — Demain, elle ira remercier les dieux.

Dordale. — Oui, oui, par Hercule.

Toxile. — Pendant que tu restes là, tu devrais déjà être revenu. *(Dordale sort)*.

---

1. Le texte est ici altéré, et la traduction donnée ne vise qu'à donner un sens vraisemblable, sans plus. Cf. v. 435.

DO. Mirum quin tibi ego crederem |, ut idem mihi
Faceres quod partim faciunt argentarii :
Vbi quid credideris, citius extemplo foro
Fugiunt quam ex porta ludis cum emissust lepus.
TO. Cape hoc sis.
DO. Quin das?
TO. Nummi sexcenti hic erunt
Probi, numerati. Fac sit mulier libera,
Atque huc continuo adduce.
DO. Iam faxo hic erit.
Non hercle quoi nunc hoc dem spectandum scio.
TO. Fortasse metuis in manum concredere?
⟨DO.⟩ †Mirum quin† citius iam a foro argentarii
Abeunt quam in cursu rotula circumuortitur.
⟨TO.⟩ Abi istac trauorsis angiportis ad forum;
Eadem istaec facito mulier ad me transeat
Per hortum.
DO. Iam hic faxo aderit.
TO. At ne propalam.
DO. Sapienter sane.
TO. Supplicatum cras eat.
DO. Ita hercle uero.
TO. Dum stas, reditum oportuit.

---

433 *sic codd. cum hiatu* : ut ⟨tu⟩ *Bothe* ‖ 435 foro *A* : a foro *BCD* ‖ 436 cum emissust *BCD* : emissus *A* ‖ 437 Cape *A* : Scape *B* Sape *CD* ‖ 438 Probi *AD* : Brobi *B*, *om. C* ‖ 439 adduce *CD* : adluce *B* ⟨ad⟩ducei *A*, *ut uid.* ‖ 440 erde *B* ‖ quoi *B* : cui *ACD* ‖ 441 sq. *uerba* in manum — citius *om. CD* ‖ 442 sq. *corrupti uidentur* ‖ 442 DO. *add. Camer.* ‖ Mirum quin *ABCD*, *corruptum* : Mirum quom *Lindsay. Lacunam post* quin *signauit Leo qui scribit in appar.* « *leno responderat* mirum quin cupiam. *quae perierunt hausit dittographia uersuum 435-436 huc delata propter par initium uersus 433. fortasse Toxilus lenonem monuerat ut uicinos rem celaret, ne ero narrarent postea.* » ‖ 443 quam *AB* : qua *CD* ‖ uortetur *B* ‖ 444-478 *deest A* ‖ 444 TO. *add. Camer.* ‖ Abi istac trauorsis *codd. Lambini, Scaligeri* : Abiis tracta (tacta *CD*) uorsis *BCD* ‖ 445 Eadem *CD* : Ad est *B* ‖ ista haec *BCD*

⟨ACTE IV⟩

⟨SCÈNE I⟩

TOXILE, *seul*

Si vous gouvernez une affaire avec sang-froid et avec sagesse, elle prend le plus souvent bonne forme sous vos mains. C'est suivant la façon dont on gouverne ses affaires, par Pollux, qu'elles réussissent d'ordinaire dans la suite. Bref, qu'un mauvais sujet, un fainéant mène une entreprise, elle tourne mal; si c'est un homme d'ordre, les événements s'ordonnent au mieux. Mon intrigue, à moi, est ourdie avec art et adresse; aussi réussira-t-elle bien, j'en suis sûr. Je vais aujourd'hui empêtrer le léno de telle manière que lui-même ne saura pas comment se dépêtrer. *(S'approchant de la maison)* Sagaristion! hé! sors, et amène la jeune fille, avec les tablettes que je t'ai cachetées tout à l'heure, et que tu m'as apportées de la part de mon maître du fin fond de la Perse.

⟨SCÈNE II⟩

SAGARISTION, *en habit persan;*
LA FILLE DE SATURION, *déguisée aussi;*
TOXILE

SAGARISTION. — T'ai-je fait attendre?

TOXILE. — Bravo! bravo! tu es royalement costumé.

⟨ACTVS IV⟩

TOXILVS
⟨SERVVS⟩

Si quam rem accures sobrie aut frugaliter,
Solet illa recte su*b* manus succedere.
Atque edepol f*er*me ut quisque rem accurat suam,
Sic ei procedit postprincipio denique.
Si malus aut nequamst, male res uortunt quas agit;
Sin autem frugist, eueniunt frugaliter.
Hanc ego rem exorsus sum facete et callide;
Igitur prouenturam bene confido mihi.
Nunc ego lenonem ita hodie intricatum dabo,
Vt ipsus sese qua se expediat nesciat.
Sagaristio, heus! exi atque educe uirginem,
Et istas tabellas quas consignaui tibi,
Quas tu attulisti m*i* ab ero meo usque e Persia.

SAGARISTIO TOXILVS ⟨VIRGO⟩
⟨SERVI II⟩

SA. Numquid moror?
TO. Euge, euge exornatu's basi*l*ice.
†Tiara ornatum lepide condecorat tuum.

TOXIL' D^2 : *om.* *BCD*^{1} *cum unius u. spat.* ‖ 450 sub *FZ* : sum *BCD* ‖ 451 ferme *Scaliger* : firme *BCD* ‖ 452 postprincipio *Saumaise, probante Skutsch, Berl. Phil. Woch. 1894,138* : post principio *BCD*, DONATVS *in Ter. Hec. III 3,33* ‖ procedunt postprincipia *Scaliger in Varr. de re rust, p. 254 ed. Steph., cf. A. G., N. A., XVI, 18,6* ‖ 453 uortunt B^1 : uer- B^2*CD* ‖ 456 prouenturam *B* : -ra *CD* ‖ 459 educe *B* : educ *CD* ‖ 461 mihi *BCD*

SAGARISCIO TOXILVS *B, uersu qui sequitur uacuo : unius u. spatium CD* ‖ 462 exornatu's *Ritschl* : -tus *BCD* ‖ basilice *D* : basillice *BC* ‖ 463 *sic BCD* : theatrum lepida condecorat schema PRISCIANVS *GLK II 200,3, attestans uocem* schema *femininam esse. Versus multimodis temptatus; nil autem certi.*

La tiare est d'un effet délicieux pour relever ton costume. *(Se tournant vers la jeune fille)* Et notre étrangère, comme cette sandalette lui va bien! Un vrai tableau! Mais avez-vous bien répété votre rôle?

SAGARISTION. — Jamais acteurs tragiques ou comiques ne l'ont autant répété.

TOXILE. — Tu me secondes à ravir, par Hercule! Allons, retire-toi de ce côté, mets-toi hors de vue, et silence. Quand tu me verras en conversation avec le léno, il sera temps de te présenter. Allez maintenant, éloignez-vous. *(Ils se retirent tous, excepté Toxile).*

⟨SCÈNE III⟩

DORDALE TOXILE

DORDALE *(sans voir Toxile.)* — Quand un homme a les dieux propices, toujours il en reçoit quelque aubaine : ainsi moi, j'ai fait aujourd'hui une économie de deux pains par jour. Une esclave qui m'appartenait ce matin s'appartient maintenant : l'argent lui a valu cette victoire. Dès ce soir, elle mangera au souper le pain d'un autre; elle ne goûtera plus du mien. Suis-je un brave homme, suis-je un bon citoyen d'avoir aujourd'hui agrandi encore la grande cité d'Athènes, et de l'avoir enrichie d'une citoyenne? Mais que de bienveillance j'ai montré aujourd'hui! que de confiance j'ai témoigné à plus d'un! Je n'ai exigé de

Tum hanc hospitam autem crepidula ut graphice decet!
Sed satin estis meditati?
SA. Tragici et comici
Numquam aeque sunt meditati.
TO. Lepide hercle adiuuas.
Age, illuc a*ps*cede procul *e* conspect*u*, tace.
Vbi cum lenone me uidebis conloqui,
Id erit adeundi tempus. Nunc ag⟨ite⟩, *it*e uos.

DORDALVS **TOXILVS**
LENO **SERVVS**

DO. Quoi homini di propitii sunt, aliquid obiciunt lucri :
Nam ego hodie compendi feci binos panes in dies.
Ita ancilla mea quae fuit hodie sua nunc est; argento uicit.
Iam hodie alienum cenabit, nihil gustabit de meo.
Sumne probus, sum lepidus ciuis, qui Atticam hodie ciuitatem
Maximam maiorem feci atque auxi ciui femina?
Sed ut ego hodie fui benignus, ut ego multis credidi!
Nec satis a quiquam homine accepi; ita prosum credebam omnibus;
Nec metuo, quibus credidi hodie, nequis mihi in iure abiurassit.

467-468 *iterum leguntur u. 727-728*; *hic secl. Vssing, Leo* ‖ 467 abscede procul e conspectu *Dousa, e u. 727* : aspice deprocul in conspectum *BCD* ‖ *spatium ante* tace *habent* *BCD*¹ *unde* S tace *D*²; *del. Acid.* ‖ 469 Id erit *BC*² : id aderit *C*¹*D* ‖ nunc *B* : nun *CD*¹ ‖ agite ite *Camer.* : age rite *BC* agite *D*. *De uerbo* agero *non est quod cogites.*

DORDALVS TOXILVS *B* : DORRAL' LENO TOXIL' SERV' *CD*² ‖ 470 Quoi *B* : Cui *CD* ‖ di *CD* : de *B* ‖ 471 binos *Camer.* -bi nons- *B* non *CD* ‖ 476 Sed ut *B* : Sed ut et *CD* ‖ 477 aquiquam *B* : aquoquam *CD* ‖ accipi *B*

caution de personne; je me fiais sans réserve à tout le monde! Mais je ne crains pas que, de tous ceux à qui j'ai fait confiance, personne me nie sa dette en justice. Et bon je veux être à partir de ce jour,... chose qui jamais ne s'est vue, ni jamais ne se verra.

TOXILE *(à part)*. — Voici l'homme que par mes savantes manœuvres je vais aujourd'hui faire tomber dans le panneau : le piège qui l'attend est bien dressé. Abordons-le. *(Haut)* Que fais-tu de beau?

DORDALE *(l'air épanoui et plein de franchise)*. — J'ai confiance.

TOXILE. — D'où t'en viens-tu, Dordale?

DORDALE *(du même air)*. — J'ai confiance en toi. Que les dieux exaucent tes souhaits!

TOXILE. — Eh bien! as-tu mis en liberté la femme en question?

DORDALE. — J'ai confiance, par Pollux, j'ai confiance en toi, te dis-je.

TOXILE. — Est-ce que tu comptes désormais une affranchie de plus?

DORDALE. — Tu es assommant. Puisque je te dis que j'ai confiance en toi.

TOXILE. — Parle franchement : est-elle déjà libre?[1]

DORDALE *(haussant les épaules)*. — Va au forum à l'audience du préteur; informe-toi, si tu ne veux pas m'en croire. Oui, te dis--je, elle est libre : es-tu sourd?

TOXILE. — Alors, te bénissent tous les dieux! Jamais dorénavant je ne te souhaiterai de mal, ni à toi ni à quelqu'un des tiens.

DORDALE *(ironiquement)*. — C'est bon, ne jure pas, j'ai toute confiance en toi.

1. Après *iam libera est*, le palimpseste ambrosien présente quelques lettres dont le déchiffrement est incertain. Certains lisent : DO. Olim « Depuis longtemps », ou DO. Pol aio « Oui, te dis-je ».

Bonus uolo iam ex hoc die esse — quod neque fiet neque fuit.

TO. Hunc hominem ego hodie in trasennam doctis deducam dolis;

Itaque huic insidiae paratae sunt probe. Adgrediar uirum.

Quid agis?

DO. Credo.

TO. Vnde agis te, Dordale?

DO. Credo tibi.

Di dent quae uelis.

TO. Eho, an iam manu emisisti mulierem?

DO. Credo edepol; credo, inquam, tibi.

TO. Iam liberta auctu's?

DO. Enicas.

Quin tibi me dico credere.

TO. Dic bona fide : iam libera est?

DO. I ad forum, e praetore exquire, siquidem credere mihi non uis.

Libera, inquam, est. Ecquid audis?

TO. At tibi di bene faciant omnes!

Numquam enim posthac tibi nec tuorum quoiquam quod nolis uolam.

DO. Abi, ne iura; satis credo.

479 *accedit A* ‖ 480 hominem ego *AB* : ego hominem *CD* ‖ trasennam *ACD* : trassenam *B* ‖ deducam *A* : ducam *BCD* ‖ 482 credo unde *continuant BC* ‖ *ante et post* dordale *spatium B* ‖ 484 edepol *AB* : epol *CD* ‖ tibiiam *sine spatio A* ‖ liberta *AB* : liber *CD* ‖ auctu's : auctus *A* auctus es *BCD* ‖ auctusenicas *sine spatio A* ‖ 485 credere dic *sine spatio BCD* ‖ polaio *uel* # olet — *post* libera est *in fine uersus habet A; quid autem supplendum sit non liquet* : ⟨D. Olim⟩ *Leo* ‖ 487 I *A* : Ii *BCD* I, i *Leo* ‖ e praetore *A* : ad praetorem *BCD* ‖ credere mihi *BCD* : mihi credere *A* ‖ 488 inquam est *BCD* : inquamsi *A ut uid.* ‖ audisat *sine spatio A* ‖ beneficiant *A ut uid.* ‖ 489-95 *sic disponit A ita tamen ut u. 489-90 in unum coniungat, atque uerbum* uiuas *in fine u. 494 ponat* : *septem uersus facit B* (— uolam | — me est | — istam rem | — occultabam | — facias | — benedicis | — expostulant) ‖ 489 quoiquam *Lambin* : quiquam *A, om. BCD*

TOXILE. — Où est ton affranchie, à cette heure?

DORDALE. — Chez toi.

TOXILE. — Chez moi, dis-tu?

DORDALE *(avec une insistance ironique)*. — Oui, te dis-je; elle est chez toi, te dis-je.

TOXILE. — Que les dieux me protègent, aussi vrai que pour cette action-là toutes sortes de bonheurs vont te venir de ma part. *(Prenant un ton mystérieux)* Il y a une chose dont jusqu'ici je te gardais soigneusement le secret : je vais te la raconter, et te procurer une affaire d'or. Je veux que tu te souviennes de moi pendant toute ta vie.

DORDALE *(incrédule)*. — Quels bons effets vont appuyer ces bonnes paroles? Mes oreilles sont curieuses de l'apprendre.

TOXILE. — Tu en as assez fait pour moi pour que j'en fasse autant pour toi. *(Lui tendant les tablettes qu'il tenait cachées jusque là)* Et pour te prouver que je ferai comme je dis, tiens, prends ces tablettes et lis-les jusqu'au bout.

DORDALE. — En quoi me regardent-elles?

TOXILE. — Si, si, elles te regardent; il y va de ton intérêt. Elles m'ont été apportées de Perse, de la part de mon maître.

DORDALE. — Quand?

TOXILE. — Il n'y a pas longtemps.

DORDALE *(dont la curiosité s'allume)*. — Et que racontent-elles, ces tablettes?

TOXILE. — Interroge-les elles-mêmes; elles-mêmes te le raconteront.

DORDALE *(prenant les tablettes)*. — Donne donc.

TOXILE. — Mais lis à haute voix.

DORDALE. — Tais-toi, pendant que je lis.

TOXILE. — Lis. Je ne soufflerai mot.

DORDALE *(lisant)*. — « Timarchide à Toxile et à toute « la maison, salut.

TO. Vbi nunc tua libertast?
DO. Apud te.
TO. Ain, apud mest?
DO. Aio, inquam; apud te est, inquam.
TO. Ita me di ament, ut ob istanc rem tibi multa bona instant a me.
Nam est res quaedam quam occultabam tibi dicere; nunc eam narrabo,
Vnde tu pergrande lucrum facias; faciam ut mei memineris, dum uitam
Viuas.
DO. Bene dictis tuis bene facta aures meae auxilium exposcunt.
TO. Tuum promeritumst merito ut faciam; et ut me scias esse ita facturum,
Tabellas tene has, pellege.
DO. Hae quid ad me?
TO. Immo ad te attinent et tua refert.
Nam ex Persia sunt istaec allatae mi a meo ero.
DO. Quando?
TO. Haud dudum.
DO. Quid istae narrant?
TO. Percontare ex ipsis; ipsae tibi narrabunt.

491 libertast *A* : libertas *BCD* ‖ mest *A* : me est *BCD* ‖ 492 istanc *A* : istam *BCD* ‖ 493 eam *ABCD* : ea NONIVS *210,20* ‖ 494 pergrande *AB* (*distinguens* tuper grande) *CD* : -dem NON. lucrum *masculini generis esse testans* ‖ uitam *AB* : uita *CD* ‖ 495 mene dictis *A* : benedicis *BCD* ‖ benefacta *BCD* : beneactis *A* ‖ exposcunt *A* : expostulant *BCD* ‖ 496-500 *sic dict. A* : *sex u. facit B* (— facturum | — attinent | — dño | — exipsis | — recitato | — faciam) ‖ 496 promeritumst *BCD* : promeritum est *A* ‖ me scias *ACD* : messias *B* ‖ ita *A* : *om. BCD* ‖ 497 pellege *A* : pellige *BCD* ‖ hae *ABCD* : istae *Bach* ‖ *spatium ante* immo *om. B* ‖ ad te *ACD* : atte *B* ‖ attinent *BCD* : alienent *A* ‖ 498 ex *A* : e *BCD* ‖ sunt istaec allatae mihi ⋕ a meo (er)o *A* : ad me allatae (adlate *D*) modo sunt istae a meo (ista eameo *B*) domino *BCD* ‖ hau *BCD* : haut *A* ‖ dudum *AB* : dubium *CD* ‖ 499 narrant percontare *sine spatio BCD*

« Si vous allez bien, j'en suis heureux. Pour moi, « je vais bien, je fais de bonnes affaires, et je gagne « de l'argent, mais je ne puis être de retour avant « huit mois d'ici; j'ai des intérêts qui me retiennent « dans ce pays. Les Perses ont pris Chrysopolis en « Arabie[1], c'est une ville pleine de choses précieuses, « une vieille place forte; on est en train d'en ramener « le butin pour le vendre aux enchères au profit de « l'État; c'est ce qui me tient encore éloigné de chez « moi. Je veux qu'on donne aide et hospitalité à celui « qui t'apporte ces tablettes. Exécute ses volontés, car « il m'a reçu chez lui avec les plus grands égards. » *(A Toxile, en s'interrompant)* Qu'est-ce que cela me fait? Quel intérêt puis-je avoir aux exploits des Perses et aux démarches de ton maître?

Toxile. — Tais-toi, bavard imbécile; tu ne sais tout le bien qui t'attend, ni quelle bonne étoile la Fortune lucrifère[2] veut faire briller pour toi.

Dordale. — Quelle est cette Fortune lucrifère?

Toxile *(en montrant les tablettes)*. — Demande-le leur, elles sont au courant. Moi j'en sais tout autant que toi, sauf que j'ai lu la lettre le premier. Mais continue, apprends d'elles ce qui en est.

1. Chrysopolis est le nom donné par le palimpseste ambrosien; les manuscrits de la famille palatine ont *Cleusipolim* que les éditeurs anciens corrigeaient en Eleusipolis. La leçon du palimpseste est évidemment la bonne, le nom de « la ville d'or » ayant été choisi à dessein pour désigner les richesses fabuleuses qu'elle renferme. Il ne semble pas du reste qu'il y ait eu aucune ville ainsi appelée en Arabie; mais on signale une Chrysopolis en Bithynie, cf. Pline *H. N.* 5, 150 et Cassiodore, *Hist.* 12, 2 p. 1202c. D'autre part Chrysopolis se rencontre assez fréquemment à l'époque impériale comme surnom féminin.

2. Le texte dit : ni quelle petite torche (*faculam*) la Fortune lucrifère veut faire briller pour toi. Mais peut-être *facula* a-t-il déjà chez Plaute le sens de « comète » qu'on trouve à basse époque, par exemple chez Commodien, Apol. 904 : uidebitur... ignea quadriga per astra et facula currens, nuntiet ut gentibus ignem.

DO. Cedo sane mihi.
TO. At clare recitato.
DO. Tace, dum pellego.
TO. Recita, hau uerbum faciam.
DO. 'Salutem dicit Toxilo Timarchides
Et familiae omni. Si ualetis, gaudeo.
Ego ualeo recte, et rem gero, et facio lucrum,
Neque istoc redire his octo possum mensibus;
Itaque hic est quod me detinet negotium.
Chrysopolim Persae cepere urbem in Arabia,
Plenam bonarum rerum atque antiquom oppidum;
Ea conportatur praeda, ut fiat auctio
Publicitus; ea res me domo expertem facit.
Operam atque hospitium ego isti praehiberi uolo
Qui tibi tabellas adfert. Cura quae is uolet,
Nam is mihi honores suae domi habuit maxumos.'
Quid id ad me aut ad meam rem refert Persae quid rerum gerant,
Aut quid erus tuus?
TO. Tace, stultiloque; nescis quid te instet boni,
Neque quam tibi Fortuna faculam lucrifer*a* adlucere uolt.
DO. Quae istaec lucrifera est Fortuna?
TO. Istas quae norunt roga;
Ego tantumdem scio quantum tu, nisi quod pellegi prior.

500 clare *ACD* : dare *B* ‖ pellego : pelligo *A*, *ut uid.* pellico *BCD* ‖ recitahau *A*, *sine spatio* : hau *praecedente spatio personae sine* recita *BCD* ‖ *Metrum incertum* : mihi *et* recita *del. Leo, ut anap. octon. fiat* ‖ 501 DO. *add.* D^2 ‖ 504 istoc *A* : isto *BCD* ‖ redire *A* : reddere *BCD* ‖ osto *B* ‖ 505 detenet *A* ‖ 506 Chrysopolin *A* : Cleusipolim *BCD* ‖ 507 antiquom *B* : -quum *ACD* ‖ 508 conportatur *A* : comparatur *BCD* ‖ praeda *ACD* : prae *B* ‖ 509 Publicitus *AB* : Pollicitus *CD* ‖ 511 adfert *B* : aff- *CD* off- *A* ‖ quae is D^3 : qua eis BCD^1 q. is *A* ‖ uolet *BCD* : uelit *A* ‖ 512 mihi *codd.* : mi hic *Redslob* ‖ maximos *A* ‖ 513 perse *ABCD* ‖ 514 te *om. CD* ‖ 515 neq. quam *A* : nequiquam *BCD* ‖ foculam *B* ‖ 515 lucriferạ *Ritschl* : lucriferam *A* lucificam *BCD* ‖ adlucere (al- *B*) *AB* : allicere *CD* ‖ uult *A* ‖ 516 ista & *B* ‖ lucrifera est fortuna *A* : fortuna lucrifica est *BCD* ‖ 517 tantundem *CD* ‖ perlegi *A*

Dordale *(s'apprêtant à continuer la lecture)*. — Tu as raison; tais-toi.

Toxile. — Tu vas arriver à l'endroit qui t'intéresse.

Dordale *(lisant)*. — « Le porteur de ces tablettes « amène avec lui une jeune fille distinguée, d'une « beauté ravissante, dérobée à ses parents, et emmenée « du fin fond de l'Arabie. Je veux que tu lui en procures « la vente là-bas, en stipulant que l'acheteur fera le « marché à ses risques et périls; car l'étranger n'en « garantira point la propriété, non plus que personne « d'autre. Fais en sorte qu'on le paye en bonnes espèces, « bien comptées. Donne tes soins à cette affaire, donne « tes soins aussi à ce que mon hôte soit bien soigné. « Adieu. »

Toxile. — Eh bien? maintenant que tu as lu le message confié à la cire, as-tu confiance en moi, à présent?

Dordale. — Où est actuellement l'étranger qui a apporté ces tablettes?

Toxile. — Il sera ici tout à l'heure, je crois; il est allé la chercher au vaisseau.

Dordale *(secouant la tête)*. — Je n'ai nullement besoins de procès ni de chicanes. Pourquoi irais-je verser mon argent à l'étranger? Si je n'achète avec garantie, qu'ai-je besoin de cette marchandise?

Toxile. — Veux-tu te taire, oui ou non? Je n'aurais jamais pensé que tu sois cruche à ce point. De quoi as-tu peur?

Dordale. — Eh bien, oui, j'ai peur, par Hercule! Il m'en a cuit plus d'une fois, et j'ai trop d'expérience pour aller m'enliser dans un tel bourbier.

Toxile. — Il n'y a aucun danger, ce me semble.

Dordale. — Je sais cela, mais j'ai mes craintes.

Toxile. — Au surplus l'affaire ne m'intéresse en rien; ce que j'en fais, c'est pour toi, c'est pour te donner avant tout autre la possibilité de faire une bonne affaire.

Sed ut occepisti, ex tabellis nosce rem.
DO. Bene me mones;
Fac silentium.
⟨TO.⟩ Nunc ad illud uenies quod refert tua.
DO. 'Iste qui tabellas adfert adduxit simul
Forma expetenda liberalem uirginem,
Furtiuam, abductam ex Arabia penitissuma.
Eam te uolo curare ut istic ueneat,
Ac suo periclo is emat qui eam mercabitur;
Mancipio neque promittet neque quisquam dabit.
Probum et numeratum argentum ut accipiat face.
Haec cura, et hospes cura ut curetur. Vale.'
TO. Quid igitur? postquam recitasti quod erat cerae creditum,
Iam mihi credis?
DO. Vbi nunc illest hospes qui hasce huc attulit?
TO. Iam hic, credo, aderit; arcessiuit illam a naui.
DO. Nil mi opust
Litibus neque tricis. Quam ob rem ego argentum enumerem foras?
Nisi mancipio accipio, quid eo mi opus est mercimonio?
TO. Tacen an non taces? numquam ego te tam esse matulam credidi.
Quid metuis?
DO. Metuo hercle uero; sensi ego iam compluriens,
Neque mi haud imperito eueniet tali ut in luto haeream.
TO. Nil pericli mihi uidetur.

518 tabelle(s) *A* ‖ 519 TO. *FZ* : *spatium ABCD* ‖ uenies *A* : uentes *BC et D ante ras.* ‖ 521 uirginem *A, ut uid.* : mulierem *BCD* ‖ 522 furtiuam *ABCD* : fortiuam *codd.* PRISCIANI *GLK II 99,19* ‖ abductam *A* : aduectam *B* adductam *CD* PRISCIAN. ‖ penitissuma *AD* : -sima *BC* PRISCIAN. ‖ 523 curare *A* : accurare *BCD* ‖ ueneat *BCD* : ueniat *A* ‖ 524 periclo *BCD* : -culo *A* ‖ eam *om. A* ‖ 525 promittet *BCD* : promittis *A ut uid.* ‖ 529 ille est *A* ‖ asce *B* ‖ huc *om. BCD* ‖ 530 arcessiuit *BC* : accersiuit *AD* ‖ illam a naui *AB* : illa mandauit *CD* ‖ *pers. spat. ante* nil *om. BCD* ‖ nihil *ABCD* ‖ opus est *ABCD* ‖ 531 tricis *A* : trichis *BC* trohis *D* ‖ ego *om. B* ‖ enumerem *A* : numerum *BCD* ‖ 532 est *om. BCD* ‖ 534 Quid? metuis? *Seyffert* ‖ herche *B* ‖ iam *om.* GELLIVS *N. A. V, 21,16,* NONIVS *87,15* ‖ 535 luto *A* : ludo *BCD* ‖ 536 pericli mihi *A* : pericli *BCD* ‖ set *A*

Dordale. — Merci. Mais il vaut mieux s'instruire aux dépens des autres, que d'instruire les autres à ses propres dépens.

Toxile. — Est-ce qu'on viendra du fin fond de l'Arabie la chercher jusqu'ici ? Achète-la donc.

Dordale *(ébranlé)*. — Que je voie au moins la marchandise.

Toxile. — C'est juste. *(Regardant du côté du port)* Mais à merveille ; voici venir l'étranger qui m'a remis ces tablettes ; c'est lui-même.

Dordale *(montrant Sagaristion accompagné de la fille de Saturion)*. — Est-ce lui ?

Toxile. — C'est lui.

Dordale. — Est-ce là cette jeune fille enlevée ? ?

Toxile. — J'en sais tout juste autant que toi. En tout cas, que ce soit elle ou une autre, par Pollux, elle a l'air fort distinguée.

Dordale *(d'un air d'indifférence affecté)*. — Oui, ma foi, elle n'est pas trop mal.

Toxile. — Quel ton dédaigneux, le bourreau ! Examinons sa figure sans rien dire.

Dordale. — Le conseil est bon. *(Ils se mettent à l'écart)*.

⟨SCÈNE IV⟩

SAGARISTION LA JEUNE FILLE TOXILE DORDALE

Sagaristion. — Que te semble d'Athènes ? Est-ce une ville assez opulente et fortunée ?

DO. Scio istuc; sed metuo mihi.
TO. Mea quidem †istuc nihil refert; tua ego hoc facio gratia,
Vt tibi recte conciliandi primo facerem copiam.
DO. Gratiam habeo; sed te de aliis quam de te alios suauiust
Fieri doctos.
TO. Ne quis uero ex Arabia penitissuma
Persequatur. Etiam tu illam destinas?
DO. Videam modo
Mercimonium.
TO. Aequa dicis. Sed optume eccum ipse aduenit
Hospes ille qui has tabellas attulit.
DO. Hicinest?
TO. Hic est.
DO. Haecine illast furtiua uirgo?
TO. Iuxta tecum aeque scio,
Nisi quia specie quidem edepol liberalist, quisquis est.
DO. Sat edepol concinnas⟨t⟩ facie.
TO. Vt contemptim carnufex!
Taciti contemplemur formam.
DO. Laudo consilium tuum.

SAGARISTIO TOXILVS VIRGO DORDALVS
SERVI II LENO

SA. Satin Athenae tibi sunt uisae fortunatae atque opiparae?

537 *u. a metro abhorrens* : mea quidem ⟨hercle⟩ istuc *Mueller ut septen. fiat* ‖ hoc facio *A* : refero *BCD* ‖ 540 alis *B* ‖ 541 Arabia *A* : barbaria *BCD* ‖ 543 optime *ABC* ‖ aduenit *A* : adunt *B* addunt *CD* ‖ 544 hicinest *A* : hiccinest *B* hiccine est *CD* ‖ *spat. ante* hic est *om. B* ‖ 545 aeque scio *ACD* : scio eque *B* ‖ 546 quia specie *Bergk* quidem *Luchs* : qui aspeci equidem *B* qui aspexi equidem *CD*; *A n. l.* ‖ (libera)li est *A* ‖ quisquis est *A* : quisquis es *BCD* ‖ 547 concinnast *Camerarius* : -nas *BCD*, *A n. l.* ‖ carnifex *A* ‖ 548 formam laudo *sine spatio BCD*

SAGA —— *A ceteris deficientibus* : SAGARISTIO ///// TOXIL' DORDAL' LENO SERVI .II. ‖ VIRGO *D*²; *unius u. spat. B*, *duorum CD*¹ ‖ 549 sunt *om. BCD*

LA JEUNE FILLE. — J'ai vu l'aspect de la ville, je n'ai guère pu observer les mœurs des habitants.

TOXILE *(bas à Dordale)*. — Pour commencer, a-t-elle été longue à s'exprimer en fille instruite[1] ?

DORDALE. — Je ne peux pas encore juger de sa science dès le premier mot.

SAGARISTION. — Et pour ce que tu as vu ? le rempart qui entoure la place la défend-il assez bien ?

LA JEUNE FILLE. — Si les habitants sont vertueux, je la crois assez bien défendue. Pourvu qu'on ait banni de la ville la Mauvaise Foi, le Péculat et l'Avarice, quatrièmement l'Envie, cinquièmement l'Ambition, sixièmement la Calomnie, septièmement le Parjure...

TOXILE *(à part)*. — Bravo !

LA JEUNE FILLE. — Huitièmement la Nonchalance, neuvièmement l'Injustice, dixièmement, le pire de tous les assaillants, le Crime... Quand une ville sait tenir loin d'elle tous ces ennemis, une simple muraille suffit à la défendre ; quand elle les accueille au contraire, cent lignes de rempart ne suffiraient point à la sauver.

TOXILE *(bas à Dordale)*. — Dis donc ?

DORDALE. — Que me veux-tu ?

TOXILE. — Tu fais partie de ces dix compagnons ; il faut t'en aller tout de ce pas en exil.

DORDALE. — Comment cela ?

TOXILE. — N'es-tu pas l'homme des faux serments ?

DORDALE. — Elle ne s'exprime pas mal, vraiment.

TOXILE. — C'est une occasion avantageuse, te dis-je ; achète-la.

DORDALE. — Par Pollux, en vérité plus je l'examine, plus elle me plaît.

TOXILE. — Si tu l'achètes, dieux immortels ! il n'y

1. La réponse de la jeune fille est une réminiscence d'Homère, Odyssée I, 3.

VI. Vrbis speciem uidi |, hominum mores perspexi parum.
TO. Numquid in principio cessauit uerbum docte dicere?
DO. Hau potui etiam in primo uerbo perspicere sapientiam.
SA. Quid id quod uidisti? ut munitum muro tibi uisum oppidumst?
VI. Si incolae bene sunt morati, *id* pulchre munitum arbitror;
Perfidia et Peculatus ex urbe et Auaritia si exulant,
Quarta Inuidia, quinta Ambitio, sexta | Obtrectatio,
Septimum Periurium, ...
TO. Eugae!
VI. Octaua Indiligentia,
Nona Iniuria, decimum, quod pessimum adgressust, Scelus,
Haec unde aberunt, ea urbs moenita muro sat erit simplici;
Vbi ea *ad*erunt, centumplex murus rebus seruandis parumst.
TO. Quid ais tu?
DO. Quid uis?
TO. Tu in illis es decem sodalibus;
Te in exilium hinc ire oportet.
DO. Quid iam?
TO. Quia periurus es.
DO. Verba quidem haud indocte fecit.
TO. Ex tuo, inquam, usust; eme hanc.
DO. Edepol qui cum hanc magis contemplo, magis placet.
TO. Si hanc emeris,

550 speciem *A* : speclem *BC* spedem *D* ‖ hominum mores *BCD* : hominum ⟨autem⟩ mores *Schoell, quadrante spatio, ut uidetur in A* hominum ⟨horum⟩ mores *Mueller* ‖ (p)ers(pexi) *A* : prospexi *BCD* ‖ 551 Numqud *B* ‖ 552 Hau *A* : Haut *B* Haud *CD* ‖ perspicere *B* : perficere *CD, A n. l.* ‖ 553 uis(umop)pidumst *A* : uisumst oppidum *B* (opi-) *CD* ‖ 554 id pulchre *Studemund quadrante spatio in A* : pulchre *BCD* ‖ munitum *A* : monitum *BCD* ‖ 555 Perfida *B* ‖ 556 ambitio *BCD* : arbitrio *A* ‖ ambitio, — ⟨TO. Oh!⟩ VI. Sexta *e. q. s. Schoell, hiatus uitandi causa* ‖ 557 Euge *BCD* ‖ 558 adgressust *A* : adgressu *BCD* ‖ 559 sq. ea urbs — aderunt *solus habet A : om. P propter homoeoteleuton* ‖ 560 ea aderunt *Ritschl* : aberunt *A* ‖ centumplex *A* : centuplex *BCD* ‖ murus *BCD* : murum *A* ‖ parumst *A* : parum sit *BCD* ‖ 561 sodalibs *B* ‖ 562 hinc ire *Schoell duce A ubi leguntur* te in exiliumh — : ire hinc *BCD* ‖ 563 usust *D* : uisust *C* ussut- *B* (*unde* ussust *nonnulli*); *A n. l.* ‖ 564 contempl(or) *A ut uid.* ‖ placet si *sine spat. BCD*

aura pas d'autre léno plus opulent que toi. Tu dépouilleras à ta guise les gens de leurs domaines, de leurs esclaves; tu auras commerce avec les plus hauts personnages; ils rechercheront tes bonnes grâces; ils viendront chez toi faire bombance.

Dordale. — Mais je leur en défendrai l'entrée.

Toxile. — Mais ils viendront la nuit faire du charivari devant ton seuil, ils mettront le feu à ta porte. Aussi fais fermer ta maison avec des portes de fer; change-la contre une autre en fer; mets un perron en fer, une barre, un anneau en fer; garde-toi d'épargner le fer... Tu devrais te faire attacher de bons gros fers aux pieds.

Dordale. — Va te faire pendre au diable.

Toxile. — Vas-y donc, toi; achète-la; écoute-moi.

Dordale. — Que je sache seulement ce qu'il en demande.

Toxile. — Veux-tu que je l'appelle?

Dordale. — Je m'en vais m'approcher d'eux.

Toxile. — Quelles nouvelles, étranger?

Sagaristion. — J'arrive, je te l'amène, comme je te l'avais dit tantôt. Mon vaisseau est entré au port hier dans la nuit. Je veux la vendre, si possible; ou sinon, partir d'ici le plus vite possible.

Dordale *(à Sagaristion)*. — Le salut soit avec toi, l'ami.

Sagaristion. — Oui, si je la vends son prix.

Toxile. — Voici justement un acheteur qui te la paiera bien, ou tu n'en trouveras pas d'autre.

Sagaristion. — Es-tu son ami?

Toxile. — Autant que tous les dieux du ciel.

Dordale. — Alors tu es certainement mon ennemi. Car il n'y a pas, il n'y a jamais eu de divinité si bienveillante qui se soit montrée favorable à la race des léno.

Di immortales, nullus leno te alter erit opulentior.
Euortes tuo arbitratu homines fundis, familiis;
Cum optimis uiris rem habebis, gratiam cupient tuam,
Venient ad te comissatum.

DO. At ego intro mitti uo*t*uero.

⟨TO.⟩ At enim illi noctu occentabunt ostium, exurent foris.
Proin tu tibi iubeas concludi aedis foribus ferreis,
Ferreas aedis commutes, limina indas ferrea,
Ferream seram atque ane*l*lum. Ne sis ferro parseris;
Ferreas tute tibi inpingi iubeas crassas conpedis.

DO. I in malum cruciatum.

⟨TO.⟩ I sane ⟨tu⟩, hanc eme; ausculta mihi.

DO. Modo ut sciam quanti indicet.

TO. Vin huc uocem?

DO. Ego illo accessero.

TO. Quid agis, hospes?

SA. Venio, adduco hanc ad te, ut dudum dixeram.
Nam heri in portum noctu nauis uenit. Veniri hanc uolo,
Si potest; si non potest, iri hinc uolo quantum potest.

DO. Saluus sis, adulescens.

SA. Siquidem hanc uendidero pretio suo.

TO. Atque aut hoc emptore uendes pulchre, aut alio non potis.

SA. Esne tu huic amicus?

TO. Tam quam di omnes qui caelum colunt.

DO. Tum tu mihi es inimicus certus. Nam generi lenonio
Numquam ullus deus tam benignus fuit qui fuerit propitius.

565 Di *AB* : Dii *CD* ‖ inmortales *CD* ‖ 567 cupient *CD* : concipient *B, A n. l.* ‖ 568 comisatum *B* ‖ uotuero : uoluero *A* uetuero *Camer.*; *om. BCD*; *cf. Sjögren, Fut. 176 qui notat* uoluero potuero, oportuerit *apud Plautum et Terentium non legi* ‖ 569 TO. *add. Camer.* ‖ foris *A* : fores *BCD* ‖ 570 Proin *A* : Proinde *BCD* ‖ 571 aedis *A* : aedes *BCD* ‖ Ferreos postes *coni. Koch* ‖ limina *CD* : lineina *B, A n. l.* ‖ 572 anellum *Bothe* : anulum *ABCD* ‖ 573 tute *BCD* : tulte *A* (*praecedente* s) ‖ crassas compedis *BCD* : compedis crassas *A* ‖ 574 I in *BCD* : Isisin *A* ‖ TO. *Camer.* : *spatium ABCD* ‖ tu *Ritschl quadrante spatio in A* : *om. BCD* ‖ eme *A* : eme atque *BCD* ‖ 575 ut *AD* : uti *BC* ‖ accerseo *B* ‖ 576 agis *A, B ante ras.* : ais *B ex ras. CD* ‖ hospes uenio *sine spatio A* ‖ ad te *A* : *om. BCD* ‖ dudum *om. B* ‖ 578 iri *A* : ire *BCD* ‖ 580 potis *A* : potes *BCD* ‖ 581 tu huic *ACD* : huic tu *B*

Sagaristion *(à Dordale)*. — Au fait : désires-tu l'acheter?

Dordale. — Si tu désires la vendre, je désire l'acheter; si rien ne te presse, je ne suis pas pressé non plus.

Sagaristion. — Dis un chiffre, fais ton prix.

Dordale. — Tu es le vendeur, c'est à toi de dire un chiffre.

Toxile *(à Sagaristion, d'un air de bonhomie)*. — C'est juste, il a raison.

Sagaristion *(à Dordale)*. — Tu veux acheter à bon marché?

Dordale. — Et toi, tu veux vendre cher?

Toxile. — Je sais bien que vous ne demandez pas mieux l'un et l'autre.

Dordale *(à Sagaristion)*. — Allons, dis ton prix exactement.

Sagaristion. — D'abord, je t'avertis qu'on te la donne sans garantie. Le sais-tu?

Dordale. — Oui. Dis ton dernier prix : à combien tu veux la laisser, à combien on peut l'avoir.

Toxile. — Tais-toi, tais-toi. En vérité, tu n'as pas plus de jugeotte qu'un enfant.

Dordale. — Comment cela?

Toxile. — Parce que tu dois commencer par prendre auprès de cette jeune fille les renseignements qui t'intéressent...

Dordale. — Par Hercule, l'avis n'est pas mauvais du tout. Voyez un peu, tout fin léno que je suis, sans toi, j'ai bien failli tomber dans le piège. Ce que c'est que d'avoir près de soi un ami, quand on traite une affaire!

Toxile *(à Dordale, continuant toujours ses avertissements)*. — Quelle est sa famille; dans quel pays elle est née, de quels parents; pour que tu ne me reproches pas de t'avoir fait conclure ce marché à l'aveuglette, par mes conseils et mes invites insidieuses, je veux

SA. Hoc age : opusnest hac tibi empta?
DO. Si tibi uenissest opus,
Mihi quoque emptast; si tibi subiti nihil est, tantumdemst mihi.
SA. Indica, fac pretium.
DO. Tua mers est; tua indicatiost.
TO. Aequom hic orat.
SA. Vin bene emere?
DO. Vin tu pulchre uendere?
TO. Ego scio hercle utrumque uelle.
DO. Age, indica prognariter.
SA. Prius dico : hanc mancupio nemo tibi dabit; iam scis?
DO. Scio.
Indica, minimo daturus qui sis, qui duci queat.
TO. Tace, tace; nimis tu quidem hercle homo stultus es pueriliter.
DO. Quid ita?
TO. Quia enim te ex puella prius percontari uolo
Quae ad rem referunt.
DO. Atque hercle tu me monuisti hau male.
Vide sis, ego ille doctus leno paene in foueam decidi,
Ni hic adesses. Quantum est hominem amicum adhibere, ubi quid geras.
TO. Quo genere aut qua in patria nata sit aut quibus parentibus,
Ne temere hanc te emisse dicas me inpulsore aut inlice,

584 uenisse est *A* ‖ 585 subiti *om. A* ‖ tantumdem est *A* ‖ 586 indica *BCD* : indica i *A ut uid.* ‖ 587 aequm hic orat *A* : Aequo mihi corat *B* aequo mihi curat *CD* ‖ Vin tu *AD*^{3} : uine tu *B* Vinctu *CD*^{1} ‖ 588 hercle *A* NONIVS *150,5, CD* : -er de- *B* ‖ uelle *BCD* : belle *A* NON. ‖ 589 mancipio *A* ‖ 591 hercle *CD* : hercule *B, om. A* ‖ es *FZ* : est *AC* ē *BD* ‖ 592 te ex puella *BCD* : ex puella te *A* ‖ 593 referunt *BCD* : reperant *A* ‖ atque *A* : et qui *BCD* ‖ hercule *B* ‖ hau *A* : haud *BCD* ‖ 594 ego ille doctus *BCD* : ..ille..rtus *A, ut uid.* ‖ 595 hominem amicum adhibere *A* : adhibere hominem amicum *BCD* ‖ *ante* ubi quid gerat *leguntur in A litterae* quo genere ut qua inp (*anticipatio u. sequentis*), *statim a librario deletae* ‖ geras *BCD* : gerat *A* ‖ 596 nata sit *AB* : sit nata *CD* ‖ 597 te *om. CD* ‖ me impulsore aut inlice *A* : suasu atque impulsu (in- *CD*) meo *BCD*

que tu lui poses ces questions.

DORDALE. — Mais oui, te dis-je, je suis tout à fait de ton avis.

TOXILE *(à Sagaristion)*. — Si cela ne te dérange pas, il voudrait lui poser quelques petites questions.

SAGARISTION. — Mais oui, tant qu'il voudra.

TOXILE *(à Dordale)*. — Pourquoi restes-tu là? Va donc l'interroger toi-même, en personne, de façon à pouvoir lui poser toutes les questions que tu voudras. Sans doute c'est à moi qu'il a donné cette permission; mais j'aime mieux que ce soit toi-même qui y ailles; autrement, il pourrait te mépriser.

DORDALE. — Le conseil est fort bon. Étranger, je voudrais poser quelques questions à cette fille.

SAGARISTION. — Depuis a jusqu'à z, tout ce qu'il te plaira.

DORDALE. — Dis-lui donc de venir ici, près de moi.

SAGARISTION *(à la jeune fille)*. — Va, et montre-toi gentille avec lui. *(A Dordale)* Questionne, interroge comme tu l'entends.

TOXILE *(parlant à la jeune fille, près de laquelle il s'est placé pendant le colloque de Dordale avec Sagaristion)*. — Allons, allons, à ton tour maintenant; veille à engager la lutte sous d'heureux auspices.

LA JEUNE FILLE. — Les auspices sont clairs, inutile de m'avertir. Je m'arrangerai pour que vous retourniez au camp avec un beau butin.

TOXILE *(faisant signe à Dordale de s'éloigner de Sagaristion)*. — Éloigne-toi par là; je te l'amènerai.

DORDALE. — Soit; comme tu le jugeras le plus utile à nos intérêts. *(Il s'éloigne)*.

TOXILE *(à la jeune fille)*. — Holà! par ici, jeune fille. *(A voix basse)* Attention à ton rôle, hein?

LA JEUNE FILLE *(de même)*. — Tais-toi donc. Je m'en tirerai à ta satisfaction.

Volo te percontari.
DO. Quin laudo, inquam, consilium tuum.
TO. Nisi molestum est, percontari hanc paucis hic uolt.
SA. Maxime,
Suo arbitratu.
TO. Quid stas? *adi* sis tute atque ipse itidem roga,
Vt tibi percontari liceat quae uelis; etsi mihi
Dixit dare potestatem eius; sed ego te malo tamen
Eumpse adire, ut ne contemnat te ille.
DO. Satis recte mones.
Hospes, uolo ego hanc percontari.
SA. A terra ad caelum quidlubet.
DO. Iubedum ea hoc accedat ad me.
SA. I sane ac morem illi gere.
Percontare, exquire quiduis.
TO. Age, age nunc tu; in proelium
Vide ut ingrediare auspicato.
VI. Liquidumst auspicium; tace.
Curabo, ut praedati pulchre ad castra conuortamini.
TO. Concede istuc; ego illam adducam.
DO. Age, ut rem esse in nostram putas.
TO. Ehodum huc, uirgo! Vide sis quid agas.
VI. Taceas; curabo ut uoles.
TO. Sequere me. Adduco hanc, si quid uis ex hac percontarier.
DO. Enim uolo te adesse.
TO. Hau possum quin huic operam dem hospiti

598 *solus habet A* || 599 uult *BCD* || 600 TO. *Pylades* : *spatium ABCD* || adi *Bothe* : a.. *A* abi *B* habi *CD* || sis *om. BCD* || 601 percuntari *A* || 603 eumpse *Ritschl* : eumse *A* Eum ipse *BCD* || contempnat *BCD* || DOR. *Pyl.* : *spatium ABCD* || 604 percontiri *A* || 605 hoc *A* : huc *B* (*ex* ac huc) *CD* || 606 TO. *Pylades* : *spatium ABCD* || in proelium *A* : inproe *B* impera *CD* || 607 VI. *Bothe* : *spatium ABCD* || 608 *solus habet A* || 609 istuc *A* : sis iam *CD* si suam *B* || nostra *B* || putras *A* || 610 *solus habet A*; *damnat Gray, Cl. Rev. 14,24* || 611 adduco *AB* : adduco || Adduco *CD* || 612 Hau *Ritschl* : Hu *A* haud *BCD* || huic *AB* : huc *CD*

Toxile. — Suis-moi. *(A Dordale)* Je te l'amène : si tu as quelque chose à lui demander... *(Il va pour se retirer)*.

Dordale. — Non, je veux que tu sois là.

Toxile. — Je ne puis faire autrement que d'être au service de notre hôte, comme mon maître me l'a commandé. Et s'il ne veut pas que je t'assiste?

Sagaristion. — Si, si, va.

Toxile *(à Dordale)*. — Je suis prêt à te servir.

Dordale. — C'est toi-même que tu sers, en aidant un ami.

Sagaristion *(à Dordale)*. — Interroge.

Toxile *(à la jeune fille)*. — Hé là, toi! ouvre l'œil.

La jeune fille. — Il suffit. Quoique esclave, je connais mon devoir, et je saurai, aux questions qu'on me posera, répondre la vérité comme je l'ai apprise.

Toxile *(montrant Dordale)*. — Jeune fille, c'est un honnête homme.

La jeune fille. — Je le crois.

Toxile. — Tu ne seras pas longtemps esclave chez lui.

La jeune fille. — Je l'espère bien, par Pollux, si mes parents font leur devoir.

Dordale *(à la jeune fille)*. — Ne va pas t'étonner si nous te demandons quel est ton pays, quels sont tes parents.

La jeune fille. — Pourquoi m'en étonnerais-je, mon bon monsieur? *(Fondant en larmes)* Quelque mal qui m'arrive, la servitude m'a réduite à ne pouvoir m'en étonner.

Dordale *(ému)*. — Ne pleure pas.

Toxile *(à part)*. — Ah! que les dieux la confondent! Est-elle assez futée, assez rouée! Quelle présence d'esprit, comme elle sait dire ce qu'il faut!

Dordale. — Quel est ton nom?

Quoi erus iussit. Quid si hic non uult me una adesse?
SA. Immo i modo.
TO. Do tibi ego operam.
DO. Tibi ibidem das, ubi tu tuum amicum adiuuas.
SA. Exquire.
TO. Heus tu, aduigila.
VI. Satis est dictum. Quamquam ego serua sum,
Scio ego officium meum, ut, quae rogiter, uera ut accepi eloquar.
TO. Virgo |, hic homo probus est.
VI. Credo.
TO. Non diu apud hunc seruies.
VI. Ita pol spero, si parentes facient officium suum.
DO. Nolo ego te mirari, si nos ex te percontabimur
Aut patriam tuam aut parentes.
VI. Qur ego hic mirer, mi homo?
Seruitus mea mihi interdixit ne quid mirer meum malum.
DO. Noli flere.
TO. Ah, di istam perdant! ita catast et callida.
Vt sapiens habet cor; quam dicit quod opust!
DO. Quid nomen tibist?
TO. Nunc metuo ne peccet.
VI. Lucridi nomen in patria fuit.

613 Quoi *A* : Cui *BCD* ‖ si hic *AB* : hic si *CD* ‖ uult *BCD* ‖ (me una) adesse *A* : me adesse una *BCD* ‖ 614 tibi ego *A* : ego tibi *BCD* ‖ 615 SA. *Schoell* : *spat. CD, om. B* ‖ TO. *FZ Schoell* : *spat. A, om. BCD unde* TO. Exquire. Heus tu, aduigila *Naudet, Leo* ‖ satis est *CD* : satis ego *B, A n. l.* ‖ 616 rogiter *A, ut uid., Gruter* : rogitet *BCD* ‖ 617 hic homo probus est *ABCD* : probus est hic homo *Bothe, hiatus uitandi causa* ‖ 619 (mi)rari *A* : minari *BCD* ‖ 620 Qur *A* : Cur *BCD* ‖ hic *A* : id *BCD* ‖ mi homo *BCD* : homo mi *A* ‖ 621-23 *duos u. efficit B* ‖ 621 meum malum *AB* : Malum meum *CD* ‖ 622 Noli flere ⧺ ah di *A, Lambinus (ex T ?)* : ⧺ di *uel* dii *BCD, amisso uersus initio* ‖ cata est *BCD* ‖ 623 Vt sapiens habet *A* : habet *B, et post lacunam CD* ‖ Quid nomen *BCD* : quod nomen *A* ‖ tibi est *BCD* ‖ 624 Nunc *A* : Non te *BCD* ‖ lucridi *BCD* : -dei *A* ‖ paria *A ?*

TOXILE *(à part)*. — C'est là que j'ai peur qu'elle ne bronche.

LA JEUNE FILLE. — J'avais nom Lucris dans mon pays.

TOXILE *(à Dordale)*. — Voilà un nom de bon augure, et qui vaut son pesant d'or[1]. Achète-la donc. *(A part)* J'avais une peur affreuse qu'elle ne bronchât. Elle s'en est bien tirée.

DORDALE *(à la jeune fille)*. — Si je t'achète, j'espère que tu justifieras à mon profit ce nom de Lucris.

TOXILE. — Si tu l'achètes, par Hercule, je suis sûr qu'avant la fin du mois elle ne sera plus ton esclave.

DORDALE. — Je le voudrais bien en tout cas, par Hercule!

TOXILE. — Pour que l'effet suive le souhait, il faut y mettre du tien. *(A part)* Jusqu'ici elle n'a pas bronché.

DORDALE. — Où es-tu née?

LA JEUNE FILLE. — A ce que m'a dit ma mère, dans la cuisine, dans le coin à main gauche.

TOXILE *(à Dordale)*. — Voilà une courtisane qui te portera bonheur. Elle est née au chaud, dans un endroit où il y a d'ordinaire toute sorte de bonnes choses en abondance. *(A part)* Touché, léno! quand il lui a demandé le lieu de sa naissance, elle l'a joliment attrapé.

DORDALE. — C'est ton pays que je te demande.

LA JEUNE FILLE. — Puis-je avoir un autre pays que celui où je suis aujourd'hui?

DORDALE. — Mais c'est ton pays d'autrefois que je veux savoir.

LA JEUNE FILLE. — Tout ce qui était n'est plus rien pour moi, quand ce n'est plus. C'est comme pour un homme qui a rendu l'âme : à quoi bon chercher à savoir qui il était?

1. *Lucris* est dérivé de *lucrum* « gain, profit ».

TO. Nomen atque omen quantiuis *i*am est preti. Quin tu hanc emis?
Nimis pauebam ne peccaret; expediuit.
DO. Si te emam,
Mihi quoque Lucridem confido fore te.
TO. Tu si hanc emeris,
Numquam hercle hunc mensem uortentem, credo, seruibit tibi.
DO. Ita uelim quidem hercle.
TO. Vt optata eueniant operam addito.
Nil adhuc peccauit etiam.
DO. Vbi tu nata es?
VI. Vt mihi
Mater dixit, in culina, in angulo ad laeuam manum.
TO. Haec erit tibi fausta meretrix : natast in calido loco,
Vbi rerum omnium bonarum copiast saepissuma.
Tactus lenost qui roga*r*at, ubi nata esset, diceret.
Lepide lusit.
DO. At ego patriam te rogo quae sit tua.
VI. Quae mihi sit, nisi haec ubi nunc sum?
DO. At ego illam quaero quae fuit.
VI. Omne ego pro nilo esse duco quod fuit, quando fuit.
Tamquam hominem, quando animam ecflauit, quid eum quaeras qui fuit?
TO. Ita me di bene ament, sapienter! atque equidem miseret tamen.
DO. Sed tamen, uirgo, quae patriast tua, age, mihi actutum expedi.
Quid taces?

625 iam est *Ritschl* : tam est *A ut uid.* est *BCD* ‖ pretii *BCD* ‖ 627 fore te *BCD* : forte *A* ‖ 628 Numquam *B* ‖ hercule *B, item 629* ‖ uertentem *BCD* ‖ 629 hercle ut *sine spatio A* ‖ ut optata *A* : opta ut *BCD* ‖ eueniant *AF codd. Lambini* : conueniant *BCD* ‖ 632 erit tibi *B* ‖ 633 saepissuma *A* : sepissime *CD* sepisse *B* ‖ 634 Tactus lenost *A* : Tactus est leno *BCD* ‖ rogarat *Camer.* : -ret *ABCD* ‖ 635 lusit *ACD* : iussit *B* ‖ te rogo *BCD* : quaeso *A* ‖ 636 sq. VI. *praem. D²*, *item 641, 644, 646, 648* ‖ 636 illa *B* ‖ quae *BCD* : qui *A* ‖ 637 duco *A* : ducto *BCD* ‖ 638 ecflauit *A* : et (&) flauit *BCD* ‖ 639 equidem *BCD* : eo *A*

Toxile *(avec emphase)*. — Me bénissent les dieux! voilà qui est sagement dit. *(D'un air de sensibilité)* J'ai beau m'en défendre, elle me fait pitié.

Dordale. — Voyons pourtant, ma belle, quel est ton pays? Allons, explique-toi sans différer. *(La jeune fille ne répond pas)* Tu gardes le silence?

La jeune fille. — Ne te l'ai-je pas dit? Puisque je suis esclave ici, c'est ici qu'est mon pays.

Toxile. — Cesse de l'interroger là-dessus. Ne vois-tu pas qu'elle se refuse à parler pour ne pas renouveler en elle le souvenir de ses malheurs?

Dordale. — Et ton père? n'a-t-il pas été pris par l'ennemi?

La jeune fille. — Il n'a pas été pris, mais il a perdu ce qu'il possédait.

Toxile *(avec une fausse admiration)*. — Elle doit être bien née, car elle ne sait pas mentir.

Dordale *(à la jeune fille)*. — Qui était-ce? Dis-moi son nom.

La jeune fille. — A quoi bon rappeler qui il était, le pauvre? Aujourd'hui le seul nom qui lui convienne est Malheureux, comme le mien est Malheureuse.

Dordale. — En quelle estime le tenait-on dans son pays?

La jeune fille. — Personne n'était mieux vu; esclaves, hommes libres, tout le monde l'aimait.

Toxile. — A t'entendre, c'est un mortel bien malheureux, puisqu'il est bel et bien perdu lui-même et qu'il a encore perdu ceux qui avaient de l'affection pour lui.

Dordale *(bas à Toxile)*. — Je vais l'acheter, je crois.

Toxile. — Encore « je crois »? Elle me paraît être d'excellente famille; tu feras fortune avec elle.

Dordale. — Les dieux le veuillent!

Toxile. — Tu n'as qu'à l'acheter.

La jeune fille *(à Dordale)*. — Je te le déclare dès

VI. Dico equidem : quando hic seruio, haec patriast mea.
TO. Iam de istoc rogare omitte. Non uides nolle ⟨e⟩loqui,
Ne suarum se miseriarum in memoriam inducat?
DO. Quid est?
Captusne est pater?
VI. Non captus, sed quod habuit [id] perdidit.
TO. Haec erit bono genere nata; nihil scit nisi uerum loqui.
DO. Quis fuit? dic nomen.
VI. Quid illum miserum memorem qui fuit?
Nunc et illum Miserum et me Miseram aequom est nominarier.
DO. Quoius modi | is in populo habitust?
VI. Nemo quisquam acceptior;
Serui liberique amabant.
TO. Hominem miserum praedicas,
Qum et ipsus probe perditust et beneuolentis perdidit.
DO. Emam, | opinor.
TO. Etiam 'opinor'? summo genere esse arbitror;
Diuitias tu ex istac facies.
DO. Ita di faxint!
⟨TO.⟩ Eme modo.
VI. Iam hoc tibi dico : [iam] actutum ecastor meus pater ubi me sciet
Venisse huc, ipse aderit et me abs te redimet.
TO. Quid nunc?

641 equidem quando *A* : equidem patriam quandoquidem *BCD* ‖ seuio *B* ‖ haec *A* : hac B^1 has *CD B corr.* ‖ 642 eloqui *Camer.*: loqui *BCD, A n. l.* ‖ 643 in memoriam *CD* : inmeriam *B, A n. l.* ‖ inducat *Dousa* : -cas *BCD, A n. l.* ‖ 644 id *del. Bothe*, sed id quod habuit *Schoell* ‖ 648 Quoius *D^3FZ* : Quius *A* Quo lus *B* Quo uis *CD* ‖ 650 Qum *A* : Cum *BCD* ‖ et *Ritschl cum A, ut uid.* : *om. BCD* ‖ probe *Bothe* : prope *BCD, A n. l.* ‖ perditust *Ritschl* : -tus est *BCD, A n. l.* ‖ 651 *sic codd. cum hiatu* : etiam⟨ne⟩ opinor *Mueller* ‖ *inter* opinor *et* summo (sommo *B*) *spatium BCD, A n. l.* ‖ esse *om. B* ‖ arbitror *CD* : opinor *B* ‖ 652 facies *B* : facies ac facies *CD, A n. l.* ‖ TO. *Add. FZ* ‖ faxin te me *B* : faxint te me *CD* ‖ 653 *alterum* iam *del. Guyet* ‖ 654 Venisse huc, ipse aderit *Schoell* : uenisse (ip)se ade — *A* Venisse huc aderit hic *BCD* ‖ abs te *Bothe*: absentem *BCD, A n. l.*

à présent : à peine mon père saura-t-il qu'on m'a vendue ici qu'il viendra lui-même, par Castor, tout aussitôt me racheter à toi.

Toxile *(à Dordale)*. — Eh bien?

Dordale. — Quoi?

Toxile. — Tu entends ce qu'elle dit?

La jeune fille. — Car si sa fortune est détruite, il a pourtant des amis.

Dordale. — Ne pleure pas, va; tu seras vite libre, si tu te laisses souvent culbuter. Veux-tu m'appartenir?

La jeune fille. — Pourvu que je ne t'appartienne pas longtemps, je veux bien.

Toxile. — A-t-elle assez la liberté en tête! Elle te fera faire de fameux coups. Décide-toi, si tu te décides. Moi je retourne auprès de l'étranger. *(A la jeune fille)* Suis-moi. *(A Sagaristion)* Je te la rends.

Dordale. — L'ami, veux-tu la vendre?

Sagaristion. — J'aime mieux la vendre que la perdre.

Dordale. — Alors, abrège les pourparlers : à combien la cèdes-tu? dis ton prix.

Sagaristion. — Ainsi ferai-je, puisque tu le veux : pour te décider à l'acheter, prends-la pour cent mines.

Dordale. — C'est trop.

Sagaristion. — Quatre-vingts.

Dordale. — C'est trop.

Sagaristion. — Je ne rabattrai pas un écu du prix que je vais dire.

Dordale. — Quel est-il? Parle vite, indique-le.

Sagaristion. — Je te la laisse, à tes risques et périls, pour soixante mines.

Dordale. — Toxile, que dois-je faire?

Toxile. — Il faut que la colère des dieux et des déesses te trouble l'esprit, maudit homme, pour que tu ne te précipites pas sur cette occasion.

Dordale *(à Sagaristion)*. — Tu les auras.

DO. Quid est?
TO. Audin quid ait?
VI. Nam etsi res sunt fractae, amici sunt tamen.
DO. Ne sis plora; libera eris actutum, si crebro cades.
Vin mea esse?
VI. Dum quidem ne nimis diu tua sim, uolo.
TO. Satin ut meminit libertatis? dabit haec tibi grandis bolos.
Age si quid agis. Ego ad hunc redeo. Sequere. Redduco hanc tibi.
⟨DO.⟩ Ad*u*lescens, uin uendere istanc?
SA. Magis libet quam perdere.
⟨DO.⟩ Tum tu pauca in uerba confer : qu*i* datur, tanti indica.
SA. Faciam ita ut te uelle uideo : ut emas, habe [tre]centum minis.
DO. Nimiumst.
SA. Octoginta.
DO. Nimiumst.
SA. Nummus abesse hinc non potest
Quod nunc dicam.
DO. Quid id est ergo? eloquere actutum atque indica.
SA. Tuo periclo sexaginta haec datur argenti minis.
DO. Toxile, quid ago?
TO. Di deaeque te agitant irati, [et] scelus,
Qui ha*n*c non properes destinare.
DO. Habeto.

657 ne *om. A, ut uid.* || minis *B* || 659 redduco *C* : reduco *BD, A n. l.* || 660 *sq. Pers. not. add. Pylades* || 660 Adolescens *BCD, A n. l.* || 661 qui *Scioppius* : quid *BCD, A n. l.* || 662 uelle *B* : uellem *CD*[1] || uideo *Acidalius* : uideam *BCD A n. l.* || centum *Valla* : trecentum *CD* trecentis *B* || minis *B* : minas *CD* || 663 Nimiũst nũmos *sine spatio B* || 665 datur *BCD* : dabitur *Bentley* || 666 dii *B* || et *del. Pylades* || 667-668 *Post duos uersus, ubi nil iam apparet, leguntur in A sub finem tertii litterae* s(p)robe *ex* (praedatu)s probe *u. 667. Versus autem 667 in B iusto longior est; ex reliquiis duorum u. constare suspicatus est Schoell; uerba* abi argentum ecfer huc *del. Leo, ut hic non apta (cf. 671 sq.) atque substituta illis* eu praedatu's probe *ad scaenae finem coartandum.*

Toxile *(à Dordale)*. — Bravo, tu as fait là un riche butin. Va chercher l'argent, et rapporte-le ici. Par Pollux, à trois cents mines elle ne serait pas chère. Tu l'as eue pour rien.

Sagaristion *(à Dordale)*. — Ha! dis-donc, il y aura dix mines de plus à payer pour sa garde-robe.

Dordale. — Dix de moins, oui, et non pas de plus.

Toxile *(bas à Dordale)*. — Tais-toi donc; tu ne vois pas qu'il cherche un prétexte pour rompre le marché? Va vite, va chercher ton argent. *(Lacune)* Le voilà pris, comme il le mérite.

Dordale *(à Toxile)*. — Ah ça, retiens-le.

Toxile. — Tu n'es pas encore entré?

Dordale. — J'y vais, et j'apporte l'argent. *(Il rentre chez lui)*.

⟨SCÈNE V⟩

TOXILE LA JEUNE FILLE SAGARISTION

Toxile. — Par Pollux, tu nous as bien secondés, jeune fille, mes compliments : de l'à-propos, de l'esprit, du sang-froid...

La jeune fille *(avec modestie)*. — Le bien que l'on fait aux gens de bien est toujours apprécié et reconnu.

Toxile *(à Sagaristion)*. — Écoute, toi, le Persan; dès que tu auras touché l'argent de notre homme, fais semblant d'aller tout droit au vaisseau.

Sagaristion. — Leçon superflue.

Toxile. — Ensuite tu prendras la ruelle pour te rabattre chez moi, en passant par là, par le jardin.

Sagaristion. — Ce sera fait, entendu.

TO. Eu, praedatu's probe : abi, argentum ecfer huc.
Non edepol minis trecentis carast; fecisti lucri.
SA. Heus tu, etiam pro uestimentis huc decem accedent minae.
DO. Abscedent enim, non accedent.
TO. Tace sis; non tu illum uides
Quaerere ansam, infectum ut faciat? abisne atque argentum petis?
* * * * * * * * * * atque ut dignust perit. 671b
DO. Heus tu, serua istum.
TO. Quin tu intro is?
DO. Abeo atque argentum affero.

SAGARISTIO TOXILVS VIRGO
SERVI II

TO. Edepol dedisti, uirgo, operam adlaudabilem,
Probam et sapientem et sobriam.
VI. Si quid bonis
Boni fit, esse id et graue et gratum solet.
TO. Audin tu, Persa? Vbi ab hoc argentum acceperis,
Simulato quasi eas prorsum in nauem.
SA. Ne doce.
TO. Per angiportum rursum te ad me recipito
Illac per hortum.
SA. Quod futurum est praedicas.

667 hanc *FZ* : hac *BCD* ‖ habeto *B* : habebo *CD* ‖ praedatu's *Ritschl* : -tus *BCD* ‖ ecfer *D*³ : et fer *CD*¹ effer *B* ‖ 669 huc *om. B* ‖ accedent *CD* : accedant *B* ‖ 671 Quaerere *B* : ⌗ quere *CD*, *A n. l.* ‖ 671b *solus habet A*; « *seruatorum uerborum sententia aptiorem post v. 672 locum habet* » (*Leo*) ‖ 672 istum quin *sine spatio BCD* ‖ intro is *Bothe cum A, ut uid.* : is intro *BCD*
—— OX . LVS *A, uno praeterea u. uacuo* : TOXIL' SAGARISTIO serui II ‖ PERSA VIRGO *D*² : *duorum u. spatium BCD*¹ ‖ 673 adlaudabilem *B, A ut uid.* : laudabilem *CD* ‖ 674 Probum *B* ‖ bonis *AB* : bonus *CD*¹ ‖ 675 id et *A ut uid.* : idem et *BCD* ‖ 676 hoc argentum *Guyet cum A, ut uid.* : argentum hoc *BCD* ‖ 677 prorsum *ACD* : prorsus *B, Gloss. Plaut.* ‖ 679 Illac *A, FZ* : Illa *BCD* ‖ quod *A, FZ* : quo *BCD*

TOXILE. — Mais ne t'en va pas dare-dare te sauver chez toi avec l'argent, je te le conseille.

SAGARISTION. — Parce que tu en serais capable toi-même, tu veux que j'en sois capable moi aussi?

TOXILE. — Silence, trêve à ta langue : le butin s'avance, il sort.

⟨SCÈNE VI⟩

DORDALE SAGARISTION TOXILE
LA JEUNE FILLE

DORDALE *(présentant un sac d'argent à Sagaristion)*. — Il y a là-dedans, en argent de bon aloi, soixante mines moins deux écus.

SAGARISTION. — Que viennent faire ces deux écus?

DORDALE. — Payer le sac, ou l'obliger à revenir chez nous.

SAGARISTION. — Tu avais bien peur de ne pas te montrer léno achevé, dégoûtant, ladre, et de ne pas ravoir ton malheureux sac?

TOXILE *(à Sagaristion)*. — Laisse-le, je te prie : ce n'est pas étonnant, c'est un léno.

DORDALE. — J'ai inauguré la journée par une bonne affaire; il n'y a si petite perte qui ne me cause du chagrin. Tiens, prends cela, s'il te plaît. *(Il lui présente le sac)*.

SAGARISTION. — Pose-le sur mon épaule, si cela ne te chagrine pas.

DORDALE. — Volontiers. *(Il lui met le sac sur l'épaule)*.

SAGARISTION *(à Dordale et à Toxile)*. — Vous n'avez plus besoin de moi?

TO. At ne cum argento protinam permittas domum,
Moneo, te.
SA. Quod te dignumst me dignum esse uis?
TO. Tace, parce uoci : praeda progreditur foras.

DORDALVS LENO ⟨SAGARISTIO⟩ TOXILVS SERVI II VIRGO

DO. Probae hic argenti sunt sexaginta minae,
Duobus nummis minus est.
SA. Quid ei nummi sciunt?
DO. Cruminam hanc emere aut facere uti remigret domum.
SA. Ne non sat esses leno, id metuebas miser,
Impure, auare, ne crumillam amitteres?
TO. Sine quaeso; quando lenost, nil mirum facit.
DO. Lucro faciundo ego auspicaui in hunc diem;
Nil mihi tam paruist quin me id pigeat perdere.
Age, accipe hoc sis.
SA. Hunc in collum, nisi piget,
Impone uero.
DO. Fiat.
SA. Numquid ceterum
Me uoltis?

681 *ante* te *distinxit Vssing* ‖ 682 parce *AB* : parue *CD* ‖ uoci *A* : uoce *BCD*
TOXILVS SERVVS DORDAL' LENO SATVRIO PARASIT'; UIRGO D^2 : *unius u. spatium* $ABCD^1$ ‖ 683 Probae *A* : Probat *BCD* ‖ 684 minus est *ABCD* : minus *Bothe* ‖ quit *A* ‖ 685 uti *Bothe* : ut *ABCD* ⟨huc⟩ ut *Mueller* ‖ 686 sat *BCD* : satis *A* ‖ 687 crumillam *A* : cruminam *BCD* ‖ 688 nihil *codd., item 690* ‖ 689 faciendo *A*, NONIVS *468,20* ‖ 691 sq. *sic A et Camer.* : Age accipe (-pi *B*) hoc sis # Numquid (nunqd *B*) ceterum | Hunc in collũ nisi pig& impone uero fiat *BCD* ‖ 692 Impone uerọ. DO. Fiat *F* : impone # uero fiat *A* ‖ *Verba* Numquid ceterum me uoltis *iterantur u. 708, atque uu. 694-703 non suo loco uidentur esse. Fortasse uestigia hic habemus siue retractationis siue scaenae in breuius coactae.*

Toxile. — Qu'est-ce qui te presse tant?

Sagaristion. — J'ai à faire : il faut que j'aille remettre des lettres dont on m'a chargé. Et puis on m'a dit que mon frère jumeau était ici en esclavage; je veux le retrouver et le racheter.

Toxile. — Mais oui, par Pollux! tu me le remets justement en mémoire; je crois bien avoir vu dans la ville un homme qui te ressemblait exactement de taille et de figure.

Sagaristion. — Puisqu'il est mon frère.

Dordale. — Quel est ton nom à toi?

Sagaristion. — ⟨Mêle-toi donc⟩ de tes affaires[1].

Dordale. — N'est-ce pas mon affaire de le savoir?

Sagaristion *(à Dordale)*. — Ecoute donc, tu le sauras : Vanibavardidore, Viergevendeuridès, Blaguidiseuridès, Dargentescamoteuridès, Detoidigninterlocuteuridès, Decrackidès, Flatteuridès. Ce qu'une fois il a prisdès. Plus jamais ne le rendradès. Voilà pour toi.

Dordale. — Hé bien! par Hercule, ton nom s'écrit de bien différentes façons.

Sagaristion. — C'est l'usage en Perse; nous avons des noms très longs, très compliqués. Vous n'avez plus besoin de moi?

Dordale. — Adieu.

Sagaristion. — Adieu à vous aussi. Ma pensée est déjà sur le vaisseau.

Toxile. — Tu ferais mieux de partir demain; tu souperais aujourd'hui avec nous.

Sagaristion. — Non, adieu. *(Il sort)*.

---

1. Ce vers ne figure pas dans les manuscrits palatins. Le palimpseste n'en a gardé que la seconde partie. On peut du reste se demander si les vers 700-709, qui se relient mal avec ce qui précède, ne sont pas une addition du crû de Plaute, ou d'un interpolateur. Le v. 704 est suspect.

TO. Quid tam properas?
SA. Ita negotiumst :
Mandatae quae sunt uolo deferre epistulas.
Geminum autem fratrem seruire audiui hic meum;
†Eum ego ut requiram atque ut redimam, uolo†.
TO. Atque edepol tu me commonuisti | hau male :
Videor uidisse hic forma persimilem tui,
Eadem statura.
SA. Quippe qui frater siet.
DO. Quid est tibi nomen?
SA. * * * quod ad te attinet.
DO. Quid attinet non scire?
SA. Ausculta ergo, ut scias :
Vaniloquidorus Virginisuendonides
Nugiepiloquides, Argentumextenebronides,
Tedigniloquides, Nugides, Palponides,
Quodsemelarripides Numquameripides. Em tibi!
DO. Eu hercle, nomen multimodis scriptumst tuum.
SA. Ita sunt Persarum mores; longa nomina
Contortiplicata habemus. Numquid ceterum
Voltis?
DO. Vale.
SA. Et uos; nam animus iam in nauist mihi.

694 epistulas *AC* : -tolas *BD* ‖ 696 Eum *A* : Tum *BCD* ‖ atque uti *A ?* ‖ ⟨adniti⟩ uolo *Schoell ut u. plenus fiat* ‖ 697 hau (haud *BCD*) male *ABCD* : commode *Schoell hiatus uitandi causa, qui uerba* hau male *ex u. 598 huc tralata esse contendit (?)* ‖ 700 *solus habet A* ‖ Quid *Brix* : Quod *A* ‖ SAG.: *spat. A deinde sex litterae euanidae* ‖ Nosti id quod ad ted attinet *temptauit Schoell* Scire te quid attinet *Vssing, etc.* ‖ 702 virginisuendonides *Pylades* : Virginisuendenides *A* uirginis uendonident *B* -uident *CD* ‖ 703 Nugiepiloquides *A* : Nugipiloquides *BCD* ‖ Argentumextenebronides *ABCD*: Argentumexterebronides *Pius* ‖ 704 Nugidespalponides *A* : nundes (num des *CD*) expalponides *BCD* Nummosexpalponides *Ritschl; u. secl. Leo ut dittographiam* ‖ 705 Quodsemelarripides *A* : Quod semel larripides *BCD* ‖ numquameripides em tibi *A* : numquã eripi *B et sequente spatio CD* ‖ 706 multimo(di)s *A* : multis modis *BCD* ‖ scriptumst *BCD* : scriptum *A* ‖ 709 Et *BCD* : Set *A* ‖ nauist D^3 : naui est *AB* nauis st CD^1

⟨SCÈNE VII⟩

TOXILE DORDALE SATURION
LA JEUNE FILLE

TOXILE. — A présent qu'il est parti, nous pouvons ici parler sans réserve. Assurément, le jour qui vient de luire est pour toi un jour de prospérité. *(Montrant la jeune fille)* Tu ne l'as pas achetée, tu l'as eue pour rien.

DORDALE *(pris d'inquiétude)*. — Il sait ce qu'il a fait, lui, en me vendant à mes risques et périls une fille volée à ses parents. Il a pris l'argent, il est parti. Est-ce que je sais à présent si on ne me la réclamera pas bientôt? Où irais-je le chercher? En Perse? Chansons!

TOXILE *(d'un air offensé)*. — Je croyais que tu me saurais gré du service que je t'ai rendu.

DORDALE. — Mais oui, Toxile, je t'en sais gré; car j'ai vu tout le zèle que tu mettais à me seconder.

TOXILE. — Moi, du zèle pour toi? Dis plutôt du dévoûment[1].

DORDALE *(s'avisant tout d'un coup)*. — Tiens, tiens... je voulais tout à l'heure donner des ordres chez moi; je l'ai oublié. Garde-la bien.

TOXILE *(d'un ton de persiflage)*. — Elle est en bonnes mains. *(Dordale sort)*.

LA JEUNE FILLE. — Mon père est en retard.

TOXILE. — Si j'allais l'avertir?

LA JEUNE FILLE. — Il est temps.

1. Texte peu sûr.

⟨TO.⟩ Cras ires potius, hodie hic cenares.
SA. Vale.

TOXILVS DORDALVS VIRGO SATVRIO
⟨SERVVS LENO PARASITVS⟩

TO. Postquam illic abiit, dicere hic quiduis licet.
Ne hic tibi dies inluxit lucrificabilis.
Nam non emisti hanc, uerum fecisti lucri.
DO. Ille quidem iam scit quid negoti gesserit,
Qui mihi furtiuam meo periclo uendidit.
Argentum accepit, abiit. Qui ego nunc scio
An iam adseratur haec manu? quo illum sequar?
In Persas? Nugas!
TO. Credidi gratum fore
Beneficium meum apud te*d*.
DO. Immo equidem gratiam
Tibi, Toxile, habeo; nam te sensi sedulo
Mihi dare bonam operam.
TO. Tibine ego? immo †sedulo†.
DO. Attat! oblitus sum intus dudum edicere
Quae uolui edicta. Adserua hanc.
TO. Saluast haec quidem.
VI. Pater nunc cessat.
TO. Quid si admoneam?
VI. Tempus est.

710 TO. *add. Ritschl* ‖ ires *AB* : ire *CD*
TOXIL' S DODAL' .L. SATVRIO P ‖ UIRGO D^2 : *unius u. spatium C, duorum* BD^1, *om. A* ‖ 711 illic ⟨hinc⟩ *Kiessling* ‖ 712 illuxit *BC* ‖ lucrificabis *A* ‖ 713 lucri *AB* : lucrum *CD* ‖ 715 periclo *BCD* : -culo *A* ‖ 718 impersas *CD* ‖ 719 ted *Schoell* : te *ABCD* ‖ 720 sensi sedulo *A* : sensisse dulo *B* sensi te sedulo *CD* ‖ 721 tibine ego *A* : tibinego *BCD* ‖ sedulo *A* : serui *BCD*. *Versum in fine corruptum alii aliter correxerunt; nil autem certi* ‖ 722 edicere *BCD* : dicere *A* ‖ 724 ammoneam *B*

TOXILE *(s'approchant de la maison)*. — Holà! Saturion, viens. Voici le moment de nous venger de mon ennemi.

SATURION *(sortant)*. — Me voici. Vous ai-je fait attendre?

TOXILE. — Vite, va-t-en de ce côté, mets-toi hors de vue, tais-toi; quand tu me verras en conversation avec le léno, alors commence le vacarme.

SATURION. — A bon entendeur, un mot suffit.

TOXILE. — Ensuite, lorsque je serai parti...

SATURION. — Tais-toi donc; je sais ce que tu veux dire[1]. *(Il s'éloigne)*.

⟨SCÈNE VIII⟩

DORDALE TOXILE

DORDALE. — En rentrant chez moi, j'ai tailladé tous mes gens à coups d'étrivières : mes meubles et ma maison sont d'un sale...!

TOXILE. — Reviens-tu, à la fin?

DORDALE. — Je reviens.

TOXILE. — Sans mentir, je t'ai comblé de biens aujourd'hui.

DORDALE. — J'en conviens, je t'en sais gré.

TOXILE. — Tu n'as plus rien à me demander ?

DORDALE. — Non; bien du plaisir.

TOXILE. — Parbleu, voilà un souhait que je ne tarderai pas à réaliser chez nous; car je vais de ce pas coucher avec ton affranchie. *(Il rentre chez lui)*.

---

1. Ce vers, qui ne figure pas dans les manuscrits palatins, est suspect d'être interpolé.

TO. Heus, Saturio, exi. Nunc est illa occasio
Inimicum ulcisci.
SA. Ecce me; numquid moror?
TO. Age, illuc abscede procul e conspectu, tace,
Vbi cum lenone me uidebis conloqui,
Tum turbam facito.
SA. Dictum sapienti sat est.
TO. Tunc, quando abiero ...
⟨SA.⟩ Quin taces? scio quid uelis.

DORDALVS LENO **TOXILVS SERVVS** **VIRGO**

DO. Transcidi loris omnis adueniens domi,
Ita mihi supellex squalet atque aedes meae.
TO. Redis tu tandem?
DO. Redeo.
TO. Ne ego hodie tibi
Bona multa feci.
DO. Fateor; habeo gratiam.
TO. Num quippiam aliud me uis?
DO. Vt bene sit tibi.
TO. Pol istuc quidem omen iam ego usurpabo domi,
Nam iam inclinabo me cum liberta tua.

---

725 *post hunc u. unius u. spatium* (*ad titulum scaenae scribendum*) *habet A* ‖ 726 SA. *add.* B^2 ‖ 727 conspectu ⟨et⟩ tace *Acidalius, ex u. 467* ‖ 730 *solus habet A* ‖ SA. *add. Ritschl*

DORDALVS *A, altero u. uacuo relicto : duor. u. spatium* BCD^1 DORDAL' .L. TOXIL' .S. UIRGO D^2 ‖ 731 Transcidi *A* : Transidi *B* (-ransidi *C*) *CD* ‖ 732 aedis CD^1 ‖ 734 bona multa *A* : Bonam uitam *BCD* ‖ feci *BCD* : effeci *A* ‖ habeo *B* : habebo *A* habere *CD* ‖ 735 aliut *A* ‖ 736 omen iam ego *A* : omniamego *B* omne iam ego *CD*

⟨SCÈNE IX⟩

SATURION DORDALE LA JEUNE FILLE

SATURION *(affectant un air courroucé)*. — Je veux être mort si je ne fais mourir cet individu! Ah! heureusement, le voici en personne devant sa maison.

LA JEUNE FILLE. — Bien le bonjour, mon cher père.

SATURION. — Bonjour, ma chère fille.

DORDALE *(devinant tout à coup)*. — Aïe! le Persan m'a perdu.

LA JEUNE FILLE *(à Dordale, montrant Saturion)*. — C'est mon père.

DORDALE. — Hein? quoi? ton père? Je suis mort bel et bien. Infortuné! je n'ai plus qu'à pleurer mes soixante mines, maintenant.

SATURION. — Et moi, par Pollux! je vais te faire aussi pleurer sur toi-même, scélérat.

DORDALE. — Je suis assassiné!

SATURION. — Allons, marche au tribunal, léno.

DORDALE. — Pourquoi au tribunal?

SATURION. — Je te le dirai là-bas devant le préteur. Marchons au tribunal.

DORDALE. — Tu ne prends pas de témoins?

SATURION. — Tu voudrais, bourreau, que j'aille tirer l'oreille à un citoyen, pour quelqu'un comme toi, toi qui fais ici commerce de citoyens, de personnes libres?

DORDALE. — Laisse-moi te dire...

SATURION. — Rien du tout.

DORDALE. — Ecoute.

SATURION. — Je suis sourd. Marche. Suis-moi, scélérat, dénicheur de pucelles[1]. *(A la jeune fille)* Suis-

1. La traduction ne rend pas exactement l'expression latine *feles uirginaria*. Par *feles* le latin désigne toute espèce de petits carnassiers, chat sauvage, martre, fouine etc. Naudet traduit « maudit griffeur de pucelles ».

SATVRIO PARASITVS **VIRGO** **DORDALVS** LENO

SA. Nisi ego illu*nc* hominem perdo, perii. Atque optume
Eccum ipsum ante aedis.
VI. Salue multum, mi pater.
SA. Salue, mea gnata.
DO. Ei! Persa me pessum dedit.
VI. Pater hic meus est.
DO. Hem, quid? pater? perii oppido.
Quid ego igitur cesso infelix lamentarier
Minas sexaginta?
SA. Ego pol te faciam, scelus,
Te quoque etiam ipsum ut lamenteris.
DO. Occidi.
SA. Age ambula in ius, leno.
DO. Quid me in ius uocas?
SA. Ill*i* apud praetorem dicam; sed ego in ius uoco.
DO. Nonne antestaris?
SA. Tuan ego causa, carnufex,
Cuiquam mortali libero auris atteram,
Qui hic commercaris ciuis homines liberos?
DO. Sine dicam.
SA. Nolo.
DO. Audi.
SA. Surdus sum; ambula.
Sequere hac, scelest*e*, feles uirginaria.

SATVRIO P DORDAL' L UIRGO D^2 : *om. cett., A sine spatio, B cum duor. u. spat., CD cum unius u. spatio* ‖ 738 illunc *Camer.*: illum *ABCD* ‖ 739 aedis *D* : aedes *ABC* ‖ mi *BCD* : mihi *A* ‖ 740 Ei *A* : & *B* et *CD* ‖ 742 *deficit A* ‖ 743 scelus *B* ‖ 746 Illi *Camer.*: Illic *ABCD* ‖ 747 carnifex*B* ‖ 748 at terram *B* ‖ 749 ciuis *ACD* : cuus *B* ‖ 751 sceleste *Lambin* : -ta *BCD*

moi, ma chère fille, jusque chez le préteur.

La jeune fille. — Je te suis. *(Ils sortent).*

⟨ACTE V⟩

⟨SCÈNE I⟩

TOXILE LEMNISÉLÈNE SAGARISTIO

Esclaves portant les apprêts d'un festin

Toxile *(avec une majestueuse emphase).* — L'ennemi étant vaincu, les citoyens sauvés, l'État tranquille, la paix signée, la guerre éteinte, le succès acquis sans perte pour l'armée ni pour nos garnisons, en raison de l'aide bienveillante que vous nous avez apportée, ô Jupiter, et vous tous, puissants maîtres du ciel, je vous rends grâces, et vous remercie pour l'éclatante vengeance que j'ai tirée de mon ennemi. En réjouissance de cet événement, je veux répartir le butin entre mes partisans, de façon qu'ils en aient leur part. *(Aux esclaves qui sont dans la maison)* Allons, sortez : je veux ici même, à l'entrée, devant la porte, régaler mes partisans. Placez ici les lits de table, mettez ici les accessoires ordinaires; je veux avant tout qu'on me place ici ⟨une cruche de vin miellé[1]⟩, avec laquelle je me charge de rendre gais, plaisants, joyeux tous ceux dont l'aide m'a facilité

1. Le texte des manuscrits est ici corrompu. Les mots que j'ai mis entre crochets correspondent à peu près à ce qu'on attend.

Sequere hac, mea gnata, me usque ad praetorem.
VI. Sequor.

⟨ACTVS V⟩

TOXILVS SAGARISTIO — **SERVI II** — **⟨LEMNISELENIS⟩ MERETRIX**

TO. Hostibus uictis, ciuibus saluis, re placida, pacibus perfectis,
Bello extincto, re bene gesta, integro exercitu et praesidiis,
Cum bene nos, Iuppiter, iuuisti dique alii omnes caelipotentes,
Eas uobis habeo gratis atque ago, quia probe sum ultus meum inimicum.
Nunc ob eam rem inter participes diuidam praedam et participabo.
Ite foras : hic uolo ante *o*stium et ianuam
Meos participes bene accipere.
Statuite hic lectulos, ponite hic quae adsolent.
Hic statui uolo primum †aquila mihi
Vnde ego omnis hilaros, ludentis, laetificantis faciam ut fiant,
Quorum opera mihi facilia factu facta *h*aec sunt quae uolui effieri.

TOXIL' SAGARISTIO SERVI II ‖ MERETRIX *D*2 : *unius u. spatium* *BCD*1 ‖ 753 replacida *CD*, *B ex* replacidis‡a ‖ 755 iupiter *B* ‖ iuuisti *BD*3 : Viuisti *CD*1 ‖ omnis *BCD* ‖ 756 habeo gratis (-tes) *CD* : grates habeo *B* ‖ 757 diuidam *BCD* : didam *Haupt, praeeunte Bothe* ‖ 758 sq. *sic discr. Hermann : duos u. habet B* ‖ 758a hostium *BCD* ‖ 759b primum aquila mihi *CD* : primum aliquam *ex* pri mihi aliqua mihi *B* ‖ *Forsan* aquilam mihi *legendum, sequente deinde lacuna* ‖ 760 fiant *CD* : fiant aliqua mihi *B* (*ex u. priore*) ‖ 761 haec *post* opera *in codd. collocatum huc trai. Schoell* ‖ effieri *BCD*

l'accomplissement de ce que je voulais faire. Honte à celui qui sait accepter un service et ne sait pas le rendre!

LEMNISÉLÈNE *(sortant de la maison)*. — Mon cher Toxile, pourquoi me laisses-tu sans toi? pourquoi restes-tu sans moi?

TOXILE. — Viens vite donc, viens près de moi, embrasse-moi, veux-tu?

LEMNISÉLÈNE *(l'embrassant)*. — Si je veux!

TOXILE. — Ah! il n'y a rien de plus doux que cela. Mais dis-moi, prunelle de mes yeux, que tardons-nous à nous mettre à l'aise sur ces lits?

LEMNISÉLÈNE. — Tous tes désirs sont les miens.

TOXILE. — Je te le rends bien. Allons, vite, vite. Toi, Sagaristion, installe-toi sur le lit du haut.

SAGARISTION. — Je n'y tiens pas; donne-moi le compagnon que je me suis réservé[1].

TOXILE. — Tout de suite.

SAGARISTION. — Ce tout de suite est bien long à venir.

TOXILE. — Au travail; installe-toi. Faisons de cet anniversaire de ma naissance un jour de plaisir et de joie. *(Aux esclaves)* De l'eau pour les mains. Dressez la table. *(Mettant une couronne sur la tête de sa maîtresse)* Ces fleurs, je les donne à ma fleur de beauté. Tu seras la dictatrice de notre festin.

LEMNISÉLÈNE *(à Pégnion, qui fait l'office d'échanson)*. — Allons, petit, ouvre les jeux par sept cyathes en partant du haut bout.

TOXILE. — Remue les mains, dépêche-toi, Pégnion; que tu es lent à me passer les cyathes! donne donc. *(Pégnion lui remplit sa coupe)* A ma santé, à la vôtre, à celle de ma bonne amie. *(A Lemnisélène)* Ah! com-

1. C'est-à-dire un broc de vin.

Nam improbus est homo qui beneficium scit accipere et reddere nescit.
LE. Toxile mi, cur ego sine te sum? cur tu autem sine me es?
TO. Agedum ergo;
Accede ad me atque amplectere sis.
LE. Ego uero.
⟨TO.⟩ Oh, nihil hoc magis dulcest.
Sed amabo, oculus meus, quin *l*ectis nos actutum commendamus?
⟨LE.⟩ Omnia quae tu uis, ea cupio.
TO. Mutua fiunt a me. Age, age, age ergo.
Tu Sagaristio, accumbe in summo.
SA. Ego nil moror; cedo parem quem pepigi.
TO. Temperi.
SA. Mihi istuc temperi serost.
⟨TO.⟩ Hoc age; accumbe. Hunc diem suauem
Meum natalem agitemus amoenum. Date aquam manibus, apponite mensam.
Do hanc tibi florentem florenti. Tu hic eris dictatrix nobis.
⟨LE.⟩ Age, puere, a summo septenis cyathis committe hos ludos.
⟨TO.⟩ Moue manus, propera, Paegnium; tarde cya*th*os mihi das. Cedo sane.
Bene mihi, bene uobis, bene [me] amicae. 773a

762 accipere *B* : sumere *CD* ‖ 763 tu autem *B* : autem tu *CD*[2] autem *D*[1] ‖ TO. *Camer.* : *spatium BCD* ‖ agidum *B* ‖ 764 ad me *CD* : mea adme *B* ‖ amplectere sis *CD* : amplecteris *B* ‖ LEM. *Camerarius* : *spatium BCD*[1] ‖ TOX. *add. Ritschl* ‖ hoc *om. B* ‖ 765 oculus *ex* ocullus *B* occulus *C* ‖ quin *BC* : qum *D* ‖ lectis *Camer.* : inlectis *BCD* ‖ 766 LEM. *add. Weise* ‖ 767 moror *B* : *om. CD* ‖ caedo *CD* ‖ 768 sero est *BC* serost ē *D* ‖ TO. *add. F* ‖ hoc *B* : *om. CD* ‖ suaue *B* ‖ 769 amoenum *CD* : amoenum num *B* ‖ ponite *Guyet* ‖ 770-773a *tres u. facit B* (— puere | — ropera | — amice), *correx. Bentley, Bothe, Schoell* ‖ 770 florentem *CD* : -te *B* ‖ 771 LE. *add. Vssing* : *spatium BCD*, TO. *FZ* ‖ 772 ⟨TO.⟩ *Vssing* : SA. *Schoell* ‖ moue manus *B* : moueamus *CD* ‖ Paegnium (Pe-) *CD* : Paenignium *B* ‖ cyathos *Z* : ciatas *CD*[1] ciazas *B* ‖ 773a me *del. Guyet*

bien j'ai désiré ce jour que m'accordent aujourd'hui les dieux, où il m'est permis de te serrer, désormais libre, entre mes bras!

Lemnisélène. — C'est ton ouvrage.

Toxile *(prenant la coupe)*. — A notre santé à tous! *(Passant la coupe à Lemnisélène après l'avoir portée à ses lèvres)* Cette coupe, ma main la transmet à la tienne, comme il sied de l'amant à l'amante.

Lemnisélène. — Donne.

Toxile. — Prends.

Lemnisélène. — A la santé de tout le monde, de ceux qui sont jaloux de mon bonheur, comme de ceux qui s'en réjouissent!

⟨SCÈNE II⟩

DORDALE TOXILE SAGARISTION PÉGNION LEMNISÉLÈNE *Esclaves*

Dordale *(revenant du côté opposé à la maison de Toxile, et sans voir les convives)*. — Entre tous les mortels qui sont, qui seront, qui furent, ou qui doivent être un jour[1], je suis l'exemple vivant du malheur accompli, à moi seul je les surpasse tous en infortune, et de loin. Je suis mort, je suis assassiné. Jour funeste que ce jour qui vient de luire pour ma ruine! Comme ce Toxile m'a bien roulé, comme il a saccagé mon bien! J'ai jeté à la rue toute une charretée d'argent, et je l'ai jetée pour rien. Que tous les dieux fassent périr de male mort le Persan, et tous les Perses, et tous les personnages de la pièce avec eux, pour tous les maux que m'a faits Toxile! C'est parce que je ne

1. Le texte avec sa répétition *qui erunt, qui futuri sunt* semble corrompu.

Optatus hic mihi dies datus 773b
Hodiest ab dis, quia te licet 774a
Liberam me amplecti. 774b

LE. Tua factum opera.

TO. Bene omnibus nobis! Hoc me*a* manus tuae poculum donat,
Vt amantem amanti decet.

LE. Cedo.

TO. Accipe.

LE. Bene ei qui inuidet mihi et ei qui hoc gaudet! 776. 777

DORDALVS ⟨**LEMNISELENIS**
LENO **MERETRIX**⟩
SAGARISTIO **TOXILVS** ⟨**PAEGNIVM**
SERVI ⟨**II**⟩ **PVER**⟩

DO. Qui sunt, qui erunt, quique fuerunt, quique futuri sunt posthac,
Solus ego omnibus antideo, facile miserrimus hominum ut uiuam.
Perii, interii! pessimus hic mihi dies hodie inluxit corruptor;
Ita me Toxilus perfabricauit itaque meam rem diuexauit.
Vehic*l*um argenti miser eieci, amisi, neque quam ob rem eieci habeo.
Qui illum Persam, atque omnis Persas, atque etiam omnis personas

773b-777 *tres u. habet B* (— amplecti | — donat | — gaudet), *discr. et person. add. Schoell; metrum u. 775-777 satis incertum est* ‖ 775 hoc mea *Camer.* : h meae *B* heae meae *CD* ‖ donat *B* : donant *CD* ‖ 777 gaud& *B* : gaud *CD*

DORDAL' LE EDĒ ‖ TOXIL' SAGARIS TIO SERVI *D*[2] : *duor. u. spatium B, unius CD* ‖ 779 hominum *CD* : homonum *B* ‖ 780 illuxit *B* ‖ corruptor *ad uerbum* dies *rettulit Ritschl* ‖ 782 Vehiclum *Bothe* : -culum *BCD*

lui avais pas fait crédit qu'il a machiné contre moi toute cette intrigue. Et morbleu! je ne le ferais pas mettre en croix, mettre aux fers, si les dieux me prêtent vie? Que seulement son maître revienne, comme je l'espère... *(Il aperçoit tout à coup les convives en se retournant)* Mais qu'est-ce que j'aperçois? Voyez-moi ça? Qu'est-ce que cette histoire? Ils sont en train de boire ici, ma foi! Approchons. *(Il marche sur Toxile d'un air furieux)* Ah, ah! l'honnête homme salut, *(apercevant Lemnisélène à côté de Toxile)* et toi aussi, l'honnête affranchie.

Lemnisélène *(d'un ton joyeux et moqueur)*. — Eh! mais c'est Dordale!

Sagaristion *(déjà échauffé par le vin, à Toxile)*. — Invite-le donc à venir.

Toxile *(à Dordale, d'un ton aimable)*. — Viens, si le cœur t'en dit.

Sagaristion *(aux convives et aux esclaves)*. — Allez, applaudissons à sa venue.

Toxile. — Bonjour Dordale, mon tout aimable. Tu as une place ici, installe-toi sur ce lit. *(Aux esclaves)* De l'eau pour lui laver les pieds. *(A Pégnion)* Donne donc, petit.

Dordale *(à Pégnion qui s'approche de lui avec un bassin)*. — Ne t'avise pas de me toucher d'un seul doigt, drôle, ou je te flanque par terre.

Pégnion. — Et moi, tout aussitôt, d'un coup de ce cyathe, je t'arrache un œil.

Dordale *(à Toxile)*. — Dis-moi, gibier de potence, grand consommateur d'étrivières! M'as-tu assez bien roulé aujourd'hui, m'as-tu bien fait tomber dans le panneau, m'as-tu bien berné avec ton Persan?

Toxile. — Tu ferais sagement de porter ailleurs tes criailleries.

Dordale *(à Lemnisélène)*. — Et toi, honnête affranchie, tu savais tout et tu ne m'as rien dit!

Male di omnes perdant! ita miser⟨o⟩ Toxilus haec mihi conciuit.
Quia ei fidem non habui argenti, eo mihi eas machinas molitust.
Quem pol ego ut non in cruciatum atque in compedis cogam, si uiuam,
Siquidem huc umquam erus redierit eius ,quod spero ... Sed quid ego aspicio?
Hoc uide : quae haec fabulast? pol hic quidem potant. Adgrediar. O bone uir,
Salueto, et tu, bona liberta.
⟨LE.⟩ Dordalus hicquidemst.
⟨SA.⟩ Quin iube adire.
TO. Adi, si lubet.
SA. Agite, adplaudamus.
TO. Dordale, homo lepidissume, salue.
Locus hic tuust; hic accumbe. †Ferte aquam pedibus. Praeben tu, puere?
DO. Ne sis me uno digito attigeris, ne te ad terram, scelus, adfligam.
⟨PAE.⟩ At tibi ego hoc continuo cyatho oculum excutiam †tuum.
DO. Quid ais, crux, stimulorum tritor? quo modo me hodie uorsauisti?
Vt me in tricas coniecisti? quo modo de Persa manus mi aditast?

784 misero *Scaliger* : miser *BCD* ‖ conciuit *Camer.* : consciuit *BCD* ‖ 786 compedis *BD* : -des *C* ‖ 787 erus eius redierit *Weise* ‖ 788-791 *Cf. conspectus metrorum* ‖ 788 famulast *B* ‖ *ante* pol *spatium B ante* o *et post* uir *spatia CD* ‖ 789-90 *post* salueto *spatium B* ‖ LE. *Vssing* : *spatium B* TO. *FZ* ‖ quidemst : quidest *BC* quidem est *D ante ras.* quidem *D ex ras.* ‖ SA. *add. FZ* ‖ 791 si lubet *D*² : si libet *BC* sibet *D*¹ ‖ SA. *Schoell* : *spatium BCD* ‖ 792 *Spatium praem. CD*¹, SA. *D*² ‖ tuus est *BCD* ‖ ferte *BCD* : adferte *Schoell metri causa* ‖ 794 PAE. *add. Pylades* ‖ tibi ego *B*: ego tibi*CD* ‖ ciatho *BD*¹: citatho *CD*² *u. mancus*: tuum ⟨laeuom odium⟩ *suppl. Schoell* ‖ 795 stumulorum *B* ‖ 796 tricas : trichas *BD* thrichas *C* ‖ aditast *Camer.* : additast *BCD*

LEMNISÉLÈNE. — C'est folie, quand on peut se donner du bon temps, d'aimer mieux les querelles : remets donc ta plainte à plus tard, cela vaut mieux.

DORDALE. — Le cœur me brûle.

TOXILE *(à Pégnion)*. — Donne-lui la cruche. *(A Dordale)* Éteins le feu, si le cœur te brûle, que l'incendie ne gagne pas la tête.

DORDALE. — Vous vous donnez la comédie à mes dépens, je vois.

TOXILE *(à Pégnion)*. — Veux-tu que je te donne un mignon d'un nouveau genre, Pégnion? Allons, amuse-toi comme à ton ordinaire, puisque tu as le champ libre. *(Pégnion s'avance vers Dordale en mimant la séduction)* Houïe! Bath! Voilà qui est royalement fait; ce pas est d'une élégance!

PÉGNION. — Ne me sied-il pas d'être élégant, et n'ai-je pas plaisir à bafouer le léno comme il le mérite?

TOXILE — Va, continue.

PÉGNION *(souffletant Dordale en faisant mine de le caresser)*. — Tiens, léno, voilà pour toi.

DORDALE. — Je suis mort! Il a failli me renverser.

PÉGNION *(frappant de nouveau)*. — Tiens, encaisse de nouveau.

DORDALE. — A ton aise, berne-moi, tandis que ton maître n'y est pas.

PÉGNION *(le frappant encore)*. — Tu vois comme je t'obéis? Mais pourquoi de ton côté n'obéis-tu pas aussi à mes ordres, et ne suis-tu pas mon conseil?

DORDALE. — Quel conseil?

PÉGNION. — De prendre une grosse corde et de te pendre.

DORDALE *(levant son bâton)*. — Prends garde de me toucher, s'il te plaît, ou de ce bâton je te donne une de ces volées...

PÉGNION *(voltigeant autour de lui)*. — Va-s-y; je te le permets.

TO. Iurgium hinc auferas, si sapias.
DO. At, bona liberta, haec sciuisti
Et me celauisti?
LE. Stultitiast, quoi bene esse licet eum praeuorti
Litibus. Posterius ist*a*ec te magis par agerest.
DO. Vritur cor mihi.
TO. Da illi cantharum, extingue ignem, si cor uritur, caput
Ne ardescat.
DO. Ludos me facitis, intellego.
TO. Vin cinaedum nouom tibi dari, Paegnium?
Quin *l*ude ut soles, quando liber locust hic.
Hui, babae! basilice te intulisti et facete.
PAE. Decet me facetum esse; et hunc inridere
Lenonem lubidost ⏑–́, quando dignust.
TO. Perge ut coeperas.
PAE. Hoc, leno, tibi.
⟨DO.⟩ Peri*i*, perculit me prope.
PAE. Em, serua rusum.
DO. Delu*de* ut lubet, erus dum hinc abest.
PAE. Viden ut tuis dictis pareo?
*S*ed quin tu meis contra item dictis seruis,
Atque hoc quod tibi suadeo facis?
DO. Quid est id?
PAE. Restim tu tibi cape crassam ac te suspende.
DO. Caue sis me attigas, ne tibi hoc scipione
Malum magnum dem.
PAE. Vtere; te condono.

797-803 *sic discr. B* : *metrum non satis certum* ‖ 799 Et *Camer.*: Ea *BCD* ‖ 800 istahec *uel* ista haec *BCD* ‖ 801 cantarum *B* ‖ 804 nouum *CD* ‖ 805 lude *Z* : elude *BCD* ‖ 808 *lacunam post* lubidost *sign. Ritschl* : lubidost ⟨palam⟩ *suppl. Schoell* ‖ 809 TO. *FZ* : *spatium BD, om. C* ‖ ceperas *BD* ‖ PA. *FZ* : *spat. B, om. CD* ‖ 810 DO. *add. Camer.* ‖ Perii *F* : Peri *BCD* ‖ em *B* : hem *CD* ‖ rusum *Ritschl* : tu sum *B* rursum *CD* ‖ 811 Delude *FZ* : Delube *BCD*[1] Lude *Schoell* ‖ 814 tibi *om. B* ‖ 815 te suspende *Ritschl* : suspende te *BCD* ‖ 816 attigas *CD*[1] : attingas *BD*[2] ‖ 817 *sq. metrum non satis certum* ‖ dem PAE. Vtere *Pylades* : dein utere *B* demutere *CD*

Toxile. — Assez, assez, Pégnion! Cesse.

Dordale *(furieux)*. — Je vous exterminerai tous, par Pollux!

Pégnion. — Exterminé, c'est toi qui le seras par celui qui habite là-haut, et qui mal te veut et mal te fera. Ils ne te le disent pas, eux; mais moi, je te le dis.

Toxile *(à Pégnion)*. — Allons, verse à la ronde le vin miellé, donne à boire, sans te lasser, à pleines coupes. Il y a longtemps que nous n'avons bu; c'est rester trop longtemps à sec.

Dordale. — Fassent les dieux que ce que vous buvez vous reste dans le gosier!

Sagaristion. — Je ne puis m'empêcher, léno, de te donner un pas que dansait autrefois Hégéas. Regarde donc; est-ce qu'il te plaît? *(Il fait des passes autour de Dordale en se moquant de lui)*.

Toxile. — Moi aussi, je veux en reproduire un que Diodore dansait autrefois en Ionie. *(Il tourmente à son tour Dordale avec ses cabrioles)*.

Dordale. — Allez-vous en, ou je vous fais un mauvais parti.

Toxile. — Tu oses encore souffler mot, effronté? Si tu me mets en colère, je vais te ramener le Persan.

Dordale. — C'est bon, je me tais. Mais c'est toi qui es le Persan, toi qui m'as tondu jusqu'au vif.

Toxile. — Tais-toi, bête; c'est son frère jumeau.

Dordale. — Son frère jumeau?

Toxile. — Et très jumeau.

Dordale *(à Sagaristion)*. — Que les dieux et les déesses t'envoient au gibet, toi et ton frère jumeau.

Sagaristion. — Dis-le de celui qui t'a ruiné; car moi, je ne t'ai rien fait.

Dordale. — En tout cas, que le mal qu'il a fait retombe sur toi!

Toxile *(voulant se lever de table)*. — Allons-y, voulez-vous? bafouons-le bien.

TO. Iam iam, Paegnium, da pausam.
DO. Ego pol uos eradicabo.
PAE. At te ille, qui supra nos habitat,
Qui tibi male uolt maleque faciet. Non hi dicunt, uerum ego.
TO. Age, circumfer mulsum, bibere da usque plenis cantharis.
Iam diu factum est, postquam bibimus; nimis diu sicci sumus.
DO. Di faciant ut id bibatis, quod uos numquam transeat.
SA. Nequeo, leno, quin tibi saltem staticulum olim quem Hegea
Faciebat. Vide uero, si tibi satis placet.
TO. Me quoque uolo
Reddere, Diodorus quem olim faciebat in Ionia.
DO. Malum ego uobis dabo, n*i* abitis.
TO. Etiam mu*t*tis, impudens?
Iam ego tibi, si me inritassis, Persam adducam denuo.
DO. †Iam taceo hercle; atque tu Persa's, qui me usque admutilauisti ad*c*u*tem.
TO. Tace, stulte; hic eius geminust frater.
DO. Hicinest?
TO. Ac geminissumus,
DO. Di deaeque et te et geminum fratrem excrucient!
SA. Qui te perdidit;
Nam ego nil merui.
DO. At enim quod ille meruit, tibi id obsit uolo.
TO. Agite †sultis hunc ludificemus.
⟨LE.⟩ Nisi si dignust, non opust;

818 penignium *B* ‖ 821 *post* mulsum *dist. Dousa* ‖ bibere da *B* : Biberet CD^1 ‖ cantaris *B* ‖ 822 nimi *B* ‖ diu *om. CD* ‖ 823 sq. *Pers. not. add.* D^2 ‖ 825 TO. *Schoell* : *spatium BCD* SA. *Camer.* ‖ 827 ni *Reis* : nisi *BCD* ‖ muttis *Taubmann* : mutis *BCD* ‖ 828 irritassis *B* ‖ 829 *u. corruptus; lacunam unius u. post* atque *sign. Schoell; uerba* iam taceo hercle *secl. Leo* ‖ cutem *FZ* : custem *B* curtem CD^1 ‖ 830 Hiccinest *CD* ‖ geminisumus *B* ‖ 832 nihil *CD* nichil *B* ‖ 833 sultis hunc *BCD* : hunc sultis *Guyet, metri causa* ‖ LEM. *add. Ritschl*

Lemniselène. — S'il ne le mérite pas, ce n'est pas la peine. Et du reste, moi, je ne dois pas le faire.

Toxile. — Apparemment parce qu'il n'a point chicané quand j'étais en marché pour toi.

Lemniselène. — Cependant...

Toxile *(en colère)*. — Il n'y a pas de cependant... Prends seulement garde, s'il te plaît, qu'il ne t'arrive mal, et suis-moi. Tu peux bien m'obéir; car parbleu, sans moi, sans ma protection, il faisait de toi une prostituée au premier jour. Mais la plupart des affranchis sont ainsi faits : s'ils ne se retournent pas contre leur patron, ils se figurent n'être pas assez libres, pas assez sages, pas assez honorables. C'est tout comme rien, s'ils ne l'insultent, s'ils ne répondent à ses bontés par l'ingratitude.

Lemniselène *(avec douceur)*. — Certes, tes bienfaits m'engagent à être soumise à tes volontés.

Toxile *(toujours en colère)*. — C'est moi qui suis ton patron, bel et bien, moi qui ai payé de mon argent pour t'affranchir. * * *(Lacune)* Et je veux qu'on le berne de la belle façon.

Lemniselène. — Pour ma part, je m'y appliquerai de mon mieux.

Dordale *(inquiet, les observant sans les entendre)*. — Certainement, ils concertent je ne sais quel méchant complot contre moi.

Sagaristion *(qui s'est rapproché de Dordale pendant la discussion de Lemniselène avec Toxile)*. — Holà, vous autres!

Toxile. — Eh bien?

Sagaristion. — C'est bien là Dordale le léno, qui fait ici trafic de filles de condition libre? Est-ce bien lui qui jadis fut un fier à bras? *(Il le gifle)*.

Dordale. — Qu'est-ce que cela veut dire? aïe! voilà qu'il me soufflette! Je vous en donnerai.

*E*t me haud par est.
TO. †Eo credo, quia non inconcilia[ut], cum te emo.
LE. Attamen.
TO. Non tamen * * * Caue ergo sis malo et sequere me.
Te mihi dicto audientem esse addecet, nam hercle absque me
Foret et meo praesidio, hic faceret te prostibilem *p*ropediem.
Sed ita pars libertinorum est : nisi patrono qui aduersatu*s*t
Nec satis liber sibi uidetur, nec satis frugi, nec sat honestus.
Ni*l* eff*e*cit, ni ei male dixit, ni grato ingratus repertust.
LE. Pol bene facta tua me hortantur tuo ut imperio paream.
TO. Ego sum tibi patronus plane, qui huic pro te argentum dedi.
* ⟨grap⟩hice hunc uolo ludificari.
LE. Meo ego in loco sedulo curabo.
DO. Certo illi homines mihi nescioquid mali consulunt quod faciant.
SA. Heu*s* uos!
TO. Quid ais?
SA. Hicin Dordalus est leno, qui hic liberas uirgines mercatur?
Hicinest, qui fuit quondam fortis?
DO. Quae haec res est? ei, colapho m⟨e⟩ icit.
Malum uobis dabo.
TO. At tibi nos dedimus dabimusque etiam.

834 Et *Ritschl* : At *BCD* ‖ Eo credo *BCD* : Credo eo *Schoell metri causa* ‖ inconcilia ut *BCD, in quo latere formam perfecti uix credibile est, etsi in titulis Pompeiianis similes formae reperiuntur, ut pedicaud = paedicauit* : inconciliat *Pylades* ‖ 835 LE. Attamen. TO. Non tamen *Pylades* : Attamen non tamen *BCD, deinde personae notae spatium* ‖ *Lacunam post* tamen *statui* : Nolo tamen *Vssing, ut u. suppleatur; alii alia* ‖ 836 *ante* nam (Nam *B*) *spatium BCD* : *del. Camer.* ‖ 837 prostibilem *B* : -pilem *CD* ‖ propediem *FZ* : cropediem *BCD* ‖ 839 aduersatus est *BCD* ‖ 840 sat honestus *CD* : satis honestus *B* ‖ 841 Nil effecit *Schoell duce Brugmanno de Ni particula p. 20* : Ni id efficit *BCD* ‖ 842 *u. post u. 837 trai. Ritschl* ‖ 843 graphice *'libri uet.' Lambini* : hice *post quinque litter. lacunam B* hic ē (est *C*) *post octo fere litt. lacun. CD* Pergraphice *Spengel ut u. suppleatur; alii alia* ‖ 844 quod *Aldina* : quid *BCD* ‖ heus *Aldina* : heu *BCD* ‖ 845 ais *CD* : agis *B* ‖ Hicin *Schoell* : hic sine *BCD* ‖ mercatur *om. B* ‖ 846 Hiccinest *BCD* ‖ colapho *Lambin* me *Acidalius* : colaphum *BCD*

Toxile. — En attendant, nous t'en avons donné et nous t'en donnerons encore. *(Il le pince).*

Dordale. — Aïe! Il me pince les fesses.

Pégnion. — C'est permis : il y a longtemps qu'elles ne sont plus bonnes à rien...[1]

Dordale. — Tu parles encore, toi, petit avorton?

Lemnisélène *(à Dordale d'un air câlin).* — Mon cher patron, entre, je te prie, viens souper.

Dordale. — Lâche que tu es[2], tu ris de moi maintenant?

Lemnisélène. — Parce que je t'invite à une partie de plaisir?

Dordale. — Je ne veux pas de partie de plaisir.

Lemnisélène *(se retirant).* — Soit, à ton aise.

Toxile. — Qu'en dis-tu? Tu vois l'effet de ces six cents écus! Que de tempêtes ils soulèvent!

Dordale *(à part).* — Mort de ma vie! ils s'entendent joliment à payer de retour leur ennemi.

Toxile. — T'avons-nous infligé une assez bonne punition?

Dordale. — Je l'avoue, je me rends.

Toxile. — Et après cela, tu te rendras au carcan.

Dordale. — Va te faire pendre. Est-ce qu'ils ne m'ont pas déjà assez maltraité?

Toxile. — Tu te souviendras d'avoir rencontré Toxile sur ton chemin. Spectateurs, portez-vous bien. Le léno est mort; applaudissez.

1. Il y a dans le texte une équivoque obscène sur *expungere*, qu'il est difficile de rendre en français.

2. Sens peu sûr. J'ai conservé, avec Leo et Lindsay, le texte des manuscrits *mea ignavia*, qui, avec la ponctuation proposée par Camerarius, doit s'interpréter comme un vocatif. Mais il se peut que le texte soit corrompu ou lacunaire.

DO. Ei, natis peruellit.

PAE. Licet * * * iam di*u* saepe sunt expunctae.

DO. Loquere tu etiam, frustum pueri?

LE. Patrone m⟨i, i⟩ intro, amabo, ad cenam.

⟨DO.⟩ Mea Ignauia, tu nunc me inrides?

LE. Quiane te uoco, bene ut tibi sit?

DO. Nolo mihi bene esse.

LE. Ne sit.

TO. Quid igitur? sescenti nummi quid agunt? quas turbas danunt?

DO. Male disperii! sciunt referre probe inimico gratiam.

TO. Satis sumpsimus supplici iam? 854a

DO. Fateor; manus uobis do.

TO. Et post dabis sub furcis. 855a

DO. Abi [intro] in crucem. An me*d* hic parum
Exer*c*itum hisce habent? 856a

⟨TO.⟩ †Conuenisse te Toxilum me⟨mineris⟩.
Spectatores, bene ualete. Leno periit; plaudite. 858

847 natis *B* : nates *CD* ‖ 848 *Lacunam post* licet *sign. Seyffert* ‖ diu *F* : dius *BCD* ‖ 849-850 *coniung. B, distinx. Schoell* ‖ Patrone mi i *Gruter* : Patronem *BCD* ‖ irrides *B* ‖ mea ignauia *BCD, seruat Camer. uocatiuom efficiens* : mera ignauia *quidem ap. Lambinum* Mea ⟨mi abducta⟩ ignauia | Tu nunc me inrides *Schoell, etc.* ‖ 851 Quiane te *B* : quia necte *CD* ‖ uoco *BC* : uolo *D* ‖ 852 Sescenti *C* : sexcenti *BD* ‖ quid agunt D^2 : qui dacunt *B* quidacunt *CD* ‖ 854-856 *discr. Schoell duce Studemundo* : *duos u. habet B* (— dabis | — me [*sed* Execitum *cum* E *maiusc.*]) ‖ 854a sumpsimus *BCD* : sumptumst *Schoell* ‖ supplici iam : suppliii iam *B* supplicii iam *CD* ‖ 855a TO. Et *FZ* : *spatium ante & B* Et *in initio u. CD* ‖ 855b DO. *Schoell* : *spatium BCD* ‖ intro *del. Schmidt* ‖ med *Schmidt* : me *BCD* ‖ 856a Exercitum *Camer.* : Execitum *B* Feci tum *CD* ‖ 856b *metrum incertum* ‖ te Toxilum *BCD* : Toxilum te *Guyet; alii alia* ‖ memineris *Camer.* : me *BCD* ‖ 857 leno periit *inter spatia CD* ‖ plaudite *FZ* : plaudite pantio *BCD* ‖ PLAVTI PERSA EXPLICIT BCD^2

POENVLVS

(LE CARTHAGINOIS)

NOTICE

Il n'est pas besoin d'analyser longuement le *Poenulus* : le prologue se charge de le faire assez clairement pour qu'il soit superflu de reprendre ses dires, et au surplus nous nous trouvons, une fois encore, en pays de connaissance. Deux jeunes filles, Adelphasie et Antérastile, ont été enlevées en bas âge et sont devenues la propriété d'un affreux léno, Leloup (Lycus), qui les destine au métier de courtisane : l'une, Antérastile, va être vendue à un militaire, Antaménide; pour l'autre, Adelphasie, soupire un jeune homme, Agorastoclès, qui n'a encore pu rien obtenir d'elle, ou du moins rien de définitif. Et d'autre part, comme il semble tenir à ses écus plus encore qu'à sa belle, il n'a pu encore se décider à faire la dépense nécessaire pour l'acquérir; et ses hésitations risquent de le faire éconduire. Nous voyons l'auteur prendre la même précaution que dans la Cassette et dans Charançon : il faut que demeurent vierges des filles qui seront au dénouement reconnues de condition libre. Milphion, l'esclave, le confident et le conseiller d'Agorastoclès, son souffre-douleur aussi, va donc imaginer une ruse qui permettra à son maître d'acquérir sa maîtresse sans bourse délier. On fera passer pour un étranger désireux de mener joyeuse vie le fermier d'Agorastoclès, l'esclave Collybiscus, et on le présentera, bien muni d'argent, au léno, ceci par devant témoins qu'on aura apostés pour constater la chose. Le léno accueillera la recrue avec enthousiasme et lui fera faire bombance. A ce moment Agorastoclès viendra demander à Leloup s'il n'a pas hébergé chez lui un sien esclave. Croyant qu'il s'agit de Milphion, il niera. Agorastoclès fera constater son mensonge par les témoins, l'emmènera devant le tribunal, et le fera condamner à une amende qui lui permettra d'acquérir Antérastile à bon compte. Tout se déroule suivant le plan tracé. Mais à ce moment, Syncérastus, esclave de Leloup, révèle à son camarade Milphion qu'il y aurait un moyen de perdre tout à fait le léno : Adelphasie et Antérastile sont de naissance libre; Leloup les a achetées toutes petites, en même temps que leur nourrice Giddénis, à un pirate sicilien qui les avait volées à Carthage et transportées à Anactorium où Leloup en fit emplette avant de les transporter à Calydon. Or il se trouve qu'Agorastoclès est originaire de Carthage, lui aussi. Il peut former pour les jeunes filles, en sa qualité de compatriote, une demande en revendication de liberté... Mais cette révélation ne sert à rien; car voici que survient Hannon, le père des jeunes filles, qui depuis des années parcourt le monde à leur recherche, et à la recherche aussi de son neveu, disparu comme ses enfants. Ce dernier n'est autre qu'Agorastoclès, et Hannon, après l'avoir retrouvé, retrouvera également ses filles dans Adelphasie et Antérastile. Leloup, obligé de les restituer, devra également rembourser à Agorastoclès l'argent qu'il a reçu de Collybiscus, et fournir gratuitement à Antaménide une maîtresse pour remplacer Antérastile.

On a remarqué depuis longtemps que la composition de cette pièce était singulière. A quoi bon cette ruse de Milphion pour duper Leloup, à quoi bon toute cette mise en scène de témoins, à quoi bon les confidences de Syncérastus à son camarade, puisque l'arrivée d'Hannon, arrivée prévue, nécessaire, et sa reconnaissance par Giddénis suffisent à assurer le dénouement? Aussi certains critiques — voyant dans le Poenulus une double intrigue, comme il y en a une dans le Miles Gloriosus — en ont conclu qu'il y avait contamination de deux originaux grecs, dont l'un pourrait s'intituler *Les fourberies de Milphion*, l'autre, *La reconnaissance imprévue*[1]. C'est ainsi que, selon M. Karsten[2] : « Actus I, II, III continent initium fabulae anonymae praeter actus primi scaenam alteram et finem primae initiumque tertiae ... Alteram graecam fabulam, cui prologus docet nomen fuisse Carchedonium secutus est poeta a IV 2 usque ad V 5. » Plus prudent, P. Lejay[3] se contente d'écrire : « Quant à supposer que nous avons ici la fusion de deux pièces originales, c'est une des trois ou quatre hypothèses que l'on peut imaginer. » Si en effet la fourberie imaginée par Milphion peut former le sujet d'une pièce — le *Persa* n'est pas fait autrement —, on ne voit pas comment le thème de la reconnaissance pourrait nourrir toute une action, dont il serait l'unique péripétie : déjà, dans notre pièce même, nous ne sommes que trop tentés de trouver bien longues les scènes où Hannon reconnaît successivement Agorastoclès, Giddénis, et ses filles; et les plaisanteries hors de saison par lesquelles il mystifie ces dernières avant de leur avouer la vérité justifient pleinement le conseil d'Agorastoclès : « Abrège; on a soif sur les gradins[4]. » On verra du reste que ce sentiment était déjà celui des réviseurs de l'antiquité : le Poenulus a en effet deux dénouements dont l'un, postérieur à Plaute, a été rédigé, sans doute à propos d'une reprise, *compendii causa;* et ce n'est pas la seule trace de remaniement que nous fournisse la pièce, toujours dans la même intention. Mais peu importait à Plaute, et sans doute à son modèle grec, que les scènes ne fussent pas cousues les unes aux autres par un lien très solide. « Le spectateur, qui n'examinait pas l'ouvrage avec la réflexion du critique, après avoir ri de bon cœur des ruses bien conçues, adroitement conduites d'Agorastoclès et de Milphion, ne revenait pas sur son plaisir pour censurer le poète, au moment où, par une péripétie naturellement amenée et ménagée

1. Voir la bibliographie dans Schanz-Hosius, Gesch. d. römischen Literatur, 4e éd., t. I, p. 69.
2. De compositione Poenuli, dans Mnemosyne XXIX (1901) p. 363 et suiv.
3. Plaute, p. 112.
4. In pauca confer; sitiunt qui sedent (v. 1224).

avec art, la délivrance des deux belles esclaves et la reconnaissance de l'oncle et du neveu, du père et des filles, commençaient à le surprendre et à l'intéresser[1]. »

Car si l'on peut critiquer la conception d'ensemble du Poenulus, il faut reconnaître que dans le détail des scènes comme dans la peinture des caractères la comédie n'est inférieure à aucune autre. Agorastoclès est un amoureux d'un type nouveau : à la fois ladre et passionné, extravagant et raisonnable, cette contradiction qui lui vaut les railleries de Milphion, et les rebuffades d'Adelphasie, lui fait une place à part dans la galerie des amants; les deux jeunes filles ont aussi leurs traits propres : coquettes l'une et l'autre, et désireuses de plaire, elles ont cependant souci de leur dignité, elles ne veulent pas être confondues avec le troupeau des courtisanes, et leurs propos laissent deviner leur naissance; Adelphasie moralise par moments avec la gravité d'une matrone. Quant à Hannon, il est figuré, lui aussi, d'une façon surprenante. Au lieu de nous peindre un Carthaginois muni de tous les défauts, réels ou légendaires, de sa race, Plaute le présente comme un modèle de piété et d'amour paternel plus fait pour attendrir que pour indigner — et la seule concession qu'il fasse à l'opinion publique, c'est d'imaginer qu'il est dissimulé : « En outre il sait toutes les langues; mais il fait semblant, sciemment, de ne pas les savoir. C'est un vrai Carthaginois, c'est tout dire[2]. » Encore le trait n'est-il imaginé que pour introduire une série de jeux de mots, assez plats, dans les traductions du punique improvisées par Milphion[3].

Et si les scènes du dénouement sont un tantinet languissantes, toute la première partie est de la meilleure veine; notamment la grande scène du premier acte qui met en présence Agorastoclès, Milphion, et les jeunes filles; où l'on ne sait ce que l'on doit le plus admirer, de la conduite du dialogue, du naturel des caractères, de la richesse et du pittoresque de l'expression. Même

1. Naudet, Théâtre de Plaute, t. IV, p. 6.
2. V. 112-113.
3. Cf. les vers 995-1028.

les scènes accessoires, ou celles qui se prolongent sans grand intérêt pour l'action ont leur mérite : Antaménide renouvelle plaisamment le type du Miles Gloriosus, et l'entrevue d'Agorastoclès avec ses témoins est une parodie savoureuse de la procédure romaine, en même temps qu'un portrait haut en couleur du type de ces *advocati* marrons, pauvres hères peu scrupuleux, mais conscients de leur utilité, et méprisants pour qui les emploie.

Le prologue nous informe que l'original grec était intitulé *Carchedonius* « le Carthaginois[1] ». Est-ce la pièce de Ménandre qui portait ce titre? L'unique fragment qui nous en reste[2] n'a son correspondant nulle part dans le Poenulus — mais il est trop court pour que cette constatation permette de conclure que Plaute a imité non pas Ménandre, mais le Carthaginois du poète Alexis, dont nous ne connaissons rien[3]. La date à laquelle fut représenté le Poenulus nous échappe aussi; mais elle doit se placer après la victoire de Rome sur Carthage, à laquelle font peut-être allusion les vers 524 et 525 :

Praesertim in re populi placida atque interfectis hostibus
Non decet tumultuari.

Les cantica sont relativement peu nombreux; on n'en compte que deux, assez courts l'un et l'autre : le premier, qui va du v. 210 au v. 260, est presque tout entier en bacchiaques; le second, du v. 1174 au v. 1200, est de rythme iambo-anapestique. La pièce en effet ne comporte pas de grands élans de passion, et l'on conçoit que les parties réservées au *diverbium* y soient en majorité; Plaute du reste a su mélanger assez habilement les septénaires et les octonaires aux sénaires pour éviter l'impression de monotonie.

1. Prologue, v. 53.

2. Conservé par Athénée 9.385 e; cf. Kock, Comic. atticor. fragm. 3,2, p. 75, nº 260.

3. M. Ph. E. Legrand, dans un article intitulé *L'original du Poenulus de Plaute* (Revue des Etudes grecques XVI, 1903, p. 358 et suiv.), a supposé que l'original avait été représenté à Calydon en 221.

PERSONNAGES

AGORASTOCLÈS, amant d'Adelphasie et neveu d'Hannon.
MILPHION, esclave d'Agorastoclès.
ADELPHASIE, ANTÉRASTILE, filles d'Hannon, enlevées dans leur enfance et tombées entre les mains du léno.
LELOUP, léno.
ANTAMÉNIDE, militaire, amant d'Antérastile.
TÉMOINS d'Agorastoclès.
COLLYBISCUS, fermier d'Agorastoclès.
SYNCÉRASTUS, esclave de Leloup.
HANNON, vieillard Carthaginois.
GIDDÉNIS, nourrice d'Adelphasie et d'Antérastile.
UN JEUNE ESCLAVE.

La scène est à Calydon, en Étolie.

PERSONAE

AGORASTOCLES ADVLESCENS
MILPHIO SERVVS
ADELPHASIVM MERETRIX
ANTERASTILIS MERETRIX
LYCVS LENO
ANTAMOENIDES[1] MILES
ADVOCATI
COLLYBISCVS[2] VILICVS
SYNCERASTVS SERVOS
HANNO POENVS
GIDDENIS[3] NVTRIX
PVER

1 *uel* Antamonides, *graece* Αντaμυνίδης, *cf. u. 1322* ‖ 2 *uel* Collabiscus, *cf. u. 170, 194, 415, 558* ‖ 3 *cf. u. 1120.*

ARGUMENT

(acrostiche)

Un enfant de sept ans est volé à Carthage. Un vieillard misogyne l'achète, l'adopte, et en fait son héritier. Dans la suite deux cousines de cet enfant sont enlevées comme lui, et leur nourrice avec elles. Leloup en fait l'emplette, et désole leur amoureux. Mais celui-ci introduit son fermier avec de l'or chez le léno, qu'il implique ainsi dans une affaire de vol. Arrive le Carthaginois Hannon, qui retrouve dans le jeune homme son neveu, et reconnaît ses deux filles qu'il avait perdues.

ARGVMENTVM

Puer septuennis surripitur Carthagine.
Osor mulierum emptum adoptat hunc senex,
Et facit heredem |. Eius cognatae duae
Nutrixque earum raptae. Mercatur Lycus,
Vexatque amantem. At ille cum auro uilicum
Lenoni obtrudit; ita eum furto | alligat.
Venit Hanno Poenus, gnatum hunc fratris repperit,
Suasque adgnoscit quas perdiderat filias.

ARGVMENTVM IN PENVLVM PLAVTI *BD* : *om. C duor. uers. spatio relicto* ‖ 1 *cf. u. 66* ‖ 2 *cf. u. 74* ‖ Osor *B* : Ossor *CD* ‖ mulierum *CD* : mulierũi *B unde* mulierum ⟨ibi⟩ *Ritschl, hiatus uitandi causa* ‖ 3 heredem eius *codd.* : h. ⟨item⟩ e. *Ritschl* h. ⟨deinde⟩ e. *Leo hiatus uitandi causa* ‖ 4 mercatur *Angelius* : mercatus *codd.* ‖ 6 ita *CD* : itae *B* itaque *Geppert* et ita *Ritschl* ‖ 7 hunc *CD* : hanc *B* ‖ repperit *CD* : repperis *B, cf. 121, 124* ‖ 8 Suasque *CD* : Vasque *B* ‖ adgnoscit *CD* : adcognoscit *B*

PROLOGUE

J'ai envie de vous remettre en mémoire l'Achille d'Aristarque[1]; aussi emprunterai-je mon début à cette tragédie. *(Élevant la voix)* « Taisez-vous, faites silence, et prêtez attention. Écoutez, c'est l'ordre du grand vainqueur d'Histri...onie[2]. » Il veut voir bien disposés tous ceux qui siègent sur ces gradins, qu'ils y soient venus le ventre vide, ou la panse pleine. Vous qui avez mangé, vous avez beaucoup mieux fait; vous qui n'avez pas mangé, vous vous rassasierez de fables comiques. Vraiment, quand on a chez soi à manger tout préparé, c'est grande folie de venir, à cause de nous, s'asseoir ici sans avoir déjeuné.

« Lève-toi, crieur; avertis le public d'avoir à nous écouter. » Il y a une heure que j'attends pour voir si tu sais ton métier. Exerce ta voix qui fournit à ton existence et à ton entretien; car, si tu refuses de crier, pendant que tu ne dis rien, la famine se glissera chez toi. *(Après la proclamation du héraut)* Allons, rassieds-toi, afin d'emporter d'ici double salaire. *(Lacune; il s'adresse aux spectateurs)* ... Bien vous fasse : que vous observiez mes édits. Qu'aucune vieille putain ne vienne s'asseoir sur le proscénium; que les licteurs ne

1. Poète grec contemporain d'Eschyle et de Sophocle, dont nous n'avons gardé que le nom.

2. Jeu de mots qu'on retrouve au v. 44. La première conquête de l'Istrie eut lieu en l'an 532 de Rome.

PROLOGVS

Achillem Aristarchi mihi commentari lubet;
Inde mihi principium capiam ex ea tragoedia.
'Sileteque et tacete atque animum aduortite;
Audire iubet uos imperator' ... histricus,
Bonoque ut animo sedea*nt* in subselliis,
Et qui esu*ri*entes et qui saturi uenerint.
Qui edistis, multo fecistis sapientius;
Qui non edistis, saturi fite fabulis.
Nam cui paratumst quod edit, nostra gratia
Nimia est stultitia sessum inpransum incedere.
'Exsurge, praeco, fac populo audientiam.'
Iam dudum exspecto, si tuum officium scias.
Exerce uocem, quam per uiuisque et colis;
Nam nisi clamabis, tacitum te obrepet fames.
Age nunc reside, duplicem ut mercedem feras.

Bonum †factum esse†, edicta ut seruetis mea.
Scortum exoletum nequis in proscaenio

PROLOGVS *BD* : *om. C uno u. uacuo* ‖ 3 sq. *hi duo uersus, praeter ultimum uerbum, ex Ennii tragoedia deprompti sunt, item u. 11, cf. Ennius Scen, 1 sqq. Vahl.*[2] ‖ 4 iubet *CD* : lubet *B* ‖ hystricus *BCD* ‖ *u.* 5-10 *damnat Ritschl* ‖ 5 sedeant *FZ* : sedeate *BCT* sedea///te *D*, *eraso* q' ‖ 6 esurientes *FZ* : esuplentes *BCD; de T siletur* ‖ qui saturi *B* : saturi *CD* ‖ 7 edisti *B* ‖ 8 fite *CD* : fice *B* ‖ 9 Nam *CD* : Num *B, item u. 14* ‖ paratumst *T ?* D^4 : paratum si *BCD* ‖ quod edit D^4 : quo dedit *BCD* quod dedit *T* ‖ 10 stultitia : stulticia *B* stultia *CD* ‖ 11 Exerge *CD* ‖ 12 expecto *C* ‖ 13 colis *codd.* : uales *Geppert* te alis *Leo dubitanter in appar.* ‖ 14 Num *B* ‖ tacitum *T* : -ta titum *B* statim *CD* ‖ 16 *lacunam ante hunc u. sign. Leo* : « *enuntiatum intercidit a quo pendebat infinitiuus* » ‖ esse *codd.* : est *Pylades* ‖ 17 quis *BD* : que *C* quod *F*

soufflent mot, ni eux, ni leurs verges; que l'ordonnateur ne passe pas devant le nez des gens, et ne conduise personne à sa place pendant que les acteurs seront en scène. Ceux qui ont dormi la grasse matinée chez eux, doivent se résigner à rester debout maintenant; ou bien, qu'ils dorment un peu moins. Que les esclaves n'envahissent pas les gradins, qu'ils laissent la place aux hommes libres, ou qu'ils payent ce qu'il faut pour s'affranchir. S'ils ne peuvent le faire, qu'ils s'en aillent chez eux, pour éviter la double infortune d'être bigarrés ici par les verges, et au logis par les étrivières qui puniraient leur négligence au retour de leurs maîtres. Que les nourrices soignent à la maison leurs poupons, et ne s'avisent pas de les apporter au spectacle : ainsi elles ne mourront pas de soif et leurs bébés ne mourront pas non plus de faim, et ne bêleront pas ici d'inanition comme des chevreaux. Que les dames regardent sans rien dire, qu'elles rient sans rien dire, qu'elles modèrent les éclats de leur voix flûtée; qu'elles gardent pour la maison leurs sujets de conversation, afin de ne pas assommer leurs maris, ici comme chez elles. Quant aux organisateurs des jeux, qu'ils ne décernent la palme à aucun artiste injustement; qu'aucun artiste non plus ne soit chassé du théâtre par la cabale, pour assurer le triomphe des mauvais sur les bons.

... Et ceci encore, que j'ai failli oublier. Pendant le spectacle, vous autres, les valets de pied, faites irruption au cabaret; pendant que c'est l'occasion, pendant que les tartes fument dans le four, vite, courez. Ces ordonnances que j'édicte en vertu de mon pouvoir histrionien (grand bien vous fasse par Hercule!), que chacun s'en souvienne pour son compte personnel.

Sedeat, n*eu* lictor uerbum aut uirgae muttiant,
Ne*u* dissignator praeter os obambulet,
Neu sessum ducat, dum histrio in sc*a*ena siet.
Diu qui domi otiosi dormierunt, decet
Animo aequo nunc stent uel dormire temperent.
Serui ne obsideant, liberis ut sit locus,
Vel aes pro capite dent. Si id facere non queunt,
Domum abeant, uitent ancipiti infortunio,
Ne et hic uarientur uirgis et loris domi,
Si minus cura*ss*int, quom eri ⟨re⟩ueniant domum.
Nutrices pueros infantis minutulos
Domi ut procurent neu*e* spectatum adfera*nt* :
Ne et ipsae sitiant et pueri pereant fame,
Neue esurientes hic quasi *h*aedi obuagiant.
Matronae tacitae spectent, tacitae *ri*deant;
Canora hic uoce sua tinnire temperent,
Domum sermones fabulandi conferant,
Ne et hic uiris sint et domi molestiae.
Quodque ad ludorum curatores attinet,
Ne palma detur quoiquam artifici iniuria,
Neue ambitionis causa extrudantur foras,
Quo deteriores anteponantur bonis.
Et hoc quoque etiam, quod paene oblitus fui :
Dum ludi fiunt, in popinam, pedisequi,
Inruptionem facite; nunc dum occasio est,
Nunc dum scribilitae | aestuant, occurrite.
Haec quae imperata sunt pro imperio histrico,
Bonum hercle factum pro se quisque ut meminerit.

18 neu *Camer.* : niue *codd.* ‖ 20 scena *codd.* ‖ 27 curassint *FZ* : cura sint *BC* curasint *D* ‖ quom *B* : cum *CD* ‖ reueniant *Bothe* : ueniant *codd.* ‖ 28 minutulos *B* : minitulos CD^1 ‖ 29 ut *del. Pylades* ‖ neue *Pylades* : neu quae *B* neu que *CD* ‖ afferant *Pylades* : adferat *B* afferat *CD* ‖ 30 pereant *CD* : pertant *B* peritent *T* ‖ 31 aedi *BCD* ‖ 32 rideant *FZ* : rediant *B* redeant *C* reddeant *D* ‖ 33 Canora D^2 *super ras.* : onara *B cum spat. init.* Lanora *C* ‖ 36 ad *CD* : *om. B* ‖ 37 quoiquam *B* : cuiquam *CD* ‖ 40 paene *B* : pene *CD* ‖ 43 scribilitae *B* : scriblitae *D* scriplitae *C*

Maintenant, le sujet de la pièce, à son tour. Je veux y revenir, pour que vous en soyez instruits aussi bien que moi. Je vais en tracer les divisions, les limites, avec tenants et aboutissants : c'est moi qu'on a désigné comme arpenteur pour cette opération. Mais, si cela ne vous ennuie pas, je voudrais vous dire le titre de la comédie. Si cela vous ennuie, ... je le dirai tout de même, pourvu que j'y sois autorisé par qui de droit.

Cette comédie s'appelle ⟨en grec⟩ le Carthaginois; Plaute Pultiphagonide[1] l'intitule en latin l'Oncle. Vous avez déjà le titre. Maintenant, je vais vous rendre compte du reste, car c'est ici que le sujet va être soumis à votre censure. Chaque sujet doit être déclaré devant le proscénium afférent, et c'est vous qui êtes les experts assermentés. Veuillez écouter, s'il vous plaît.

Il y avait à Carthage deux cousins germains, tous deux de très grande famille, de très grande fortune. L'un est vivant, l'autre est mort depuis longtemps. Je vous le dis avec d'autant plus d'assurance que je le tiens de l'embaumeur qui a fait l'embaumement. Or le vieillard qui est mort avait un fils unique, lequel fut arraché à son père, et enlevé de Carthage tout jeune encore, à l'âge de sept ans, cela six ans avant le décès de son père. Ce dernier, se voyant privé de son fils unique, tombe lui-même malade de chagrin, fait son

1. Hybride formé de *puls, pultis* « bouillie, polente », et d'un dérivé en -ides du grec φαγ- (cf. l'aoriste ἔφαγον) « je mange », proprement « Le fils du mangeur de polente ». La bouillie est l'aliment national du peuple italien, d'où le surnom donné à Plaute par l'auteur du Prologue. Mais le titre de *Patruus* « l'Oncle » imaginé par lui, ne correspond pas au titre que nous ont conservé les manuscrits, et convient assez mal à la pièce.

Ad argumentum nunc uicissatim uolo
Remigrare, ut aeque mecum sitis gnarures.
Eius nunc regiones, limites, confinia
Determinabo : ei rei ego sum factus finitor.
Sed nisi molestums*t*, n*o*men dare uobis uolo
Comoediai; sin odios*t*, dicam tamen,
Siquidem licebit per illos quibus est in manu.
Carchedonius uocatur haec comoedia
. . . .
Latine Pla*u*tus 'Patruus' Pultiphagonides.
Nomen iam habetis. Nunc rationes ceteras
Accipite; nam argumentum hoc hic censebitur.
Locus argumentost suum sib*i* proscaenium;
Vos iuratores estis; quaeso, operam date.
Carthaginienses fratres patrueles duo
Fuere summo genere et summis d*i*tiis.
Eorum alter uiuit, alter est emortuus.
Propterea apud uos dico confidentius,
Quia mihi poll*in*ctor dixit qui eum pollinxerat.
Sed illi seni qui mortuu*st* ⟨ei⟩ filius
Vnicus qui fuerat, abd*itiuo*s a patre,
Puer septuennis surripitur Carthagine,
Sexennio *p*rius quidem quam moritur pater.
Quoniam periisse sibi uidet gnatum unicum,

V. 46-49 damnauerunt Dziatzko, Hasper ‖ 47 Remigrare *CD* : Remigare *B* ‖ sitis gnarures *T* : siti signa rures *BCD* ‖ *V. 48-58 damnauit Guyet* ‖ 49 ei *BCD* : eius NONIVS, *p. 11,23* ‖ sum factus finitor *B* (*om.* sum) *CD*, NON. : finitor factus sum *Muret, metri causa*; *at cf. Nettelship, J. Phil. 24,229* (finītor *ut* holitor, etc. *ex* finis, *non ex* finio) ‖ 50 Set *B* ‖ molestumst *F* : molestum si *BCD* ‖ nomen dare *Z* : non mendare *BCD* ‖ 51 odiost : odiosi *BCD* odio est *Z* ‖ 52 in manu : inmanu *CD* immanu *B* ‖ 53 Carchedonius *BCD*; *an* Καρχηδόνιος ? ‖ comedia *CD* : comędiae *B* ‖ *Post hunc u. lacunam sign. Geppert*; *deest enim inter alia aduerbium* graece ‖ 54 plautus *Z* : platus *BCD* ‖ 55 rationes *BT* : orationes *CD* ‖ 57 sibi *FZ* : sibis *B* scibis *CD unde* L. argumento suos sibist p. *Ritschl* ‖ 60 ditiis *Ritschl* : diuitiis (-ciis *D*) *BCD* ‖ 61 est *CD* : *om. B* ‖ 63 pollinctor FVLGENTIVS *p. 560,8* : pollector *BCD* pollictor *FZ* ‖ 64 qui *B* : cui *CD* ‖ mortuus est *codd.* ‖ ei *add. Acidalius* ‖ 65 fuerat *CD* : -rit *B* ‖ abditiuus *Gulielmus* : abdiuitiis *BCD* ‖ 67 Sexennio prius *Z* : Sexenni opprius *B*, Sexenni ob prius *CD*

héritier de son cousin germain, et, quant à lui, il part pour l'Achéron sans le moindre bagage. L'homme qui avait dérobé l'enfant, l'emmène ici à Calydon, le vend comme esclave à un vieux richard qui voulait des enfants, mais détestait les femmes. Cet enfant qu'acheta le vieillard, c'était, sans qu'il le sût, le fils de son hôte. Il l'adopte pour fils, et en fit son héritier quand vint son dernier jour. Le jeune homme habite là-bas, dans cette maison-là *(il montre la maison d'Agorastoclès sur la place)*.

Je fais demi-tour, et retourne encore une fois à Carthage. Avez-vous des commissions, ou quelque affaire à me confier? Si vous ne me donnez pas d'argent, vous perdrez votre temps; mais si vous m'en donnez, vous perdrez bien davantage encore[1]. Or l'oncle du jeune homme, le vieillard qui vit encore, avait à Carthage deux filles, l'une de cinq ans, l'autre de quatre ans à peine.

Toutes deux lui furent volées, en même temps que leur nourrice, à Magara[2]. Leur ravisseur les emmène dans la ville d'Anactorium, et les vend toutes ensemble, nourrice et petites filles, argent comptant, à un homme (si toutefois un léno mérite ce nom) qui est bien le plus maudit scélérat que la terre ait jamais porté. Au reste, jugez vous-mêmes quelle espèce d'homme on peut être, quand on s'appelle Leloup. D'Anactorium, où il habitait d'abord, il est venu se fixer ici à Calydon,

1. Plaisanterie classique, qu'on retrouve par exemple dans les Ménechmes, v. 51 et suiv. : « Si quelqu'un d'entre vous veut me charger d'une commission dans cette ville, qu'il n'ait pas peur de parler et de commander; mais à condition de me donner quelque chose pour la commission. Car si l'on ne me donne point d'argent, c'est comme si l'on chantait...; et si l'on m'en donne, ce sera bien pis encore. »

2. Ou Mégara, nom d'un faubourg de Carthage d'après Appien.

Conicitur ipse in morbum ex aegritudine,
Facit illum heredem fratrem patruelem suum;
Ipse abiit ad Accheruntem sine uiatico.
Ille qui surripuit puerum, Calydonem auehit;
Vendit eum domino hic diuiti quoidam seni,
Cupienti liberorum, osori mulierum.
Emit hospitalem is filium inprudens senex
Puerum illum, eumque adoptat sibi pro filio
Eumque heredem fecit, quom ipse obiit diem.
Is illic adulescens habitat in illisce aedibus.
Reuertor rursus denuo Carthaginem.
Si qui*d m*andare uoltis aut curarier,
Argentum nisi qui dederit, nugas egerit;
Verum qui dederit, magis maiores [nugas] egerit.
Sed illi patruo | huius qui uiuit senex
Carthaginiensi duae fuere filiae;
Altera quinquennis, altera quadrimula.
Cum nutrice una periere a Magaribus.
Eas qui surripuit, in Anactorium deuehit;
Vendit eas omnis, et nutricem et uirgines,
Praesenti argento | homini, si leno est homo,
Quantum hominum terra sustinet sacerrumo.
Vosmet nunc facite coniecturam ceterum,
Quid id sit homin*is* cui Lyco nomen siet.
Is ex Anactorio ubi prius habitauerat

69 in morbum *CD* : improbum *B* ‖ 71 abiit *ex* habiit *codd.* : abit *Lachmann* ‖ acheruntem *B* : acherontem *CD* ‖ 73 quoidam *B* : cuidam *CD* ‖ 74 mulierum *FZ* : -rem *BCD* ‖ 77 quom *B* : cum *CD* ‖ 78 aedibus *C* : hedibus *D* cae diebus *B* ‖ 80 quid *FZ* : quit *BCD* ‖ mandare *Saracenus* : amandare *BCD* ‖ 82 maioris *D* ‖ nugas *del. Pylades*; *cf. Men. 55* ‖ 83 *sic codd. cum hiatu* : huius⟨ce⟩ *Reiz* huius ⟨hominis⟩ *Lindsay in appar.* huius illi patruo *Ritschl* ‖ 84 Carthaginiensi *B* : -nensi *CD* ‖ 85 altera ⟨erat⟩ quadrimula *Ritschl cui* alterā *displicet*; *at cf.* tesserā *1052* ‖ 86 Cum *CD* : Quom *B* ‖ 88 omnis *codd.* : crinis NONIVS *397,19* ‖ et nutricem *B* NON. : enutricem *CD* ‖ 89 Praesenti NON. : Ppresaens *B* Praesens *CD* Praesenti ⟨ibi⟩ *Mueller* Pro praesenti *Havet hiatus uitandi gratia, sed contra morem Plautinum* ‖ 92 hominis *FZ* : -nes *BCD* ‖ lico *CD* ‖ 93 habitab.uerat *B*

il n'y a pas longtemps, pour faire son commerce; il habite dans cette maison que voilà *(il montre la maison en face de celle d'Agorastoclès)*. Le jeune homme est amoureux fou d'une des deux jeunes filles, sa propre cousine, sans qu'il s'en doute; il ignore qui elle est, il ne l'a jamais touchée, tellement le léno le fait languir [et jusqu'à présent il n'a rien fait de répréhensible avec elle, il ne l'a jamais emmenée chez lui, pas plus que le léno n'a voulu l'y envoyer[1]]; le voyant amoureux, il veut le prendre dans sa nasse. L'autre, la cadette, un militaire veut l'acheter pour en faire sa maîtresse, car il l'aime à en perdre la tête.

Mais le Carthaginois, leur père, depuis qu'il les a perdues, ne cesse de les chercher partout, et sur terre et sur mer. A peine a-t-il mis le pied dans une ville qu'aussitôt il va voir l'une après l'autre toutes les courtisanes qui l'habitent. Il leur donne de l'argent, il les engage pour une nuit, et ensuite il pose à chacune cent questions : d'où est-elle, de quel pays, a-t-elle été prise à la guerre ou enlevée par les pirates, quelle est sa famille, quels étaient ses parents. C'est ainsi qu'il met toute son habileté et tout son art à chercher après ses filles. En outre, il sait toutes les langues; mais il fait semblant, sciemment, de ne pas les savoir. C'est un vrai Carthaginois, c'est tout dire. Il a débarqué hier soir dans ce port; et c'est le père des jeunes filles qui sont ici *(montrant la maison du léno)*, en même temps que l'oncle du jeune homme qui habite là *(montrant la maison d'Agorastoclès)*. Tenez-vous le fil? Si vous le tenez, tirez-le; mais faites attention de ne pas le rompre, s'il vous plaît; laissez-le se dérouler

1. Ces deux vers, qui répètent inutilement ce qui vient d'être dit, sont suspects d'être interpolés. Guyet les a retranchés du texte.

Huc commigrauit in Calydone*m* | hau diu
Sui quaesti causa. Is in illis habitat aedibus.
Earum hic adulescens alteram efflictim perit
Suam sibi cognatam inprudens, neque scit quae si*e*t,
Neque eam umquam tetigit, ita eum leno macerat :
[Neque quicquam cum ea fecit etiamnu*m* stupri,
Neque duxit umquam, neque ille uoluit mittere :]
Quia amare cernit, tangere hominem uol*t* bolo.
Illam minorem in concubinatum sibi
Vol*t* emere miles quidam qui illam *d*eperit.
Sed pater ill*arum* Poenus po*st*quam *e*as perd*i*dit,
Mari te⟨rraque⟩ | usque quaque quaeritat.
Vbi quamque in urbem | est ingressus, ilico
Omn*i*s meretrices, ubi quisque habitant, inuenit;
Dat aurum, ducit noctem, rogitat postibi
Vnde sit, quo*i*atis, captane a*n* surrupta sit,
Quo genere gnata, qui parentes fuerint.
Ita docte atque astu filias quaerit suas.
Et is omnis linguas scit; sed dissimulat sciens
Se scire. Poenus plane est, quid uerbis opust?
Is heri huc in portum naui uenit uesperi.
Pater harunc idem huic patruus adulescentulo est.
Iamne hoc tenetis? si tenetis, ducite;

94 Calydonem *Pylades* : -ne *BCD* ‖ in Calyd, comm. *Pylades, hiatus uitandi causa* ‖ 97 scit *FZ* : sit *BCD* ‖ siet *Acidalius* : sit *BCD* ‖ 99 sq. *secl. Guyet* ‖ 99 cum : quom *BCD* ‖ etiamnum *Z* : etiam nun- *B* etiam non *CD* ‖ 101 uolt bolo *Camer.* : uolibolo *BC* uoliblo *D* ‖ 102 concubinatum *B* : -tam *CD* ‖ 103 deperit *FZ* : peperit *BCD* ‖ 104 illarum poenus *FZ* : illi (*deinde spatium quinque litter.*) impoenus *B* illi inpoenus *C, D* (-pe-) ‖ postquam *FZ* : posquam *Ritschl* pesquam *BCD* ‖ eas perdidit *FZ* : meas perdedit *BCD* ‖ 105 Mari terraque *Camer.* : marite *BC et, cum lacuna post hoc uerbum, D* ‖ ⟨is⟩ usque *Lindsay dubitanter in appar., hiatus uitandi causa* ‖ 106 urbem ⟨is⟩ est *Pylades* ‖ 107 Omnes *BCD* ‖ 109 quoiatis : quo latis *B* quolatis *CD* cuiatis *FZ* ‖ an *FZ* : ant *BCD* ‖ 112 set *B* ‖ 114 uesperi *testatur* CHARISIVS *GLK I 223,19* : uespere *BCD* ‖ *In u.* 118-128 *inest magna perturbatio ex duplici recensione orta : u.* 118-119 *secl. Weise,* 120 *Mueller* (*qui totum locum delendum esse censuit*); 121-123 *secl. Lindsay, ceteros seruans*; 124-127 *secl. Guyet; cf. Havet Man. § 1577*

jusqu'au bout. *(Il va comme pour se retirer, mais il s'arrête, et semble tout à coup se raviser)* Ah! j'allais oublier de vous dire le reste. Le vieillard qui a fait du jeune homme son fils adoptif fut jadis en relations d'hospitalité avec l'oncle de Carthage; ce dernier va venir aujourd'hui dans cette ville, il retrouvera ses filles ici *(montrant la maison du léno)*, et là, le fils de son cousin germain[1] *(montrant la maison d'Agorastoclès)*; c'est du moins ce que j'ai appris.

Je vais m'habiller; vous, préparez-vous à nous juger avec équité. [Le Carthaginois qui va venir aujourd'hui retrouvera ses filles et son neveu. Maintenant pour le reste, bonne santé, soyez-nous favorables. Je m'en vais; il faut que je change de personnage.] Quant au reste, il reste d'autres acteurs pour vous l'expliquer. Adieu, prêtez-nous votre assistance, et que Notre-Dame-du-Salut vous ait en sa sauvegarde[2].

⟨ACTE I⟩

⟨SCÈNE I⟩

AGORASTOCLÈS MILPHION

Agorastoclès. — Je t'ai souvent confié, Milphion, bien des affaires douteuses, pauvres d'argent, démunies de plan, et toi, grâce à ta prudence, à ta science, à ton intelligence, à ta finesse, tu as su me les rendre florissantes à force de soins. Pour tous ces services, j'avoue

1. *Fratris (patruelis)*; cf. le v. 59.

2. Toute cette fin est encombrée de répétitions qui semblent provenir de remaniements ou d'une double rédaction. Les vers 124-126 doivent être sans doute supprimés; mais on peut supprimer avec autant de vraisemblance les vers 123-125.

Caue dirumpatis, quaeso, sinite transigi.
Ehem, paene oblitus sum relicuom dicere.
Ille qui adoptauit hunc pro filio sibi,
Is illi Poeno huius patruo hospes fuit.
Is hodie huc ueniet reperietque hic filias
Et hunc sui fratris filium, ut quidem didici ego.
Ego ibo, ornabor; uos aequo animo noscite.
Hic qui hodie ueniet, reperiet suas filias
Et hunc sui fratris filium. Dehinc ceterum
Valete; adeste. Ibo; alius nunc fieri uolo.
Quod restat, restant ali*i* qui faciant palam.
Valete atque adiuuate, ut uos seruet Salus.

⟨ACTVS I⟩

AGORASTOCLES ADVLESCENS — **MILPHIO** SERVVS

AG. Saepe ego res multas tibi mandaui, Milphio,
Dubias, egenas, inopiosas consil*i*,
Quas tu sapienter, docte, et cordate, et cate
Mihi reddidisti | opiparas opera tua.
Quibus pro benefactis fateor deberi tibi

118 relicuom : reliquum *codd.* ‖ 119 sibi pro filio *Bothe, metro consulens* ‖ 120 patruo *FZ* : patri *BCD* ‖ *u. hians* : huiusce patri *Camer. hiatus uitandi causa* ‖ 121 reperietque *FZ* : repperietque *BCD, item 124* ‖ 123 ibo D^1 : ibi *BCD corr.* ‖ aequo animo *CD* : aequos animos (*ex* -mas) *B* ‖ 124 Hic *BCD* : Huc *Geppert* ‖ 127 restat *B* : restant *CD* ‖ alii qui *Camer.* : aliqui *BCD* ‖ 128 salus Adgorastocles (-des *B*) Milphio (Mel- *B*, Milpio *D*) *BCD*

ADGORASTOCLES . ADOL . E . SCENS . MILPHIO SERVVS *B* : adgorastocles aduł milphio Seruus *D* (aduł *et* Seruus *add.* D^2); *unius u. spatium C* ‖ *Personarum notas saepe in codd. BCD omissas restituerunt FZ* ‖ 129 res *om. B* ‖ 130 consilii *BCD* ‖ 132 opiparas *B* : oppiparas *CD*

que la liberté t'est bien due, sans compter mille grâces et gratitudes.

Milphion *(haussant les épaules, et d'un ton maussade)*. — Un vieux dicton, quand il vient à propos, est toujours bon à entendre. Ainsi tes cajoleries sont pour moi, comme on dit, de vastes blagues, des chansons pures et simples[1]. Aujourd'hui tu es à me cajoler; hier tu as bien usé sur mon dos trois grands cuirs de bœuf.

Agorastoclès. — J'aime; si l'amour m'a rendu coupable, il est juste de me le pardonner, Milphion.

Milphion *(ironiquement)*. — Rien de plus juste, en effet. Tiens, moi aussi je meurs d'amour, supposons. Laisse-moi te battre, comme tu m'as battu, sans aucune raison; et puis après, par égard pour mon amour, tu n'auras qu'à me pardonner.

Agorastoclès. — Si c'est ton envie ou ton plaisir, je veux bien. Suspends-moi au gibet, enchaîne-moi, bats-moi; je t'y autorise, je veux bien.

Milphion. — Si tu viens par la suite à retirer l'autorisation, une fois que tu serais détaché, c'est moi qui serais pendu.

Agorastoclès. — Moi, que j'ose agir de la sorte, et surtout envers toi? Au contraire; je ne peux pas te voir battre sans que ce soit une souffrance...

Milphion. — Pour moi, pardieu.

Agorastoclès. — Non, pour moi.

Milphion. — J'aimerais mieux cela. Mais où veux-tu en venir?

Agorastoclès. — Pourquoi te mentirais-je? J'aime, à en devenir enragé...

Milphion. — Mes épaules en savent quelque chose.

Agorastoclès. — Et celle que j'aime, c'est notre voisine, ma chère Adelphasie, l'aînée — de bien peu —

1. Le texte est douteux, et le sens précis ne se laisse pas établir.

Et libertatem et multas gratas gratias.
⟨MI.⟩ Scitumst, per tempus si obuiamst uerbum uetus.
Nam tuae blanditiae mihi sunt, quod dici solet,
Gerrae germanae, αἱ δὲ κολλῦραι λύραι.
Nunc mihi blandidicus es; heri in tergo meo
Tris facile corios contriuisti bubulos.
⟨AG.⟩ Amans per amorem si quid fec*i*, Milphio.
Ignoscere id te m*i* aequom est.
MI. Haud uidi magis.
Et nunc ego amore pereo; sine te uerberem,
Item ut tu mihi fecisti, ob nullam noxiam;
Postid loc*o*rum tu mihi amanti ignoscito.
AG. Si tibi lubido est aut uoluptati, sino.
Suspende, uinci, uerbera; auctor sum, sino.
⟨MI.⟩ Si auctoritatem poste*a* defugeris,
Vbi dissolutus tu sies, ego pendeam.
AG. Egone istuc ausim facere, praesertim tibi?
Quin si feriri uideo te, extemplo dolet...
MI. Mihi quidem hercle.
AG. Immo mihi.
MI. Istuc mauelim.
Sed quid nunc tibi uis?
AG. Cur ego apud te mentiar?
Amo inmodeste.
MI. Meae istuc scapulae sentiunt.
AG. At ego hanc uicinam dico Adelphasium meam,

134 gratas *testantur glossae* (*CGL V 176,20*) : grates *BCD* ‖ 137 αἱ (*σαὶ Leo*) δὲ κολλῦραι λύραι *Palmer* : hae decollyrae lyre *B* -lirae lire *C* -lirę lirę *D* lyrae lyrae *T* ‖ 139 corios *testatur* NONIVS *199,14* ‖ 140 AG. Amans *Weise* : Adamans *BCD* ‖ feci *FZ* : fecit *BCD* ‖ 141 mihi *codd.* ‖ aequom *B* : -quum *CD* ‖ MI. *FZ* : *om. B, spatium C,* Adg. *D* ‖ 142 Et *codd.* : Em *Vssing* ‖ 144 locorum *Pylades* : locarum *BCD* ‖ 145 AG. *FZ* : MI. *D*[2], *om. BCD*[1] ‖ 146 berbera *BD* ‖ 147 *Pers. om. BCD* ‖ postea *FZ* : postera *BC, D* (postęra) ‖ 151 *Alterum* mihi *om. CD* ‖ MI. : *spat. B, om. CD* ‖ 152 ego *CD* : ergo *B* ‖ 154 At *CD* : Ad *B*

des deux courtisanes qui sont à ce léno *(il montre la maison de Leloup)*.

MILPHION. — Il y a longtemps que tu m'as déjà raconté tout cela.

AGORASTOCLÈS. — Je crève d'envie de la posséder. Mais ce léno, ce Leloup, son maître, quelle ordure! C'est l'ordure en personne.

MILPHION. — Veux-tu lui faire un méchant cadeau?

AGORASTOCLÈS. — Si je veux!

MILPHION. — Tiens; fais-lui cadeau de moi.

AGORASTOCLÈS *(en colère)*. — Va-t-en au diable.

MILPHION. — Parlons sérieusement. Veux-tu lui faire pièce?

AGORASTOCLÈS. — Si je veux!

MILPHION. — Donne-moi donc à lui, te dis-je. Ce sera, je t'assure, un méchant cadeau et une mauvaise pièce qu'il aura[1].

AGORASTOCLÈS *(impatienté)*. — Tu plaisantes.

MILPHION. — Veux-tu aujourd'hui, sans frais pour toi, faire de la belle ton affranchie?

AGORASTOCLÈS. — Si je le veux, Milphion!

MILPHION. — Eh bien! moi, je te ferai faire la chose. Tu as bien chez toi trois cents philippes d'or[2]?

AGORASTOCLÈS. — Six cents aussi.

MILPHION. — C'est assez de trois cents.

AGORASTOCLÈS. — Que veux-tu en faire?

MILPHION. — Ne m'interroge pas. Je te ferai cadeau aujourd'hui du léno tout entier, avec tout son monde.

1. Il y a dans toute cette partie du dialogue une équivoque sur *nequam* et *malum* qui peuvent s'interpréter soit comme des substantifs neutres (*nequam, malum dare* « donner une correction, une bonne leçon »), soit comme des adjectifs désignant Milphion (*nequam, malum dare* « donner un vaurien, un méchant esclave). Une plaisanterie du même genre se trouve dans Persa, v. 369-371; voir la note de la traduction.

2. Nom donné aux statères d'or frappés par Philippe de Macédoine, et qui s'étendit ensuite à toute espèce de monnaie d'or.

Lenonis huius meretricem ma*i*usculam.
MI. Iam pridem equidem istuc ex te audiui.
AG. Differor
Cupidine eius; sed lenone istoc Lyco,
Illius domino, non lutumst lutulentius.
MI. Vin tu illi nequam dare nunc?
⟨AG.⟩ Cupio.
MI. E*m* m*e* dato.
AG. Abi dierectus.
MI. Dic mihi uero serio,
Vin dare malum illi?
AG. Cupio.
MI. Em eundem me dato;
Vtrumque faxo habebit, et nequam et malum.
⟨AG.⟩ Iocare.
MI. Vin tu illam hodie sine [damno et] dispendio
Tuo tuam libertam facere?
AG. Cupio, Milphio.
MI. Ego faciam ut facias. Sunt tibi intus aurei
Trecenti nummi Philipp*i*?
AG. Sescenti quoque.
⟨MI.⟩ Satis sunt trecenti.
AG. Quid iis facturu's?
MI. Tace;
Totum lenonem tibi cum tota familia
Dabo hodie dono.
AG. Qui *i*d facturu's?

155 meritricem *B* ‖ maiusculam *FZ* : malusculum *B* masculum *CD* ‖ 157 lyco *B* : lico *CD* ‖ 158 domino non : domi nonon *B* domi non *CD* ‖ 159 AG. *FZ* : *spat. B, om. CD* ‖ MI. *FZ* : *spat. B, om. C,* Adg. *D*[2] ‖ em *F* : en *BCD* ‖ me dato *FZ* : mendato *BCD* ‖ 160 Abi dierectus *CD* : Abid rectus *B* ‖ 161 em *CD* : e *B* ‖ 163 AG. *add. D*[4] ‖ Iocare *DF* : Locare *BC* ‖ damno (dampno *CD*) et *secl. Gruter* ‖ 164 Tuo (*sic B cum quadrata littera,* tuo *CD*) *in fine u. praecedentis habent codd., huc trai. Goetz-Loewe* ‖ libertam *B* : -tatem *CD* ‖ 166 Philippi : philipii *B* philippii *CD* ‖ 167 facturu's *Ritschl* : -rus *codd., item 169* ‖ 168 cum *CD* : quom *B* ‖ 169 Qui id *Guyet* : Quid *codd.*

AGORASTOCLÈS. — Comment feras-tu?

MILPHION. — Tu vas le savoir. Ton fermier Collybiscus est en ce moment à la ville. Le léno ne le connaît pas. Tu ne comprends pas?

AGORASTOCLÈS. — Je comprends, parbleu! mais je ne vois pas où tu veux en venir.

MILPHION. — Tu ne vois pas?

AGORASTOCLÈS. — Non, ma foi...

MILPHION. — Je vais te faire voir. On lui donnera de l'or, qu'il ira porter au léno, en disant qu'il est étranger, qu'il arrive d'une autre ville; qu'il a envie de faire l'amour et de se donner du bon temps; qu'il veut qu'on lui fournisse un endroit libre, où il puisse faire ses fredaines en secret, et sans témoin. Le léno, qui aime l'or, s'empressera de le recevoir; il se rendra recéleur de l'homme et de l'or.

AGORASTOCLÈS. — Le projet me plaît.

MILPHION. — Tu lui demanderas si ton esclave est venu chez lui. Il pensera que c'est moi qu'on cherche; il te dira non tout aussitôt. Qu'est-ce qui te retient alors, de faire sur le champ condamner le léno pour double vol, vol de l'or et vol de l'homme? Il n'a pas de quoi réaliser la somme.....Quand il sera devant le tribunal, le préteur t'adjugera toute sa maison. Ainsi nous prendrons au piège le léno Leloup.

AGORASTOCLÈS *(avec enthousiasme)*. — Il me plaît, ce projet!

MILPHION *(d'un ton modeste)*. — Il te plaira bien mieux encore quand je l'aurai mis au point; ce n'est encore qu'une ébauche.

AGORASTOCLÈS. — Je vais au temple de Vénus, si tu n'as pas besoin de moi, Milphion. C'est aujourd'hui les Aphrodisies.

MILPHION. — Je sais.

AGORASTOCLÈS. — Je veux régaler mes yeux des élégances courtisanesques.

MI. Iam scies.
Tuus Collybiscus nunc in urbest uilicus;
Eum hic non nouit leno. Satin intellegis?
AG. Intellego hercle, sed quo euadas nescio.
MI. Non scis?
⟨AG.⟩ Non hercle.
⟨MI.⟩ At ego iam faxo scies.
E*i* dabitur aurum, ut ad lenonem deferat,
Dicatque se peregrinum esse ex alio oppido :
Se amare uelle atque obsequi | animo suo;
Locum sibi uelle liberum praeberier,
Vbi nequam faciat clam, nequis sit arbiter.
Leno ad se accipiet auri cupidus ilico,
Celabit hominem et aurum.
AG. Consilium placet.
MI. Rogato seruos ueneritne ad eum tuos.
Ille me censebit quaeri; continuo tibi
Negabit. Quid tu dubitas quin extempulo
Dupli tibi, *a*uri et hominis, fur leno siet?
Neque id unde efficiat habet. Vbi in ius uenerit,
Addicet praetor familiam totam tibi.
Ita decipiemus fouea lenonem Lycum.
AG. Placet consilium.
MI. Immo etiam ubi expoliuero,
Magis hoc tum demum dices; nunc etiam rudest.
AG. Ego in aedem Veneris eo, nisi qui*d* uis, Milphio.
Aphrodisia hodie sunt.
MI. Scio.
AG. Oculos uolo

170 collubiscus *codd.* : *cf. 194, 415, 558, tituli III 2, 3, et K. Schmidt, Hermes 37 (1902), 363* ‖ 173 *Pers. s. u. add.* D^2 ‖ 174 Ei *FZ* : Et *BCD* ‖ ad *BC* : a *D* ‖ 176 obsequi ⟨hic⟩ *Mueller hiatus uitandi causa* obsequier, *Havet, Man.* § 999^a ‖ 177 praebirier *B* ‖ 183 extempulo *B* : extemplo *CD* ‖ 184 Dupli B^1 *Camer.* : Duplici *B corr. CD* ‖ auri : hauri *BCD* ‖ 185 ue uenerit *B* ‖ 187 licum *CD* ‖ 188 ubi *B* : *om. CD* ‖ expoliuero *B* : expoliauero *CD* (exs- *D*) ‖ 190 quid uis *FZ* : qui tu is *B* qui tuis *D* quitius *C* ‖ 191 AG. : Ad D^2 *spat. C, B* (*eraso hoc*)

Milphion. — Occupons-nous d'abord de notre complot. Entrons, pour apprendre au fermier Collybiscus à tenir son rôle dans cette fourberie.

Agorastoclès. — Malgré Cupidon qui s'agite dans mon cœur, je t'obéirai.

Milphion. — Et tu ne seras pas fâché de m'avoir obéi. *(Agorastoclès rentre chez lui)* Notre homme a sur le cœur la marque de l'amour, et pas moyen de l'effacer sans qu'il lui en coûte cher. C'est donc contre Leloup, ce coquin de léno, que j'ai tendu, et bien tendu ma catapulte et je ne tarderai pas à lui lancer de mon arsenal une volée de malheurs. *(Les deux courtisanes sortent de chez Leloup; elles sont suivies d'une servante portant des offrandes pour Vénus)* Mais voici Adelphasie qui sort avec Antérastile. *(Au public)* C'est celle qui est en avant qui tourne la tête à mon maître. *(Il s'approche de la maison d'Agorastoclès)* Appelons-le. Holà! hé, viens, Agorastoclès, si tu veux voir les plus agréables des jeux.

Agorastoclès. — Qu'est-ce que tout ce tapage, Milphion?

Milphion. — Tiens, voici tes amours, si tu veux les regarder.

Agorastoclès. — Oh! que les dieux te comblent de biens, pour m'avoir offert un si joli spectacle! *(Ils se tiennent en arrière auprès de la maison d'Agorastoclès, et ils écoutent les deux courtisanes qui ne les aperçoivent pas)*.

Meos delectare munditiis meretriciis.
MI. Hoc primum agamus quod consilium cepimus;
Abeamus intro, ut Collybiscum uilicum
Hanc perdoceamus ut ferat fallaciam.
AG. Quamquam Cupido in corde uorsatur, tamen
Tibi auscultabo.
MI. Faciam ut facto gaudeas.
Inest amoris macula huic homini in pectore,
Sine damno magno quae elui ne utiquam potest.
Itaque hic scelestus est homo leno Lycus;
Quoi iam infortuni intenta ballistast probe,
Quam ego haud multo post mittam e ballistario.
Sed Adelphasium eccam exit atque Anterastilis.
Haec est prior, quae meum erum dementem facit.
Sed euocabo. Heus, i foras, Agorastocles,
Si uis uidere ludos iucundissimos.
AG. Quid istuc tumultist, Milphio?
MI. Em amores tuos,
Si uis spectare.
AG. O multa tibi di dent bona,
Quom hoc mihi optulisti tam lepidum spectaculum.

---

194 ut *CD* : uit *B* ‖ collybis cum *B* : collibiscum *cett.* ‖ 195 fallatiam *CD* ‖ 199 dampno *CD* ‖ 201 Cui *CD* ‖ 203 adel fasium *B* ‖ eccam (ecam *B*) exit *codd.* : exit eccam *Camer. cui exit displicet* eccam atque exit *Havet* ‖ Anterastylis *Ritschl* ‖ 205 ago rasto des *B* ‖ 209 Cum *CD* ‖ obtulisti *CD* ‖ Adelfasium (-pha- *C*) anterastilis milphio agorastocles *in formam uersus add. BC*

⟨SCÈNE II⟩

ADELPHASIE ANTÉRASTILE MILPHION AGORASTOCLÈS UNE ESCLAVE

Adelphasie. — Qui veut se donner quantité d'embarras n'a qu'à se procurer deux choses, un vaisseau et une femme. Car il n'y a rien au monde qui donne plus d'embarras que ces deux choses, une fois qu'on s'est mis à les parer. Jamais ces deux choses ne sont suffisamment parées, jamais il n'y a de moyens suffisants pour les parer suffisamment. Si je le dis, c'est que maintenant je le sais par ma propre expérience. Depuis l'aurore jusqu'à l'heure qu'il est [depuis les premières lueurs de l'aurore, nous n'avons pas cessé un moment[1]] nous n'avons eu toutes les deux qu'une occupation, nous n'avons pas cessé un moment de nous laver, de nous frotter, nous essuyer, nous équiper, nous polir, nous repolir, nous farder, nous pomponner[2]; et encore avait-on donné à chacune de nous deux servantes qui ont passé tout leur temps à nous laver, à nous relaver, sans compter deux hommes qui se sont éreintés à nous apporter de l'eau. Ne m'en parlez pas, voulez-vous? Que d'embarras peut donner une femme! Mais par exemple deux, j'en suis certaine, sont capables de donner à tout un peuple, si grand soit-il, plus d'occupation qu'il ne lui en faut. Nuit et jour, elles passent

1. Ce vers, qui n'est qu'une répétition du vers précédent, a été éliminé par Acidalius.

2. Cette accumulation semble avoir été imitée par Lucilius, (v. 287-8, éd. Marx) :

> Rador, subuellor, desquamor, pumicor, ornor
> Expilor, expingor...

ADELPHASIVM ANTERASTILIS MERETRICES II **MILPHIO** SERVVS **AGORASTOCLES** ADOLESCENS **⟨ANCILLA⟩**

AD. Negot*i* sibi qui uolet uim parare,
Nauem et mulierem haec duo comparato.
Nam nullae magis res duae plus negot*i*
Habent, forte si occeperis exornare,
Neque umquam satis hae duae res ornantur,
Neque eis ulla ornandi satis satietas est.
Atque haec ut loquor, nunc *domo* docta dico.
Nam nos usque ab aurora ad hoc quod diei est
[Postquam aurora inluxit numquam concessauimus]
Ex industria ambae numquam concessamus
Lauari aut fricari aut tergeri aut ornari,
Poliri expoliri, pingi fingi; et una
Binae singulis quae datae nobis ancillae,
Ea⟨e⟩ nos lauando, eluendo operam dederunt;
Aggerundaqu*e* aqua sunt uiri duo defessi.
Apage sis; negot*i* quantum in muliere una est!
Sed uero duae, sat scio, maxumo uni
Populo cuilubet plus satis dare potis sunt.

ADELPHASIVM ANTERASTILIS MERETRICES . II . MILPHIO SERVVS AGORASTOCLES ADOLESCENS *B* : ADELPHASIVM ANTERASTILIS (MERETRICES II *suprascr.* *D*²) MILPHIO s AGORASTOCLES . A . *D*; *unius u. spatium C*; ANCILLA *add. Taubmann propter u. 332* ‖ *Metra huius cantici plerumque incerta sunt* ‖ *V. 210-217 binos coniungit B, ita tamen ut litterae maiores seruatae uersuum initia indicent* ‖ 210 Negotii *codd. item. u. 212, 215* ‖ 211 *sic codd., sed forma bacchiaci displicet* : ⟨Is⟩ nauem *add. Bentley* haec ⟨sibi⟩ duo *Spengel, duce Pylade qui* duo ⟨sibi⟩ *scripserat* ‖ 214 *sic codd., sed metrum incertum ut in u. 211* : sat istae *Hermann, duce Reiz qui* duae istae satis *traiciebat, sed* istae *hic uix ferri potest*; *uersum secl. Ritschl, Leo* ‖ 215 ordinandi *B* ‖ 216 domo *Goeller* : modo *codd.* domi *Acidalius* ‖ 217 *Sequontur in B u. 285-352, deinde 218-284, postea 353 sqq.* ‖ 218 in luxit *B* : illuxit *CD* ‖ *Versum secl. Acidalius; uaria lectio uersus prioris esse uidetur* : Postquam aurora inluxit numquam concessamus *Lindsay in apparatu, delens* ex industria ambae *ita ut unus uersus fiat* ‖ 220 aufricari *B* ‖ 222 datae nobis ancillae *codd.* : nobis datae ancillae *Bothe, cui* datăe *in bacchiaco displicet* datae sunt anc[illae] *Reiz* d. n. faueae *Havet* ‖ 223 Eae *Pylades D*⁴ : Ea *BCD* ‖ lauando *codd.* : lauendo *Havet* ‖ 224 Aggerundaque *codd.* : Gerundaque *Spengel, ut bacchiacus fiat* ‖ 227 poplo *Leo*

toute leur vie, sans répit, à se parer, se laver, s'essuyer, se polir. Enfin, les femmes n'ont aucune mesure : et pour ce qui est de nous laver, de nous frotter, nous ne savons jamais nous arrêter. [Car une femme peut être bien lavée, si elle n'est soignée dans tous les détails, c'est à mon avis comme si elle n'était pas lavée[1].]

ANTÉRASTILE. — Vraiment je m'étonne, ma sœur, de t'entendre parler de la sorte, toi qui as tant d'expérience, tant de science, et tant d'esprit. Tu sais pourtant que malgré tous nos efforts pour être élégantes, nous avons toutes les peines du monde à trouver quelques pauvres petits galants.

ADELPHASIE. — C'est vrai. Mais songe pourtant à ceci: la mesure en toutes choses, ma sœur, est très bonne à garder; tout excès entraîne après soi d'excessifs ennuis.

ANTÉRASTILE. — Ma sœur, songe, je te prie, qu'on juge de nous comme du poisson salé : [il n'a rien qui attire, rien qui plaise[2]]; si on ne le fait tremper longtemps et à grande eau, il sent, il est salé, au point qu'on ne voudrait pas y toucher. Ainsi en est-il de nous [et les femmes sont du même acabit[3]] : elles n'ont ni saveur ni attrait, si elles ne se parent à grands frais[4].

1. Vers également suspect d'être interpolé.

2. Ce vers qui, grammaticalement, se relie mal au contexte, a été éliminé par Leo.

3. Dittographie du v. précédent, ce vers a été éliminé par Ritschl.

4. Cette comparaison a choqué Naudet : « Je ne puis croire, écrit-il, que ces vers aient été traduits de Ménandre; ou le goût de Ménandre aurait eu parfois de singulières absences. La comparaison de la vieille Scapha dans le Revenant (v. 273-278) me paraît plus tolérable; elle est digne au moins de son caractère et de ses habitudes. » (Plaute, Théâtre, t. IV, p. 135). C'est peut-être se faire du purisme de Ménandre une idée trop favorable; il est certain, en tout cas, que la comparaison est d'origine grecque, comme est grec l'usage du poisson salé.

Quae noctes diesque omni in aetate semper
Ornantur, lauantur, tergentur, poliuntur.
Postremo modus muliebris nullus est;
Neque umquam lauando et fricando scimus facere *n*eniam.
[Nam quae *l*auta est, nisi perculta est, meo quidem animo quasi in*l*uta est.]

AN. Miror equidem, soror, te istaec sic fabulari,
Quae tam callida et docta sis et faceta.
Nam quom sedulo munditer nos habemus,
Vix aegreque amatorculos inuenimus.

AD. Ita est. Verum hoc unum tamen cogitato :
Modus omnibus rebus, soror, optimum est habitu;
Nimia omnia nimium exhibent negot*i* hominibus ex se.

AN. Soror, cogita, amabo, item nos perhiberi
Quam si salsa muriatica esse autumantur :
[Sine omni lepore et sine suauitate]
Nisi multa aqua usque et diu macerantur,
Olent, salsa sunt, tangere ut non uelis.
Item nos sumus,
[Eius seminis mulieres sunt.]
Insulsae admodum atque inuenusta*e*

228 omni in *B* : in omni *CD* ‖ 230-231 *sic codd.*; *uersus a metro abhorrentes alii aliter correx.*, e. g. : P. m. m. nullust : numquam ¦ L. e. f. s. f. metam *Bothe, Ritschl*; *cf. quoque Havet, Man.* § *1232*. *Fortasse* : P. modus ⟨mundo⟩ muliebri[s] nullus est | Neque umquam lauando et ⟨tergendo et⟩ fricando | Scimus facere neniam (*uel* finem *?*) ‖ 231 facere neniam *Gruter*: faceren niam *B* facere en iam *T* facere *CD* f. metam *Ritschl* f. pausam *Acid.* f. finem *Lambin, alii alia* ‖ 232 quae lauta *Pylades* : qua clauata *codd.* ‖ *Versum secl. Leo ut ab Adelphasio alienum* ‖ inluta *Colvi* (il-) *duce Camerario qui* illauta *scripserat* : inlusta *B* iniusta *CD* ‖ 233 Miror *codd.* : Miro *Geppert ut uitetur scansio* sorŏr *in bacchiaco* ‖ quidem *Bothe* ‖ sic *om. CD* ‖ te istaec, soror, fabulari, *Leo in appar.* ‖ 235 quom *B* : cum *CD* ‖ 236 Vix *BCD* Priscianvs *I, 105* : ut Nonivs *510,30* ‖ aegreque *BCD* : aegre Non. ‖ 238 modus *B* : modis *CD* ‖ *De metro non constat* : modust o. r. sorŏr optumum habitu *Spengel, ut bacch. tetram. fiat*; m. o. r., s., optimus est habitu, *Leo u. Reizianum efficiens* ‖ 239 negoti *Hermann* : negotium *codd.* ‖ 241 mariatica *B* ‖ 242 *u. secl. Leo* sine ⟨omni⟩ suauitate *Ritschl* ‖ 243 Nisi ⟨si⟩ *Hermann ut bacch. tetram. integer fiat hic et illic, sed cf. conspectus metrorum* ‖ 244-250 *quinque uersus facit B* (— sumus | — sunt | — inuenustate | — opinor | — amalo) ‖ 245a item nos sumus *secl. Spengel* ‖ 245b eius seminis mulieres sunt *secl. Ritschl* ‖ 246 inuenustae *Z* : inuenustate *codd.*, *unde* inuenustate (-tis *Loch*) ⟨plenae⟩ *Hermann ut integer bacch. fiat*

Milphion *(à part, à son maître)*. — Mais c'est un cordon bleu que cette femme-là, Agorastoclès, ce me semble. Elle sait la manière de faire tremper le poisson sec.

Agorastoclès. — Ne m'ennuie pas.

Adelphasie. — Grâce, ma sœur, je te prie : c'est assez que d'autres nous fassent de tels compliments, sans que nous accusions nous-mêmes nos défauts.

Antérastile. — Je m'arrête.

Adelphasie. — Je te suis obligée. Mais réponds maintenant à ma question : y a-t-il là tout ce qu'il faut pour satisfaire les dieux?

Antérastile *(montrant les offrandes)*. — Oui, j'ai pris soin de tout.

Agorastoclès *(à part, avec exaltation)*. — O le beau jour, jour solennel et plein de charme, jour bien digne de Vénus dont c'est aujourd'hui les Aphrodisies!

Milphion *(bas à Agorastoclès)*. — Est-ce que je ne mérite pas quelque récompense, pour t'avoir averti de venir jusqu'ici? Il est juste à présent qu'on me fasse cadeau d'une cruche de vieux vin. Promets-la. *(Agorastoclès contemple avec ravissement Adelphasie, et n'entend pas Milphion)* Tu ne réponds rien. On lui a coupé la langue, je pense. Eh, mordieu! pourquoi restes-tu planté là stupide?

Agorastoclès. — Laisse-moi tout à mon amour, ne viens pas me déranger, tais-toi.

Milphion. — Je me tais.

Agorastoclès. — Si tu te taisais, ce « je me tais » n'aurait pas vu le jour.

Antérastile. — En route, ma sœur.

Adelphasie. — Hé-là! je te prie; qui te presse d'aller là-bas à cette heure?

Antérastile. — Tu le demandes? C'est que le maître nous attend au temple de Vénus.

Sine munditia et sumptu.
MI. Coqua est haec quidem, Agorastocles, ut ego opinor;
Scit muriatica ut maceret.
AG. Quid molestu's?
AD. Soror, parce ama*bo* : sat est istuc alios
Dicere nobis; ne nosmet [in] nostra etiam uiti*a* ⟨e⟩loquamur.
AN. Quiesco.
AD. Ergo amo te. Sed hoc nunc responde [mihi] :
Sunt hic omnia, quae ad deum pacem oportet adesse?
AN. Omnia accuraui.
AG. Diem pulchrum et celebrem et uenustatis plenum,
Dignum Vener*e* pol quoi sunt Aphrodisia hodie!
MI. Ecquid gratiae, quom huc foras te euocaui?
Iam num me decet donari cado
Vini ueteris; dic dar*e*.
Nil respondes? *lin*g*u*a huic excidit, ut ego opinor.
Quid hic, malum, astans opsti*p*uisti?
AG. Sine amem; ne opturba ac tace.
MI. Taceo.
AG. Si tacuisses, iam istuc 'taceo' non gnatum foret.
AN. Eamus, mea soror.
AD. Eho amabo, quid illo nunc properas?
AN. Rogas?

247 mundacia *B*1 ‖ sumptu *codd.* : comptu *Geppert* ‖ 248-250 *Pers. add. D*2 ‖ 249 molestu's *Ritschl* : -tus *codd.* ‖ 250-260 *septem u. facit B* : Sat — loquamur | — mihi | — accuraui | — plenium | — hodie | donari | — opinor ‖ 250 amabo *FZ* : amalo *BCD* ‖ 251 *post* nobis *spatium et* Ne *cum* N *quadrata B* ‖ nostra *FZ* : in nostra *BCD seruant Leo, Lindsay* ‖ uitia *edd.* : uitiam *B* ut iam *CD* ‖ eloquamur *Hermann* : loquamur *codd., Leo, Lindsay* ‖ 252 mihi *secl. Reiz ut bacch. tetram. fiat* : responde mihi *unum u. facit Lindsay* (*dim. bacch. catal.*); *alii alia* ‖ 255 plenium *B* ‖ 256 Venere *Pius* : ueneri *codd.* ‖ quoi *B* : cui *CD* ‖ 257 gratiaest *Ritschl* ‖ quom *B* : cum *CD* ‖ 258 num *codd.* : non *Gronov.* ‖ decet donari *BC* : decet huic donari *D unde* iam num me decet hic donari | cado uini ueteris? dic dari. nil respondes *Lindsay*; *uersus alii aliter distribuerunt* ‖ 259 dare *Dousa* : dari *codd., cf. Sjögren, Fut. 64 qui confert Most. 633* ‖ 260 lingua *Camer. ex B, Aldina ex coniect. post* excidit : uncua *B, om. CD* ‖ 261 hic *om. B* ‖ opstipuisti *Camer.* : opstituisti *codd.* (obs- *D*) ‖ AG. : *spatium B, om. CD* ‖ opturba *B* : ob- *CD* ‖ ac tace *Camer.* : actate *B* aetate *CD* ‖ 262 AG. : *spat. BCD* ‖ Sit accuisses *B* ‖ 263 illo *B* : illic *CD* ‖ AN. : *spat. BCD*

ADELPHASIE. — Hé bien, qu'il attende. Reste. Il y a foule maintenant à l'autel. Veux-tu te mêler là-bas avec ces piliers de lupanar, ces bonnes amies des garçons de moulin, ces restes de galants enfarinés, ces pauvres filles toutes poisseuses d'huile de jonc[1], qui ne fréquentent que la racaille des esclaves, sales à faire peur, qui te sentent le bouge et le renfermé, toujours assises à faire le quart, et que jamais un homme libre n'a voulu toucher ni emmener chez lui, vieilles peaux à deux oboles, bonnes pour la pire crasse des esclaves?

MILPHION *(à Adelphasie, sans élever assez la voix pour qu'elle l'entende)*. — Va te faire pendre au diable! Tu as le toupet de mépriser les esclaves, effrontée! Comme si elle était jolie, comme si les rois se battaient pour l'avoir! Le beau phénomène de femme pour débiter si petite de si grandes sottises! Je ne donnerais pas un verre de vin piqué pour coucher sept nuits avec elle.

AGORASTOCLÈS *(comme en extase)*. — O dieux immortels! dieux tout puissants! y a-t-il rien parmi vous de plus beau? Qu'avez-vous pour que je vous croie immortels plus que moi, quand mes yeux jouissent de ce bien si parfait? Car Vénus n'est pas Vénus : la vraie Vénus, la voici; c'est elle que je veux vénérer, pour qu'elle m'accorde désormais son amour et ses faveurs. Milphion, hé! où es-tu?

MILPHION. — Me voici, juste à point.

AGORASTOCLÈS. — Je t'aimerais mieux un peu plus cuit[2].

1. On tirait d'une certaine espèce de jonc un parfum à bon marché qu'employaient les prostituées de bas étage, *schoenicolae*.

2. Jeu de mots sur *assum* qui peut vouloir dire « je suis là » (= *adsum*), ou être l'accusatif de *assus* « rôti ». C'est dans ce dernier sens que le prend Agorastoclès qui répond « J'aime mieux que tu sois bouilli (*elixus*). »

Quia erus nos apud aedem Veneris mantat.
AD. Maneat pol. Mane;
Turba est nunc apud aram. An te ibi uis inter istas uersarier
Prosedas, pistorum amicas, reliquias *ali*carias,
Miseras, schoeno delibutas, seru*o*licolas sordidas,
Quae tibi olant stabulum statumque, sellam et sessibulum merum,
Quas adeo hau quisquam umquam liber tetigit neque duxit domum,
Seruolorum sordidulorum scorta d*io*bolaria?
⟨MI.⟩ I in malam crucem. Tun audes etiam seruos spernere,
Propudium? quasi bella sit, quasi eam*p*se reges ductitent.
Monstrum mulieris; tantilla tanta uerba funditat,
Quoius ego nebula*i* cyatho septem noctes non emam.
AG. Di immortales omnipotentes, quid est apud uos pulcrius?
Quid habetis qui mage immortalis uos credam esse quam ego siem,
Qui haec tanta oculis bona concipio? nam Venus non est Venus :
Hanc equidem Venerem uenerabor, me ut amet [at] pos⟨t⟩hac propitia.
Milphio, heus, Milphio, ubi es?
MI. Assum apud te eccum.
AG. At ego elixus sis uolo.

264 mantat *B* : mandat *CD* ‖ maneat *BCD* : Mantet *Ritschl* ‖ 265 aput *B* ‖ An te *Gruter* : Ante *BCD* ‖ 266 Prosedas *B*, PAVL. FESTI *252,14* : Proseda *CD* ‖ reliquias *B* : reliquis *B* reginas *T* ‖ alicarias *corr. ex* PAVL. FESTI *7,11* : allicarias *BCDT* ‖ 267 schoeno *B*, FESTVS *442,12*; *cf.* VARRO *L. L. 7,64* : scheno *CD* ‖ seruulicolas *Gruter* : seruilicolas *BCD* ‖ 268 statumque *BCD* : stratumque *Pius* ‖ 269 hau *B* : haud *CD* ‖ 270 seruulorum *CD* ‖ diobolaria *Z* : duo- *codd.* ‖ 271 *Pers. not. om. BD* ‖ I in *D* : I i in *B* L in *C* ‖ 272 eampse *Camer.* : eam ipse *BCD* ‖ ductitent *C* : ducti tenet *B* discutient *D* ‖ 273 Monstrum *B* : Et monstrum *CD* ‖ 274 Quoius *B* : Quo uis *C* Pro cuius *D* ‖ nebulai *Bothe* : nebulae *CD* -la *B* ‖ cyatho : ciatho *CD* ciratho *B* ‖ 275 Di i mortales *B* ‖ 276 immortalis *B corr.* : -les *B ante corr.*, *CD* ‖ 278 me *om. CD* ‖ amet potshac *Camer.* : ametat post hac *codd.* ‖ propitia milphio *B* ‖ 279 *alterum* Milphio *secl. Bothe* ‖ assum *F* : adsum *BCD* ‖ aput *B* ‖ AG. : *spat. B, om. CD*

MILPHION. — Eh mais! mon maître, tu fais de l'esprit.

AGORASTOCLÈS. — C'est à ton école que je me suis formé.

MILPHION. — T'ai-je aussi appris à aimer une belle sans l'avoir jamais touchée?

AGORASTOCLÈS. — Cela ne fait rien; j'aime aussi les dieux, par Pollux! et je les révère; et pourtant je ne mets pas la main sur eux.

ANTÉRASTILE. — Ah! par Castor, quand je regarde comment nous sommes habillées, je nous trouve bien mal fagotées.

ADELPHASIE. — Mais si, nous sommes très bien, je t'assure. Pour le profit du maître comme pour le nôtre, nous sommes assez bien habillées. Sans doute ne peut-on faire de profit sans dépense, je le sais; mais tout de même, il ne peut y avoir de profit quand la dépense est plus forte, ma sœur. Mieux vaut se trouver satisfait d'avoir une toilette qui suffit, que de vouloir plus qu'il ne suffit[1].

AGORASTOCLÈS. — Par l'amour des dieux, Milphion! j'aimerais mieux son amour, à elle, que leur amour, à eux. Cette femme-là, vois-tu, attendrirait un roc et s'en ferait aimer.

MILPHION. — Sur ce point-là tu dis vrai, ma foi; car tu es plus bête qu'un roc, pour l'aimer comme tu fais.

AGORASTOCLÈS. — Et vois pourtant; je n'ai jamais collé mes lèvres contre ses lèvres.

MILPHION. — Je cours quelque part chercher de la colle.

AGORASTOCLÈS. — Pourquoi faire?

MILPHION. — Pourquoi? Pour coller vos lèvres à tous les deux[2].

1. Le texte de ce vers est corrompu dans les manuscrits et a été corrigé de plusieurs façons.

2. Autre jeu de mots sur *limus* « boue, limon », et *limare* « frotter, user ». Le texte latin ne se laisse pas traduire littéralement; la traduction adoptée est celle de Naudet. Du reste,

MI. Enim uero, ere, facis delicias.
AG. De te quidem haec didici omnia
MI. Etiamne ut ames eam quam numquam tetigeris?
⟨AG.⟩ Nil *id* quidemst;
Deos quoque edepol et amo et metuo, quibus [ego] tamen abstineo manus.
AN. Eu ecastor, quom ornatum aspicio nostrum ambarum, paenitet
Exornatae ut simus.
AD. Immo uero sane commode.
Nam pro erili et nostro quaestu satis bene ornatae sumus.
Non enim potis est quaestus fieri, nisi sumptus sequitur, scio;
Et tamen quaestus non consistet, si eum sumptus superat, soror,
Eo illud satiust satis quod [satis est] habitus ⟨quam illud quod⟩ plus quam sat est.
AG. Ita me di ament ut illa me amet malim quam di, Milphio.
Nam illa mulier lapidem silicem subigere, ut se amet, potest.
MI. Pol *id* quidem hau mentire; nam tu es lapide silice stultior
Qui hanc ames.
AG. At uide sis; cum illac numquam limaui caput.
MI. Curram igitur aliquo ad piscinam aut ad lacum, limum petam.

280 uero *om. CD* ‖ AG. : *spat BCD* ‖ 280 sq. *uerba* omnia — id (illic) *om. B* ‖ 281 AG. *add. Ritschl* ‖ id *Bothe* : illic *CD* hoc *Seyffert* ‖ 282 *accedit A* ‖ quibus tamen *Reiz, quadrantibus spatiis in A* : quibus ego tamen *BCD* ‖ 283 *Pers. om. CD relicto spatio* ‖ quom *AB* : cum *CD* ‖ ornatam B^1 ‖ penitet *CD* ‖ 284 ut *supra scr. B* ‖ *V. 285-352, cf. ad u. 217* ‖ 285 erili et *A* : erilicet *BCD* ‖ ornate *BCD* ‖ 286 potis (e)s(t) *A* : potest *BCD* pote CHARISIVS *GLK I 223,21 sed nónením displicet* ‖ *Verba* fieri ... quaestus (*v. 287*) *habent A* (*litteris plerisque incertis*) CHARIS. : *om. P propter homoeoteleuton* ‖ nisi CHARIS. : ni *A, ut uid.* ‖ 288 satius(t) *A* : satius si *BCD* ‖ satis quod habitust *Ritschl* : satis quod satis est habitus *BCD, A n. l.* ‖ quam illud quod *add. Ritschl* ‖ 289 di *BCD* : dei *A* ‖ ament *ACD* : amet *B* ‖ 291 idquidem : it quidem *BCD* equidem *A* ‖ hau *A, ut uid.* : haut *BCD* ‖ 292 cum *ACD* : quom *B* ‖ cum illac numquam *codd.* : numquam cum ea EVGRAPHIVS *ad Ter. Eun. 601* ‖ 293 aut *ACD* : aud *B* ‖ ad *AB* : *om. CD*

AGORASTOCLÈS. — Va-t-en au diable.

MILPHION *(se tournant vers son maître)*. — J'y suis.

AGORASTOCLÈS. — Tu continues?

MILPHION. — Je me tais.

AGORASTOCLÈS. — Que ce soit pour toujours.

MILPHION. — Eh, mais! mon maître, tu me provoques à mon propre jeu, tu fais de l'esprit.

ANTÉRASTILE. — Pour le moment tu te trouves sans doute assez bien mise, ma sœur. Mais quand nous comparerons les toilettes des autres courtisanes, c'est alors que tu auras du chagrin, s'il t'arrive d'en voir une mieux mise que toi.

ADELPHASIE. — Je n'ai jamais connu l'envie ni la malveillance, ma sœur. J'aime mieux être parée de bonnes qualités que de tout l'or du monde. L'or, c'est la chance qui le procure; le bon naturel, c'est de soi qu'on le tient. [J'aime beaucoup mieux qu'on dise de moi que je suis bonne plutôt que je suis riche.] Une courtisane doit porter sur elle la pudeur plutôt que la pourpre. [Une courtisane doit porter sur elle la pudeur plutôt que des bijoux[1].] La mauvaise conduite est pire que la boue pour salir une belle toilette. La bonne conduite fait aisément accepter par ses façons une mauvaise toilette.

AGORASTOCLÈS *(à Milphion)*. — Dis donc, toi, veux-tu faire une belle et bonne action?

MILPHION. — Volontiers.

AGORASTOCLÈS. — Es-tu capable de m'écouter?

MILPHION. — Sans doute.

AGORASTOCLÈS. — Va-t-en à la maison, et pends-toi.

les vers 289-296 sont suspects à quelques éditeurs. Outre qu'ils renouvellent les plaisanteries des v. 279-280, ils interrompent assez fâcheusement le dialogue entre les deux sœurs.

1. Les vers 303 et 305 sont suspects d'être interpolés. Le premier a été éliminé par Ritschl, le second par Guyet. Tout ce développement se retrouve dans la *Mostellaria*, v. 285 et suiv. Le v. 306 se répète dans cette dernière comédie, v. 291.

AG. Quid eo opust?
MI. Ego dicam : ut illi et tibi limem caput.
AG.⟩ I in malam rem.
MI. Ibi sum equidem.
AG. Pergis?
MI. Taceo.
AG. At perpetuo uolo.
MI. Enim uero, ere, meo me lacessis ludo et delicias facis.
AN. Satis nunc lepide ornatam credo, soror, te tibi uiderier.
Sed ubi exempla conferentur meretricum aliarum, ibi tibi
Erit cordolium, si quam ornatam melius forte aspexeris.
AD. Inuidia in me numquam innatast neque malitia, mea soror.
Bono me⟨d⟩ esse ingenio ornatam quam auro multo mauolo.
Aurum, id fortuna inuenitur, natura ingenium bonum :
[Bonam ego quam beatam me esse nimio dici mauolo.]
Meretricem pudorem gerere magis decet quam purpuram.
[Magisque meretricem pudorem quam aurum gerere condecet.]
Pulchrum ornatum turpes mores peius caeno conlinunt;
Lepidi mores turpem ornatum facile factis comprobant.
AG. Eho tu, uin tu facinus facere lepidum et festiuom?
MI. Volo.
AG.⟩ Potesne mi auscultare?
MI. Possum.
AG. Abi domum ac suspende te.

294 opust *Camer.* : opus est *A ut uid.* opus sit *BCD* ‖ limem *A* : limem *BCD* ‖ 295 *Pers. not. om. BD* ‖ I in *B* (i) *CD* : In *A* ‖ pergis *A, FZ* : perdis *BCD* ‖ 296 ere *A* : aere *BCD* ‖ lacessis *AD* : laccessis *BC* ‖ 298 conferentur *A* : conferuntur *BCD* ‖ meretricum *A* : -cium *BCD* ‖ 300 innatast *BD*, *C* (-ta est) : gnata est *A* ‖ 301 med *Bothe* : me *codd.* ‖ me e(sse in)genio *A ut uid.* : me ingenio esse *B* i. m. e. *CD* ‖ 302 sq. *secl. Ritschl* ‖ 302 id *A* : in *BCD* ‖ 303 *secl. Leo* dici *ACD* : deci *B* ‖ 304 sq. *inuertit A*; *priorem secl. Geppert, alterum Guyet* ‖ 305 magisque *A* : Magis quit *B* Magis quid *CD* Magisque id *Leo* ‖ 306 *cf. Most. 291* ‖ turpes *BCD* : turpest *A* ‖ conlinunt *A* : coll- *BCD* ‖ 307 comprobant *ACD* : con- *B* ‖ 308 festiuom *B* : -uum *ACD* ‖ 309 mihi *codd.* ‖ auscultare ABC^1 : -ri *C corr. D*

MILPHION. — Pourquoi?

AGORASTOCLÈS. — Parce que tu n'entendras jamais plus tant de si douces paroles. Que te servirait-il de vivre désormais? Écoute-moi donc, va te pendre.

MILPHION. — Mais pourvu que tu sois pendu de compagnie avec moi, comme une grappe de raisin sec.

AGORASTOCLÈS. — Mais moi, je l'aime.

MILPHION. — Mais moi, j'aime boire et manger.

ADELPHASIE *(à sa sœur)*. — Dis donc; à propos...

ANTÉRASTILE. — Que veux-tu?

ADELPHASIE. — Tu vois? Mes yeux qui étaient pleins de chassie sont brillants, maintenant.

ANTÉRASTILE. — Oui, mais tu as encore un peu de chassie vers le milieu. Donne un peu, je vais l'enlever.

AGORASTOCLÈS *(à Milphion, qui fait le geste de s'approcher d'Adelphasie)*. — Comment, toi, avec tes mains sales, tu toucherais à ses yeux ou tu les frotterais!

ANTÉRASTILE. — La paresse nous a trop tenues aujourd'hui.

ADELPHASIE. — En quoi, je te prie?

ANTÉRASTILE. — Nous aurions dû nous rendre depuis longtemps, avant le jour, au temple de Vénus, pour être les premières à déposer le feu sur l'autel.

ADELPHASIE. — Mais non, à quoi bon? Ce sont les belles de nuit qui se dépêchent d'aller sacrifier la nuit. Avant même que Vénus ne se lève, vite, vite, elles se hâtent de faire leur sacrifice; car si Vénus était éveillée pour leur venue, elles sont si laides, par Castor, qu'elles seraient, je crois, capables de la faire fuir de son temple.

AGORASTOCLÈS. — Milphion!

MILPHION *(excédé d'ennui)*. — Pauvre Milphion, par Pollux! *(A Agorastoclès)* Que veux-tu encore?

AGORASTOCLÈS. — Écoute-la, je te prie, par Hercule! N'est-ce pas un pur miel que son langage?

MILPHION. — Oui, rien que petits pâtés, sésame et pavot, fleur de farine et noix grillées.

⟨MI.⟩ Quam ob rem?
AG. Quia iam numquam audibis uerba tot tam suauia.
Quid tibi opust uixisse? ausculta mihi modo ac suspende te.
MI. Siquidem tu es mecum futurus pro uua passa pensilis.
AG. At ego amo hanc.
MI. At ego esse et bibere.
AD. Eho tu, quid ais?
AN. Quid rogas?
AD. Viden tu? pleni oculi sorderum qui erant iam splendent mihi.
AN. Immo etiam in medio oculo paullum sordet. Cedo sis, deteram.
AG. Vtquidem tu huius oculos inlutis manibus tractes aut teras?
AN. Nimia nos socordia hodie tenuit.
AD. Qua de re, obsecro?
⟨AN.⟩ Quia non iam dudum ante lucem ad aedem Veneris uenimus,
Primae ut inferremus ignem in aram.
AD. Aha, non factost opus.
Quae habent nocturna ora, noctu sacruficatum ire occupant.
Prius quam Venus expergiscatur, prius deproperant sedulo
Sacruficare; nam uigilante Venere si ueniant eae,
Ita sunt turpes, credo ecastor Venerem ipsam e fano fugent.
⟨AG.⟩ Milphio!
MI. Edepol Milphionem miserum! quid nunc uis tibi?
⟨AG.⟩ Opsecro hercle, ut mulsa loquitur!
MI. Nil nisi laterculos,

310 Quia *A* : Qui *BCD* ‖ nunquam *B* ‖ 311 opust *A* : opus si *BCD* ‖ 312 siquid ea es tu NONIVS *12,1* ‖ passa *A, B* NON. : *om. CD* ‖ pensilis *ACD* : -bis *B* -li NON. ‖ 313 amo *BCD* : amabo *A* ‖ 314 pleni *BCD* : plelli *A, ut uid.* ‖ sorderum *A* : -runt *BCD* ‖ 315 sis *BCD* : si *A* ‖ deteram *Scaliger* : dexteram *BCD* ‖ 316 quidem tu *A* : tu quidem *BCD* ‖ teras *BCD* : terras *A* ‖ 318 non iam *B* : non ian *A* iam non *CD* ‖ 319 primae *A* : Prima cum *BCDT* ‖ ut *ABT* : *om. CD* ‖ ignem *A* : signem *BCD* ‖ Aha *A* : Ah *BCD* ‖ factost *BCD* : factust *A* ‖ 320 sacruficatum *A* : sacri- *BCD*; *item 322* ‖ occupant *A* : -pans *BCD* ‖ 321 uenus expergiscatur *A* : uenus experiscatur *B* experiscatur uenus D^1 expescatur uenus *C* ‖ 322 uigilante AB^1 : uigu- B^2D^1 iugu- *C* ‖ eae *A* : aeae *BCD* ‖ 325 Opsecro *AB* : Ob- *CD* ‖ nulsa *B*

AGORASTOCLÈS. — Crois-tu que j'aime!...

MILPHION *(l'interrompant)*. — Ta ruine, chose que Mercure n'aime pas du tout.

AGORASTOCLÈS. — Eh! est-ce le profit, par Pollux, que doit aimer un amoureux?

ANTÉRASTILE. — Partons, ma sœur.

ADELPHASIE. — Allons, comme il te plaira.

ANTÉRASTILE. — Suis-moi de ce côté.

ADELPHASIE. — Je te suis.

MILPHION. — Elles s'en vont.

AGORASTOCLÈS. — Si nous allions leur parler?

MILPHION. — Va-s-y.

AGORASTOCLÈS *(à Adelphasie)*. — Premièrement salut à toi, la première. *(A Antérastile)* A toi la seconde, salut de seconde qualité. *(A la servante)* Et à toi, la troisième, un salut qui ne compte pas.

LA SERVANTE. — Alors, par Pollux, j'ai perdu et mon huile et ma peine.

AGORASTOCLÈS *(à Adelphasie)*. — Où vas-tu?

ADELPHASIE. — Moi? au temple de Vénus.

AGORASTOCLÈS. — Pourquoi faire?

ADELPHASIE. — Pour me la rendre propice.

AGORASTOCLÈS. — Comment? serait-elle en colère? Elle t'est propice, par Hercule; si tu veux, j'en réponds pour elle. *(Après une pause, et ne sachant que dire)* Eh bien, que dis-tu? *(Il la prend dans ses bras)*.

ADELPHASIE *(cherchant à se dégager)*. — Pourquoi m'ennuies-tu comme cela, je te prie?

AGORASTOCLÈS. — Oh! que tu es farouche!

ADELPHASIE. — Fais-moi le plaisir de me lâcher.

AGORASTOCLÈS. — Pourquoi te presses-tu? Il y a foule là-bas, maintenant.

ADELPHASIE. — Je sais. J'y veux voir quelques-unes des nôtres, et aussi me faire voir.

Sesumam papaueremque, triticum et frictas nuces.
AG. Ecquid amare uideor?
MI. Damnum, quod Mercurius minime amat.
AG. Namque edepol lucrum | amare nullum amatorem addecet.
⟨AN.⟩ Eamus, mea germana.
AD. Age sis ut lubet.
AN. Sequere hac.
AD. Sequor.
⟨MI.⟩ Eunt hae.
AG. Quid si adeamus?
MI. Adeas.
AG. Primum prima salua sis;
Et secunda tu in secundo salue [in] pretio; tertia
Salue extra pretium.
AN. Tum pol ego et oleum et operam perdidi.
AG. Quo agis?
AD. Egone? in aedem Veneris.
AG. Quid eo?
AD. Vt Venerem propitiem.
AG. Eho, an irata est? propitia herclest; uel ego pro illa spondeo.
Quid tu ais?
AD. Quid mihi molestu's, obsecro?
AG. Aha! tam saeuiter!
⟨AD.⟩ Mitte amabo.
AG. Quid festinas? turba nunc illi est.
AD. Scio.
Sunt illi aliae, quas spectare ego et me spectari uolo.

326 pa pauperemque *B* ‖ nuces *ACD* : nunc es *B* ‖ 327 dampnum *CD* ‖ 328 *sic codd. cum hiatu* : nam ⟨quidem⟩ edepol *Bothe*; lucrum ⟨ullum⟩ *Brix* ‖ 330 hae *ex* haec *C* ‖ 331 insecundo *uel* in secundo *codd. unde* tu i. .s. s. [in] pretio *Studemund uel* tu [in] s. s. i. p. *Camer.* (*cf. Am. J. of Phil. 21,37*) ‖ 333 agis *A* : te agis *BCD* ‖ 334 Eho an *AB* : Ehon *CD* ‖ *Totum u. Agorastocli dederunt FZ* : *person. spatia ante* propitia *et* uel *habent codd.* ‖ 335 molestu's *Ritschl* : -tus *codd.* ‖ Aha *A*, NONIVS *510,33* : Ah *BCD* ‖ 336 *Pers. spat. ante* turba *habet A*

Agorastoclès. — Quelle idée de regarder des laiderons, et de donner en spectacle un aussi beau visage?

Adelphasie. — C'est aujourd'hui le marché des courtisanes dans le temple de Vénus. C'est le rendez-vous des marchands, et je veux m'y montrer.

Agorastoclès. — Bon pour la marchandise invendable d'aller au devant de l'acheteur; la bonne marchandise trouve facilement acquéreur, même quand on la tient au fond de la boutique. Dis-moi, quand viendras-tu là-bas pour que nous ne fassions qu'un corps et qu'une bouche[1]?

Adelphasie. — Le jour où Orcus aura renvoyé les morts de l'Achéron.

Agorastoclès. — J'ai à la maison je ne sais combien d'écus d'or qui brûlent d'entrer en danse.

Adelphasie. — Apporte-les moi; j'aurai tôt fait de les calmer.

Milphion. — Charmante, par Hercule!

Agorastoclès. — Va-t-en, maraud; va te faire pendre à tous les diables.

Milphion *(regardant Adelphasie coiffée d'un bandeau appelé vapeur)*. — Plus que je la regarde, plus elle m'apparaît comme une évaporée, une vraie poupée[2].

Adelphasie *(à Agorastoclès)*. — Fais-moi grâce de ta conversation. Tu m'ennuies.

Agorastoclès. — Tiens, relève ton voile.

Adelphasie. — Je suis pure; évite de me toucher, s'il te plaît, Agorastoclès.

Agorastoclès *(interloqué)*. — Que veux-tu que je fasse maintenant?

Adelphasie. — Tu ferais sagement de ne pas tant t'occuper de moi.

1. Texte discuté. Il y a divergence entre le palimpseste et les manuscrits palatins.

2. Le sens de ce vers ne se laisse pas exactement préciser.

AG. Qui lubet spectare turpis, pulchram spectandam dare?
AD. Quia apud aedem Veneris hodie est mercatus meretricius;
Eo conueniunt mercatores, ibi ego me ostendi uolo.
AG. Inuendibili merci oportet ultro emptorem adducere;
Proba mers facile emptorem reperit, tam etsi in abstruso sitast.
Quid ais tu? quando illi [apud me] mecum caput et corpus copulas?
AD. Quo die Orcus Accherunte mortuos amiserit.
AG. Sunt mihi intus nescioquo*t* nummi aurei lymphatici.
AD. Deferto ad me; faxo actutum constiterit lymphaticum.
⟨MI.⟩ Bellula hercle!
⟨AG.⟩ Ei dierecte in maxumam malam crucem!
MI. Quam magis aspecto, tam magis est nimbata et nugae merae.
AD. Segrega sermonem; taedet.
AG. Age, sustolle hoc amiculum.
AD. Pura sum; comperce, amabo, me attrectare, Agorastocles.
AG. Quid agam nunc?
AD. Sei sapias, curam hanc facere conpendi potes.
AG. Quid? ego *non* te curem? Quid ais, Milphio?
MI. Ecce odium meum.

338 lubet *BCD* : libet *A* ‖ 340 ego *BCD* : *om. A* ‖ 341 merci *A* : merce *CD* mers *B* ‖ 342 reperit *A* : repperit *BCD* ‖ tametsi *A* : tarem est (ē *B*) et si *BCD* ‖ abstruso *B* : abstruoso *CD* occulto *A* ‖ 343 apud me *secl. Bothe* ‖ caput et corpus copulas *BCD* : palpas et lallas *A ut uid.*; *an* pappas et lallas *?* ‖ 344 Accherunte *Hermann* : achaerunte *A* ab achaerunte *B* ab aheronte *CD* ‖ amiserit *A* : -ris *BCD* ‖ 345 intus *om. A* ‖ nescioquot D^4FZ: nescioquod *ABCD* ‖ aurei *BCD* : laurei *A* ‖ 347 AG. *add. FZ* ‖ ei *A* : i *BCD* ‖ im *B* ‖ maxumam *A* : maxi- *BCD* ‖ 348 Quam *ABCD* : Quo Isidorvs *Or.* XIX, *31,2* ‖ aspecto *ACD* : atspecto *B* eam aspicio Isid. ‖ ninbata *B* : nimbata est Isid. ‖ 350 comperce *AB* : comperte *CD* ‖ attrectare *BCD* : attrac- *A* ‖ 351 Sei *A* : Si *BCD* ‖ conpendi *A* : com- *BCD* ‖ potes *FZ* : potest *ABCD* ‖ 352 non *Acid.* : nunc *ABCD* ‖ ais *A* : agas *BD*; *uerba* quid ais ... id curem *om. C in textu*

AGORASTOCLÈS. — Comment? ne pas m'occuper de toi? Dis donc, Milphion.

MILPHION *(à part)*. — Quel poison! *(Haut)* Qu'est-ce que tu me veux?

AGORASTOCLÈS. — Pourquoi est-elle fâchée contre moi?

MILPHION. — Pourquoi elle est fâchée contre toi? Pourquoi m'en inquiéterais-je? Pourquoi serait-ce plutôt à moi de m'en inquiéter?

AGORASTOCLÈS. — Tu es un homme mort, par Hercule, si tu ne me la rends aussi calme que la mer, au temps où l'alcyon est en train de couver.

MILPHION. — Que veux-tu que je fasse?

AGORASTOCLÈS. — Prie, flatte, caresse.

MILPHION. — Je ferai de mon mieux. Mais attention, s'il te plaît; ne va pas ensuite peigner ton ambassadeur à coups de poing.

AGORASTOCLÈS. — Mais non.

ADELPHASIE. — Tu n'es pas juste envers moi; tu m'arrêtes, tu me tarabustes; tu me fais toutes sortes de belles promesses, et toutes s'en vont en fumée. Tu devais m'affranchir, tu l'as juré, non pas une fois, mais cent. En attendant après toi, je n'ai pas cherché ailleurs d'autres ressources, et je ne vois pas venir celles que tu m'as promises; aussi je suis toujours esclave comme avant. Viens, ma sœur. *(A Agorastoclès)* Éloigne-toi de moi.

AGORASTOCLÈS. — Je suis perdu. Eh bien, Milphion?

MILPHION *(s'approchant d'Adelphasie d'un ton suppliant et moqueur à la fois)*. — Plaisir de mes jours, mes délices, ma vie, mon agrément, mon petit œil, ma lèvre mignonne, mon sauveur, mon baiser, mon miel, mon cœur, mon premier lait, mon petit fromage mou...

Quid me uis?

AG. Qur mihi haec iratast?

MI. Qur haec irata est tibi?

Qur ego id curem? nam qu*i* istaec magis meast curatio?

AG. Iam hercle tu peristi, nisi illam mihi tam tranquillam facis

Quam mare olimst, quom ibi alcedo pullos educit suos.

MI. Quid faciam?

AG. Exora, blandire, palpa.

MI. Faciam sedulo;

Sed uide sis, ne tu oratorem hunc pugnis pectas postea.

AG. Non faciam.

AD. Non aequos in me es; se*d* morare et male facis.

Bene promittis multa ex multis; omnia incassum cadunt.

Liberare iurauisti me haud semel, sed centiens.

Dum te exspecto, neque ego usquam aliam mihi paraui copiam,

Neque istuc usquam apparet; ita nunc seruio nilo minus.

I, soror. Apscede tu a me.

AG. Perii! Ecquid ais, Milphio?

MI. Mea uoluptas, mea delicia, mea uita, mea amoenitas,

Meus ocellus, meum labellum, mea salus, meum sauium,

Meum mel, meum cor, mea colustra, meus molliculus caseus.

353 Qur *B* : Cur *A ut uid. CD* ‖ iratast *A* : -ta est *BCD* ‖ MI. *FZ* : *spatium A, nihil BCD* ‖ Qur *AB* : Cur *CD* ‖ irata est tibi *AB* : mihi irata est *CD* ‖ 354 Qur *AB* : Cur *CD* ‖ nam qui *Bothe* : namque (quae *B*) *ABCD* ‖ meast *A* : mea est *BCD* ‖ 355 hercule *B* ‖ peristi *BCD* : -tis *A* ‖ 356 olimst *A* : olim est *BCD* ‖ quom *B* : cum *ACD* ‖ alcedo PRISCIANVS *GLK 205,23* : alcyo *AB* alycio *CD* ‖ educit *A* PRISC. : seducit *BCD* ‖ 357 xora *B* ‖ palpa *A* : expalpa *cett.*, NONIVS *104,7* ‖ MI. *om. BCD sine spat.* ‖ 358 set *A*, *ut uid.* ‖ postea *BCD* : omnia *A* ‖ 359 aequos *A* : aecuius *BCD* ‖ me es : sed *Spengel* : me esset *codd.* ‖ 361 Liberaret *CD* ‖ iurauisti *A* : iura uis te *BCD* ‖ *Pers. not. ante* sed *habet A* ‖ sed centiens *A* : sedent lens *B* sed deciens *CD* ‖ 362 expecto *BCD* ‖ ego *A* : *om. cett.* ‖ 364 AG. : *pers. spat. om. BCD* ‖ ecquid *AB* : eo quid *CD* ‖ ais *A* : agis *BCD* ‖ 365 mea delicia GELLIVS *XIX, 8,6*, NONIVS *100,19* : meae deliciae *codd.* ‖ 366 ocellus *BCD* : oculus *A* ‖ 367 *spat. post* mel *in A* ‖ mel : mei *B* ‖ collustra *CD*

Agorastoclès. — Souffrirai-je que de pareilles choses se disent devant moi? Malheur! Je veux être écartelé sur la croix, si je ne le fais traîner chez le bourreau au galop d'un quadrige.

Milphion. *(à Adelphasie).* — Ne sois plus fâchée contre mon maître, je t'en prie; fais cela pour moi. Je te réponds, si tu n'es plus en colère, qu'il donnera pour toi tout ce qu'on voudra, et qu'il fera de toi une femme libre, une citoyenne d'Athènes. Pourquoi ne le laisses-tu pas t'approcher? A ceux qui te veulent du bien, pourquoi n'es-tu pas bienveillante aussi? S'il a pu te manquer de parole jadis, dorénavant il sera sincère. Laisse-moi te fléchir par mes prières, laisse-moi te prendre par tes jolies oreilles, laisse-moi te donner un baiser.

Adelphasie *(le repoussant).* — Arrière, s'il te plaît, imposteur, digne pendant de ton maître.

Milphion. — Tu ne sais pas? Sûrement, je vais le mettre en larmes, moi, si je ne réussis à t'apaiser; mais, si je ne t'apaise pas, j'ai bien peur qu'il ne me mette en pièces, lui. Je connais son humeur morose et méchante. Ainsi, je t'en prie, plaisir de mes jours, laisse-toi fléchir par mes prières.

Agorastoclès *(éclatant).* — Je ne vaux pas trois oboles, si je n'arrache pas les yeux et les dents à ce maraud. *(Il le frappe à coups redoublés)* Tiens pour le plaisir de tes jours, tiens pour ton miel, tiens pour ton cœur, tiens pour ta lèvre mignonne, tiens pour ton sauveur, tiens pour ton baiser.

Milphion. — Tu te rends sacrilège, mon maître; tu frappes un ambassadeur.

Agorastoclès *(continuant à frapper).* — Raison de plus. [Je t'en donnerai encore pour ton petit œil, et pour ta lèvre mignonne, et pour ta langue. .

Milphion. — T'arrêtes-tu?]

AG. Mene ego illaec patiar praesente dici? Discrucior miser,
Nisi ego illum iubeo quadrigis cursim ad carnificem rapi.
MI. Noli, amabo, suscensere ero meo causa mea.
Ego faxo, si non irata es, ninnium pro te dabit,
Atque te faciet ut sis ciuis Attica atque libera.
Quin adire sinis? Quin tibi qui bene uolunt, bene uis item?
Si ante quid mentitust, nunciam dehinc erit uerax tibi.
Sine te exorem, sine prehendam auriculis, sine dem sauium.
AD. Apscede hinc sis, sycophanta par ero.
MI. At scin quomodo?
Iam hercle ego faciam ploratillum, nisi te facio propitiam;
Atque hic ne me uerberetillum faciat, nisi te propitio,
Male formido; noui ego huius mores morosi malos.
Quam ob rem, amabo, mea uoluptas, sine te⟨d⟩ exorarier.
AG. Non ego homo trioboli sum, nisi ego illi mastigiae
Exturbo oculos atque dentes. Em uoluptatem tibi!
Em mel; em cor; em labellum; em salutem; em sauium!
MI. Impias, ere, te; oratorem uerberas.
AG. Iam istoc magis.
[Etiam ocellum addam et labellum et linguam.
MI. Ecquid facies modi?]

368 illaec patiar praesente *BCD* : praesente patiar illaec *A* ‖ 370 causam *B* ‖ 371 irata es *BCDT* : iratast *A* ‖ ninnium *AT* « *ubi quid lateat nescimus* » *(Goetz-Schoell)* : nimium *BCD* ‖ 372 Atque *codd.* : Ac *Bothe* ‖ sis *BCD* : sies *A*, *ut uid.* ‖ 373 AD. *notam praemittit B*, *spatium habet A* ‖ *Post* sinis *spatium A* ‖ quin *A* : qui lu *B* qui ui *D* qui *deinde spatium C* ‖ *post* tibi *spatium CD* ‖ 374 MI. *praemittit B* ‖ quid mentitust *A* : quidem entitus sit *B* quidem mentitus sit *CD* ‖ 375-376 *hoc ordine in A* : *inuertunt BCD* ‖ auriculis *BD*, *C* (-lus) : auris *A* ‖ sauiumi *B* ‖ 376 Apscede hinc *AB* : Aspice dehinc *CD* ‖ scin *A* : sin *BCD* ‖ 377 hercle *A* : hercule *BCD* ‖ ploratillum *A* : plorantem illum *BCD* ‖ facio p(ropitiam) *A*, *Camer.* : propiciam (-tiam *D*) facio *BCD* ‖ 378 ne me *A* : me ne *BCD* ‖ 379 morosi *B* : moros *A* mores *CD* ‖ 380 amabo *BCD* : *om. A* ‖ mea *A*, *CD* : me *B* ‖ ted *Guyet* : te *BCD* hoc *A* ‖ 382 adque *B* ‖ em *A* : hem *BCD hic et in u. sq.* ‖ 383 saulum *B* ‖ 384 Impias ere te *ABT* : Impia secrete *CD*, DONATVS *ad. Hec. prol. II u. 1* ‖ 385 *u. secl. Leo ut spurium* ‖ *alterum* et *om. A* ‖ MI. *Camer.* : *spatium AB*, *om. CD* ‖ ecquid *AB* : eo quid *CD*

Agorastoclès. — Est-ce d'une pareille ambassade que je t'avais chargé?

Milphion. — Comment faut-il m'y prendre, alors?

Agorastoclès. — Tu le demandes? Voici ce que tu devais dire, coquin : *(Se tournant vers Adelphasie)* Plaisir des jours de mon maître, je t'en supplie, son miel, son cœur, sa lèvre mignonne, sa langue, son baiser, ses délices, son salut charmant, son jour de fête [son premier lait, son petit fromage doux, *(à Milphion)* pendard; *(se retournant vers Adelphasie)* son cœur, sa passion, son baiser, *(à Milphion)* pendard[1]] : tout ce que tu disais comme étant à toi, il fallait en parler comme étant à moi.

Milphion *(s'approchant d'Adelphasie)*. — Je t'en prie, par Hercule, plaisir de ses jours et poison des miens, tétonnière son amoureuse, et méchante femme mon ennemie, prunelle de ses yeux et chassie des miens, miel pour lui, fiel pour moi, ne sois pas en colère contre lui ou, si cela est impossible, ... prends une corde et pends-toi avec ton maître et toute votre séquelle. Car je prévois qu'à cause de toi il me faudra en avaler de dures; déjà mon dos n'est que plaies, il est zébré comme un coquillage, à cause de votre amour.

Adelphasie. — Comment veux-tu, s'il te plaît, que je sois plus capable de l'empêcher de te battre, toi, que de me mentir, à moi?

Antérastile *(à sa sœur)*. — Réponds-lui donc quelque chose d'agréable, pour qu'il cesse de nous être désagréable. Car il nous retient ici, loin de nos occupations.

Adelphasie *(à sa sœur)*. — Tu as raison. *(Au jeune homme)* Pour cette fois encore, je veux bien te pardonner, Agorastoclès; je ne suis pas fâchée.

1. Le premier de ces deux vers ne se trouve pas dans le palimpseste; le second est suspect d'être interpolé.

AG. Sicine ego te orare iussi?
MI. Quo modo ergo orem?
AG. Rogas?
Sic enim diceres, sceleste : huius uoluptas, te opsecro,
Huius mel, huius cor, huius labellum, huius lingua, huius sauium,
Huius delicia, huius salus amoena, huius festiuitas,
Huius colustra, huius dulciculus caseus, mastigia :
[Huius cor, huius studium, huius sauium, mastigia.]
Omnia illa quae dicebas tua esse, ea memorares mea.
MI. Opsecro hercle te, uoluptas huius atque odium meum,
Huius amica mammeata, mea inimica et maleuola,
Oculus huius, lippitudo mea, mel huius, fel meum,
Vt tu huic irata ne sis, aut, si id fieri non potest,
Capias restim ac te suspendas cum ero et uostra familia.
Nam mihi iam uideo propter te uictitandum sorbilo,
Itaque iam quasi ostreatum tergum ulceribus gestito
Propter amorem uestrum.
⟨AD.⟩ Amabo, men prohibere postulas
Ne te uerberet magis quam ne mendax me aduorsum siet?
AN. Aliquid huic responde amabo commode, ne incommodus
Nobis sit; nam detinet nos de nostro negotio.
AD. Verum. Etiam tibi hanc amittam noxiam unam, Agorastocles;

386 orare *A* : orares *BC* oratores *D* ‖ iussit *A*, *ut uid.* ‖ ergo *BCD* : ego *A* ‖ 387 opsecro *A* : ob- *BCD*, *item 392* ‖ 388 sauium *ACD* : salum *B* ‖ 389 *om. CD* ‖ delicia *Mercier ex u. 365* : deliciae *A* colustra *B* ‖ 390a *om. A*, *seruatis tantum uerbis* dulciculus caseus *quae super uerba* sauium mastigia *u. seq. scripta sunt minoribus litteris* ‖ 390b *secl. Angelius* ‖ 391 ea *ACD* : eam *B* ‖ 392 huius *BCD* : eius *A* ‖ adque *B* ‖ 393 Huius *ABCD* : cuius Nonivs *137,19* ‖ amicam Non. ‖ mammeata *A* : -tam Non. mammiata *BCD* ‖ 394 Oculus *A* : -los *BC* -lo *D* ‖ lippitudo *A* : leppitudo *BC* lepitudo *D* ‖ 396 suspensas *B* ‖ quom *B* ‖ 399 AD. *add. FZ* ‖ menbro hibere *B* ‖ 400 aduersum *A* ‖ 401 incommodus *AD* : -dis *BC* ‖ 402 nobeis *A* ‖ 403 Verum. Etiam *dist. Acidalius* ‖ agorastodes *B*

AGORASTOCLÈS. — Vraiment?

ADELPHASIE. — Vraiment.

AGORASTOCLÈS. — Alors, donne-moi un baiser, pour que je t'en croie.

ADELPHASIE. — Tout à l'heure, quand je serai revenue du sacrifice.

AGORASTOCLÈS. — Va vite, alors.

ADELPHASIE. — Suis-moi, ma sœur.

AGORASTOCLÈS. — Encore un mot.

ADELPHASIE. — Oui.

AGORASTOCLÈS. — Tu salueras bien Vénus de ma part.

ADELPHASIE *(impatientée)*. — Oui.

AGORASTOCLÈS. — Un mot encore.

ADELPHASIE *(avec plus d'impatience)*. — Qu'est-ce?

AGORASTOCLÈS. — Abrège ta prière. *(Elle s'en va; il l'arrête)* Un dernier mot. Jette un regard sur moi... Elle m'a accordé un regard! *(A Adelphasie qui s'éloigne avec sa sœur et sa suivante)* Par Pollux, Vénus te le rendra, j'en suis sûr.

⟨SCÈNE III⟩

AGORASTOCLÈS MILPHION

AGORASTOCLÈS. — Que me conseilles-tu de faire à présent, Milphion?

MILPHION. — Continue à me battre, et mets ta maison en vente; car tu peux le faire, par Hercule, sans nul inconvénient.

AGORASTOCLÈS. — Comment cela?

MILPHION. — Tu as élu domicile en grande partie sur ma figure.

Non sum irata.
AG. Non es?
AD. Non sum.
AG. Da ergo, ut credam, sauium
AD. Mox dabo, quom ab re diuina rediero.
AG. I ergo strenue.
⟨AD.⟩ Sequere me, soror.
AG. Atque audin?
AD. Etiam.
AG. Veneri dicito
Multam meis uerbis salutem.
AD. Dicam.
AG. Atque hoc audi⟨n⟩?
AD. Quid est?
⟨AG.⟩ Paucis uerbis rem diuinam facito. Atque audin? respice.
Respexit. Idem edepol Venerem credo facturam tibi.

AGORASTOCLES **MILPHIO**
ADOLESCENS SERVVS

AG. Quid nunc m*i* es auctor, Milphio?
MI. Vt me uerberes
Atque auctionem facias; nam inpunissume
Tibi quidem hercle uendere hasce aedis licet.
AG. Quid iam?
MI. Maiorem partem in ore habitas meo.

404 *Pers. sp. praem. BCD* ‖ Non sum arata | Non sum irata *iterat B* ‖ non es non sum *contin. A* ‖ suaium *B* ‖ 406 Seque *B* ‖ Adque *B* ‖ 407 Multam *A* : multa *BCD* ‖ uerbeis *A* ‖ audin *Ritschl* : audi *ABCD* ‖ quidst *A ut uid.* ‖ 409 edepol *A* : pol *BCD* ‖ tibi Agorastocles Milphio *contin. B et sub his nominibus* ADOLESCENS SERVVS.

AGORASTOCLES MILPHIO *A* : AGORASTOCLES . A . MILPHIO . S . D^3, *unius u. spat. C* ‖ *Personar. notas plerumq. om. BCD* ‖ 410 mihi es auctor *BCD* : mihi auctor es *A* ‖ 411 inpunissime *A* ‖ 413 parte minore *BCD* ‖ meo *AT* : mea *BCD*

Agorastoclès. — Ne reviens pas sur ce sujet-là.

Milphion. — Alors, que veux-tu de moi?

Agorastoclès. — Tu sais, les trois cents philippes? Je venais de les donner au fermier Collybiscus lorsque tu m'as appelé. Maintenant je t'en adjure, Milphion, par cette main droite que je presse, et par la gauche, sa sœur, par tes yeux, par mes amours, par mon Adelphasie[1], par ta liberté...

Milphion *(l'interrompant brusquement)*. — Ah, non! pas de cette adjuration-là, elle ne vaut rien.

Agorastoclès. — Mon petit Milphionet, mon bonheur, mon sauveur, fais ce que tu m'as promis; ruinons le léno.

Milphion. — Rien de plus facile. Va chercher tes témoins. Moi, en attendant, j'irai à la maison affubler ton fermier de mes accoutrements et de mes fourberies. Dépêche-toi, va.

Agorastoclès. — Je m'enfuis.

Milphion. — C'est affaire à moi plutôt qu'à toi.

Agorastoclès *(avec enthousiasme)*. — Et moi, et moi, si tu réussis joliment ce tour-là...

Milphion *(le poussant en haussant les épaules)*. — Va-t-en donc.

Agorastoclès. — Aujourd'hui même, je ne...

Milphion. — Mais va-t-en donc!

Agorastoclès. — T'affranchirais pas?

Milphion. — Va-t-en donc.

Agorastoclès. — Non, par Hercule, pour rien au monde...

Milphion *(impatienté)*. — Oh!

Agorastoclès *(avec un enthousiasme croissant)*. — Ah!...

1. Vers condamné par Ussing et par Leo. L'invocation d'Adelphasie est en effet peu à sa place ici.

AG. Supersede istis uerbis.
MI. Quid nunc uis tibi?
⟨AG.⟩ Trecentos Philippos Collybisco uilico
Dedi dudum, priusquam me euocauisti foras.
Nunc opsecro te, Milphio, hanc per dexteram,
Perque hanc sororem laeuam, perque oculos tuos,
Perque meos amores, perque Adelphasium meam,
Perque tuam libertatem ...
MI. Em, nunc nihil opsecras.
⟨AG.⟩ Mi Milphidisce, mea commoditas, mea salus,
Fac quod facturum te promisisti mihi,
Vt ego hunc lenonem perdam.
MI. Perfacile id quidemst.
I, adduce testis tecum; ego intus interim
Iam et ornamentis meis et sycophantiis
Tuum exornabo uilicum. Propera atque abi.
AG. Fugio.
MI. Meum est istuc magis officium quam tuum.
AG. Egone, egone, si istuc lepide ecfexis ...
MI. I modo.
⟨AG.⟩ Vt non ego te hodie ...
MI. Abi modo.
AG. Emittam manu?
⟨MI.⟩ I modo.
AG. Non hercle merear ...
MI. Oh ...
AG. Vah!
MI. Abi modo.

414 nunc uis *BCD* : ueis nunc *A* ‖ 415 AG. *om. BCD sine spatio* ‖ Collybisco *A* (-con ?) : collabisco *BC* cola- *D* ‖ 416 dudum *BCD*: dum *A* ‖ euocauisti *A* : euocasti *BCD* ‖ 417 obsecro *BCD, item 420* ‖ 420 Em *AB* : hem *CD* ‖ 422 te promisisti *A* : te esse promisisti *BD* te esse promisti *C* ‖ 423 Ut ego hunc *AB* : Ut ego ut hunc C^1D^1 ‖ 424 *om. A* ‖ I *B* : *om. CD* ‖ 425 et ornamentis *BCD* : tormentis *A, ut uid.* ‖ meis *ACD* : mi is *B* ‖ sicophantiis *BCD* ‖ 426 adque *B* ‖ 427 fugiomeum *sine spat. A* ‖ 428 ecfexis *Bothe* : eff- *A* et f- *BCD* ‖ 430 merear *A* : meream *BCD*

MILPHION. — Va-t-en donc!

AGORASTOCLÈS. — Pour tout ce qu'il y a de morts dans l'Achéron...

MILPHION. — Tu n'es pas encore parti?

AGORASTOCLÈS. — Ni pour toute l'eau de la mer...

MILPHION. — Te décideras-tu à partir?

AGORASTOCLÈS. — Ni pour tous les nuages, tant qu'ils sont...

MILPHION. — Tu vas continuer longtemps?

AGORASTOCLÈS. — Ni pour toutes les étoiles du ciel...

MILPHION. — Tu vas continuer longtemps à me rebattre les oreilles?

AGORASTOCLÈS *(de plus en plus exalté)*. — Ni pour ceci, ni pour cela, ni... et ceci très sérieusement, en vérité... ni, en vérité par Hercule!... faut-il tant de paroles? à quoi bon? quand avec un seul mot... on peut dire ce qu'on veut... ni... parlons sérieusement, par Hercule, tu sais ce que je veux dire? Me bénissent les dieux!... veux-tu que je te dise de bonne foi ce que nous pouvons nous dire ici entre nous?... Que Jupiter me... tu sais ce que j'en pense? Tu crois ce que je t'en dis?...

MILPHION. — Si je ne puis obtenir de toi que tu partes, ce sera moi qui partirai. En vérité, ma foi, pour deviner quelque chose à ton langage il faudrait recourir à Œdipe, qui sut deviner le Sphinx. *(Il entre chez Agorastoclès)*.

AGORASTOCLÈS *(seul)*. — Le voilà parti fort en colère. Maintenant à moi de veiller à ne pas retarder, de ma faute, la marche de mes amours. Je m'en vais chercher les témoins, puisque l'Amour m'ordonne à moi, homme libre, d'obéir à un esclave.

AG. Quantum Accheruntest mortuorum ...
MI. Etiamne abis?
⟨AG.⟩ Neque quantum aqua*i*st in mari ...
MI. Abiturun es?
⟨AG.⟩ Neque nubes omnes quantumst ...
MI. Pergin pergere?
AG. Neque stellae in caelo ...
MI. Pergin auris tundere?
⟨AG.⟩ Neque hoc neque illuc neque ... enimuero serio ...
Neque hercle uero ... quid opus*t* uerbis? quippini?
Quod uno uerbo ... dicere hic quiduis licet ...
Neque hercle uero serio ... scin quomodo?
Ita me di amabunt ... uin bona dicam fide
Quod hic inter nos liceat? ... ita me Iuppiter ...
Scin quam uidetur? Credin quod ego fabuler?
MI. Si nequeo facere ut abeas, egomet abiero.
Nam isti quidem hercle orationi | Oedipo
Opust coniectore, qui Sphingi interpres fuit.
AG. Illic hinc iratus abiit. Nunc mihi cautio est
Ne meamet culpa meo amori obiexim moram.
Ibo atque arcessam testis, quando amor iubet
Me oboedientem | esse seruo liberum.

---

431 Achaeruntest *A* acherunt est *BCD* ‖ 432 aquaist *Pareus* : aquast *A* aqua est *B* est aqua *CD* ‖ mare *A* ‖ abiturusne es *BCD* ‖ 433 nubis *A* ‖ omnes *om. CD* ‖ perginc *A*, *cum* c *expuncto, ut uid.* ‖ 435 illud *A* ‖ 436 opust *Pareus*: opus si *BCD* opus *A* ‖ 437 quidueis *A* ‖ 439 bonam *A* ‖ 440 licet *A* ‖ 441 uidetur A: uide tu *BCD* ‖ 442 abiero *A* : abireo *B* abire *CD* ‖ 443 Oedipo *A* PRISCIAN. *GLK II 272,7* : oedippo *BCD* ‖ 444 Opus est *BCD* ‖ 446 meamet *AB* : meam *CD* ‖ 447 « Amor (*iambus*) *hic uix ferendum* » (*Lindsay*) : quando iubet amor *uel* quom amori lubet *Luchs* ‖ lubet *B* ‖ 448 Me *ACD* : Meo *B* *unde* Meo oboendientem ⟨me⟩ *Gruter* Me o. ⟨meo⟩ *Ritschl* ‖ liberum. Lycus anta monedes *BCD*

⟨ACTE II⟩

⟨SCÈNE I⟩

LELOUP ANTAMÉNIDE

Leloup *(d'abord seul)*. — Que tous les dieux maudissent le léno qui dorénavant immolera à Vénus la moindre victime, ou qui lui offrira le moindre grain d'encens! Dans cette maudite journée, où le courroux des dieux n'a cessé de me poursuivre, j'ai immolé six agneaux, sans pouvoir réussir à obtenir de Vénus un signe favorable. Voyant qu'aucun sacrifice ne me donnait de bon présage, aussitôt je m'en suis allé de colère, j'ai défendu de découper dans les entrailles la part de l'autel [et je n'ai pas voulu les inspecter; l'haruspice me disant qu'elles n'étaient pas bonnes, j'ai pensé que la déesse ne les méritait pas[1].] De cette façon l'avare Vénus a été joliment attrapée. Puisqu'elle n'a pas été contente de ce qui aurait dû la contenter, j'ai arrêté les frais. Voilà comme je fais, voilà comme je suis. Je vous garantis que désormais les autres dieux et déesses seront plus faciles à contenter et moins exigeants quand ils sauront comment un léno a su attraper Vénus. Et son digne serviteur l'haruspice, un homme qui ne vaut pas trois oboles, qui disait que les entrailles m'annonçaient toutes malheur et perte d'argent, et que les dieux étaient en colère après moi! Est-on en droit de se fier

1. Les vers 456^{bc} ne figurent pas dans le palimpseste, et sont suspects d'être interpolés.

⟨ACTVS II⟩

LYCVS ANTAMOENIDES
LENO MILES

LY. Di illum infelicent omnes qui post hunc diem
Leno ullam Veneri umquam immolarit hostiam,
Quiue ullum turis granum sacruficauerit.
Nam ego hodie infelix dis meis iratissumis
Sex immolaui | agnos nec potui tamen
Propitiam Venerem facere uti | esset mihi.
Quoniam litare nequeo |, abi*i* illim ilico
Iratus, uotui | exta prosicarier.
[Neque ea †picere uolui : quoniam non bona
Haruspex dixit, deam esse indignam credidi.]
Eo pacto auarae Veneri pulchre adii manum.
Quando id quod sat erat satis habere noluit,
Ego paussam feci. Sic ago, sic me decet.
Ego faxo posthac di deaeque ceteri
Contentiores mage erunt atque auidi minus,
Cum scibunt Veneri ut adierit leno manum.
Condigne haruspex, non homo trioboli,
Omnibus in extis a*i*bat portendi mihi
Malum damnumque et deos esse iratos mihi.

LYCVS ANTAMOENIDES *A* LICVS. ANTAMONEDES. LENO. MILES *B*; *unius u. spatium C* ‖ 449 DI. *AB* : Si D^1 *i c. sp. init. C* ‖ 451 Quiue *BCD* : qui *A* ‖ thuris *A* ‖ 452 dis *BCD* : deis *A* ‖ meis *ex* mei *A* ‖ iratissumus *CD* ‖ 453 agnos immolaui *Pylades, hiatus uitandi causa* ‖ 454 uti *BCD* : ut *A* ‖ uti ⟨aes⟩ esset *Palmer hiatus uitandi causa; alii alia* ‖ 455 non queo *Geppert* ‖ 456 uotui *BCD* : uolui *A* ‖ exta uotui *Reis hiatus uitandi causa* ‖ prositarier *B* ‖ 457^{ab} *om. A* ‖ 457^{a} picere *BCD* : poricere *Seyffert* ‖ 457^{b} dea esse indigna *Pistoris* ‖ 459 paussam *A* : pausam *BCD* ‖ 460 dei *A* ‖ 461 adque *BCD* ‖ auidi *BCD* : audiui *A ut uid.* (*uel* auidiut) ‖ 462 Qum *B unde* Quom *edd.* ‖ 463 *post 471 legitur in A* ‖ 464 aibat *Guyet* : aiebat *codd.* ‖ 465 dampnumque *CD*

à lui, qu'il s'agisse des dieux ou des hommes? *(Haussant les épaules)* J'ai reçu tout aussitôt après cent drachmes en cadeau. *(Regardant derrière lui)* Mais où est donc, s'il vous plaît, le militaire qui me les a données? Il a dû s'arrêter en chemin; et je l'avais invité à déjeuner. Ha! le voici qui s'avance.

ANTAMÉNIDE. — Je te disais donc, mon petit léno, que dans cette bataille Pentétronique[1], il y eut soixante mille hommes volants qui, en un seul jour, reçurent la mort de ma main.

LELOUP. — Des hommes volants?

ANTAMÉNIDE. — Tout comme je te le dis.

LELOUP. — Voyons, existe-t-il quelque part des hommes volants, je te prie?

ANTAMÉNIDE. — Il en a existé; mais je les ai tués.

LELOUP. — Comment as-tu fait?

ANTAMÉNIDE. — Je vais te le dire. Je donnai à mes soldats de la glu et des frondes : ils commençaient par étendre à l'intérieur des feuilles de tussilage.

LELOUP. — Pourquoi faire?

ANTAMÉNIDE. — Pour que la glu ne collât pas aux frondes.

LELOUP *(d'un air moqueur)*. — Continue. Tu mens dans la perfection, par Hercule. Et après?

ANTAMÉNIDE. — Ils mettaient dans leurs frondes des balles de glu d'une certaine grosseur; c'est avec cela que je les ai fait bombarder les hommes volants. Bref, tous ceux qu'ils atteignaient avec la glu tombaient à terre, dru comme poires. Aussitôt tombés, je les tuais

1. Ni la forme ni le sens de cet adjectif ne sont sûrs. Gronov a proposé de lire « Pténornithique », ce qui va mieux avec la mention des hommes volants; M. Ph. E. Legrand, *Daos*, p. 589, conjecture *ptenanthropica*. Il y a là, de toute façon, une allusion à quelque légende, comme les combats d'Hercule contre les oiseaux de Stymphale, ou des Boréades contre les Harpyes, ou encore, celui des Argonautes contre les oiseaux d'Arétias (Apollonius de Rhodes, *Argon.*, II, v. 1133 et suiv.).

Quid ei diuini *aut* humani aequomst credere?
Mina mihi argenti dono postilla datast.
Sed, quaeso, ubinam illic restitit miles, modo
Qui hanc mihi donauit, quem ego uocaui ad prandium?
Sed eccum incedit.
AN. Ita ut occepi dicere,
Lenulle, de illac pugna Pentetronica,
Quom sexaginta milia hominum uno die
Volaticorum manibus occidi meis.
LY. *V*olaticorum | hominum?
AN. Ita dico quidem.
LY. An, opsecro, usquam sunt homines uolatici?
AN. Fuere; uerum ego interfeci.
LY. Quomodo
Potuisti?
AN. Dicam : uiscum legioni dedi
Fundasque; eo praesternebant folia farferi.
LY. Quoi rei?
AN. Ne ad fundas †uiscus adhaeresceret.
LY. Perge; optume hercle periuras. Quid postea?
AN. In fundas uisc*i* indebant grandiculos globos;
E*o* illos uolantis iussi funditarier.
Quid multa uerba? quemquem uisco offenderant,
Tam crebri ad terram | accidebant quam pira.

466 aut *Pius* : atque *A* haud *BCD* ‖ aequomst *A* : aequom si *B* -ae cum si *CD* ‖ credere *A* : -ret *BCD* ‖ 467 dona *B* ‖ data est *BCD* ‖ 469 Quei *A* ‖ 471 Lenulle PRISCIAN. *GLK II 109,6*, *T* : lenullo *A* Lennuite *B* Lenuite *CD* ‖ illac *BCD* : illa *A*, PRISC. pentethronnica *T*, ptenanthropica *P. E. Legrand, Daos, p. 589* ‖ 472 Quom *A* : Quo *BCD* ‖ milia *B* : millia *A*, *om.* *CD* ‖ 474 Volaticorum *Hand*, *A corr.* : Euolaticorum A^1, *BCD* ‖ Volaticorumne *Guyet hiatus uitandi causa*; *an* Volaticorum ⟨ain⟩ ? ‖ 475 uolatici *A* : uiatici *BCD* ‖ 478 prosternebant *CD* ‖ 479 Quoi : Qui *BCD* Cui *A* ‖ ad fundas uiscus ne *Bothe* Ut a. f. u. ne *Luchs* ‖ *Sequontur in B u. 547-608* ‖ 480 Quid *A* : Quip *B* Qui *CD* ‖ 481 uisci indebant *Gruter* : uisclindebant *A* uis uindebant *BCD* ‖ glandiculos *A* ‖ glo uos *B* ‖ 482 Eo *Camer.* : Eos *A* Ego *BCD* ‖ iussit *B* ‖ *Post 483 unus u. uacuus in B* ‖ 485 crebri ad *A* : crebi ad *CD* crebi at *ex* crebrit *B* ‖ accidebant *BCD* : ac- *uel* re- *A* ?

en leur enfonçant une de leurs plumes dans la cervelle, comme aux tourterelles.

Leloup. — Par Hercule, si ce que tu dis là est jamais arrivé, je veux que Jupiter me condamne à sacrifier tous les jours sans jamais que j'obtienne un signe favorable.

Antaménide. — Tu ne me crois donc pas?

Leloup. — Je te crois, tout autant qu'on doit m'en croire. Viens, entrons.

Antaménide. — En attendant qu'on apporte les entrailles, je vais te raconter encore une autre bataille...

Leloup. — Je n'y tiens pas.

Antaménide. — Écoute.

Leloup. — Non, par Hercule.

Antaménide. — Comment? Parbleu! je m'en vais te casser la tête à coups de poing, si tu ne m'écoutes, ou si tu ne vas pas te faire pendre au gibet.

Leloup. — Je préfère le gibet.

Antaménide *(d'un air menaçant)*. — C'est ton dernier mot?

Leloup. — Le dernier.

Antaménide *(changeant de ton subitement)*. — Alors, pour cet heureux jour des Aphrodisies, adjuge-moi ta courtisane la plus jeune.

Leloup. — Je viens de faire un sacrifice aux dieux; aujourd'hui je remets à un autre jour toutes les affaires sérieuses.

Antaménide. — Et moi, c'est un parti pris, je traite les jours fériés comme des jours ouvrables. Entrons maintenant.

Leloup. — Eh bien! suis-moi.

Antaménide. — Je te suis. Pour aujourd'hui, je veux être sous tes ordres. *(Ils entrent chez le léno)*.

Vt quisque acciderat, eum necabam | ilico
Per cerebrum pinna sua sibi quasi turturem.
LY. Si hercle istuc umquam factum est, tum me Iuppiter
Faciat ut semper sacruficem nec umquam litem.
AN. An m*i* haec non credis?
LY. Credo, ụt m*i* aequomst credier.
Age eamus intro.
AN. Dum exta referuntur, uolo
Narrare tibi etiam unam pugnam.
LY. Nil moror.
AN. Ausculta.
LY. Non hercle auscultabo.
AN. Quo modo?
Colaphis quidem hercle tuum iam dilidam caput,
Nisi aut auscultas aut is in malam crucem.
LY. Malam crucem ibo potius.
AN. Certumnest tibi?
LY. Certum.
AN. Tum tu igitur die bono |, Aphrodisiis,
Addice tuam mihi meretricem minusculam.
LY. Ita res diuina mihi fuit; res serias
Omnis extollo ex hoc die in alium diem.
⟨AN.⟩ Profestos festos habeam dẹcretum est mihi.
Nunc hinc eamus intro.
⟨LY.⟩ Sequere hac me.
AN. Sequor :
In hunc diem iam tuus sum mercennarius.

486 negabam *B* ‖ 487 gerebrum *B* ‖ 489 Faciat : faciam NONIVS *424,19* ‖ nec umquam *ABCD* : neque umquam NON. numquam *Guyet* ‖ 490 mihi *codd. bis* ‖ aequomst : aequmst *A* est aecum *B* est aequum *CD* (equum *C*) ‖ credier *BCD* : credere *A* ‖ 491 ⟨AN.⟩ *hic suppl. Brix : initio u. habet D, om. BC* ‖ referuntur *BCD* : -rantur *A* ‖ 492 LY. *D* : *spat. B* ‖ 493 sq. *Verba* auscultabo — hercle *om. P propter homoeoteleuton* ‖ 494 dilidam *A* : elidam *BCD* ‖ 495 Nisi aut *A* : Nisi *BCD* ‖ 496 potiuscertum *contin. A* ‖ certuṃne est *BCD* ‖ 497 aphrodiis *BCD* ‖ 498 tuum *B* ‖ 500 ex *om. A* ‖ 501-571 *deficit A* ‖ 501 ANT. *add. Gronov.* ‖ Profestos *Scaliger* : Profectos *BẠCD* ‖ 502 inro *B* ‖ LYC. *add. Bothe* ‖ 503 mercennarius; agorastocles *B*

⟨ACTE III⟩

⟨SCÈNE I⟩

AGORASTOCLÈS LES TÉMOINS

Agorastoclès *(marchant loin en avant)*. — Que les dieux me protègent! il n'y a rien au monde de plus agaçant qu'un ami lambin, surtout pour un amoureux qui, quoi qu'il fasse, est toujours pressé. Voyez par exemple ces témoins que j'amène : comme ils marchent à pas comptés, plus lents qu'un brick par calme plat! Et pourtant, par Hercule, j'avais évité tout exprès de prendre des vieillards de mes amis. Sachant que l'âge les ralentit, j'ai craint que mon amour n'en fût retardé. Je suis bien avancé d'avoir choisi ces beaux galants aux pieds entravés, ces champions de lenteur. *(Aux témoins)* Avancez donc, si vous voulez avancer aujourd'hui, ou bien allez vous faire mettre en croix. Est-ce à ce train-là qu'on doit aller assister un amant, quand on est de ses amis? Vous marchez à pas plus menus que les mailles d'un tamis à farine. Il faut que ce soit avec les fers aux pieds que vous ayez appris à traîner d'un tel train.

Un témoin. — Ho! ho! l'ami, quoique nous ne soyons à tes yeux que des plébéiens, de pauvres gens, si tu nous insultes, tout riche et tout gros personnage que tu es, nous ne nous gênons pas pour envoyer promener les riches. Est-ce que nous sommes à tes ordres, pour servir tes haines ou tes amours? Quand nous avons donné de l'argent pour nous affranchir, c'est du nôtre

⟨ACTVS III⟩

AGORASTOCLES ADVOCATI
ADVLESCENS

AG. Ita me di ament, tardo amico nihi*l* est quicquam inaequius,
Praesertim homini amanti, qui quicquid agit properat omnia.
Sicut ego hos duco aduocatos, homines spissigradissimos,
Tardiores quam corbitae sunt in tranquillo mari.
Atque equidem hercle dedita opera amicos fugitaui senes;
Sc*i*bam aetati tardiores, metui meo amori moram.
Nequiquam hos procos mihi elegi loripedes, tardissimos.
Quin si ituri hodie estis, ite, au*t* ite hinc in malam crucem.
Sicine oportet ire amicos homini amanti operam datum?
Nam iste quidem gradus succretust cribro pollinario;
Nisi cum pedicis condidicistis is*to*c *g*rassari gradu.
ADV. Heus tu, quamquam nos uidemur tibi plebeii et pauperes,
Si nec recte dicis nobis diues de summo loco,
Diuitem audacter solemus mactare infortunio.
Nec tibi nos obnoxii [sumus] istuc, quid tu ames aut oderis.
Quom argentum pro capite dedimus, nostrum dedimus, non tuum.
Liberos nos esse oportet. Nos te nihili pendimus.

ADVLESCENS ADVOCATI. *C. B; om. CD uno u. uacuo* ‖ 504 antent *B* ‖ nihil *F* : nihili *BCD* ‖ 505 qui *B corr.* : que *B*[1]*CD* ‖ 506 aduocatos *CD* : duccatos *B* ‖ spissi grandissimus *CD* ‖ 507 corbitae NONIVS *533,11* : corditae *BCD* ‖ in *BCD* : et in NON. ‖ 508 Adque *BCD* ‖ hercle *CD* : haec *B* ‖ edita *B* ‖ fugitaui *B* : fugit aut *CD* ‖ 509 Scibam *Muret* : Sciebam *BCD* ‖ tardiores *CD* : *spatium 7 litter. B* ‖ 510 loripedis *BCD* ‖ 511 hodie estis *B* : estis hodie *CD* ‖ aut ite *FZ* : audite *BCD* ‖ 512 operãm *B* ‖ 514 condidicistis *Aldina* istoc *Lambin* grassari *Aldina* : condidicisti (conde dicisti *B*) sis occrassari *BCD* ‖ 515 AG. *praem. B* ‖ 516 Si nec *CD* : Sinet *B* ‖ suum mo *B* ‖ 517 aucdacter *B* ‖ 518 obnoxii *D, C corr.* : obnixii *B C*[1] ‖ sumus *del. Bothe metri gratia;* sumus obnoxii istuc *Ritschl* obnixi sumus istuc *Goetz-Schoell* ‖ *V. additicium esse censuit Ritschl* ‖ 519 Quom *B* : Cum *CD*

que nous avons donné, non du tien. Nous devons être traités en hommes libres. Nous nous moquons de toi. Ne t'imagine pas que nous soyons condamnés à servir en esclaves ta passion. Pour des hommes libres il est plus convenable de marcher en ville à pas comptés; il n'y a que les esclaves, à mon avis, pour s'essouffler à courir. Et surtout en temps de paix, quand les ennemis sont anéantis, il ne sied pas de jeter le trouble dans la ville. Si tu étais si pressé, c'est hier qu'il fallait nous prendre pour témoins. N'y compte pas; aucun de nous aujourd'hui n'ira courir par les rues, ni risquer de se faire regarder comme un fou furieux et lapider par le peuple.

Agorastoclès. — Pourtant, si je vous avais dit que je vous emmène déjeuner au temple, vous battriez le cerf à la course, ou le héron à la longueur des enjambées[1]. Maintenant, parce que je vous ai dit que je vous emmenais pour être mes témoins et mes assistants, vous avez la goutte aux pieds, et pour la lenteur vous avez battu la limace.

Un témoin. — N'est-ce pas un motif suffisant pour courir vite, quand on va boire et manger aux dépens d'autrui, tant qu'on veut, jusqu'à éclater, sans être obligé de jamais rendre à celui chez qui l'on a mangé? Mais avec cela et malgré tout, si mal pourvus que nous soyons, nous avons de quoi manger à la maison; ne nous écrase pas tellement de ton mépris. Si peu que ce soit que nous ayons là-bas, ce peu est tout entier à nous, non à toi, et nous ne demandons rien à personne, comme personne ne nous demande rien. Pas un de nous ne se rompra un vaisseau pour te faire plaisir.

1. Le mot *grallator*, dérivé de *grallae* « échasses », désigne proprement l'acteur monté sur échasses qui dans les ballets ou les pantomimes jouait le rôle d'Aegipan : j'ai cru toutefois préférable de substituer au terme général d'échassier qui n'est guère employé qu'en histoire naturelle un mot plus concret, et faisant image.

Ne tuo nos amori seruos [tuos] esse addictos censeas.
Liberos homines per urbem modico magis par est gradu
Ire; seruile esse duco festinantem currere.
Praesertim in re populi placida atque interfectis hostibus
Non decet tumultuari. Sed si properabas magis,
Pridie nos te aduocatos huc duxisse oportuit.
Ne tu opinere, haud quisquam hodie nostrum curret per uias
Neque nos populos pro cerritis insectabit lapidibus.

AG. At si ad prandium me in aedem uos dixissem ducere,
Vinceretis ceruum cursu uel grallatorem gradu.
Nunc uos quia mihi aduocatos dixi et testis ducere,
Podagrosi estis ac uicistis cocleam tarditudine.

⟨ADV.⟩ A*n* uero non iusta causa est quo⟨r⟩ curratur celeriter,
Vbi bibas, *e*das de alieno quantum uelis usque adfatim,
Quod tu inuitus numquam reddas domino, de quoio ederis?
Sed tamen *cu*m eo cum quiqui quamquam sumus pauperculi,
Est domi quod edimus; ne nos tam contemptim conteras.
Quicquid est pauxillulum illuc, nostrum id omne, *non* tu*umst*;
Neque nos quemquam flagitamus neque nos quisquam flagitat.
Tua causa nemo nostrorumst suos rupturus ramites.

521 tuos *secl. Pylades* ‖ 522 perturbem *B* ‖ 523 seruile *B* : -li *D* seruuli *C* ‖ 524 adque *B* ‖ 525 tumultuaris et *B* ‖ 529 At *CD* : Ad *B* ‖ si uocassem nos in aedem ad prandium ISIDORVS *Orig. XV, 3, 2* ‖ 530 ceruum cursu uel *BCD* : circumcurso uel *codd.* VARRONIS *L. L. VII, 69* cursu ceruas et FESTVS PAVLI *86, 27* ‖ grallatorem FESTVS : grala- VARRO clabatorem *B* glaba- *CD* claua- *T* ‖ 532 quodagrosi NONIVS *181,14* ‖ ac uicistis *om.* NON. ‖ tarditudine NON. : tarditune *BCD* ‖ 533 *Pers. not. in u.* 534 *habet B, nihil CD* ‖ An *Dousa* : Ad *BC* At *D* ‖ quor *Ritschl* : quo *BCD* ‖ celiriter *B* ‖ 534 edas : edas *CD* et das *B* ‖ uelis *om. B* ‖ 535 quoio *Bergk* : quio *B* quo *CD* ‖ 536 cum eo cum quiqui *Kienitz* : quomeo quom qui qui *B* quo meo cum cui *CD* : *cf. Bücheler Kl. Schr. III 55* ‖ 537 quo dedimus ne nostram *B* ‖ contemptim *om.* NONIVS *507,4* ‖ 538 pauxillum *B* ‖ non tuumst *Bentley* : intus est *BCD* ‖ 540 nostrorumst : nostrorum si *BCD* nostrum est NONIVS *166,4*

AGORASTOCLÈS. — Comme vous vous emportez! ce que j'en ai dit n'était que pour plaisanter.

UN TÉMOIN. — Eh bien! prends aussi pour une plaisanterie la réponse que nous t'avons faite.

AGORASTOCLÈS. — Je vous en supplie par Hercule, pour me servir aujourd'hui, prenez une goëlette au lieu d'un brick. Démenez-vous au moins; car je ne vous demande pas de vous dépêcher.

UN TÉMOIN. — Si tu veux procéder paisiblement, tranquillement, nous sommes prêts à t'aider; si tu es trop pressé, tu n'as qu'à prendre des coureurs pour témoins[1].

AGORASTOCLÈS. — Vous connaissez l'affaire; je vous ai déjà expliqué le service que j'attends de vous à propos de ce léno, qui se moque de moi et de mes amours depuis si longtemps; vous savez le piège que nous voulons lui tendre avec mon or et mon esclave.

UN TÉMOIN. — Tout cela nous le savons déjà, nous, si les spectateurs qui sont là le savent. C'est pour eux que se joue actuellement la pièce; c'est à eux plutôt qu'il faut faire la leçon, pour qu'au moment de l'action, ils sachent de quoi il s'agit. Quant à nous, ne t'en inquiète pas. Nous connaissons toute l'affaire, puisque nous l'avons apprise avec toi, en même temps que toi aux répétitions, pour pouvoir te donner la réplique.

AGORASTOCLÈS. — Assurément. Mais voyons un peu, que je sache si vous savez votre affaire, expliquez-moi, redites-moi ce que je vous ai dit tout à l'heure.

UN TÉMOIN. — Ah, oui? tu veux nous éprouver? Tu crois que nous ne nous rappelons pas comment tu as donné trois cents philippes à ton fermier Collybiscus pour les remettre ici au léno ton ennemi, en faisant semblant d'être un voyageur venu d'ailleurs, d'une

1. Ces vers, ainsi que les vers 567-575, semblent provenir d'un remaniement, et avoir été substitués, lors d'une reprise de la pièce, à la scène originale dont ils sont un résumé.

AG. Nimis iracundi estis. Equidem haec uobis dixi per iocum.
ADV. Per iocum itidem dictum habeto, quae nos tibi respondimus.
AG. Obsecro hercle operam celocem hanc mihi, ne corbitam date.
Attrepidate saltem; nam uos adproperare haud postulo.
ADV. Si quid tu placide otioseque agere uis, operam damus;
Si properas, cursores melius*t* te aduocatos ducere.
AG. Scitis rem, narraui uobis quod uestra opera m*i* opus siet,
De lenone hoc qui me amantem ludificatur tam diu;
Ei paratae ut sint insidiae de auro et de seruo meo.
ADV. Omnia istaec scimus iam nos, si hi spectatores sciant.
Horunc h*i*c nunc causa haec agitur spectatorum fabula;
Hos te satius est docere ut, quando agas, quid ag*as* sciant,
Nos tu ne curassis; scimus rem omnem, quippe omnes simul
D*i*dicimus tecum una, ut respondere possimus tibi.
AG. Ita profecto est. Sed agite igitur, ut sciam uos scire, rem
Expedite, et mihi quae uobis dudum dixi dicite.
ADV. Itane? temptas an sciamus? non meminisse nos *r*atu's
Quo modo trecentos Philippos Collybisco uilico
Dederis, quos deferret huc ad lenonem inimicum tuum,
Isque se ut adsimularet peregrinum [esse] aliunde ex alio oppido?
Vbi is detulerit, tu eo quaesitum seruom aduen*ie*s tuum

542 dictum *BCD* : dicta *Ritschl, cf. Löfstedt, Syntactica 7* ‖ 543 celocem NONIVS *532,20; 533,11* : uelocem *BCD* ‖ ne *BCD* : nec NON. ‖ 543-546 (*item* 567-575) *retractatoris esse credit Leo, cf. Thierfelder De rationib. interpol. plautin. 109, 114* ‖ 544 At trepidate *B* ‖ ad properare *B* : ad probare *CD* ‖ 546 meliust : melius si *BCD* ‖ 547-608 *cf. ad u. 479* ‖ 547 quod : quor *Ritschl* quid *Vssing* ‖ opera mi *FZ* (mihi) : operamini *BCD* ‖ 550 staec *B* ‖ his peccatores *B* ‖ 551 Horunc *Camer.* : Horunt *B* Horum *CD* ‖ hic *Pylades* : hinc *BD* huic *C* ‖ haec agitur *B* : agitur haec *CD* ‖ *Cf. Pseud. 720* ‖ 552 Hostes at ius (uis *C*) *BCD* ‖ quid agas *Acidalius* : quid agant *BCD* ‖ 554 Didicimus *Z* : Dedicimus *BCD, fortasse recte* ‖ possemus *Leo* ‖ 555 sed *CD*: e set *B* ‖ ADV. *ante* igitur *D*² ‖ ut : ui *B* ‖ 556 et *del. Lambin, Ritschl* ‖ 557 nos ratu's *Camer.* (ratus) *Ritschl* : nostratus *B* nostra *CD* ‖ 558 collabisco *BC* collibisco *D* ‖ 560 esse *del. Bothe* : *seruat Leo delens* isque; *utrumque seruat Lindsay scandens* isq' se ut adsimularet ‖ 561 aduenies *Bothe* : aduentes *BCD* aduentares *Seyffert*

autre ville? Quand il aura remis la somme, tu arriveras chez le léno chercher ton esclave avec l'argent.

AGORASTOCLÈS. — Vous avez bonne mémoire; vous me sauvez la vie.

UN TÉMOIN. — Il niera; il croira que c'est Milphion, ton préféré, que tu cherches, et par là il commettra un double vol. Le léno te sera livré par le juge. C'est pour cette affaire que tu veux nous avoir comme témoins.

AGORASTOCLÈS. — Vous l'avez bien saisie.

UN TÉMOIN. — A peine seulement, par Hercule; c'est si peu de chose! Juste du bout des doigts.

[AGORASTOCLÈS. — Il faut y aller rondement, à toute allure. *(Au premier témoin)* Hâte-toi le plus possible.

UN TÉMOIN. — Alors, bien le bonjour. Tu n'as qu'à prendre des témoins plus agiles : nous sommes lents, nous autres.

AGORASTOCLÈS *(avec ironie)*. — Vous marchez très bien; *(avec emportement)* et vous parlez très mal, par Hercule. Je voudrais que vos cuisses vous tombent dans les talons.

UN TÉMOIN. — Et nous, que la langue te tombe dans les reins, et tes yeux dans la plante des pieds.

AGORASTOCLÈS. — Hé là! vous ne devriez pas vous fâcher de ce que j'ai dit pour plaisanter.

UN TÉMOIN. — Et toi, tu ne devrais pas, pour plaisanter, faire une mauvaise querelle à tes amis.

AGORASTOCLÈS. — Laissez cela. Vous savez ce que je veux de vous.

UN TÉMOIN. — Nous sommes tout à fait calés. Tu as grande envie de mettre dedans ce traître de léno.

AGORASTOCLÈS. — Vous avez saisi[1].] *(Regardant du côté de sa maison)* Parfait! Je vois justement sortir Milphion avec le fermier. Quelle allure! Il est costumé comme un roi, à merveille pour notre fourberie.

1. C'est Weise qui a reconnu dans les vers 567-575 une dittographie.

Cum pecunia:
AG. Meministis memoriter; seruastis me.
ADV. Ille negabit. Milphionem quaeri censebit tuum.
Id duplicabit omne furtum; leno addicetur tibi.
Ad eam rem nos esse ⟨t⟩estis uis tibi.
⟨AG.⟩ Tenetis rem.
ADV. Vix quidem hercle |, ita pauxilla est, digitulis primoribus.
AG. [Hoc cito et cursim est agendum. Propera iam quantum potest.
ADV. Bene uale igitur. Te aduocatos melius⟨t⟩ celeris ducere;
Tardi sumus nos.
AG. Optime itis, pessime hercle dicitis.
Quin etiam deciderint uobis femina in talos uelim.
ADV. At edepol nos tibi | in lumbos linguam atque oculos in solum.
AG. Heia! hau uostrumst iracundos esse quod dixi ioco.
ADV. Nec tuum quidem est amicis per iocum iniuste loqui.
AG. Mittite istaec. Quid uelim uos, scitis.
ADV. Callemus probe.
Lenonem ut periurum perdas, id studes.
AG. Tenetis rem.]
Euge! opportune egrediuntur Milphio una et uilicus.
Basilice exornatus cedit et fabre ad fallaciam.

---

562 Qum penicunia *B* ‖ 564 dublicabit *B* ‖ 565 testis *Z* : estis *BCD* ‖ 566 *u. hians* : me hercle *Mueller* ‖ 567-575 *secl. Weise, cf. ad 543* ‖ 568 aduocatos *F* : -tus *BCD* ‖ meliust *Ritschl* : melius *BCD* ‖ 570 uobis femina *BCD* : femina uobis *Ritschl* ‖ 571 At *CD* : A *B* ‖ 571 tibi nos *Bothe hiatus uitandi causa* 572-603 *accedit A* ‖ 572 (ha)u *A?* : haud *B* aut *CD* ‖ 573 Nec *BCD* : Ne *A ut uid.* ‖ 574 Mittite *BCD* : Mitte *A ut uid.* ‖ uelim uos *BCD* : uelimus *A* ‖ 575 ut periurum *A B* : periurum ut*CD* ‖ studes *AB* : studeas *CD* ‖ AG. : ADV. *B, spat. om. A* ‖ 576 Euge *A* : Ecce *BCD* ‖ opportune *A* : oportune *BCD* ‖ 577 bassilice *A* ‖ cedit *A* : incedit *BCD* ‖ fallatiam / Milphio collabiscus agorastocles *B*

⟨SCÈNE II⟩

MILPHION COLLYBISCUS, *en costume de militaire,*
AGORASTOCLÈS LES TÉMOINS

MILPHION *(à Collybiscus, sans apercevoir les autres personnages)*. — Tu as bien retenu ta leçon dans ta tête?

COLLYBISCUS. — Parfaitement.

MILPHION. — Attention, hein? montre-toi calé.

COLLYBISCUS. — A quoi bon tant de paroles? pour ce qui est d'être calé, un cuir de sanglier, avec tous ses cals, ne pourrait pas rivaliser avec moi.

MILPHION. — Tâche seulement d'avoir bien appris ton rôle pour cette fourberie.

COLLYBISCUS. — Qu'est-ce que tu dis? Je l'ai mieux appris, pardieu! qu'un acteur tragique ou comique.

MILPHION *(à part)*. — C'est un brave garçon.

AGORASTOCLÈS *(aux témoins)*. — Approchons.

MILPHION. — Ce sont les témoins?

AGORASTOCLÈS. — Tous tant qu'ils sont.

MILPHION. — Tu ne pouvais pas amener d'hommes plus propres à cet emploi. Ceux-là ne sont jamais fériés; vrais piliers du tribunal, ils y ont élu domicile; on les y voit plus souvent que le préteur. Aujourd'hui les chicanoux de profession sont moins savants dans le droit que ces gens-là; lorsqu'ils n'ont pas matière à procès, ils s'en procurent à prix d'argent.

UN TÉMOIN. — Que les dieux te maudissent!

MILPHION *(prononçant d'une manière équivoque les premiers mots)*. — Vous au contraire, par Hercule, ... qu'il en soit ainsi ou autrement, vous nous rendez un grand et signalé service, en assistant mon maître dans ses amours. *(A Agorastoclès)* Mais sont-ils au courant de l'affaire?

MILPHIO COLLYBISCVS AGORASTOCLES
SERVOS VILICVS ADVLESCENS
ADVOCATI

MI. Iam tenes praecepta in corde?
CO. Pulchre.
MI. Vide sis calleas.
CO. Quid opust uerbis? callum aprugnum callere aeque non sinam.
MI. Fac modo ut condocta tibi sint dicta ad hanc fallaciam.
CO. Quin edepol condoctior sum quam tragoedi aut comici.
MI. Probus homost.
AG. Adeamus propius.
⟨MI.⟩ Adsunt testes?
AG. Tot quidem.
⟨MI.⟩ Non potuisti adducere homines magis ad hanc rem idoneos.
Nam istorum nullus nefastust; comitiales sunt meri;
Ibi habitant, ibi eos conspicias quam praetorem saepius.
Hodie iuris *d*octiores non sunt qui lites creant,
Quam hi sunt qui, si nihil est quicum litigent, lites emunt.
ADV. Di te perdant!
MI. Vos quidem hercle — cum eo cum quiqui tamen
Et bene et benigne facitis, quom ero amanti operam datis.
Sed isti iam sciunt negoti quid sit?
AG. Omne in ordine.

[COLLYBISCVS *in medio u. A* SERVOS VILICVS ADVLESCENS ADVOCATI. C. *B, om. CD*¹ *spatiis relictis* ‖ 579 opust *A* : opus si *BCD*¹ opus NONIVS *258,10* ‖ aprugnum *A* : apugnum *BCD* aprunum NON. ‖ 580 condocta *A BT* : conducta *CD* ‖ 581 condoctior *ABT* : conductior *C* inductior *D* ‖ tragoedi aut *A* : tragoedia ut *B* ut tragoedia *CD* ‖ 582 Brobus *B* ‖ homost *A* : homo est *BCD* ‖ Adeamus *A* : Adeam *BCD* ‖ proprius *BC* ‖ ⟨MI⟩ *add. Leo* : MI *BCD, om. A* ‖ 583 ⟨MI.⟩ *add. Leo* ‖ 584 nefastust *D* : -tus st *BC* -tus est *A* ‖ 586 iuris *om. CD* ‖ doctiores *FZ* : coctiores *BCD, A n. l.* ‖ 587 quicum litigent *A* : litium *BCD unde* litium ⟨aliud⟩ *uel* ⟨quicquam⟩ *Lindsay in appar.* ‖ emunt *A* : semunt *BCD* ‖ 588 Dei *A* ‖ cum eo cum *A* : quo meo quom (quum *B*) *BCD cf. 536* ‖ 590 omne *A* : omnem *BCD* ‖ ordinem *A*

AGORASTOCLÈS. — D'un bout à l'autre.

MILPHION. — Alors donc, faites bien attention. Vous connaissez le léno Leloup, qui habite ici?

UN TÉMOIN. — Bien sûr.

COLLYBISCUS. — Mais moi, je ne sais pas comment il est fait. J'ai besoin qu'on me le dépeigne.

UN TÉMOIN *(coupant la parole à Milphion qui s'apprête à parler)*. — Nous nous en chargerons. Assez d'instructions.

AGORASTOCLÈS *(aux témoins, montrant Collybiscus)*. — Il a trois cents philippes bien comptés.

UN TÉMOIN. — Il nous faut donc examiner cet or, Agorastoclès, pour rendre témoignage en connaissance de cause.

COLLYBISCUS *(ouvrant la bourse)*. — Allez-y, examinez.

UN TÉMOIN *(aux spectateurs)*. — C'est bien de l'or, spectateurs, mais de l'or de comédie. C'est avec cet or-là, quand il est trempé, qu'on engraisse les bœufs en Italie[1]. Mais, pour jouer notre scène, ce sont des Philippes; nous ferons comme si c'en était.

COLLYBISCUS. — Mais faites comme si j'étais un étranger.

UN TÉMOIN. — Cela va sans dire; et nous ferons comme si tu nous avais priés aujourd'hui, en arrivant, de t'indiquer un endroit où tu puisses en toute liberté te donner du plaisir, faire l'amour, boire, t'amuser à la Grecque.

COLLYBISCUS. — Bravo! les honnêtes coquins, par Pollux!

AGORASTOCLÈS *(d'un air de suffisance)*. — C'est moi qui ai fait leur instruction.

MILPHION *(scandalisé)*. — Et toi, qui a fait la tienne?

1. Les graines sèches de lupin étaient employées au théâtre pour simuler toute espèce de monnaie. Ces graines, macérées dans l'eau chaude pour les attendrir et leur ôter leur amertume, servaient à l'alimentation du bétail, et même des hommes.

MI. Tum uos animum aduortite igitur. Hunc uos lenonem Lycum
Nouistis?
ADV. Facile.
CO. At pol ego eum qua sit facie nescio;
Eum mihi uolo demonstretis hominem.
ADV. Nos curabimus.
Satis praeceptumst.
AG. Hic trecentos nummos numeratos habet.
ADV. Ergo nos inspicere oportet istuc aurum, Agorastocles,
Vt sciamus quid dicamus mox pro testimonio.
CO. Agite inspicite.
ADV. Aurumst profecto hic, spectatores, comicum.
Macerato hoc pingues fiunt auro in barbaria boues.
Verum ad hanc rem agundam Philippum est; ita nos adsimulabimus.
CO. Sed ita adsimulatote, quasi ego sim peregrinus.
ADV. Scilicet.
Et quidem quasi tu nobiscum adueniens hodie oraueris
Liberum ut commostraremus tibi locum et uoluptarium,
Vbi ames, potes, pergraecere.
CO. Eu edepol mortalis malos!
AG. Ego enim docui.
MI. Quis te porro?
CO. Agite intro abite, Agorastocles,
Ne hic uos mecum conspicetur leno, neu fallaciae
Praepedimentum obiciatur.
ADV. Hic homo sapienter sapit.

592 CO : MI *B* ‖ 593 mihi uolo *A* : uolo mihi *BCD* ‖ 594 praeceptunst *A* : praeceptum *BCD* ‖ 595 agorastodes *B* ‖ 597 hic *A* : *om. BCD* hoc *Geppert* ‖ 599 ad *BCD* : ab *A?* ‖ agundam *BCD* : -dum *A* ‖ philippum est *BCD* : est philippum est *A* ‖ assimulabimus *BCD* : adsimulemus *A* ‖ 600 adsimulatote *A* : assi- *BCD* ‖ 601 hodie *om. A* ‖ 602 commonstraremus *BCD* ‖ uoluptarium *BCD* : noltarium *A* ‖ 603 pergraecere *AB* : pergere *CD* ‖ Eu *om. A* ‖ mortales *BCD* ‖ 604-634 *deficit A* ‖ 604 Agorastodes *B* ‖ 606 ADV. *Seyffert* : A B M *FZ*; *om. CD* ‖ homo *B* : domo *CD*

Collybiscus *(poussant Agorastoclès, et montrant Milphion)*. — Allez, rentrez, Agorastoclès : que le léno ne vous aperçoive pas ici avec moi, et qu'on ne mette pas d'empêchement à notre fourberie.

Un témoin. — Cet homme est la sagesse même. Faites ce qu'il ordonne.

Agorastoclès. — Allons-nous en. *(Aux témoins)* Quant à vous....

Un témoin. — Suffit. Va-t-en.

Agorastoclès. — Je m'en vais. *(Il fait une fausse sortie, puis revient sur la scène)*.

Un témoin. — Par les dieux immortels! mais va-t-en, je te prie.

Agorastoclès. — Je m'en vais.

Un témoin. — Tu fais bien[1]. *(Agorastoclès et Milphion rentrent)*.

Collybiscus. — Chut! silence!

Un témoin. — Qu'est-ce?

Collybiscus *(indiquant la maison du léno)*. — Cette porte vient de faire une grande incongruité.

Un témoin. — Quelle incongruité?

Collybiscus. — Elle a pété tout haut.

Un témoin. — Que les dieux te maudissent!... Range-toi derrière nous.

Collybiscus *(se retirant à l'écart)*. — Soit.

Un témoin. — Nous irons les premiers.

Collybiscus *(au public)*. — Ils font comme c'est l'habitude des mignons de la ville : ils placent les gens sur leurs derrières.

Un témoin. — Le voilà qui sort; c'est le léno.

Collybiscus *(le regardant)*. — C'est un bon léno, car il a la mine d'un mauvais drôle. Maintenant qu'il est sorti, je m'en vais lui sucer tout son sang sans le toucher.

1. La distribution du dialogue, du v. 606 au v. 608, est controversée.

Facite quod *i*ubet.
⟨AG.⟩ *A*beamus. Sed uos...
⟨ADV.⟩ Satis dictumst. Abi.
AG. Abeo.
⟨ADV.⟩ Qu*a*eso, di im*mor*tales, quin abis?
AG. Abeo.
ADV. Sapis.
CO. S*t*, tace.
ADV. Quid est?
CO. Fores hae fecerunt magnum flagitium modo.
ADV. Quid ⟨id⟩ est flagit*i*?
CO. Crepuerunt clare.
ADV. Di te perduint!
Pone nos recede.
CO. Fiat.
ADV. Nos priores ibimus.
CO. Faciunt scurrae quod consu*e*runt, pone sese homines locant.
ADV. Illic homost qui egreditur leno.
CO. Bonus est, nam similis mal*is*t.
Iam nunc ego illic egredienti sanguinem exsugam procul.

---

607 iubet *Aldina* : lubet *BCD* ‖ AGOR. *add. Angelius* ‖ Abeamus *FZ* : habeamus *BCD* ‖ Sed *CD* : Set *B et Seyffert* ‖ ADV. *add. Vssing hic, ante* Abi *Ritschl* ‖ 608 ADV. *hic add. Leo,* COLL. *add. Brix* ‖ queso *BCD* ‖ di immortales *F* (dii) : dii mortales *BCD* ‖ *Personae notam* H (= ADV.) *ante* quin *habet B, spatium CD, unde Goetz-Schoell u. sic distribuerunt* AG. Abeo. quaeso, di immortales — ADV. Quin abis? ‖ ADV. *Ritschl* : B (= MI.) *B, spatium CD* ‖ 609 St *Camerarius* : Si *BCD* ‖ hae *CD* : hi *B* ‖ fecerint *B* ‖ 610 id *add. Acid.* ‖ flagitii *BCD* ‖ perdiunt *B* ‖ 612 Faciun *B* ‖ consuerunt *Pylades* : consueuerunt *BCD* ‖ pones esse *D* ‖ 613 similis malist *Ritschl* : similis malus est *CD* similis est *B* ‖ 614 illic *Ritschl* : illi *BCD* ‖ Lycus collabiscus *subicit B*

⟨SCÈNE III⟩

LELOUP LES TÉMOINS COLLYBISCUS

Leloup *(s'adressant à Antaménide, dans la maison).* Je serai de retour dans un instant, militaire; je veux nous trouver de bons convives pour nous tenir compagnie. Pendant ce temps-là on aura apporté les viandes du sacrifice; et du même coup les femmes, revenues sans doute alors de la cérémonie, seront à notre disposition chez nous. *(Il s'avance, et aperçoit les témoins avec Collybiscus)* Mais que vient faire ici tout ce monde-là? Qu'est-ce qu'ils apportent de bon? Et ce personnage en chlamyde, qui suit à quelque distance, que peut-il bien être?

Un témoin. — Citoyens d'Étolie, nous te saluons, Leloup, bien que nous t'apportions ce salut bien malgré nous[1].

Leloup. — Puisse la fortune vous favoriser! chose qui n'arrivera pas, j'en suis bien sûr, et que la Fortune ne permettra point.

Un témoin. — Les sots comme toi ont dans leur langue un trésor : c'est pour eux un métier que d'insulter les gens qui valent mieux qu'eux.

Leloup. — Quand on ne sait pas la route pour descendre à la mer, il faut chercher un fleuve pour se guider. Je n'étais pas sur la voie de vous injurier; vous me servez de fleuve; je suis bien résolu à vous suivre. Si vous me dites des compliments, je vous suivrai le long de votre rive; si vous me dites des injures, je prendrai le même chemin.

Un témoin. — A bien traiter un méchant il y a

1. Ici se place un vers, qu'on retrouve v. 639, et qui est manifestement interpolé.

LYCVS ADVOCATI COLLYBISCUS
LENO VILICVS

LY. Iam *e*go *i*stuc reuortar, miles; conuiuas uolo
Re*p*erire nobis commodos, qui una sient.
Interibi attulerint exta, atque eadem mulieres
Iam ab re diui*n*a, credo, apparebunt domi.
Sed quid huc tantum hominum incedunt? ecquidnam adferunt?
Et ille chlamydatus quisnam est qui sequ*i*tur procul?
ADV. Aetoli ciues te salutamus, Lyce,
Quamquam hanc salutem ferimus inuiti tibi.
[Et quamquam bene uolumus leniter lenonibus.] 622b
LY. Fortunati omnes sitis, quod certo scio
Nec fore nec Fortunam id situram fieri.
ADV. Istic est thensaurus stultis in lingua situs,
Vt quaestui habeant male loqui melioribus.
⟨LY.⟩ Viam qui nescit qua deueniat ad mare,
Eum oportet amnem quaerere comitem sibi.
Ego male loquendi uobis nesciui uiam;
Nunc uos mihi amnes estis; uos certum est sequi.
Si bene dicetis, uostra ripa uos sequar;
Si male dicetis, uostro gradiar limite.
ADV. Malo bene facere tantundems*t* periculum

LENO ADVOCATI VILICVS, DV *B*, *om.* *CD*[1] ‖ 615 ego istuc *Bothe* : istuc ego *BCD* isto ego *Studemund* ‖ reuotar *B* ‖ 616 Repperire *BC* ‖ qui *om.* *CD* ‖ 617 attulerint *B* : -runt *CD* ‖ adque *B* ‖ atque *improbat Niemoeller* ‖ 618 diuina *D*[4] : diuiua *BD*[1] diuuia *C* ‖ 619 et quidnam *B* ‖ 620 chlamidatus *B* cla- *CD* ‖ sequitur *D*[4] : sequetur *BCD*[1] ‖ 622b *secl. Bentley; ab retractatore decurtandae scaenae causa uidetur additus esse; cf. u.* 639 ‖ 624 fore nec *Pylades* : foren et *B* fore et *CD* ‖ situram *B* : s. itaturam *C (ex* sti-) sisaturam *D* ‖ 625 in lingua situs *om.* *B* ‖ 626 loqui loqui *B* ‖ 627 LYC. *add. Ald.* ‖ 630 amnis *Brix* ‖ 633 tantundemst : tantumdem (-de *B*) si *BCD*

même risque qu'à maltraiter un homme de bien.

Leloup. — Comment cela?

Un témoin. — Voici. Si l'on fait du bien à un méchant, le bienfait est perdu; si l'on fait du mal à un homme de bien, le mal n'est pas perdu.

Leloup. — Pas mal dit. Mais en quoi cela me regarde-t-il?

Un témoin. — Parce que c'est par égard pour toi que nous sommes venus te trouver, bien que nous n'ayons qu'une faible dose d'amitié pour les gens de ton espèce.

Leloup. — Si vous m'apportez quelque chose de bon, je vous suis obligé.

Un témoin. — En fait de bien, nous ne t'apportons, ni ne te donnons, ni ne te promettons, ni ne voulons te donner rien du nôtre.

Leloup. — Je vous en crois sur parole, par Hercule : c'est bien là votre générosité. Mais que voulez-vous alors?

Un témoin *(montrant Collybiscus)*. — Cet homme en chlamyde que tu vois, hé bien! il a contre lui la colère de Mars.

Collybiscus *(vexé, bas aux témoins)*. — Dites cela de vous-mêmes.

Un témoin. — Et nous te l'amenons, Leloup, pour que tu le mettes en pièces[1].

Collybiscus *(à part, en se désignant du doigt)*. — Voici un chasseur qui ne rentrera pas aujourd'hui sans gibier; la meute pousse adroitement le loup dans les filets.

Leloup. — Qui est-ce?

Un témoin. — A vrai dire, nous n'en savons rien. Tout ce que nous savons, c'est qu'étant allés au port ce matin, nous l'avons vu débarquer d'un vaisseau de

1. Ou « pour te mettre en pièces ». L'expression est équivoque à dessein.

Quantum bono male facere.
LY. Qui uero?
ADV. Scies.
Malo si quid bene facias, id beneficium interit;
Bono si quid male facias, aetatem expetit.
⟨LY.⟩ Facete dictum. Sed quid istuc ad me attinet?
⟨ADV.⟩ Quia nos honoris tui causa ad te uenimus,
Quamquam bene uolumus leniter lenonibus.
LY. Siquid boni adportatis, habeo gratiam.
ADV. Boni de nostro tibi nec ferimus, nec damus,
Neque pollicemur, neque adeo uolumus datum.
⟨LY.⟩ Credo hercle uobis; ita uestra est benignitas.
Sed quid nunc uoltis?
ADV. Hunc chlamydatum quem uides,
Ei Mars iratust.
CO. Capiti uostro istuc quidem!
ADV. Nunc hunc, Lyce, ad te diripiundum adducimus.
⟨CO.⟩ Cum praeda hic hodie incedet uenator domum :
Canes compellunt in plagas lepide lupum.
LY. Quis hic est?
ADV. Nescimus nos quidem istum qui siet;
Nisi dudum mane ut ad portum processimus,
Atque istunc e naui exeuntem oneraria

634 Qui *FZ* : Quid *BCD* ‖ 635-707 *accedit A* ‖ 635 bene *BCD* : mali *uel* male *A ex u.* 636 ‖ id *del Bentley* ‖ id beneficium interit *BCD* : aetatem expetit *A*, *ex u.* 636 ‖ 636 expetis *A* ‖ 637 sq. *Pers. not. add. FZ* ‖ 637 Facite *B* ‖ adtinet *B* ‖ 638 ad te : at te *A* huc ad te *BCD unde* tui honoris causa huc ad te *Reiz* ‖ 639 *cf.* 622b ‖ 640 adportatis *B* : ap- *CD* adportastis *A* ‖ 641 damus *A* : damus tibi *BCD* ‖ 642 Neque *BCD* : Necq. *A* ‖ 643 LY. *add. FZ* ‖ itae *B* ‖ 644 LYC. *praem. B*, *spat. CD*; *del. FZ* ‖ uoltishunc *continuat A* ‖ clamidatum *CD* ‖ 646 Nunc hunc *A* : Hunc nunc *BCD* ‖ 647 CO *add. Acid.* ‖ praeda *A* : rae da *B* reda *CD* ‖ incedet *AB* : -dit *CD* ‖ 648 lupum *A* ‖ lycum *BCD ex u. 646* ‖ 649 quidem istum *A* : istum quidem *BCD* ‖ qui *ACD* : que *B* ‖ 650 mane *A* (*uel* mani) : amane *BCD* ‖ 651 exiuntem *B*

transport. Aussitôt débarqué, il vient à nous, il nous salue, nous lui répondons.

Collybiscus *(à part)*. — Les rusés coquins! Comme ils entrent savamment dans leur rôle de fourbes!

Leloup. — Et après?

Un témoin. — Il lie alors conversation avec nous; il dit qu'il est étranger, qu'il ne connaît pas la ville, qu'il désire qu'on lui procure un endroit où il puisse faire bombance en toute liberté. Nous t'avons amené le personnage. A toi, si les dieux te protègent, de savoir profiter de l'occasion.

Leloup. — C'est bien vrai? Il a cette envie?

Un témoin. — Il a de l'or...[1]

Leloup *(l'interrompant, alléché)*. — C'est un gibier pour moi.

Un témoin. — Il veut boire, faire l'amour...

Leloup. — Je lui donnerai un joli endroit.

Un témoin. — Mais surtout, il veut être ici secrètement, en cachette, sans que personne le sache, sans témoins pour l'observer. Car il était dans Sparte comme mercenaire, nous a-t-il dit, au service du roi Attale. Il s'en est échappé quand la ville a été prise.

Collybiscus *(à part)*. — Le mercenaire est une jolie trouvaille, et Sparte, une excellente.

Leloup. — Que les dieux et les déesses vous comblent de biens pour les bons avis et le bon gibier que vous m'apportez!

Un témoin. — Ha! encore ceci qu'il nous a dit, pour que tu veilles davantage au grain : il apporte en renfort trois cents Philippes d'or.

Leloup. — Je suis un roi, si j'attire l'homme aujourd'hui chez moi.

Un témoin. — Comment donc? Il est à toi, sûrement.

Leloup. — Je vous en supplie, par Hercule! con-

1. Seyffert distribue le dialogue ainsi: Leloup. C'est bien vrai? — Un témoin. Il veut s'amuser; il a de l'or.

Videmus. Adiit ad nos extemplo exiens.
Salutat, respondemus.
CO. Mortalis malos!
Vt ingrediuntur docte in sycophantiam!
LY. Quid deinde?
ADV. Sermonem ibi nobiscum copulat.
Ait se peregrinum esse, huius ignarum oppidi;
Locum sibi uelle liberum praeberier
Vbi nequam faciat. Nos hominem ad te adduximus.
Tu, si te di amant, agere tuam rem occasiost.
LY. Itane ille est cupiens?
ADV. Aurum habet...
LY. Praeda haec meast.
ADV. Potare ,amare uolt.
LY. Locum lepidum dabo.
ADT. At enim hic clam, furtim | esse uolt, nequis sciat
Neue arbiter sit. Nam hic latro in Sparta fuit,
Vtquidem ipse nobis dixit, apud regem Attalum.
Inde nunc aufugit, quoniam capitur oppidum.
CO. Nimis lepide de latrone, de Sparta optume.
LY. Di deaeque uobis multa bona dent, quom mihi
Et bene praecipitis et bonam praedam datis.
ADV. Immo, ut ipse nobis dixit, quo accures magis,
Trecentos nummos Philippos portat praesid*i*.
LY. Rex sum, si ego illum hodie ad me hominem adlexero.

655 ibi nobiscum *AB* : nobiscum ibi *CD* ‖ copulat *A* : -lant *BCD* ‖ 656 Agit *B* ‖ signarum *B* ‖ 658 faciat *A* : faciet *BCD* ‖ 659 si ...di *BCD* : sei ...dei *A* ‖ agere *ABCD* : age *Acid.* ‖ occasio est *BCD* ‖ 660 LY. Itane? ADV. Ille est cupiens, aurum habet *Seyffert* ‖ me ea st *B* ‖ 661 uolt *A* : uoli *BCD* ‖ 662 clam *om. B* ‖ furtim ⟨se⟩ esse *Müller hiatus uitandi causa* ‖ uolt *A* : uoli *BCD* ‖ sciat *A* : sciant *BCD* ‖ 663 Sparta *A* : siparta *BCD* ‖ 665 nunc *BCD* : *om. A* huc *Camer.* ‖ 667 uobis uobis *B* ‖ quom *AB* : cum *CD* ‖ 669 accurres *A cum BCD, ut uid.* ‖ 670 praesidi *Gulielmus* : praesibi *ABCD* ‖ 671 ad me *om. A* ad me⟨d⟩ *Ritschl* ‖ adlexero *A* : mallexero *BCD*

seillez-lui de descendre chez moi; il ne trouvera pas meilleur gîte.

UN TÉMOIN. — Ce n'est pas à nous de le conseiller ou de le déconseiller, lui, un étranger; tu feras ton affaire toi-même, si tu as un peu de bon sens. Nous t'avons amené le pigeon jusqu'auprès de ton aire; c'est à toi de le prendre, si tu veux qu'il soit pris. *(Les témoins font mine de s'en aller).*

COLLYBISCUS. — Vous partez déjà? Et le service que je vous avais demandé, mes hôtes?

UN TÉMOIN *(montrant le léno).* — Voilà l'homme à qui tu dois t'adresser pour ton affaire, l'ami. Il est mieux qualifié que n'importe qui pour te trouver ce que tu cherches.

COLLYBISCUS *(bas aux témoins).* — Je voudrais que vous voyiez quand je lui donnerai l'or.

UN TÉMOIN. — De là-bas, ce n'est pas loin, nous pourrons voir tout ce que tu fais.

COLLYBISCUS *(haut).* — Vous m'avez rendu un grand service. *(Ils se retirent quelque peu; Collybiscus s'approche du léno).*

LELOUP *(à part).* — Voici mon gain qui s'avance.

COLLYBISCUS *(à part).* — Oui, à la façon d'un âne qui donne des ruades.

LELOUP *(à part).* — Flattons-le dès l'abord. *(Haut)* Reçois, mon cher hôte, le salut d'hospitalité. Je suis heureux de te voir arriver en bonne santé.

COLLYBISCUS. — Que les dieux te comblent de biens, pour l'intérêt que tu prends à ma santé!

LELOUP. — On dit que tu cherches un gîte.

COLLYBISCUS. — On dit vrai.

LELOUP. — Il paraît aussi — du moins c'est ce que m'ont dit les gens qui viennent de me quitter — que tu en cherchais un à l'abri des mouches.

COLLYBISCUS. — Pas du tout.

LELOUP. — Comment?

ADV. Quin hicquidem tuus est.
LY. Opsecro hercle, hortamini
Vt deuortatur ad me in hospitium optumum.
ADV. Neque nos hortari neque dehortari decet
Hominem peregrinum; tuam rem tu ages, si sapis.
Nos tibi palumbem ad aream usque adduximus.
Nunc te illum melius⟨t⟩ capere, si captum esse uis.
CO. Iamne itis? quid quod uobis mandaui, hospites?
ADV. Cum illoc te meliust tuam rem |, adulescens, loqui.
Illic est ad istas res probus quas quaeritas.
CO. Videre equidem uos uellem, quom huic aurum darem.
ADV. Illinc procul nos istuc inspectabimus.
CO. Bonam dedistis mihi operam.
LY. It ad me lucrum.
CO. Illud quidem, quorsum asinus caedit calcibus.
LY. Blande hominem compellabo |. Hospes hospitem
Salutat; saluom te aduenire gaudeo.
CO. Multa tibi di dent bona, quom me saluom esse uis.
LY. Hospitium te aiunt quaeritare.
CO. Quaerito.
⟨LY.⟩ Ita illi dixerunt qui hinc a me abierunt modo,
Te quaeritare a muscis.
CO. [Ah,] minime gentium.
LY. Quid ita?
CO. Quia, ⟨a⟩ muscis si mihi hospitium quaererem,

672 tuus est LY. : tuus # est *BCD* tuus sum *A* ‖ horta mihi *B* ‖ 673 optimum *B* ‖ 675 hominum *CD* ‖ 676 usquae *A* ‖ 677 melius *Ritschl, Geppert* : melius *ABCD* ‖ captum *A* : castum*BCD* ‖ 678 uobeis *A* ‖ 679 Quom *B* ‖ illoo *AB* : illuo *CD* ‖ meliust *A* : melius *BCD* ‖ 681 quom *B* : cum *ACD* ‖ 682 Illinc *BCD* : illic *A* ‖ 685 conpellabo *B* ‖ 686 *ante* saluom *spatium in A* ‖ saluum *CD* ‖ 687 quom *A* : quo *B* cum *CD* ‖ saluum *BCD* ‖ 688 hos(pit)um *A, ut uid.* ‖ 689 quei *A* ‖ 690 a muscis *codd.* : muschis *Lindsay, Class. Rev. 10,333 qui confert μύσχος· ἀνδρεῖον καὶ γυναικεῖον μόριον Hesych.; de sensu tamen non liquet* ‖ minime *BCD* : ah minime *A, seruant Goetz-Schoell, coll. Bacch. 87, Ter. Ad. 342, 597* ‖ 691 a *add. FZ*

Collybiscus. — Si je voulais un gîte à l'abri des mouches, dès mon arrivée, je serais allé à la prison tout droit[1]. Je cherche un gîte où je sois plus douillettement soigné qu'on ne soigne les yeux du roi Antiochus.

Leloup. — Certes, par Pollux! je puis te donner cette fête-là, si tu veux bien consentir à être dans un joli coin, sur un lit joliment dressé, avec une jolie femme dans tes bras que tu couvriras de caresses...

Collybiscus. — Tu es sur la voie, léno.

Leloup. — Et où tu arroseras ta jeunesse de vins de Leucade, de Lesbos, de Thasos, de Chios, si vieux que leurs dents en sont tombées. Et puis je t'inonderai de torrents de parfums. Bref, je ferai si bien qu'avec l'eau de ton bain le baigneur pourra ouvrir une boutique de parfumerie. Mais tous ces plaisirs-là sont autant de brigands de grand chemin[2].

Collybiscus. — Comment cela?

Leloup. — Ils exigent de l'or comptant.

Collybiscus. — Eh! par Hercule tu n'as pas plus envie de recevoir que moi de donner.

Un témoin. — Si nous appelions Agorastoclès, pour qu'il soit lui-même le plus sûr de ses témoins? *(Ils frappent à la porte d'Agorastoclès)* Holà! toi, qui veux prendre le voleur, sors au plus vite, pour voir de tes yeux donner l'or au léno. .

---

1. Il y a évidemment ici une équivoque sur un double sens de *musca* « mouche ». Mais jusqu'ici elle n'a pu être tirée au clair. Voir en dernier lieu Lindsay, *Archiv für latein. Lexic. u. Gramm.* VIII, 442.

2. Ou de « soldats mercenaires » (cf. *latro*, v. 663), qui veulent être payés comptant.

Adueniens irem in carcerem recta uia.
Ego id quaero hospitium, ubi ego curer mollius
Quam regi Antiocho | oculi curari solent.

LY. Edepol ne tibi illu*d* possum festiuom dare,
Siquidem potes esse te pati in lepido loco,
In lecto lepide strato, et lepidam mulierem
Complexum contrectare.

CO. Is, leno, uiam.

LY. Vbi tu Leucadio, Lesbio, Thasio, Chio,
Vetustate uino edentulo aetatem inriges.
Ibi ego te replebo usque unguentum *ch*eumatis.
Quid multa uerba? faciam, ubi tu laueris,
Ibi ut balneator faciat unguentariam.
Sed haec latrocinantur quae ego dixi omnia.

CO. Quid ita?

LY. Quia aurum poscunt praesentarium.

CO. Quin hercle accipere tu non mauis quam ego dare.

⟨ADV.⟩ Quid, si euocemus huc foras Agorastoclem,
Vt ipsus testis sit sibi certissumus?
Heus tu, qui furem captas, egredere ocius,
Vt tute inspectes aurum lenoni dar*i*.

---

692 irem *A* : huc irem *BCD* ‖ 693 hospitium *A* : hostium *BCD* ‖ 694 *sic codd. cum hiatu* : quam ⟨quom⟩ *Schoell* ocelli *Goetz-Loewe* (*cf. u. 366 ubi* oculus *A* (*pro* ocellus) eculei *Mueller Rh. Mus. 54, 529* loculi *alii* ‖ oculi *om. CD* ‖ 695 illud *F* : illum *BCD* ‖ illum possum *AB* : possum illum *CD* ‖ festiuum *CD* ‖ 696 te *om. BCD* ‖ 697 et *om. BCD* ‖ 698 contractare *BCD* ‖ 699 lesbio *A* : losbio *B* lespia *C* lebia *D* ‖ thasio *AB* : ł hassio *C* thassio *D* ‖ chio *A* : choo *BCD* ‖ 701 ego *om. BCD* ‖ cheumatis *Ritschl* : geumatis *A* egeumatis *BCD* eccheumatis *Camer.* ‖ 702 laueres *A* ‖ 703 balniator *A* ‖ 706 Quin *A* : Qui *BCD* ‖ tuo °manuis *B* ‖ darem *CD* ‖ « *Post hunc u. secuntur in P uu.* 720, 707, 708, *in A uu.* 707, 720 (*om.* addictum tenes), 730, 708; *scilicet decurtandae scaenae causa versus in margine adscripti erant* » *Lindsay* ‖ 707 huc foras *AB* : foras huc *CD* ‖ agorastoclen *B* ‖ 708 ipsus *A* : Ipse *BCD* ‖ 709-745 *deficit A* ‖ 709 qui furem *CD* : quis tu rem *B* ‖ otius *BCD* ‖ 710 dari *Bentley* : dare *BCD* darei *Ritschl* ‖ dare agorastocles *B*

⟨SCÈNE IV⟩

AGORASTOCLÈS LES TÉMOINS COLLYBISCUS LELOUP

Agorastoclès. — Qu'y a-t-il? Que voulez-vous, témoins?

Un témoin. — Regarde à droite. Ton esclave va donner de l'or au léno, en mains propres.

Collybiscus *(au léno, en lui présentant la bourse)*. — Tiens, prends ceci, si tu veux bien; il y a là-dedans trois cents écus d'or bien comptés, de ceux qu'on appelle des philippes. Soigne-moi bien pour ce prix; je veux qu'ils soient lestement expédiés.

Leloup. — Par Pollux! en me les remettant, tu t'es donné un dépensier qui saura les prodiguer. Allons, entrons.

Collybiscus *(sans bouger)*. — Je te suis.

Leloup *(l'entraînant avec précipitation)*. — Allons, allons, marche. Nous causerons du reste chez moi.

Collybiscus *(s'arrêtant encore)*. — En même temps je te raconterai les événements de Sparte.

Leloup *(le pressant davantage)*. — Mais suis-moi donc.

Collybiscus. — Emmène-moi chez toi, je suis ton prisonnier. *(Ils entrent)*.

Agorastoclès *(aux témoins)*. — Que me conseillez-vous, maintenant?

Un témoin. — D'être sage.

Agorastoclès. — Et si la passion ne me le permet pas?

Un témoin. — Alors, sois comme elle te permet d'être.

Agorastoclès *(prenant le ton d'un homme qui rem-*

AGORASTOCLES IDEM
ADVLESCENS

AG. Quid est? quid uultis, testes?
ADV. Specta ad dexteram.
Tuus seruus aurum | ipsi lenoni dab*it*.
CO. Age accipe hoc sis; heic sunt numerati aurei
Trecenti nummi qui uocantur Philipp*ei*.
Hinc me procura; propere hosce apsumi uolo.
LY. Edepol fecisti prodigum promum tibi.
Age eamus intro.
CO. Te sequor.
LY. Age, age, ambula;
Ibi qu*ae* reli*c*ua alia fabulabimur.
CO. Eadem narrabo tibi res Spartiaticas.
LY. Quin sequere me ergo.
CO. Abduc intro; addictum tenes.
AG. Quid nunc mihi auctores estis?
ADV. Vt frugi s*i*es.
AG. Quid, si animus esse non sinit?
ADV. Esto ut sinit.
AG. Vidistis, leno quom aurum accepit?
ADV. Vidimus.
AG. Eum uos meum esse seruom scitis?
ADV. Sci⟨ui⟩mus.

ADVLESCENS IDEM DV *B* : *om. CD*[1] ‖ *Personarum notas om. CD, spatiis uacuis relictis* ‖ 712 *sic codd. cum hiatu* : ⟨iam⟩ ipsi *Geppert; alii alia* ‖ 713 sis heic *Ritschl, FZ* (hic) : sis se ic (hic *D*) *BCD* ‖ 714 numme *D* ‖ philippei *Pylades* : -pi *BCD* ‖ 715 propere *B* : -ra *CD* ‖ absumi *CD* ‖ 716 prodigum *B* : -gium *CD* ‖ 718 Ibi quae *Gulielmus* : Ibique *BCD* ‖ relicua *Ritschl* : reliqua *BCD* ‖ 719 spartiaticas *B* : spartiacas *CD* ‖ 720 *cf. ad* 706 ‖ ergo *BCD hic* : intro *ABCD illic* ‖ abduc *BCD hic* : duc me ergo *AB* duc ergo me *CD illic* ‖ addictum tenes *om. A illic* (*hoc loco deficit*) ‖721 sies *FZ* : spes *BCD* ‖ 722 ⟨ita⟩ ut *Mueller metri gratia* ‖ 723 quom *B* : cum *CD* ‖ 724 seruom *B* : seruum *CD* ‖ sciuimus *Camer.* scimus *BCD*

plit une formalité judiciaire). — Vous avez vu, quand le léno a pris l'argent?

UN TÉMOIN. — Nous l'avons vu.

AGORASTOCLÈS. — Et l'autre, vous savez que c'est mon esclave?

UN TÉMOIN. — Nous le savons.

AGORASTOCLÈS. — Qu'il y a là contravention aux lois si souvent sanctionnées par le peuple?

UN TÉMOIN. — Nous le savons.

AGORASTOCLÈS. — Hé bien! je veux que vous vous souveniez de tout ceci, bientôt, quand besoin sera devant le préteur. *(Il tire le bout de l'oreille au premier témoin).*

UN TÉMOIN. — Nous nous en souviendrons.

AGORASTOCLÈS *(montrant la maison du léno).* — Et si je frappais à sa porte, tandis que le délit est encore flagrant?

UN TÉMOIN. — C'est mon avis.

AGORASTOCLÈS. — Si je frappe et qu'il n'ouvre pas?

UN TÉMOIN. — Ne te frappe pas pour cela[1].

AGORASTOCLÈS. — Si le léno sort de chez lui, que dois-je faire? Lui demander si mon esclave est venu ou non chez lui?

UN TÉMOIN *(froidement).* — Pourquoi pas?

AGORASTOCLÈS. — Avec deux cents philippes d'or?

UN TÉMOIN *(toujours froidement).* — Pourquoi pas?

AGORASTOCLÈS. — Immédiatement le léno se fourvoiera.

UN TÉMOIN. — Pour quelle raison?

AGORASTOCLÈS. — Belle demande! parce que je dirai cent philippes de moins que le compte.

1. J'ai essayé de rendre par un à-peu-près le jeu de mots intraduisible sur *pultem* qui peut vouloir dire « que je frappe », ou être l'accusatif de *puls, pultis* « bouillie ». C'est dans ce dernier sens que l'entend le témoin : « Et s'il ne veut pas sortir la bouillie » au lieu de « Si je frappe, et qu'il n'ouvre pas ». De là sa réponse : *Panem frangito* « Alors, casse la croûte »

AG. Rem aduersus populi saepe leges?
ADV. Sciuimus.
AG. Em istaec uolo ergo uos commeminisse omnia
Mox quom ad praetorem | usus ueniet.
ADV. Meminimus.
AG. Quid, si recenti re aedis pultem?
ADV. Censeo.
AG. Si pultem, non recludet?
ADV. Panem frangito.
AG. Si exierit leno, censen hominem interrogem,
Meus seruos ad eum ueneritne?
ADV. Quippini?
AG. Cum auri ducentis nummis Philippis?
ADV. Quippini?
AG. Ibi extemplo leno errabit.
ADV. Qua de re?
AG. Rogas?
Quia centum nummis minus dicetur.
ADV. Bene putas.
AG. Alium censebit quaeritari.
ADV. Scilicet.
AG. Extemplo denegabit.
ADV. Iuratus quidem.
AG. Homo furti sese adstringet ...
ADV. Hau dubium id quidemst.
AG. Quantumquantum ad eum erit delatum.
ADV. Quippini?

726 Em *B*. CHARISIVS *GLK I 240,20* : Hem *CD* ‖ ergo : ego CHARIS. ‖ meminisse CHARIS. ‖ 727 ad praetorem quom *Geppert hiatus uitandi causa* ‖ quom : quum *B* cum *CD* ‖ memiminimus *B* ‖ 730 *cf. ad* 706 ‖ censen *Bothe* : censent *CD* censerit *B* quid tum *A* ‖ 731 seruos *Geppert, Ritschl* : seruosi *B* seruus si *CD* ‖ 732-735 *secl. Leo, qui spurios eos esse indicauit* ‖ 732 Cum *CD* : Quom *B* ‖ 733 cerrabit *B* ‖ 734 dicetur *Pius* : diceretur *BCD* ‖ 737 furti sese *Pareus* : furtis est *B* furtis es *C* furtis e *D cum rasura super* e ‖ adstringet (as-) *F* : -git *BCD* ‖ hau *D* : aud *B* haud *C* ‖ quidemst *Camer.* (-dem est) : qid est *B* quidem *CD*

Un témoin. — Tu calcules bien.

Agorastoclès. — Il croira que c'est un autre qu'on cherche.

Un témoin. — Évidemment[1].

Agorastoclès. — Il niera tout aussitôt.

Un témoin. — Et cela, sous serment.

Agorastoclès. — Il se rendra coupable de vol...

Un témoin. — Cela non plus n'est pas douteux.

Agorastoclès. — Pour tout l'or qu'il aura touché.

Un témoin. — Pourquoi pas?

Agorastoclès *(impatienté)*. — Que Jupiter vous foudroie!

Un témoin. — Pourquoi pas toi?

Agorastoclès. — Je vais frapper à sa porte?

Un témoin. — Oui, pourquoi pas?

Agorastoclès. — Il est temps de se taire; j'entends le bruit de la porte. Voici que le léno Lycus sort de chez lui. Secondez-moi, je vous prie.

Un témoin. — Pourquoi pas? Et même si tu veux nous couvrir la tête, afin que le léno ne nous reconnaisse pas pour ceux qui l'ont attiré dans ce guêpier...

⟨SCÈNE V⟩

LELOUP AGORASTOCLÈS LES TÉMOINS

Leloup *(se croyant seul)*. — Que tous les haruspices aillent se faire pendre, plutôt que de vouloir désormais que je croie à leurs bavardages. Ils me disaient tout à l'heure, pendant le sacrifice, que j'étais menacé d'un grand malheur et d'une grosse perte; et le dénouement

1. Les vers 732-735 qui sont en contradiction avec les vers 181 et suiv., 561 et suiv., 761 et suiv., semblent provenir d'un remaniement.

AG. Diespiter uos perduit!
ADV. Te quippini?
AG. Ibo et pultabo ianuam?
ADV. Ita, quippini?
AG. Tacendi tempus est; nam crepuerunt fores.
Foras egredier uideo lenonem Lycum.
Adeste quaeso.
ADV. Quippini? * si uoles
Operire capita, ne nos leno nouerit,
Qui illi malae *r*ei tantae fuimus inlices.

LYCVS AGORASTOCLES ADVOCATI
LENO ADOLESCENS

LY. Suspendant omnes nunciam se haruspices,
Quam ego illis posthac quod loquantur creduam,
Qui in re diuina dudum dicebant mihi
Malum damnumque maximum portendier;
Is explicaui meam rem postilla lucro.
AG. Saluos sis, leno.
LY. Di te ament, Agorastocles.
AG. Magis me benigne nunc salutas quam antidhac.
LY. Tranquillitas euenit, quasi naui in mari.
Vtquomque est uentus, exim uelum uortitur.

739 sq. *sic BCD* : *inuertit Acid.* ‖ 740 Ita *BCD* : Ito *Acid.* ‖ 742 egredier *B T* : -dietur *CD* egredi eccum *Mueller Rh. Mus. 54, 528*, egrediri *Brix sed cf. Havet, Man.* § *999A* ‖ 743 *uersus mancus* : ⟨sine⟩ si uoles *Geppert; alii alia* ‖ 744 Operite *Scaliger* ‖ leno nouerit *B* : leno rit *CD* ‖ 745 Qui *B* : cui *CD* quid NONIVS *446,32* ‖ malae rei tantae *Camer.* : malae ire (male ire *D*) it ante *BD* mare ire it ante *C* tantae rei NON. ‖ fumus NON. ‖ inlices *CD* : inlix NON. inlyces; lycus agorastocles *B*

LENO ADOLESCENS ADVOCATI DV *B* : *om. CD*¹ ‖ 746-782 *accedit A* ‖ 746 se *BCD* : sese *A* ‖ 747 illis *om. B* ‖ posttec *B* ‖ 749 dampnumque *CD* ‖ 750 explicauit *A* ‖ post illam *B* ‖ 751 dei *A* ‖ 753 euenet *A*¹ ‖ quasi naui : quasi naut *A?* quast naui *BCD* ‖ 754 Utcumque *CD* ‖ est *om. A*

de tout cela, c'est pour moi une bonne affaire.

Agorastoclès. — Salut, léno.

Leloup. — Que les dieux te protègent, Agorastoclès!

Agorastoclès. — Tu as un accueil plus aimable que d'ordinaire.

Leloup *(riant d'un air mystérieux)*. — Le beau temps est venu, comme pour le vaisseau en mer : on tourne la voile selon le vent qui souffle.

Agorastoclès. — Les gens à qui je souhaite une bonne santé se portent-ils bien chez toi? Mais ce n'est pas à toi que je la souhaite.

Leloup. — Ils se portent bien comme tu le souhaites, mais ils ne sont pas pour toi.

Agorastoclès. — Envoie-moi aujourd'hui, si tu veux bien, ton esclave Adelphasie, en l'honneur de cette fête si brillante et si solennelle des Aphrodisies.

Leloup *(d'un ton railleur)*. — As-tu mangé ton déjeuner trop chaud, aujourd'hui? dis-moi.

Agorastoclès. — Pourquoi cela?

Leloup. — Tu veux te refroidir la bouche par une froide plaisanterie[1].

Agorastoclès *(changeant de ton soudain, et prenant l'air menaçant)*. — Passons à autre chose, léno, s'il te plaît. Il m'est revenu qu'un mien esclave était chez toi.

Leloup. — Chez moi? Tu ne trouveras jamais de ça chez moi.

Agorastoclès. — Tu mens. Il est venu chez toi, il t'a apporté de l'or. Je le tiens de gens qui ont toute ma confiance.

Leloup *(apercevant les témoins)*. — Tu es malin; tu viens avec des témoins pour tâcher de me prendre. Il n'y a chez moi personne de tes gens, ni rien qui t'appartienne.

1. L'expression se retrouve au v. 1326 du *Rudens*. Le sens n'en est pas très sûr.

AG. Valent apud te quos uolo? atque haud te uolo.
LY. Valent ut postulatumst, uerum non tibi.
AG. Mitte ad me, si audes, hodie Adelphasium tuam
Die festo celebri nobilique Aphrodisiis.
LY. Calidum prandisti prandium hodie? dic mihi.
AG. Quid iam?
LY. Quia os nunc frigefactas, quom rogas.
AG. Hoc age sis, leno. Seruom esse audiui meum
Apud te.
LY. Apud me? numquam factum reperies.
AG. Mentire; nam ad te uenit aurumque attulit.
Ita mihi renuntiatumst, quibus credo satis.
⟨LY.⟩ Malus es; captatum me aduenis cum testibus.
Tuorum apud me nemost nec quicquam tui.
AG. Mementote illud, aduocati.
ADV. Meminimus.
LY. Hahahae! iam teneo quid sit; perspexi modo.
Hi qui illum dudum conciliauerunt mihi
Peregrinum Spartanum, id nunc *is* cerebrum uritur,
Me esse hos trecentos Philippos facturum lucri.
Nunc hunc inimicum quia esse sciuerunt mihi,
Eum adlegarunt, suom qui seruom diceret
Cum auro esse apud me. Compositast fallacia,
Vt eo me priuent atque inter se diuidant.
Lupo agnum eripere postulant. Nugas agunt.

755 Valent *A* : Valeant *BCD* ‖ haut *BD* ‖ 756 Valent *AB* : -leant *CD* ‖ postulatumst : -tum si *BCD* postulant(um) est *A* ‖ 758 afrodisiis *B* ‖ 760 os *A* : hos *BCD* ‖ quom *B* : cum *ACD* ‖ 762 Aput *B*. ‖ aput numquam *B*, *om.* me ‖ repperies B^2CD ‖ 763 aurumque *A* : maurumque *BCD* ‖ 764 renuntiatum est *BCD* ‖ 765 LY. *add.* D^3 ‖ es *BCD* : est *A* ‖ ad uenit B^1C ‖ qum *B* ‖ 766 nemost *A* : nemo est *B* nemo *CD* ‖ 767 illud *A* : illuc *BCD* ‖ 768 *Pers. om. B* ‖ Ha ha hae (he *CD*) *BCD* : hahe *uel* haha *A* ‖ quit *B* ‖ perspexi *A* : -xil *CD* perpexit *B* ‖ 770 id nunc is (his *A*, *corr. Seyffert*) cerebrum uritur *A* : id nunc? *B* id nunc hisce Crebro auritur *CD* ‖ 773 adlegarunt *A* : -gauerunt *BCD* ‖ suum *BCD* ‖ seruum *CD* ‖ 774 Quom *B* ‖ composita est *BCD* ‖ 775 adque *CD*

Agorastoclès. — Souvenez-vous de cela, témoins.

Un témoin. — Nous nous en souvenons.

Leloup *(riant aux éclats)*. — Ha, ha, ha, hi, hi! je vois ce que c'est, j'ai deviné maintenant! Ce sont les gens qui m'ont mis tout à l'heure en marché avec l'étranger de Sparte. Ils enragent à présent de voir que je m'en vais faire ces trois cents philippes de bénéfice; et, comme ils savent que cet autre est mon ennemi *(montrant Agorastoclès)*, ils l'ont aposté pour dire que c'est son esclave qui est chez moi avec de l'or. Ils ont comploté cette fourberie pour me ravir cet or, et se le partager. Ils voudraient déposséder Leloup de l'agneau. Ils perdent leur temps.

Agorastoclès. — Tu dis que ni mon or, ni mon esclave ne sont chez toi?

Leloup. — Je dis non, et je dirai non, s'il le faut, jusqu'à extinction de voix.

Un témoin. — Tu es perdu, léno. Car le Spartiate que nous t'avons présenté est le fermier d'Agorastoclès; c'est lui qui t'a remis tantôt les trois cents philippes. *(Montrant la bourse que tient le léno)* Justement tu as cet or dans la bourse que voici.

Leloup *(furieux)*. — Malheur à vous!

Un témoin. — C'est ton malheur à toi qui est tout prêt.

Agorastoclès *(voulant lui arracher la bourse)*. — Allons, pendard, lâche cette bourse, et tout de suite. Je te prends en flagrant délit de vol. *(Aux témoins)* Je vous en prie, par Hercule, assistez-moi jusqu'à ce que vous me voyiez emmener mon esclave de chez lui. *(Il entre chez le léno)*.

Leloup *(à part)*. — Maintenant, par Pollux! je suis perdu, sûrement; je n'ai pas le choix. Ils se sont concertés pour me tendre cette embuscade. Mais que tardè-je à m'enfuir jusqu'à la potence, avant qu'on me traîne, le cou tordu, devant le préteur? Hélas! les

AG. Negasne apud te esse aurum nec seruom meum?
LY. Nego; et negando, si quid refert, rauio.
ADV. Peristi, leno. Nam istest huius uilicus,
Quem tibi nos esse Spartiatem diximus,
Qui ad te trecentos Philippeos modo detulit;
Idque in istoc adeo | aurum inest marsuppio.
LY. Vae uostrae aetati!
ADV. Id quidem ⟨in⟩ mundo est tuae.
AG. Age, omitte actutum, furcifer, marsuppium.
Manufesto fur es. Mihi, quaeso hercle, operam date,
Dum me uideatis seruom ab hoc abducere.
⟨LY.⟩ Nunc pol ego perii certo, haud arbitrario.
Consulto hoc factum est, mihi ut insidiae fierent.
Sed quid ego dubito fugere hinc in malam crucem
Prius quam hinc optorto collo ad praetorem trahor?
Eheu, quom ego habui | hariolos haruspices!
Qui siquid boni promittunt, perspisso euenit;
Id quod mali promittunt, praesentarium est.
Nunc ibo, amicos consulam quo me modo
Suspendere aequom censeant potissimum.

---

777 nec *BCD* : -ne *A* ‖ seruum *ACD* ‖ 778 siquit *B* ‖ rauio *A* : $\overset{r}{a}$. uio *B* auio *CD* *unde* aruio *Lindsay* rauiero *L. Mueller, L. Havet ALLG IX, 526 nam* rāuio *suspectum, cf. tamen Marx, ad Lucil. 1289* ‖ 779 iste est *BCD* ‖ 780 spartiatem *A*, *D corr.* : sparuatem *BC* ‖ 781 ad *A* : at *B* a *CD* ‖ philippeos *A* : -pos *BCD* ‖ 782 isto cadeo *B* : isto cado *CD.* ‖ marsupio *BD* ‖ adeo in istoc *Pylades hiatus uitandi causa* ‖ 783-849 *deficit A* ‖ 783 Ve *CD* ‖ uostra *B* ‖ in *add. Pylades* ‖ 784 *Pers. om. B* ‖ marsupium *BCD* ‖ 786 seruum *CD* ‖ 787 *Pers. om. BCD* ‖ 790 hinc *B* : *om. CD* ‖ 791 cum *CD* ‖ ⟨nunc⟩ habui *Pylades* ⟨hos⟩ ariolos *Geppert hiatus uitandi causa; alii alia* ‖ 792 Qui si quid (quit *B*) *BCD* : Quia quid NONIVS *392,17* ‖ boni *FZ* : bene *BCD*, NON. ‖ perspisso — promittunt *solus habet* NONIVS : *om. codd. propter homoeoteleuton* ‖ 793 praesentarium *B* : -tiarum *CD*, -tari *uel* -tariem *codd. Nonii* ‖ 795 aequm *C* aequum *D* ‖ potissimum agorastocles colybiscus *B*

haruspices ont été trop bons devins. Ces gens-là, quand ils vous prédisent quelque bonheur, on ne le voit jamais venir; mais qu'ils vous annoncent un malheur, il vous est servi comptant. Allons! je n'ai plus maintenant qu'à demander conseil à mes amis sur la meilleure manière de me mettre la corde au cou. *(Il sort précipitamment sans être vu).*

⟨SCÈNE VI⟩

AGORASTOCLÈS COLLYBISCUS LES TÉMOINS

AGORASTOCLÈS *(sortant de chez Leloup avec Collybiscus)*. — Allons, avance, toi, pour qu'ils te voient sortir de cette maison. *(Aux témoins)* Est-ce bien là mon esclave?

COLLYBISCUS. — Oui, par Hercule, je le suis, Agorastoclès.

AGORASTOCLÈS *(se retournant du côté où était Leloup)*. — Eh bien, scélérat de léno?

UN TÉMOIN. — Ta partie s'est dérobée.

AGORASTOCLÈS. — Puisse-t-il s'en être allé à la potence!

UN TÉMOIN. — C'est bien ce que nous devons souhaiter.

AGORASTOCLÈS. — Demain je déposerai ma plainte.

COLLYBISCUS. — Tu n'as plus besoin de moi?

AGORASTOCLÈS. — Retire-toi; reprends ton costume.

COLLYBISCUS *(au public)*. — Je n'ai pas tout perdu quand on a fait de moi un militaire; j'ai raflé là-dedans un tantinet de butin. Pendant que les gens du léno faisaient leur somme, je me suis rempli la panse avec les viandes du sacrifice. Quittons la place et rentrons maintenant.

AGORASTOCLES COL⟨L⟩YBISCVS ADVOCATI
ADVLESCENS VILICVS

AG. Age *tu*, pro*g*redere, ut [testes] uideant te ire istinc foras.
Estne hic meus seruos?
CO. Sum [me] hercle uero, Agorastocles.
AG. Quid nunc, sceleste leno?
ADV. Quicum litigas
Apscessit.
AG. Vtinam hinc ab*i*erit malam crucem!
ADV. Ita nos uelle aequom est.
AG. Cras susscribam homini dicam.
CO. Numqui*d* me?
AG. Apscedas; sumas ornatum tuum.
CO. Non sum nequiquam miles factus, paululum
Praedae intus feci. Dum lenonis familia
Dormitat, extis sum satur factus probe.
Abscedam hinc intro.
AG. Factum a uobis comiter.
Bonam dedistis, aduocati, operam mihi.
Cras mane, quaeso, in comitio estote obuiam.
Tu sequere me intro. Vos ualete.
ADV. Et tu uale.
Iniuriam illic insignite postulat;
Nostro seruire nos sibi censet cibo.
Verum ita †sunt isti nostri diuites :
Siquid bene facias, leuior pluma est gra*t*ia;

ADVLESCENS VILICVS ADVOCATI *B* : *om.* *CD*[1] ‖ 796 Age tu *FZ* : Agetur *BD* -getur *C* ‖ progredere *FZ* : procre- *BCD* ‖ testes *del. Bentley* ‖ te ire *B* : tere *CD* ‖ 797 meus seruos *B* : seruus meus *CD* ‖ CO. : ADV. *B* ‖ hercle *Acid.* : me hercle (er- *D*) *BCD* ‖ 798 AG. *om.* *B* ‖ Qui quom *B* ‖ 799 Abscessit *CD* ‖ abierit *FZ* : aberit *BCD* ‖ 800 aequm *C* aequum *B* equum *D* ‖ 801 Numquid *Lambin* : Numqui *BCD* ‖ ornatum *CD* : ornamentum *B* ‖ 803 Praedae : -de *B* -da *CD* ‖ 807 queso *BCD* ‖ 810 Nostro *FZ* : Nostros *BCD* ‖ nos sibi *B* : sibi nos *CD* ‖ 811 *u. mancus* : sunt ⟨morati⟩ *suppl. Palmer, exempli gratia; alii alia* ‖ 812 gratia *FZ* : grauia *BCD*

AGORASTOCLÈS *(aux témoins)*. — Merci bien de votre obligeance. Vous m'avez apporté une aide précieuse, mes chers témoins. Demain matin, trouvez-vous au comice, s'il vous plaît; je vous y rejoindrai. *(A Collybiscus)* Toi, suis-moi; rentrons. *(Aux témoins)* Bonne santé à vous. *(Ils rentrent tous deux)*.

UN TÉMOIN *(brusquement)*. — Bonne santé, toi aussi. *(A ses compagnons)* C'est une injustice criante. Il veut que nous soyons à son service, et que nous fassions les frais de notre nourriture! Voilà bien de nos riches! Leur rend-on service, leur reconnaissance ne pèse pas une plume; si vous les offensez, leur ressentiment vous écrase comme un plomb. Allons-nous en chacun chez nous, s'il vous plaît, puisque l'entreprise à laquelle nous avons donné nos soins a réussi, et que nous avons contribué à perdre le débaucheur de nos concitoyens. *(Ils sortent)*.

⟨ACTE IV⟩

⟨SCÈNE I⟩

MILPHION, *seul*

J'attends le résultat de mes combinaisons. J'ai grande envie de perdre ce léno qui fait sécher mon pauvre maître; et celui-ci à son tour me rosse, se rue sur moi à coups de poing, à coups de pied... Quelle misère d'être au service d'un amoureux, surtout quand il ne possède pas l'objet qu'il aime! Tiens, tiens! je vois Syncérastus, l'esclave du léno, qui revient du temple. Écoutons ce qu'il peut bien dire.

Siquid peccatumst, plumbeas iras gerunt.
Domos *a*beamus nostras, sultis, nunciam,
Quando id, quoi re operam dedimus, inpetrauimus,
Vt perderemus corruptorem ciuium.

⟨ACTVS IV⟩

MILPHIO
SERVOS

Exspecto quo pacto meae techinae processurae sient.
Studeo hunc lenonem perdere, qu*i* meum erum miserum macerat;
Is me autem porro uerberat, incursat pugnis, calcibus.
Seruire amanti miseria est, pr*a*esertim qui quod amat caret.
Attat! e fano recipere uideo se Syncerastum,
Lenonis seruom. Quid habeat sermon*i*s auscultabo.

SYNCERASTVS MILPHIO
SERVI II

SY. Satis spectatum est deos atque homines eius neclegere gratiam

813 peccatum si *B* ‖ 814 abeamus *FZ* : ha- *BCD* ‖ sultis *B* : stultis *CD* ‖ 815 quoi re *CD* : quod rei *B*¹ quoi rei *B*² ‖ 816 ciuium; mylphio *B*

SERVOS C. *B* : *om.* *CD*¹ ‖ 817 .xpecto *C* ‖ pacco *B*¹ ‖ meae techinae *Ritschl* : mea et thine *B*, *C* (ehine) *D* (ehinę) ‖ sient *CD* : sierit *B* ‖ 818 qui *F* : iut *B* ut *CD*, *seruat Lindsay*, ita *Seyffert* ‖ 820 presertim *D* : presentim *BC* ‖ 822 seruum *CD* ‖ sermonis *F* : -nes *BCD*

SINCERASTVS MILPHIO SERVI. II C. *B* : *om.* *CD*¹ ‖ 823 eius *CD* : euis *B* ‖ neglegere *CD*

⟨SCÈNE II⟩

SYNCÉRASTUS MILPHION

SYNCÉRASTUS *(portant les vases et autres ustensiles du sacrifice, et se croyant seul)*. — Il est bien avéré que les dieux et les hommes n'ont aucun égard pour qui sert un maître comme celui que j'ai. Nulle part au monde il n'y a plus grand imposteur, pire coquin que mon cher maître; pas de bourbier plus sale, pas de fumier plus puant. Par tous les dieux qui me soient en aide, j'aimerais mieux passer toute ma vie soit dans les carrières, soit au moulin, avec une solide ceinture de fer autour des reins[1], que d'être tout le temps au service de ce léno. Quelle race c'est là! Que d'inventions ils savent trouver pour la perdition des gens! O justes dieux! On y peut voir toute espèce de gens, comme si l'on était sur les bords de l'Achéron : qu'on cherche un cavalier, un fantassin, un affranchi, un voleur ou un esclave fugitif, un coquin battu de verges, un prisonnier chargé de chaînes, un insolvable condamné, n'importe quel être à figure humaine, pourvu qu'il ait de quoi payer, toutes les espèces y sont accueillies. Aussi, dans toute la maison ce ne sont que ténèbres, repaires mystérieux; on boit, on mange comme dans un cabaret, pas moins. C'est là qu'on voit des lettres écrites sur l'argile des cruches, cachetées de poix, avec des adresses en caractères longs d'une coudée[2]. Car nous recrutons chez nous des légions de vases à vin.

1. Le sens de *latere* est obscur: on ne sait s'il faut le faire venir de *latus* « flanc » d'où « ceinture? », ou de *later* « brique », d'où « brique de fer, entrave? ». Les deux sens dérivés ne sont du reste nulle part ailleurs attestés; aussi le mot a-t-il été corrigé par divers éditeurs.

2. Syncerastus compare les inscriptions qui figuraient sur les amphores pour indiquer l'origine et l'année des vins à des lettres, ou à des adresses de lettres.

Quo*i* homini erus est consimilis, uelut ego habeo *h*unc huiusmodi.
Neque periurior neque peior alter usquam est gentium
Quam erus meus est, neque tam luteus neque tam caeno conlitus.
Ita me di ament, uel in lautumiis uel in pistrino mauelim
Agere aetatem praepeditus latere forti ferr*eo*
Quam apud lenonem hunc seruitutem colere. Quid illuc est genus!
Quae illic hominum corruptelae fiunt! Di, uostram fidem!
Quoduis genus ibi hominum uideas, quasi Acheruntem ueneris :
Equitem, peditem, libertinum, furem a*n* fugitiuum uelis,
Verberatum, uinctum, addictum. Qui habet quod det, ut⟨ut⟩ homo est,
Omnia genera recipiuntur. Itaque in totis aedibus
Tenebrae, latebrae; bibitur, estur quasi in popina |, hau secus.
Ibi tu uideas litteratas fictil*is* epistulas,
Pice signatas; nomina insunt cubitum longis litteris.
Ita uinariorum habemus nostrae dilectum domi.
MI. Omnia edepol mira sunt n*i*si erus hunc heredem facit;
Nam *hic*quidem illic, ut meditatur, uerba facit emortuo.
Et adire lubet hominem et autem nimis eum ausculto lubens.
SY. Haec quom hic uideo fieri, crucior : pretiis emptos maximis

824 Quoi : Quo hi *BCD* Cui *Pylades* ‖ est *Pylades* : et *BCD* Cuius hominis erus est *Geppert* ‖ hunc *Bothe* : nunc *BCD* ‖ 826 ceno *BC* ‖ 827 pistrino *CD* : pristino *B* ‖ 828 praepeditus *CD* : praeditus *B* ‖ latere *BCD* « *quod quid sit nescimus* » (*Goetz-Loewe*) : latera *Z* clatro *Guyet* catulo *Bentley etc.* ‖ ferreo *Scaliger* : ferro *BCD* ‖ 829 Quod *Bothe* ‖ 830 hominem *B* ‖ corruptelae *B* : -tellae *CD* ‖ 832 an *Acid.* : ad *BCD* ‖ 833 utut *Gulielmus* : ut *BCD* ‖ 834 in *del. Abraham* ‖ 835 estur *B* : estu *C* ęstu *D* ‖ hau *B* : haud *CD* ‖ 836 fictilis : -les *B*, *om. CD*, futiles *T* ‖ 839 *Pers. om. B* ‖ nisi *Camer.* : nesi *CD* ‖ 840 hic quidem illic *Luchs* : id quidem illi *BCD* ‖ ut *B* : *om. CD* ‖ faciet mortuo *Vssing* ‖ 841 ausculto *D*[4] : aut culto *BCD*[1] ‖ 842 quom *B* : cum *CD*

Milphion *(à part)*. — C'est grand miracle, par Pollux, si son maître n'en a pas fait son héritier; car il lui prépare, à ce que j'entends, une belle oraison funèbre. J'aurais plaisir à lui parler; mais j'ai tant de plaisir à l'entendre!

Syncérastus. — Je souffre la torture quand je vois tout ce qui se passe dans cette maison : des esclaves payés des prix fous laissent chez nous tout leur pécule, aux dépens de leurs maîtres. Et finalement on n'en voit pas trace : bien mal acquis tourne mal.

Milphion. — A l'entendre, on le prendrait pour un honnête garçon; et c'est un drôle, par Hercule, capable d'en remontrer au Vice en personne.

Syncérastus. — Pour le moment, je rentre chez nous, rapportant ces vases du temple de Vénus, où mon maître, avec toutes ses victimes, n'a pas réussi à se concilier la déesse pour son jour de fête.

Milphion. — Aimable Vénus!

Syncérastus. — Nos courtisanes, elles, dès leur premier sacrifice, tout de suite ont su la rendre propice.

Milphion. — Encore une fois, aimable Vénus!

Syncérastus. — Rentrons chez nous.

Milphion *(haut)*. — Hé! Syncérastus.

Syncérastus *(continuant de marcher, sans se retourner)*. — Qu'est-ce qui appelle Syncérastus?

Milphion. — Un ami.

Syncérastus *(toujours de même)*. — Ce n'est pas agir amicalement que de vouloir retarder un homme avec un fardeau.

Milphion. — En échange de ce retard, je te rendrai service à mon tour, où tu voudras, quand tu l'ordonneras : tiens-le pour dit.

Syncérastus *(toujours de même)*. — S'il en est ainsi, je suis à tes ordres.

Milphion. — Comment cela?

Syncérastus *(toujours de même)*. — Pour que la

Apud nos expeculiatos seruos fieri suis *e*ris.
Sed ad postremum nil apparet : male par⟨t⟩um male disperit.
MI. Proinde habet orationem quasi ipse sit frugi bonae,
Qui *i*psus *h*ercle ignauiorem poti⟨s⟩ est facere Ignauiam.
SY. Nunc domum haec ab aedi Veneris refero uasa, ubi hostiis
Erus nequ*i*uit propitiare Venerem suo festo die.
⟨MI.⟩ Lepidam Venerem!
⟨SY.⟩ Nam meretric*e*s nostrae prim*i*s hostiis
Venerem placauere extemplo.
MI. O lepidam Venerem denuo!
SY. Nunc domum ibo.
MI. Heus, Syncraste!
SY. Syncerastum qui uocat?
MI. Tuus amicus.
SY. Haud amice facis, qui cum onere offers moram.
MI. At ob hanc moram tibi reddam operam, ubi uoles, ubi iusseris.
Habe rem pactam.
SY. Si futurumst, do tibi operam hanc.
⟨MI.⟩ Quo modo?
SY. Vt enim ubi mihi uapulandum sit, tu corium sufferas.
Apage; nescio quid uiri sis.
MI. Malus sum.
SY. Tibi sis.
MI. Te uolo.

843 fieri suis eris *Camer.* (heris) : fieris uisceris *B* fieri siuisceris *CD* || 844 posterum *B* || partum *FZ* : parum *BCD* || 846 ipsus hercle *Curio* : hercle ipsus *BCD* || potis *FZ* : poti *BCD* || 848 nequiuit *FZ* : ne quuti *B* necuti *CD* || 849 *pers. om. B* || meretricis *BCD* || primis *FZ* : primus *CD*, *om. B* || hostis *CD* || 850 *accedit A* || extemplo *A* : exemplo *BCD* || 851 Heus *AD* : Heu *BC* || uocauit *B cum* u *et* i *expuncto* || 852 qui cum *A* : qui quam *B* cuiquam *CD* || cum onere: *cf. E. Löfstedt, Eranos* X, *161* || offers *B corr. CD*: offeras *AB*¹ || 853 moram *A* : rem *BCD* remoram *Geppert* || operam *om. CD* || 854 SY. *praem. B, spatium CD*: *corr. Acid.* || SY.: *spatium A, om. BCD* || futurumst: f. est *A* f. si *BCD* || MI. *add. Acid.* || 855 SY. *Acid.*: MI. *B, spat. ACD* || sit *A*, NONIVS *396,39* : est *BCD* || 856 SY. *praem. B, spat. CD*

première fois que je devrai être fustigé, tu prêtes ton dos à ma place. Laisse-moi donc. Je ne sais pas à qui j'ai affaire.

MILPHION. — A un malin.

SYNCÉRASTUS *(toujours de même)*. — Garde ta malice pour toi.

MILPHION. — Un mot.

SYNCÉRASTUS *(toujours de même)*. — J'ai un fardeau qui me pèse.

MILPHION. — Pose-le à terre, et regarde-moi.

SYNCÉRASTUS *(se retournant)*. — Je veux bien, quoique je n'aie pas le temps.

MILPHION. — Salut, Syncérastus.

SYNCÉRASTUS. — Ah! Milphion, que tous les dieux et les déesses protègent...

MILPHION *(l'interrompant)*. — Qui donc?

SYNCÉRASTUS. — Ni toi, ni moi, Milphion, ni mon maître non plus.

MILPHION. — Qui protègeront-ils donc?

SYNCÉRASTUS. — Quelqu'un qui le mérite. Car ce n'est pas le cas d'aucun d'entre nous.

MILPHION. — Tu parles d'or.

SYNCÉRASTUS. — Comme il me sied.

MILPHION. — Que fais-tu de beau?

SYNCÉRASTUS. — Ce que ne font pas toujours les adultères pris sur le fait.

MILPHION. — Que veux-tu dire?

SYNCÉRASTUS *(montrant son paquet)*. — Je rapporte tout mon fourniment au complet[1].

MILPHION. — Que les dieux te confondent, toi et ton maître.

SYNCÉRASTUS. — Moi, ils ne me confondront pas; mais qu'ils le confondent, lui, j'ai de quoi le faire, si

1. Équivoque sur *vasa* « vases, ustensiles de ménage, bagages (du soldat) » et aussi « testicules ». On sait que la loi permettait au mari trompé de châtrer l'adultère pris en flagrant délit.

SY. At onus urget.
MI. At tu appone et respice ad me.
SY. Fecero,
Quamquam haud otiumst.
MI. Saluos sis, Synceraste.
SY. O Milphio,
Di omnes deaeque ament ...
MI. Quemnam hominem?
SY. Nec te nec me, Milphio,
Neque erum meum adeo.
MI. Quem ament igitur?
SY. Aliquem eo dignus qui siet.
Nam nostrorum nemo dignust.
MI. Lepide loquere.
⟨SY.⟩ Me decet.
MI. Quid agis?
SY. Facio quod manufesti moechi | hau ferme solent.
MI. Quid id est?
SY. Refero uasa salua.
MI. Dei te et tuum erum perduint!
SY. Me non perdent; illum ut perdant facere possum, si uelim,
Meum erum ut perdant, ni mihi metuam, Milphio.
MI. Quid id est? cedo.
SY. Malus es?
MI. Malus sum.
SY. Male mihi est.
MI. Memora⟨dum⟩, num esse aliter decet?

857 At onus *A* : Ad onus *BCD* ‖ 858 haut *B* ‖ otium est *BCD* ‖ sisynceraste *B* ‖ 859 Dei *A* ‖ deae *CD* ‖ Quennam *B* ‖ te nec me *A* : tenet me *B* te nec *CD* ‖ 860 eo (*uel* id) dignus qui siet *A* : *om. BCD* ‖ 861 dignus est *ABCD* ‖ lepide loquere *A* : lepidu (lepidum *CD*) eloquere *BCD* ‖ SY. : *spat. A, om. BCD* ‖ 862 manufesti moechi *A* : manufesto imo echi *B* manu festo himechi *C* manifesto himechi *D* ‖ (hic) hau *Bothe hiatus uitandi causa* ‖ hau *A* : haud *BCD* ‖ 863 perdunt *CD* ‖ 864 SY. : MI. *B* ‖ perdent illum *A* : perde nullum *BD* per hercle nullum *C* ‖ possim *CD* ‖ 865 ni *A* : ne *B* nei *CD* ‖ metuam *ACD* : mei tuam *B* ‖ idst *A* ‖ 866 *spatium post* es *om. A* ‖ memora⟨dum⟩, num *Geppert* : memora num *A* memorandum *BCD* ‖ alter *B*

je voulais; oui, j'ai de quoi le confondre, ce cher maître, si je ne craignais pour moi-même, Milphion.

Milphion. — Comment cela? dis-le moi.

Syncérastus. — Tu es malin?

Milphion. — Si je le suis!

Syncérastus *(d'un air de confidence)*. — Je suis malheureux.

Milphion *(d'un ton railleur)*. — Dis-moi; mérites-tu qu'il en soit autrement? *(Changeant de ton)* Comment peux-tu être malheureux, quand tu as au logis de quoi manger, de quoi faire l'amour jusqu'à plus soif, et cela sans donner un triobole à ta bonne amie, que tu peux avoir tant que tu veux, gratis?

Syncérastus. — Que Jupiter me protège...

Milphion *(l'interrompant avec ironie)*. — Comme tu en es digne, par Pollux!

Syncérastus. — Comme il est vrai que je souhaite la ruine de cette maison.

Milphion. — Mets-y la main, si tu le souhaites tant que cela.

Syncérastus. — Sans plumes, il n'est pas facile de voler; *(levant les bras)* et mes ailerons n'en ont pas.

Milphion *(indiquant du doigt les aisselles de Syncérastus)*. — Ne les arrache pas, parbleu! dans deux mois tu auras là deux boucs prêts à s'envoler[1].

Syncérastus. — Va te faire pendre.

Milphion. — Va-s-y ,toi, et ton maître aussi.

Syncérastus. — Oui, vraiment, pour qui le connaîtrait, il y aurait moyen de le perdre vivement.

Milphion. — Mais encore?

Syncérastus. — Comme si tu étais homme à garder un secret.

Milphion. — Je te garderai le secret plus exactement

1. Équivoque sur *alae* « ailes » et « aisselles ». La plaisanterie sur l'odeur hircine des aisselles est courante. Cf. Pseudolus, v. 738.

Quid est quod male sit tibi, quoi domi sit quod edis, quod ames, adfatim?
Neque triobolum ullum amicae das et ductas gratieis.
⟨SY.⟩ Diespiter me sic amabit ...
MI. Vt quidem edepol dignus es.
⟨SY.⟩ Vt ego hanc familiam interire cupio.
MI. Adde operam, si cupis.
SY. Sine pennis uolare hau facilest; meae alae pennas non habent.
MI. Nolito edepol deuellisse; iam his duobus mensibus
Volucres tibi erunt tuae | hirquinae.
SY. I malam rem!
MI. I tu atque erus.
SY. Verum enim qui †homo eum norit cito homo peruorti potest.
MI. Quid iam?
SY. †Quasi tu tacere quicquam potis sis.
⟨MI.⟩ Rectius
Tacitas tibi res sistam quam quod dictum est mutae mulieri.
SY. Animum inducam facile ut tibi istuc credam, ni te nouerim.
MI. Crede audacter meo periclo.
SY. Male credam et credam tamen.
MI. Scin tu erum tuum meo ero esse inimicum capitalem?
SY. Scio.

867 tibi *A* : *om.* *BCD* ‖ cui *A* ‖ quod ames *BCD* : quodque ames *A* ‖ 869-870 *Pers. not. add.* D^3; *spatia om. etiam A* ‖ 871 SY. : MI. *B* ‖ pinnis *B́* ‖ hau *A* : haud *BCD* ‖ facile si *B* ‖ pinnas *BC* ‖ 872 Nolitó *BCD* : Noli *A* ‖ deuelisse *A* ‖ 873 tuae *om.* *CD* ‖ hirquinae *A* : irquinae *B* hircinae (-ne) *CD* ‖ uolucres ⟨alae⟩ t. e. t. *Bothe hiatus uitandi causa* ‖ I malam *A* : In malam *BCD* I in malam *FZ* ‖ 874 norit cito *B* norit ⌗ cito *CD* : norit norit scito *A*, *ut uid. V. corruptum alii aliter correxerunt* : norit, ⟨nimium⟩ cito *Goetz-Loewe, etc.* ‖ 875 iam quasi *sine spatio A* ‖ tacere *BCD* : tacere uero *A* ‖ potis sis *BCD* : potis es (*uel* is) *A* ‖ MI. *add. Acid.* : sis rectius *sine spatio ABCD* ‖ *V. alii aliter suppl.* : Quasi ⟨si⟩ tu *Lachmann* Quasi [tu] ⟨uero⟩ tacere *Mueller* Quasi tacere quicquam tu potissis *Guyet, etc.* ‖ 876 MI. *praem. B* ‖ Tacitas *Bothe* : Tacitus *ABCD* ‖ res sistam *Bothe* : resistam *ABCD* ‖ mutae *A Bothe* : mulae *B* mala *CD* ‖ 877 credam ni *A* : credamini *BCD* ‖ 878 periclo *Bothe* : periculo *ABCD* ‖ periculo male *sine spatio A* ‖ et credam *BCD* : credam et *A* (*sed* et credam *u. 889*) ‖ 879 meo *AB* : me CD^1

que n'est gardée une confidence faite à une femme muette.

SYNCÉRASTUS. — Je serais enclin à t'en croire, si je ne te connaissais pas.

MILPHION. — Crois-moi, n'aie pas peur; je prends le risque sur moi.

SYNCÉRASTUS. — J'aurais tort de te croire, et je te croirai tout de même.

MILPHION. — Tu sais que ton maître est l'ennemi mortel du mien?

SYNCÉRASTUS. — Je sais.

MILPHION. — A cause de l'amour?

SYNCÉRASTUS. — Tu perds ta peine.

MILPHION. — Pourquoi?

SYNCÉRASTUS. — Parce que je sais tout ce que tu veux m'apprendre.

MILPHION. — Peux-tu douter alors que mon maître n'ait envie de faire au tien tout le mal qu'il pourra, et ce sera bien fait? Dans ces conditions, si tu veux nous aider de ton côté, la chose lui en deviendra d'autant plus facile.

SYNCÉRASTUS. — Mais j'ai une peur, Milphion.

MILPHION. — De quoi peux-tu avoir peur?

SYNCÉRASTUS. — Qu'en cherchant à jouer quelque mauvais tour à mon maître, je ne me perde moi-même. S'il venait à savoir que j'ai dit un mot à âme qui vive, il me ferait à l'instant troquer mon nom de Syncérastus contre celui de Jambes-Cassées.

MILPHION *(étendant le bras pour jurer)*. — Jamais, par Pollux, homme au monde ne saura rien de moi, excepté mon seul maître ,et encore, à condition qu'il ne dise à personne que l'affaire vient de toi.

SYNCÉRASTUS *(ébranlé de plus en plus)*. — J'ai tort de te croire, et je te croirai tout de même. Mais, silence, garde cela pour toi.

MILPHION. — On ne pourrait pas mieux se fier à la

MI. Propter amorem?
SY. Omnem operam perdis.
MI. Quid iam?
SY. Quia doctum doces.
MI. Quid ergo dubitas quin lubenter tuo ero meus quid possiet
Facere faciat male eius merito? tum autem, siquid tu adiuuas
Eo facilius facere poterit.
SY. At ego hoc metuo, Milphio ...
MI. Quid est quod metuas?
SY. Dum ero insidias paritem, ne me perduim.
Si erus meus me esse elocutum quoiquam mortali sciat,
Continuo is me ex Syncerasto Crurifragium fecerit.
MI. Numquam edepol mortalis quisquam fiet e me certior,
Nisi ero meo | uni indicasso; atque ei quoque, ut ne enuntiet
Id esse facinus ex ted ortum.
SY. Male credam et credam tamen.
Sed hoc tu tecum tacitum habeto.
MI. Fide non melius creditur.
Loquere — locus occasioque est — libere; hic soli sumus.
⟨SY.⟩ Erus si tuus uolt facere frugem, meum erum perdet.
MI. Qui id potest?
SY. Facile.
MI. Fac ergo id facile noscam ego, ut ille possit noscere.

881 quin *A* : qui *BCD* ‖ meus *BCD* : meus erus *A* ‖ quid *ACD* : quod *B* ‖ 883 facere poterit *A* : f. poteris *B* poteris f. *CD* ‖ hoc *om. B* ‖ 884 *Pers. om. B* ‖ paritem *Scaliger* : parilem *BCD* pariter *A* ‖ me *A* : a te *BCD* ‖ perduim *Acid., A ut uid.* (perdu-) : perdiam *BCD* ‖ 885 elocutum *A* : locutum *BCD* ‖ quoiquam : quiquam *B* cuiquam *ACD* ‖ mortali *CD* : -lis *A ut uid.* (*uel* -lei ?), *B* ‖ 886 syncerasto *A* : syncerasio *B* syncera *C* (*deinde spatium*) *D* ‖ crurifragium *A* : -crurit fragium *B, om. CD* ‖ 887 e me *AB* : me *CD* ‖ 888 ero meo uni *ABCD cum hiatu* : ero uni meo *Bothe* ‖ adque *B* ‖ 889 ted *Bothe* : te *ABCD* ‖ ortum male *sine spatio A* ‖ 890 fide *BCD* : fidei *A* ‖ 891 locus *AB* : iocus *CD* ‖ *sic dist. Acid.* ‖ libere *uel* -rae *BCD* : libera *A* ‖ 892 SY. *FZ* : *spatium B, nihil CD* ‖ uolt *A* : uolet *BCD* ‖ perdet *BCD* : perdit *A* ‖ Qui id *ACD* : Quid *B* ‖ 893 ego *A* : *om. BCD*

Bonne Foi. Parle librement, le lieu et l'occasion s'y prêtent; nous sommes seuls.

SYNCÉRASTUS. — Si ton maître veut bien manœuvrer, il perdra mon maître.

MILPHION. — Le moyen?

SYNCÉRASTUS. — Facile.

MILPHION. — Fais-moi donc connaître cette facilité, pour qu'il puisse la connaître aussi.

SYNCÉRASTUS. — Adelphasie, que ton maître aime tant, est née libre.

MILPHION *(surpris)*. — Comment?

SYNCÉRASTUS. — Tout comme sa sœur Antérastile.

MILPHION. — La preuve, pour te croire?

SYNCÉRASTUS. — C'est qu'il les a achetées toutes petites, dans la ville d'Anactorium, à un pirate sicilien.

MILPHION. — Combien?

SYNCÉRASTUS. — Dix-huit mines les deux, et leur nourrice Giddénis par-dessus le marché. L'homme qui les vendait l'avertit, en les vendant, que c'étaient des enfants volées; elles étaient, disait-il, de naissance libre, et originaires de Carthage.

MILPHION. — Justes dieux! l'heureux événement que tu me racontes là! Justement mon maître est natif du même pays; il en fut enlevé vers six ans. Ensuite son ravisseur l'amena ici, et l'y vendit à mon défunt maître. Celui-ci l'adopta et lui légua ses richesses, quand vint son dernier jour.

SYNCÉRASTUS. — Tout ce que tu dis là facilite les choses : il n'aura qu'à former pour elles, en qualité de compatriotes, une demande en revendication de liberté.

MILPHION. — Du silence, seulement! du silence!

SYNCÉRASTUS. — Assurément, s'il les enlève au léno, c'est un coup qui fait celui-ci mat.

MILPHION. — Que dis-tu? Il aura perdu la partie, j'en réponds, avant d'avoir pu bouger un seul pion. Tout est combiné.

SY. Quia Adelphasium, quam erus deamat tuos, ingenuast.
MI. Quo modo?
SY. Eodem quo soror illius altera Anterastilis.
MI. Cedo qui id credam.
SY. Quia illas emit in Anactorio paruolas
De praedone Siculo.
MI. Quanti?
SY. Duodeuiginti minis,
Duas illas et Giddeninem nutricem earum tertiam.
Et ille qui eas uendebat dixit se furtiuas uendere;
Ingenuas Carthagine aibat esse.
MI. Di uostram fidem!
Nimium lepidum memoras facinus. Nam erus meus Agorastocles
Ibidem gnatust, inde surruptus fere sexennis; postibi
Qui eum surrupuit huc deuexit meoque ero | eum hic uendidit.
Is in diuitias homo adoptauit hunc, quom diem obiit suum.
SY. Omnia memoras, quo id facilius fiat : manu eas adserat,
Suas popularis, liberali caussa.
MI. Tacitus tace modo.
⟨SY.⟩ Profecto ad incitas lenonem rediget, si eas abduxerit.
⟨MI.⟩ Quin prius disperibit faxo quam unam calcem ciuerit.
Ita paratumst.
SY. Ita di faxint ne apud lenonem hunc seruiam!

894 ingenuast *A* : -a est *BCD* ‖ 895 anterastillis *A* ‖ 896 Cedo qui *A* : Sequi *BCD* ‖ id *BCD* : *om. A* ‖ anactoria *B* ‖ paruolas *A* : parudas *BCD*^{1} ‖ 897 *Verba* MI. Quanti SY. duodeuiginti minis *iterant BCD ante hunc u., praecedente spatio in B* ‖ 898 et Giddeninem *A* : *om. BCD cum lacuna* ‖ 900 Carthagine *A* : sariagine *CD, om. B relicto spatio circiter octo litter.* ‖ aibat *Guyet* : aiebat *A* alebat *BCD* ‖ dei *A* ‖ uestram *A* ‖ 901 lepidum *AB* : lepidem *CD*^{1} ‖ 902 gnatust : gnatus st *BCD* gnatus est *A* ‖ 903 eum *A* : tum *BCD* ‖ surrupuit *AD*^{1} : surripuit *BC* ‖ *hiatum alii aliter correxerunt* : ero ⟨hic⟩ eum *Reiz* hunc (*pro* eum) hic *Guyet, etc.* ‖ 904 quom : quum *B* cum *ACD* ‖ 905 *Pers. om. B* ‖ 906 caussa *A* : causa *BCD* ‖ causa. MI. Tacitus *Camer.* : caussa tacitus ⌗ *A* causa tacitus MI. *B* tacitus causa ⌗ *CD* ‖ 907 sq. *Pers. add. Pylades* ‖ profectu ad incita leonem NONIVS *123,16* ‖ 908 disperiuit ... unum NONIVS *199,21*

Syncérastus. — Que les dieux t'entendent, et que je ne sois plus esclave chez ce léno-là!

Milphion. — Parbleu non! tu seras mon coaffranchi, j'en réponds, si les dieux le veulent.

Syncérastus. — Que les dieux t'entendent! Tu n'as plus besoin de me retenir pour rien d'autre, Milphion?

Milphion. — Porte-toi bien et sois heureux.

Syncérastus. — Ma foi, cela dépend de toi et de ton maître. Adieu; tâche que tout ceci reste soigneusement secret.

Milphion. — Il ne s'est rien dit. Adieu.

Syncérastus. — Rien en effet, si vous ne battez le fer pendant qu'il est chaud.

Milphion *(ironiquement)*. — Tu es bien gentil de me donner ce conseil. On le suivra.

Syncérastus. — Les matériaux sont bons, si tu y mets un bon ouvrier...

Milphion. — Tu ne peux pas te taire?

Syncérastus. — Je me tais, et je m'en vais.

Milphion. — Tu me fais bien plaisir. *(Syncérastus rentre chez le léno)* Le voilà parti. Les dieux immortels veulent que mon maître soit sauvé, et que le léno soit perdu; car la mort plane sur lui. Voyez-vous comme, avant que le premier coup soit porté, un autre déjà le menace! *(Aux spectateurs)* Je rentre raconter tout ceci à mon maître; car si je l'appelais ici devant la maison, et si je recommençais une seconde fois le même récit que vous venez d'entendre, ce serait de la bêtise. J'aime mieux ennuyer mon maître tout seul chez lui que tout le public sur cette scène. Dieux immortels! quelle catastrophe, quel désastre a fondu aujourd'hui sur le léno!... Mais je suis en train de me faire perdre mon temps. A la façon dont l'affaire est engagée, il ne s'agit pas de lambiner. Car il s'agit d'exploiter habilement la confidence qui vient de m'être faite, sans négliger d'autre part le service de notre propre complot. S'il y

MI. Quin hercle collibertus meus faxo tu eris, si di uolent.
⟨SY.⟩ Ita di faxint! numquid aliud me morare, Milphio?
MI. Valeas beneque ut tibi sit.
SY. Pol istuc tibi et tuost ero in manu.
Vale et haec cura clanculum ut sint dicta.
MI. Non dictumst. Vale.
SY. At enim nil est, nisi dum calet hoc agitur.
MI. Lepidu's quom mones,
Et ita hoc fiet.
SY. Proba materies datast, si probum adhibes fabrum.
MI. Potin ut taceas?
SY. Taceo atque abeo.
MI. Mihi commoditatem creas.
Illic hinc abiit. Di immortales meum erum seruatum uolunt
Et hunc disperditum lenonem; tantum eum instat exiti.
Satine, prius quam unumst iniectum telum, iam instat alterum?
Ibo intro, haec ut meo ero memorem; nam huc si ante aedes euocem,
Quae audiuistis modo, nunc si eadem hic iterum iterem, inscitiast.
Ero uni potius intus ero *odio* quam hic sim uobis omnibus.
Di immortales, quanta turba, quanta aduenit calamitas

909 paratumst : paratust *A* paratum est *BCD* ‖ dei *A* ‖ lenem *A* ‖ seruam *B* ‖ 910 Quin *A* : Qui *BCD* ‖ collibertus *A* : conliberatus *BCD* ‖ tu *om. BCD* ‖ si di *BCD* : sei dei *A* ‖ 911 dei *A* ‖ numquid *A* : nunc quid *BCD* ‖ me morare *Acid.* : memorare *BCD; de A ambigitur* ‖ *sic dist. Vssing* ‖ 912 tuost ero *A* : tuo ero st *BCD* ‖ 913 sint *ACD* : scint *B* ‖ dicta *A* : dicia *BC* ditia *D* ‖ 914 nil *C* : nihil *ABD* ‖ lepidu's *Geppert* : -dus *ABCD* ‖ quom *B* : cum *ACD* ‖ 915 data est *BC* ‖ 917 Illic *A* : Illinc *BCD* ‖ Di *C* : Dei *A* Dii *BD* ‖ 918 eum *ACD* : meum *B* ‖ 919 unumst *A* : unum si *BCD* ‖ iniectum *A* : inlectum (-tu *D*) *BCD* ‖ iam *A* : tam *BCD* ‖ alterum *A* : iterum *BCD* ‖ 920 euocem *A* : seuocem *BCD* ‖ 921 audiuistis *A* : -ti *BCD* ‖ iterum ite(re)m *A* : iterem *BCD* ‖ 922 intus *BCD* : intro *A* ‖ odio *D*[4] : obio *BCD*[1], *A n. l.* ‖ uobis omnibus *AB* : omnibus uobis *CD* ‖ 923 Di *CD* : Dii *B* Dei *A* ‖ in mortales *B* ‖ quantatur(baqu)anta *A*, *ut uid.*, *suppleuit Studemund* : quanta *praecedente lacuna BCD* quanta clades quanta *Lambin « ex uet. libris (T ?) »* ‖ aduenit *B* : atuenit *CD* a(t)ueniat *A*, *ut uid.*

avait quelque retard de mon fait, qui me corrigerait aurait bien raison. Entrons maintenant : j'attendrai chez nous que mon maître revienne du forum[1]. *(Il rentre chez Agorastoclès).*

⟨ACTE V⟩

⟨SCÈNE I⟩

HANNON,

suivi d'esclaves africains[2]

1. Certains éditeurs, d'après Weise, considèrent les v. 923-929 comme une dittographie.

2. Les vers 930-949 sont omis par le palimpseste. Il est impossible de donner une traduction de ce double monologue, en raison de l'incertitude de la tradition. Voir en dernier lieu L. H. Gray, Amer. Journ. of semitic Lang. and Liter., XXXIX (1923), p. 73-88.

Hodie ad hunc lenonem! sed ego nunc est quom me commoror.
Ita negotium institutumst : non datur cessatio.
Nam et hoc docte consulendum, quod modo concreditumst,
Et illud autem inseruiendumst consilium uernaculum.
Remor*a* si sit, qui malam rem mihi det, merito fecerit.
Nunc intro ibo; dum erus adueniat a foro, opperiar domi.

⟨ACTVS V⟩

HANNO
POENVS

Ythalonim ualon uth sicorathisyma comsyth
Chym lachchunythmumys thyal mycthi baruimy sehi
Liphocanethythby nuthi ad edynbynui
Bymarob syllohomaloni muybymy syrthoho
Byth lym mothyn noctothu ulechanti clamas chon
Yssid dobrim thyfel yth chil ys chon chem liful
Yth binim ysdybur thinnochot nu agorastocles
Ythemaneth ihychir saelichot sith naso
Bynny idchil liichilygubulim lasibit thim

924 me commoror *A* : memoror *B* memorer *CD* ‖ 925 Ita *A* : Id *BCD* ‖ institutumst : -tum si *BCD* -tum est *A* ‖ *ante* non *spatium A* ‖ 926 docte *A* : nocte *BCD* ‖ quod modo *A* : quo domo q *B* quod homo *CD* ‖ 927 autem *BCD* : aurum *A* ‖ inseruiendum est *A* ‖ 928 remora *Camer.* : Remor *BCD* Remoror *A* ‖ qui *BCD* : quia *A* ‖ 929 domi; hanno foenice, *et in u. qui sequitur* POENVS LOQVITVR *B unius u. spatium CD*[1]

930-939 *sic habet B a quo CD hau multum discrepant* : *om. A* ‖ 930 Nythalonim *CD* ‖ 931 lahchunythmumis *C* lach chunythmumis *D* ‖ thyal *C* tial *D* ‖ 932 nuthii *CD* ‖ aedin binuthii *CD* ‖ 933 Birnarob *CD* ‖ alonim uyby (ubi *D*[1]) *CD* ‖ 934 dasmachon *CD* ‖ 935 chyl *CD* ‖ them liphul *CD* ‖ 936 Uth *CD* ‖ dibur *CD* ‖ thinno chut *CD* ‖ 937 Ythemaneht *CD* ‖ lychot *CD* ‖ 938 liihily *CD* ‖ thym *CD*

Je supplie les dieux et les déesses, qui habitent cette ville, que mon voyage ici soit un voyage heureux, qu'il me conduise à mon but. Accordez-moi la grâce de retrouver ici mes filles, et mon neveu avec elles, ô justes dieux! [ces filles qui me furent ravies, et mon neveu avec elles[1].] J'avais autrefois dans cette ville un hôte, Antidamas; on m'a dit qu'il lui est arrivé ce qui devait lui arriver un jour; mais on m'assure que son fils Agorastoclès est ici. J'apporte avec moi, pour la lui remettre, cette tessère d'hospitalité. On m'a

1. Ce vers qui forme double emploi avec le v. 952 a été éliminé par Lindemann.

Bodialytherayn nynnuys lymmon choth lusim

Ythalonimualoniuthsicorathiisthymhimihymacomsyth
Combaepumamitalmetlotiambeat
Iulecantheconaalonimbalumbar # dechor
Bats **** hunesobinesubicsillimbalim
Esseantidamossonalemuedubertefet
Donobun * huneccilthumucommucroluful
Altanimauosduberithemhuarcharistolem
Sittesedanecnasotersahelicot
Alemusdubertimurmucopsuistiti
Aoccaaneclictorbodesiussilimlimmimcolus.

HA. Deos deasque ueneror qui hanc urbem colunt,
Vt quod de mea re huc ueni rite uenerim,
Measque hic ut gnatas et mei fratris filium
Reperire me siritis, di uostram fidem!
[Quae mihi subruptae sunt et fratris filium.]
Sed hic mihi antehac hospes Antidamas fuit.
Eum fecisse aiunt sibi quod faciundum fuit.
Eius filium esse hic praedicant Agorastoclem.
Ad eum hospitalem hanc tesseram mecum fero.

939 Bodyalit *CD* ‖ nynuys *C* nynnuys *D* ‖ chot *CD* ‖ 940-949 *ex A exscripsi : sic autem BCD praemissa scaenae inscriptione* (PHONVS DV *B* PL D^3 *unius u. spat. C*)

Exanolim uolanus succurratimistimaltim acum esse 940
Concubitum abellocutim beat lula canti (cant *CD*) chona 941. 942
Enuses hui ec silic panasse atid (siliho panesse athid *CD*) mascon 942. 943. 944
Alem uiduberte felono butune (buthune *CD*) celtumco mucrolueui 944, 945
At enim auoso uberhenthra (thya *CD*) charistoclem
Ette seanec (seanehc *CD*) nasoctelia helicos
Alemus dubertermi compsuestipti (comps uespti *CD*)
Aode aneclitorbodes iussum limnimcolus.

[951 huc *BCD* : hunc *A* ‖ 952 mei *CD* : mel *AB* ‖ 953 reperire *AB* : repperire *CD* ‖ dei *A* ‖ 954 *u. del Lindemann* ‖ subruptae *A* surreptae *CD* ‖ 955 antidamas *AB* : antimadas *CD* ‖ 957 esse hic praedicant *A Pareus* : hic praedicant esse *BCD* ‖ agorastoclen *B* ‖ 958 Ad eum *A* : Deum *BCD* ‖ hanc tesseram *A* : arcesseram *BCD*

indiqué qu'il habite dans les environs. *(Voyant sortir Agorastoclès avec Milphion)* Je vais m'en informer auprès de ces gens qui sortent.

⟨SCÈNE II⟩

AGORASTOCLÈS MILPHION HANNON
suite d'esclaves africains

Agorastoclès *(à Milphion, sans apercevoir Hannon)*. — Vraiment, Milphion? Syncérastus t'a dit qu'elles étaient toutes deux de naissance libre, victimes d'un rapt, et Carthaginoises?

Milphion. — Oui, vraiment; et si tu veux bien manœuvrer, tu formeras pour elles, sans délai, une demande en revendication de liberté. Ce serait un scandale pour toi de laisser, sous tes yeux, croupir dans l'esclavage tes compatriotes, quand elles étaient libres dans leur pays natal.

Hannon *(à part)*. — O dieux immortels, j'implore votre bonté! Quelle douceur ces propos, et comme mes oreilles s'en repaissent avidement! C'est de la craie toute pure que les propos de ces gens; comme ils effacent en moi toutes mes idées noires[1]!

Agorastoclès *(à Milphion)*. — Si j'avais des témoins pour cela, je suivrais tes conseils.

Milphion. — Que me parles-tu de témoins? Pousse ton attaque résolument; la Fortune viendra bien à notre aide de quelque façon.

Agorastoclès. — Il est bien plus facile d'entreprendre que de réussir.

1. C'est avec de la craie que les foulons blanchissaient les toges de laine.

Is in hisce habitare monstratust regionibus.
Hos percontabor qui hinc egrediuntur foras.

AGORASTOCLES MILPHIO HANNO
ADOLESCENS SERVOS POENVS

AG. Ain tu tibi dixe Syncerastum, Milphio,
Eas esse ingenuas ambas surrupticias
Carthaginiensis?
MI. Aio et, si frugi esse uis,
Eas liberali iam adseres causa manu.
Nam tuum flagitiumst tuas te popularis pati
Seruire ante oculos, domi quae fuerint liberae.
HA. Pro di immortales, opsecro uostram fidem,
Quam orationem hanc aures dulcem deuorant!
Creta est profecto | horu*nc* hominum oratio.
Vt mihi apsterserunt omnem sorditudinem!
AG. Si ad eam rem testis habeam, faciam quod iubes.
MI. Qui*d* tu mihi testis? quin tu insistis fortiter?
Aliqua Fortuna fuerit adiutrix tibi.
AG. Incipere multost quam impetrare facilius.

959 Is *om. BCD* ‖ abitrare *A* ‖ monstratust : -tus st *BCD* tu est *A* ‖ 960 percunctabor *BC* ‖ hinc *A* : huc *BD* hunc *C*
AGORASTOCLES MILPHIO POENVS *A* AGORASTOCLES MILPHIO HANNO ADOLESCENS SERVOS POENVS DV *B*, *om. CD*[1] ‖ 961 dixe *BCD* : dixi *A*, *ut uid.* ‖ 962 Eas *A* : As *B* Has *CD* ‖ 963 Artaginiensis *B* carthaginensis *C* ‖ *Pers. spat. om. A* ‖ 964 iam *om. A* ‖ adseres *A* : adsere *BCD* ‖ manu *AB* : manum *CD* ‖ 965 flagitiumsi *B* ‖ te popularis *A* : popularis te *BCD* ‖ 966 Seruare *B* ‖ domique *B* ‖ fuerint *AB* : fuerunt *CD* ‖ 967 di : dei *A* dii *BCD* ‖ obsecro *B* ‖ uestram *B* ‖ 968-9 *hoc ordine in A* : *inuertunt cett.* ‖ 968 dulcem *A* : dulces *CD* ‖ 969 Creta *AB* : Certa *CD* ‖ horunc *Camer.* : horum *ABCD* ⟨haec⟩ horunc *Geppert, hiatus uitandi causa* ‖ 970 apsterserunt *AB* : abs- *CD* ‖ omnem *ACD* : hominem *B* omnes NONIVS 173,9 ‖ 971 habeant *A* ‖ diubes *B* ‖ 972 Quid tu *FZ* : Quin tu *C* quntu *D* Quantu *B* Qui tu *A* ‖ quintu *CD* : quan tu *B* qui tu *A* ‖ 974 multost *A* : multo est *CD* mulo est *B*

MILPHION *(apercevant Hannon et sa suite)*. — Mais quel est cet oiseau qui arrive ici avec des tuniques? Est-ce qu'il se serait laissé filouter son manteau aux bains?

AGORASTOCLÈS. — Par Pollux! il a l'air d'un Carthaginois.

MILPHION. — C'est un gugga[1]. Il a, ma foi, des esclaves joliment vieux, de vraies antiquailles.

AGORASTOCLÈS. — Comment le sais-tu?

MILPHION. — Les vois-tu qui le suivent courbés sous le faix? De plus ils n'ont pas de doigts aux mains, j'imagine.

AGORASTOCLÈS. — Pourquoi cela?

MILPHION. — Parce qu'ils portent leurs anneaux aux oreilles.

HANNON *(à part)*. — Allons trouver ces gens et adressons-nous à eux en carthaginois. S'ils me répondent, je continuerai à leur parler carthaginois; sinon, je conformerai mon langage à leurs habitudes.

MILPHION *(à Agorastoclès)*. — Dis-moi, te rappelles-tu un peu le carthaginois?

AGORASTOCLÈS. — Pas du tout, ma foi. Comment pourrais-je le savoir, je te le demande, quand j'ai été enlevé de Carthage dans ma sixième année?

HANNON *(à part, sur un ton lamentable)*. — O dieux immortels! bien des enfants de condition libre ont ainsi disparu de Carthage!

MILPHION. — Dis donc?

AGORASTOCLÈS. — Que veux-tu?

MILPHION. — Veux-tu que je l'interpelle en carthaginois?

1. Expression injurieuse, dont nous ignorons le sens exact, probablement dans le genre de « C'est un boche », « C'est un macaroni », etc. Leo attribue cette phrase à Milphion.

MI. Sed quae illaec auis est quae huc cum tunicis aduenit?
Numnam in balineis circumductust pallio?
⟨AG.⟩ Facies quidem edepol Punicast.
⟨MI.⟩ Guggast homo.
Seruos quidem edepol ueteres antiquosque habet.
AG. Qui scis?
MI. Viden homines sarcinatos consequi?
Atque, ut opinor, digitos in manibus non habent.
AG. Quid iam?
MI. Quia incedunt cum anulatis auribus.
⟨HA.⟩ Adibo ⟨ad⟩ hosce atque appellabo Punice.
Si respondebunt, Punice pergam loqui;
Si non, tum ad horum mores linguam uertero.
MI. Quid ais tu? | ecquid commeministi Punice?
AG. Nil edepol; nam qui scire potui, dic mihi,
Qui illim sexennis perierim Carthagine?
HA. Pro di immortales, plurumi | ad illum modum
Periere pueri liberi Carthagine.
MI. Quid ais tu?
AG. Quid uis?
MI. Vin appellem hunc Punice?

975 quae *A* : quaenam *BCD* ‖ est illa auis SERVIVS *in Aen. 8, 724* ‖ cum *ACD* : quom *B* ‖ 976 Numnam *A* : Nunnam *BCD* ‖ balineis *A* (*uel* balneeis?) : abaliniis *BCD* ‖ circumductust *A* : -tus *BCD* ‖ 977 AG. *add. Angelius* ‖ MI. *add. Leo* ‖ Punicast — homo *om. BCD cum lacuna* ‖ guggast *A*, *T* (-ca est, -ga est) ‖ 979 (= SY.) *praem. B, item* 981 ‖ sis *B* ‖ homines : hominis *BCD* omnes *A* ‖ 980 opinior *B* ‖ im manibus *B* ‖ 981 cum *CD* : quom *AB* ‖ anulatus test. PRISCIANVS *GLK II 139,7* ‖ 982 HA. *add. F* ‖ Adibo *AD*2 : Audibo *BCD*1 ‖ ad *add. Camer.* ‖ hosc *A* ‖ atque hosce *CD* ‖ 983 Si *om. A* ‖ 984 S non *B* ‖ linguam *A* : lingua ac *BCD* ‖ 985 ecquidnam *Mueller* ais? ecquid tu *Goetz-Loewe, hiatus uitandi causa* ‖ comministi *A* ‖ 987 illim *AB* : illum *CD* ‖ se exennis *B* ‖ cartagine *CD, item 989* ‖ 988 di : dei *A* dii *BCD* ‖ plurumei *A* : plurimi *BCD* ‖ illum *A* : hunc *BCD* ‖ modum *BCD* : modo *A* ‖ 990 AGOR. : MIL. *BCD, inuersis deinde pers. usque ad u. 996* ‖ appellem *A* : apellem *BCD*

AGORASTOCLÈS. — Tu le sais donc?

MILPHION *(avec assurance)*. — Il n'y a pas au monde de Carthaginois plus consommé que moi en carthaginoiserie.

AGORASTOCLÈS. — Va, demande-lui le but et le motif de son voyage, qui il est, de quel pays, de quelle famille[1], n'épargne pas les questions.

MILPHION *(s'approchant d'Hannon)*. — Avo[2]. De quel pays êtes-vous? De quelle ville?

HANNON. — Annon muthumballe bechaedre anech.

AGORASTOCLÈS. — Que dit-il?

MILPHION. — Il dit qu'il est Hannon, natif de Carthage, fils du Carthaginois Muthumbal.

HANNON. — Avo.

MILPHION. — Il te salue.

HANNON. — Donni.

MILPHION. — Il veut te donner quelque chose en cadeau. Tu l'entends faire sa promesse?

AGORASTOCLÈS. — Rends-lui son salut de ma part en carthaginois.

MILPHION *(à Hannon, faisant le simulacre de saluer)*. — Avo donni. *(Montrant Agorastoclès)* C'est ce qu'il me charge de te dire en son nom.

HANNON. — Me har bocca.

MILPHION *(à Hannon)*. — J'aime mieux que tu l'aies que moi.

AGORASTOCLÈS. — Que dit-il?

MILPHION. — Il dit qu'il a mal à la bouche. Il nous prend peut-être pour des médecins.

AGORASTOCLÈS. — Si c'est cela, dis-lui que nous n'en

1. Ou « de quelle ville ». Agorastoclès pose à Hannon les questions qui sont traditionnelles, lorsque l'on veut connaître l'identité d'un étranger; cf. v. 109 et dans Men. 340-1:
Si quae peregrina nauis in portum aduenit,
Rogitant cuiatis sit, quid ei nomen siet.

2. Mot punique signifiant « Salut », et auquel remonte peut-être le mot latin *Aue*.

AG. An scis?
MI. Nullus me est hodie Poenus Poenior.
AG. Adi atque appella quid uelit, quid uenerit,
Qui sit, quoiatis, unde sit; ne parseris.
MI. Auo. Quoiates estis aut quo ex oppido?
HA. Annon muthumballe bechaedre anech.
AG. Quid ait?
MI. Hannonem se esse ait Carthagine,
Carthaginiensis Muthumbalis filium.
HA. Auo.
MI. Salutat.
HA. Donni.
MI. Doni uolt tibi
Dare hic nescioquid. Audin pollicitarier?
⟨AG.⟩ Saluta hunc rusus Punice uerbis meis.
MI. Auo donnim inquit hic tibi uerbis suis.
HA. Me⟨s⟩har bocca.
MI. Istuc tibi sit potius quam mihi.
AG. Quid ait?
MI. Miseram esse praedicat buccam sibi.

991 scisnullus *sine spatio, ut uid., A* ‖ hodie *B* PRISCIANVS *GLK II 84,5*: *om. CD, A n., l.* ‖ poenus *FZ*: denus *BCD*[1] Punus PRISCIAN. ‖ 992 Adi *BCD* : Adei *uel* Adii *A* ‖ ueli *B* ‖ 993 Qui *BCD* : Quei *A* ‖ quoia(ti)s *A* : quo patis *BCD* cuiatis PRISCIANVS *GLK II 595,13* ‖ parseris PRISCIAN. : parserit *A* (*lectio incertissima*) parleris *BCD* ‖ 994 Auo *ABCD* : Quid est PRISCIAN. *GLK III 122,15* ‖ quoiates : quoiatis *A* quo lates *BCD* cuiates PRISCIAN. ‖ aut quo ex oppido *CD*, PRISC. : aut quo quoppido *B* unde sit ne parsereis *A* (*ex u. 993 iterat.*) ‖ 995 *sic B C, D* (*sed* anno *et* becha edre) : annobynmytthymballeudradaitannech *A* (*lectio saepe incerta* ‖ 996 ait *ACD* : agit *B* ‖ *Pers. spat. om. A* ‖ se esse *A* : sese *BCD* ‖ 997 Carthaginiensis *A* : -nienses *BD* -nenses *C* ‖ Mytthumbalis *A* : muthum has. lis *B* muthum baslis *CD* ‖ 998 Auo *A* : uo *BCD* ‖ uult *A* ‖ 999 hic *A* : hinc *BCD* ‖ pollicitarier *A* : pollicierier *BC* pollicerier *D* ‖ 1000 *Pers. add. FZ* ‖ rusus *B* : rursus *ACD* ‖ 1001 donnim inquit hic tibi *A* : nonni (nonne *C*) hic tibi inquid *BC* nonne hic mihi tibi inquit *D* ‖ 1002 Me har bocca *BCD* : Mepharbua # *A, ut uid.*

sommes point; je ne veux pas induire en erreur un étranger.

Milphion *(à Hannon)*. — Écoute.

Hannon. — Rufeen nuco istam.

Agorastoclès. — C'est que je veux très positivement qu'on ne lui dise rien que la vérité. Demande-lui s'il a besoin de quelque chose.

Milphion *(à Hannon)*. — Toi qui n'as pas de ceinture, dis-moi, pourquoi êtes-vous venus dans cette ville, après quoi cherchez-vous?

Hannon. — Muphursa.

Agorastoclès. — Que dit-il?

Hannon. — Miuulec hi an na.

Agorastoclès. — Qu'est-il venu faire?

Milphion. — Tu n'entends pas? Il parle de rats africains[1] qu'il a l'intention de donner aux édiles pour la procession des jeux.

Hannon. — Laech lach ananim limini chot.

Milphion. — Qu'il a apporté des cuillers, des tuyaux et des noix. Il te prie de vouloir bien l'aider à les vendre.

Agorastoclès. — C'est un marchand, sans doute.

Hannon. — Assam.

Milphion. — Oui, de la viande bien grasse[2].

Hannon. — Palu mer gad etha.

Agorastoclès. — Milphion, que dit-il encore?

1. La traduction de Milphion repose sur une suite d'à-peu-près. « Les anciens Romains, au lieu d'appliquer de nouveaux noms à des espèces nouvelles d'animaux qu'ils voyaient pour la première fois, employaient des noms d'espèces connues, en y ajoutant une qualification particulière. Ainsi les autruches furent des oiseaux d'outre-mer, *passermarinus;* les éléphants, des bœufs de Lucanie, *boues Lucae,* parce que leur première apparition eut lieu à la bataille d'Héraclée; ici les rats africains sont des panthères. » (Naudet).

2. Milphion interprète le mot punique *assam* comme l'accusatif de *assa* (scil. *caro*) « viande rôtie »; et il ajoute *aruinam quidem* « oui, bien grasse ».

Fortasse medicos nos esse arbitrarier.
AG. Si †est, nega esse; nolo ego errare hospitem.
MI. Audin tu?
⟨HA.⟩ Rufeen nuco istam.
AG. Sic uolo
Profecto uera cuncta huic expedirier.
Roga, numquid opus sit.
MI. Tu qui zonam non habes,
Quid in hanc uenistis urbem | aut quid quaeritis?
HA. Muphursa.
AG. Quid ait?
HA. Miuulec hi an na.
AG. Quid uenit?
MI. Non audis? mures Africanos praedicat
In pompam ludis dare se uelle aedilibus.
HA. Laech lach ananim limini chot.
AG. Quid nunc ait?
MI. Ligulas, canalis ait se aduexisse et nuces.
Nunc orat operam ut des sibi, ut ea ueneant.
AG. Mercator, credo, est.
HA. Assam.
MI. Ar*u*inam quidem.
HA. Palu mer gad etha.
AG. Milphio, quid nunc ait?

1005 Si est *ABCD, corruptum* : Si ⟨ita⟩ est *Camer.* ⟨Id⟩ si est *Geppert* ‖ 1006 Audin *A* : Audi *BCD* ‖ ⟨HA.⟩ *add. Vssing* ‖ rufeen (rufen *CD*) nuco istam *BCD* : rufeynnychoissam *A* ‖ 1008 sonam *A?* ‖ 1009 hin hanc *B* ‖ aut ⟨hic⟩ quid *Geppert hiatus uitandi causa* ‖ 1010 muphursa quid ait *sine spatio pers. A* ‖ Miuuleo hic an na *B* : Muialechianna *CD* Miu— *A* (*cetera n. l.*) ‖ 1012 pompam *CD* : popam *B* ponpam *A?* ‖ (da) se *A, FZ* : dares *BCD*[1] ‖ 1013 *sic B, CD* (Ia lehclahca- *C*, la lehclahca- *D*) : lechlacha(n)nanilimniichtoquid *A* ‖ 1014 nuceis *A?* ‖ 1015 sibi *om. A* ‖ ueniant *BD* ‖ 1016 Assam *A* : Issam *BCD* ‖ MIL. *BCD* : *pers. spat. om. A* ‖ aruinam *Leo* : arbinam *BCD* marbinam *A ut uid.?* ‖ quidem *ABCD* : AG. Quid est *Pistoris, Camer. del.* MIL. *post* assam ‖ 1017 Palum erga detha (dectha *CD*) *BCD* : Palumirgadetha *A*

MILPHION. — Qu'on lui a donné des pelles et des fourches à vendre pour la moisson, je crois, à moins que tu ne comprennes autre chose. On te l'aura, je crois, envoyé pour bêcher le jardin et couper le blé[1].

AGORASTOCLÈS. — Qu'est-ce que cela me fait?

MILPHION. — Il veut t'en informer, pour que tu n'ailles pas croire qu'il ait reçu secrètement quelque marchandise dérobée.

HANNON *(en colère)*. — Mufonnim sucoratim.

MILPHION *(à Agorastoclès)*. — Hé là! garde-toi bien de faire ce qu'il te demande.

AGORASTOCLÈS. — Que dit-il et que demande-t-il? Explique-le moi.

MILPHION. — Que tu le fasses étendre sous une claie, qu'on chargera ensuite de grosses pierres, pour le mettre à mort.

HANNON *(d'un air d'indignation)*. — Gunebel balsameni erasan.

AGORASTOCLÈS. — Raconte; qu'y a-t-il? que dit-il?

MILPHION. — Ma foi, maintenant je n'y comprends plus rien.

HANNON. — Eh bien! pour que tu comprennes, je vais désormais parler latin. Il faut, par Hercule, que tu sois un vaurien, un méchant esclave pour t'amuser aux dépens d'un étranger, d'un voyageur.

MILPHION. — Et toi, par Hercule, il faut que tu sois un hypocrite et un fourbe pour venir ici essayer de nous attraper, migdilix[2], serpent à double langue.

AGORASTOCLÈS *(à Milphion)*. — Laisse-là les mauvais propos, et tâche d'arrêter ta langue. Tu feras sagement de modérer tes insultes. Je ne veux pas qu'on

1. Ce vers, qui ne se construit pas grammaticalement, semble une dittographie du précédent, et a été éliminé par Hasper.

2. Le sens de ce mot est inconnu. Scaliger a proposé de lire *migdilibs* que Naudet traduit par « métis libyen ».

MI. Palas uendundas sibi ait et mergas datas,
Ad messim credo, nisi quidem tu aliud sapis,
Vt hortum fodiat atque ut frumentum metat.
AG. Quid istuc ad me?
MI. Certiorem te esse uolt,
Nequid clam furtim se accepisse censeas.
HA. Mufonnim sucoratim.
MI. Hem, caue sis feceris
Quod hic te orat.
AG. Quid ait aut quid orat? expedi.
⟨MI.⟩ Sub cratim ut*i* iubeas se supponi atque eo
Lapides inponi multos, ut sese neces.
HA. Gunebel balsameni erasan.
AG. Narra, quid est?
Quid ait?
MI. Non hercle nunc quidem quicquam scio.
HA. At ut scias, nunc dehinc latine iam loquar.
Seruom hercle te esse oportet et nequam et malum,
Hominem peregrinum atque aduenam qui inrideas.
MI. At hercle te hominem et sycophantam et subdolum,
Qui huc aduenisti nos captatum, migdilix,
Bisulci lingua, quasi proserpens bestia.
AG. Maledicta hinc aufer; linguam conpescas face.
Maledicere huic tu temperabis, si sapis;

1018 bendundas *BD* ‖ sibi ait et *A* : sibim tet *BD*; *uerba* Palas — ad me (*u. 1021*) *desunt in C* ‖ 1019 sq. *hoc ordine A* : *inuertunt BD* ‖ 1019 quidem *BD* : quid *A* ‖ tu aliud sapis *A* : tua *BD* ‖ 1020 fodiat atque *A* : fodi atque *BD* ‖ metat *BD* : petat *A* ‖ 1021 uolt *A* : uoli *BCD* ‖ 1022 furtim se *A* : furtise *B* furtine *CD* ‖ 1023 Mufonnim *A* : Muphonnium *BCD* ‖ Sucoratim : siccoratim *A* sucorahim *BCD* ‖ Hem *A* : Em *BD* Ein *C* ‖ sis *A* : si *BCD* ‖ 1025 MI. *add.* D^3 ‖ oratim *A ut uid.* : gratim *BCD* ‖ uti *Camer.* ut *ABCD cum hiatu* ‖ 1026 imponi *C* ‖ 1027 *sic BCD* : Gunebbalsamemlyryla ⌗ *A* ‖ 1028 Quid *A* : Qui *BCD* ‖ quicquam *CD* : quidquam *A* quac quam *B* ‖ 1030 Seruom *B* : Seruum *ACD* ‖ et nequam *ACD* : ene quam *B* ‖ 1031 adque *B* ‖ adueniam *A* ‖ qui inrideas *om. A* ‖ irrideas *C* ‖ 1032 Ad *B* ‖ sycophanta (si- *D*) *BD* ‖ 1033 migdilix *A*, *T* (mic-) : micdilia *BCD* ‖ 1035 hinc *BCD* : hanc *A* ‖ aufer *A* : aufers *BCD* ‖ compescas *C* ‖ 1036 tu *om. A*

injurie mes compatriotes. *(A Hannon)* Je suis né à Carthage, pour que tu ne l'ignores pas.

HANNON *(s'avançant vers lui)*. — O mon cher compatriote, salut.

AGORASTOCLÈS. — Et toi aussi, salut, qui que tu sois. Et si tu as besoin de quelque chose, je te prie, tu n'as qu'à parler, à commander, par égard pour notre commune patrie.

HANNON. — Je te remercie. [Mais j'ai ici des liens d'hospitalité : je cherche le fils d'Antidamas; montre-le moi, si tu le connais, un certain Agorastoclès[1].] Mais connais-tu dans cette ville un jeune homme du nom d'Agorastoclès?

AGORASTOCLÈS. — Si c'est le fils adoptif d'Antidamas que tu cherches, tu l'as trouvé : c'est moi-même.

HANNON. — Hein! qu'entends-je?

AGORASTOCLÈS. — Que je suis le fils d'Antidamas.

HANNON. — S'il en est ainsi, au cas où tu voudrais confronter nos tessères d'hospitalité, voici la mienne, je l'ai apportée[2].

AGORASTOCLÈS. — Voyons, montre. *(Après l'avoir examinée)* Elle est bien pareille à celle que j'ai chez moi.

HANNON. — O mon cher hôte, que j'ai plaisir à te saluer! Car ton père Antidamas était mon hôte, après avoir été l'hôte de mon père. Nous avions échangé cette tessère d'hospitalité.

1. Ces vers qui forment double emploi avec le suivant semblent provenir d'un remaniement. Ils ne se trouvent pas à cette place dans le palimpseste, mais un peu plus loin.

2. Le mot *tessère* (*tessera*) correspond au gr. σύμβολον, qui désignait à l'origine « un objet coupé en deux, dont deux hôtes conservaient chacun une moitié qu'ils transmettaient à leurs enfants; ces deux parties rapprochées servaient à faire reconnaître les porteurs et à prouver les relations d'hospitalité contractées antérieurement. » (Bailly). *Tessera* signifie proprement « objet carré, cube », puis « jeton, marque de contrôle », le nom ayant continué d'être appliqué à l'objet même quand celui-ci avait cessé d'être carré.

Meis consanguineis nolo te iniuste loqui.
Carthagini ego sum gnatus, ut tu sis sciens.
HA. O mi popularis, salue.
AG. Et tu edepol, quisquis es.
Et siquid opus est, quaeso, dic atque impera
Popularitatis causa.
HA. Habeo gratiam.
[Verum ego hic hospitium | habeo; Antidamae filium
Quaero — commostra, si nouisti — Agorastoclem.]
Sed ecquem adulescentem tu hic nouisti Agorastoclem?
AG. Siquidem Antidama*i* quaeris adoptaticium,
Ego sum ipsus quem tu quaeris.
HA. Hem, quid ego audio?
AG. Antidamae gnatum me esse.
HA. Si itast, tesseram
Conferre si uis hospitalem, eccam attuli.
AG. Agedum, huc ostende. Est par probe ⟨q⟩*uam* habeo domi.
HA. O mi hospes, salue multum! nam mihi tuus pater
Patritus ergo | hospes Antidamas fuit.

1038 Carthagini (-ta- *CD*) *BCD* : -ne *A* ‖ sciens *BCD* : siens *A* ‖ 1039 mi *A* : mihi *BCD* ‖ populares *A ut uid.* ‖ salue et *sine spat. A* ‖ qui quis *B* ‖ es *BCD* : est *A* ‖ 1040 quod *B* ‖ dicat que (quae *C*) *BCD* ‖ 1042-1053 *hoc ordine BCD* : *u.* 1042-1043 *post u.* 1048 *collocati sunt in A, ubi praeterea u.* 1053 *et ante u.* 1049 *et suo loco legitur; quas turbas ex duplici recensione ortas coni. Osann, comprobauerunt Seyffert et Goetz* (1042-1043 *compendii causa in quadam recensione locum uu. 1044-1049 occupauerunt*) ‖ 1042 sq. *secl. Loman* ‖ 1042 hic *om. B* ‖ hospitium *A* : hospiti sum *BCD* ‖ hic hospitium ego *Bothe, hiatus uitandi causa; alii alia* ‖ 1043 quaeso *F* ‖ commostra si *A* : com monstransi *B* commonstrans *CD* ‖ agorastoclen *A* ‖ 1044 ecquem *A* : hec quem *BCD* ‖ adulescentem *AB* : ado- *CD* ‖ 1045 Antidamai *Bothe* : Antidamati *A* anthidamarchi (anti- *C*) *BCD cf. K. Schmidt, Hermes 37, 176* ‖ adoptatium *B* ‖ 1047 esse si *sine spatio A* ‖ itast *A* : ita est *BCD* ‖ tesseram *A* : te esseram *B* te esse iam *CD* ‖ 1048 comferre *A* ‖ *cf. ad 1042 sq.* ‖ 1049 huc *BCD* : huic *A* ‖ est *BCD* : es *A* ‖ quam *Seyffert* : nam *ABCD* ‖ habeo *BCD* : abeo *A* ‖ domi *A* : domum *BCD* ‖ 1050 mihi tuus *BCD* : mi *A* ‖ 1051 Patritus *A* : Pater tuus *B* Patruus *C* Patri tuus *D* ‖ ergo (hic) hospes *Ritschl hiatus uitandi causa, sed* ergo *suspectum esse recte iudicauerunt Goetz-Loewe*

AGORASTOCLÈS. — Hé bien, tu recevras l'hospitalité ici chez moi. Je ne veux renier ni ce lien, ni Carthage mon pays.

HANNON. — Que les dieux comblent tous tes souhaits! Dis-moi, comment se fait-il que tu sois né à Carthage? Tu avais pourtant ici un père Étolien?

AGORASTOCLÈS. — J'ai été volé à Carthage. Antidamas, ton hôte, m'acheta dans cette ville-ci, et m'adopta pour son fils.

HANNON. — Lui-même était pareillement le fils adoptif de Démarque. Mais ne parlons plus de lui et revenons à toi. Dis-moi, te souviens-tu du nom de tes parents?

AGORASTOCLÈS. — De mon père et de ma mère, oui.

HANNON. — Dis-les moi donc, que je voie s'ils sont de mes amis ou de ma famille.

AGORASTOCLÈS. — Ma mère s'appelait Ampsigura, mon père Iahon.

HANNON *(avec un soupir)*. — Je voudrais pour toi qu'ils fussent encore en vie.

AGORASTOCLÈS. — Seraient-ils morts?

HANNON. — Hélas, oui! et j'en ai eu un grand chagrin; car ta mère Ampsigura était ma cousine[1], et ton père et moi nous étions fils de deux frères; il me fit même son héritier quand vint son dernier jour, et c'est ce qui augmente encore le regret que m'a causé sa perte. Mais s'il est vrai que tu sois le fils de Iahon, tu dois avoir un signe à la main gauche, la marque

1. Ampsigura : le nom n'est pas attesté autrement; mais on connaît *Amsiginus*, qui figure sur une inscription de Numidie, CIL VIII, 7418, *Ampsaga* nom d'un cours d'eau d'Afrique qui coule près de Cirta. Ampsigura était *sobrina* d'Hannon; *sobrinus* à l'origine veut dire « de sœur », et s'applique aux enfants des sœurs, c'est-à-dire aux cousins germains du côté maternel. Le composé *consobrinus* est devenu synonyme de « cousin », sans précision : consobrini consobrinaeque, id est qui quaeue ex duabus sororibus nascuntur... sed fere uulgus omnes istos (sc. patrueles, amitinos) communi appellatione consobrinos uocat. (Gaïus, Dig., 38, 10, 1, 6).

Haec mihi hospitalis tessera cum illo fuit.
⟨AG.⟩ Ergo hic apud me hospitium tibi praebebitur;
Nam haud repudio hospitium neque Carthaginem;
Inde sum oriundus.
HA. Di dent tibi omnes quae uelis!
Quid ais? qui potuit fieri ut Carthagini
Gnatus sis? hic autem habuisti Aetolum patrem.
AG. Surruptus sum illinc. Hic me Antidam*a* hospes tuus
Emit, et is me sibi adoptauit filium.
HA. Demarcho item ipse fuit adoptaticius.
Sed mitto de illoc; ad te redeo. Dic mihi,
Ecquid meministi tuum parentum nomina?
AG. Patris atque matris memini.
HA. Memoradum mihi,
Si noui forte aut si sunt cognati mihi.
AG. Ampsigura mater mihi fuit, Iahon pater.
HA. Patrem atque matrem uiuerent uellem tibi.
AG. An mortui sunt?
HA. Factum; quod ⟨ego⟩ aegre tuli.
Nam mihi sobrina Ampsigura tua mater fuit,
Pater tuus, is erat frater patruelis meus,
Et is me heredem fecit, quom suum obiit diem,
Quo me priuatum | aegre patior mortuo.
Sed si ita est ut tu sis Iahonis filius,

1052 essera quom *B* ‖ 1053 AG. *add. FZ* ‖ meo *codd.* : med *Ritschl Nou. Exc., p. 49* ‖ tibi *om. A utroque loco* ‖ prebitur *B* ‖ 1054 repudio *A* : praepudio *BCD* ‖ cartaginem *CD* ‖ 1055 HA. *B* : AG. *CD* ‖ dent *ACD* : derit *B* ‖ 1056 qui *BCD* : quid *A* ‖ 1057 aetolum *A* : aecolum *B* aetholum *CD* ‖ 1058 Antidama *Mueller* : -mas *ABCD* ‖ 1059 Emit et is *ACD* : Emittetis *B* ‖ 1060 *Pers. om. B* ‖ adoptatius *B* ‖ 1061 HA. *praem. B* ‖ illoc *A* : illo *BCD* ‖ 1062 tuum *gen. plur. testatur* PRISCIANVS *GLK II 308,24* ‖ 1063 *Post* matris *spatium A* ‖ memoradum *A* : -randum *BCD* ‖ 1064 noui *BCD* : notio *A* ‖ 1065 Ampsigura *BD* : Amsigura *AC* ‖ mihi fuit *BCD* : fuit mihi *A* ‖ Iahon *Studemund* : Hiaon *A* ihon *B* Iachon *CD* ‖ 1066-1103 *deficit A* ‖ 1067 ego *add. Lambin* ‖ 1068 ampsagura *B* ‖ 1070 is *CD* : his *B* ‖ quom *B* : cum *CD* ‖ 1071 priuatum ⟨esse⟩ *add. Camer. hiatus uitandi causa* ‖ aegre *C* : egrae *D* agrae *B*

d'une morsure qu'un singe te fit dans ton enfance, en jouant avec toi. Montre, que j'examine. Ouvre la main, veux-tu? *(Examinant la main d'Agorastoclès)* Mais oui, la marque y est[1].

Agorastoclès. — Mon cher oncle, salut.

Hannon. — Salut à toi aussi, Agorastoclès. Je crois renaître à la vie en te retrouvant.

Milphion. — Par Pollux, je me réjouis pour vous de cet heureux événement. *(A Hannon)* Me permettras-tu de te donner un conseil?

Hannon. — Mais certainement.

Milphion. — Il faut rendre au fils les biens paternels. Tout ce que son père possédait doit lui revenir, ce n'est que justice[2].

Hannon. — Je ne demande pas mieux; tout lui sera rendu. Je lui rendrai son bien en entier, lorsqu'il sera revenu là-bas.

Milphion. — Tâche, s'il te plaît, de le lui rendre, même s'il reste ici.

Hannon. — Et je veux, de plus, qu'il possède le mien, s'il m'arrive quelque chose.

Milphion. — Il m'est venu tout de suite à l'esprit une plaisante idée.

Hannon. — Laquelle?

Milphion. — J'ai besoin de ton aide.

Hannon. — Dis-moi tout ce qui te plaira. Tu peux, je t'assure, user de mon aide à ta volonté. De quoi s'agit-il?

Milphion. — Peux-tu te montrer fourbe?

Hannon. — Envers un ennemi, oui; envers un ami, ce serait folie.

Milphion. — Par Hercule, il s'agit d'un ennemi d'Agorastoclès.

1. Texte peu sûr.

2. Ce vers, qui fait double emploi avec le précédent, est suspect d'être interpolé.

Signum esse oportet in manu laeua tibi,
Ludenti puero quod memordit simia.
Ostende; inspic*iam*. †aperi, audi† atque ades*t*.
AG. Mi patrue ,salue.
HA. Et tu salue, Agorastocles.
Iterum mihi gnatus uideor, quo*m* te repperi.
MI. Pol istam rem uobis bene euenisse gaudeo.
⟨S⟩*ed* te moneri num neuis?
HA. Sane uolo.
MI. Paterna oportet filio reddi bona;
Aequoms*t* habere hunc bona quae possedit pater.
HA. Haud postulo aliter; restituentur omnia.
Suam sibi rem saluam sistam, si illo aduenerit.
MI. Facito sis reddas, etsi hic habit⟨abit⟩, tamen.
HA. Quin mea quoque iste habebit, siquid me fuat.
MI. Festiuom facinus uenit mihi in mentem modo.
HA. Quid id est?
MI. Tua opus est opera.
HA Dic mihi quidlubet.
Profecto uteris, ut uoles, operam meam.
Quid est negot*i*?
MI. Potin tu fieri subdolus?
HA. Inimico possum; amico | insipientia est.
MI. Inimicus hercle est huius.

1074 momordit *B* ‖ 1075 inspiciam *Camer.* : inspici iam *B* inspice iam *CD* ‖ *Alteram partem u. corruptam alii aliter correx.* ‖ adest *Muretus* : ades *BCD* ‖ inspiciam AG. Em. HA. Aperi, si audes. atque adest *Goetz-Loewe, eleganter si non certe;* Aphrodite, audi atque ades *Niemeyer* ‖ 1076 *Pers. om. CD* ‖ Et tu salueto *Camer.* : Et tu salue, ⟨mi⟩ *Pylades* ‖ 1077 quom te *Luebbert, Seyffert* : quo atte *B* quo ate *CD*¹ quod te *FZ* ‖ 1078 euenisse *BCD* : uertisse *Mueller* ‖ 1079 Sed *Pareus* : Et *BCD* ‖ 1080 filio reddi *D*¹ *Bentley* : reddi filio *BCD*² ‖ 1081 Aequomst : Aequom si *B* ęqum si *C* Aequum si *D* ‖ que *BCD* ‖ 1082 Haut *B* ‖ omma *B* ‖ 1083 sibi rem *B* : rem sibi *CD* ‖ 1084 Facito *ex* Facite *B* ‖ habitabit *Pylades* : habit *BCD* ‖ 1085 Quim *B* ‖ siquit *B* ‖ fuat *CD* : fuit *B* ‖ 1086 MI *om. B* ‖ festiuom *B* : -uum *CD* ‖ immentem *B* ‖ 1087 opus est *B* : est opus *CD* ‖ 1089 negotii *BCD* ‖ 1090 *sic BCD cum hiatu* : amico est insipientia *Pylades* possum ⟨nam⟩ *Seyffert*

HANNON. — J'aurais plaisir à lui faire du mal.

MILPHION *(montrant Agorastoclès)*. — Il a une maîtresse chez un léno.

HANNON. — Il a raison, je l'approuve.

MILPHION. — Le léno habite ici, près de chez nous. *(Il montre la maison de Leloup)*.

HANNON. — J'aurais plaisir à lui faire du mal.

MILPHION. — Il a comme esclaves deux courtisanes toutes jeunettes encore, deux sœurs. Agorastoclès est amoureux fou de l'une d'elles, et pourtant il ne l'a jamais touchée.

HANNON. — Voilà une amère façon d'aimer.

MILPHION. — Le léno le berne à plaisir.

HANNON. — Il fait son métier.

MILPHION *(montrant Agorastoclès)*. — Lui, veut lui jouer un mauvais tour.

HANNON. — Il aura bien raison, s'il le fait.

MILPHION. — Voici maintenant le projet que je conçois, la ruse que j'échafaude : nous alléguerions ton témoignage : tu dirais que ce sont tes filles, qu'elles ont été enlevées de Carthage dans leur tendre enfance, et que tu les revendiques pour les rendre à la liberté, comme si vraiment, elles étaient à toi. Tu comprends?

HANNON *(avec une émotion vive)*. — Oui, par Hercule, je comprends; car c'est ainsi que mes deux filles me furent enlevées toutes petites avec leur nourrice.

MILPHION. — Par Hercule! tu joues joliment bien ton rôle. Voilà un début qui me plaît déjà.

HANNON *(pleurant)*. — Hélas! plus que je ne voudrais,

MILPHION. — Bravo, ma foi! Oh l'habile homme, et malin, et dur à cuire, et roué, et rusé[1]! Comme il pleure à propos pour faciliter le succès de notre plan! Il me surpasse en fourberies, moi l'ingénieur en chef.

1. Le texte de ce vers est en partie incertain.

HA. Male faxim lubens.
MI. Amat a lenone hic.
HA. Fac*er*e sapienter puto.
MI. Leno hic habitat uicinus.
HA. Male faxim lubens.
MI. Ei duae puellae sunt meretrices seruulae
Sorores; earum hic alteram efflictim per*it*,
Neque eam incestauit umquam.
HA. Acerba amatiost.
MI. *H*unc leno ludificatur.
HA. Suum quaestum colit.
MI. Hic illi malam rem dare uult.
HA. Frugi⟨st⟩, si id facit.
MI. Nunc hoc consilium capio et hanc fabricam apparo
Vt te allegemus : filias dicas tuas
Surruptasque esse paruulas Carthagine,
Manu liberali causa | ambas adseras,
Quasi filiae tuae sint ambae. In*t*ellegis?
HA. Intellego hercle. Nam mihi item gnatae duae
Cum nutrice una sunt surruptae paruulae.
MI. Lepide hercle adsimulas. Iam in principo id mihi placet.
HA. Pol magis quam uellem.
MI. Eu, hercle mortalem catum,
Malum crudumque e*t* *ca*llidum | et subdolum!
Vt adflet, quo illud gestu faciat facilius!
Me quoque dolis iam superat architectonem.

1092 allenone *B* ‖ Facere *Camer.* : facile *BCD* ‖ 1095 perit *Z* : periit *BCD* ‖ 1096 amatiost *B* : -tio est *CD* ‖ 1097 Hunc *Pius* : Nunc *BCD* ‖ ludicatur *B* ‖ 1098 rem *om. B* ‖ frugist *Mueller* : frugi *BCD* ‖ 1099 fabrica aparo *B* ‖ 1100 Vt te *CD* : Vite *B* ‖ tuas *om. B* ‖ 1102 Manu *Scutarius* : Manum *BCD* ‖ *sic codd. cum hiatu* : ⟨eas⟩ ambas *uel* ambas ⟨eas⟩ *supplere possis* ‖ 1103 intellegis *FZ* : inpellegis (im- *C*) *BCD*[1] ‖ 1104-1382 *adest A* ‖ 1104 HA. : AG. *BC* ‖ duae *AB* : tuae *CD* ‖ 1105 Cum *ACD* : Quom *B* ‖ (sunts)urruptae *A, ut uid.* : surreptas uni *BCD* ‖ 1106 *Pers. om. B* ‖ adsimulas *AD* : as- *BC* ‖ 1107 catum *om. B* ‖ 1108 et callidum *Pylades* : — dum *A* est ollidum *BCD* ‖ et *BCD cum hiatu* : atque *Guyet, quod uereor ne nimis facile sit* ‖ 1109 illud gestu *BCD* : illum gestum *A* ‖ facilus *B*

HANNON. — Mais, dis-moi, comment est faite leur nourrice?

MILPHION. — Pas très grande, le teint basané...

HANNON. — C'est elle.

MILPHION. — Agréable à voir, la bouche...[1] les yeux très noirs.

HANNON. — Parbleu, c'est son portrait tout craché.

MILPHION. — Veux-tu la voir?

HANNON. — J'aimerais mieux voir mes filles. Mais va l'appeler. Si vraiment ce sont mes filles, si c'est leur nourrice, elle me reconnaîtra tout de suite.

MILPHION *(s'approchant de la maison du léno)*. — Holà! Y a-t-il quelqu'un là? Dites à Giddénis de venir jusqu'ici. Il y a quelqu'un qui désire lui parler.

⟨SCÈNE III⟩

GIDDÉNIS MILPHION HANNON
AGORASTOCLÈS UN ESCLAVE

GIDDÉNIS. — Qui est-ce qui frappe?

MILPHION. — L'homme qui est tout près de toi.

GIDDÉNIS. — Que veux-tu?

MILPHION *(lui montrant Hannon)*. — Ah ça! connais-tu l'homme en tunique qui est là-bas?

1. Le vers est incomplet; il manque, semble-t-il, une épithète à *ore*.

HA. Sed earum nutrix qua sit facie, m*i* expedi.
MI. Statura hau magna, corpore aquilost ...
HA. Ipsa east.
MI. Specie uenusta |, ore atque oculis pernigris.
HA. Formam quidem hercle uerbis depinxti probe.
MI. Vin eam uidere?
HA. Filias malo meas.
Sed i, [atque] euoca illam. Si eae meae sunt filiae,
Si illarum est nutrix, me continuo nouerit.
MI. Heus, ecquis hic est? nuntiate, ut prodeat
Foras, Gidden*ini*; est qui illam conuentam esse uolt.

GIDDENIS NVTRIX **MILPHIO** SERVOS **HANNO** POENVS
AGORASTOCLES ADVLESCENS **⟨PVER⟩**

GI. Quis pultat?
MI. Qui te proximust.
GI. Quid uis?
MI. Eho,
Nouistin tu illunc tunicatum hominem qui siet?

1111 Se te harum *B* ‖ facie *B D* GELLIVS *N.A 13, 30, 4,* NONIVS *52,20* : facile *A ?, C* ‖ 1112 hau *A* : haud *CD* haut *B* non GELL. NON. ‖ aquilost GELL. : aquilo *A BCD* aquilino NON. ‖ east *ABCD :* est GELL. NON. ‖ 1113 *sic ABCD,* GELL., *cum hiatu* ‖ ore : crine *Bentley* ore ⟨paruo⟩ *Pylades* ‖ 1114 depinxti *AB* : -xisti *CD* -xit GELL. ‖ probe *A* GELL. : mihi *BCD* ‖ 1115 Vin eam *A* : Vinam *BCD* ‖ 1116 atque *del. Pareus* ‖ meae *om. A* ‖ 1118 ecquid *A* ‖ 1119 Fonas *B* ‖ Giddenini *Mueller* : Giddenenem *A, ut uid.* (*uel* -ininim?) gid dene me *BCD* ‖ uolt *A* : uult *BCD*
[GIDDENIS IDEM *A* Ciddis Milphio Agorastocles Hanno *subscriptis* NVTRIX SERVOS ADVLESCENS POENVS DV? *B; om.* *CD*[1] ‖ *Pers. not. om. CD plerumque* ‖ 1120 *prius* MI. *om. BCD sine spat.* ‖ proximus est *BCD, A n. l.* ‖ 1121 Nou(istin) *A* : Mouistin *BCD*

Giddénis. — Qui est-ce que j'aperçois? O Jupiter souverain, mais c'est mon maître, le père de celles que j'ai nourries, Hannon de Carthage.

Milphion. — Voyez la friponne, elle aussi! Notre Carthaginois c'est un vrai sorcier; il les tourne tous comme il veut[1].

Giddénis. — O mon cher maître Hannon, salut! toi que ni moi ni tes filles n'espérions plus revoir, salut et... *(S'interrompant déconcertée)* Hé bien! cesse de regarder avec cet air d'étonnement. Tu ne reconnais pas Giddénis, ta fidèle servante?

Hannon. — Si fait. Mais où sont mes filles? Je suis impatient de le savoir.

Giddénis. — Au temple de Vénus.

Hannon. — Qu'y font-elles? dis-moi.

Giddénis. — C'est aujourd'hui les Aphrodisies, la fête de Vénus. Elles sont allées prier la déesse, afin d'obtenir sa faveur.

Milphion. — Par Pollux, à ce que je vois, elles l'ont obtenue, puisque le voilà ici *(montrant Hannon)*.

Agorastoclès *(à Giddénis)*. — Alors, ce seraient ses filles?

Giddénis. — Comme tu dis. *(A Hannon)* Ton amour paternel t'a fait arriver juste à point pour nous secourir aujourd'hui; car aujourd'hui même elles allaient changer de noms, et faire de leur corps un métier indigne d'elles.

Un esclave *(de la suite d'Hannon, s'adressant à Giddénis)*. — Haudones illi.

Giddénis *(lui répondant d'un ton joyeux)*. — Hauon bene siilli in mustine. Mepsi etenes te dum et alamna cestimim.

1. Ces deux vers sont en contradiction avec l'exclamation qui les précède: *Ecce autem mala.* Leo les élimine. On peut supposer qu'ils sont prononcés par Agorastoclès, ce qui supprimerait la contradiction.

⟨GI.⟩ Nam quem ego aspicio? pro supreme Iuppiter!
Erus meus hicquidemst, mearum alumnarum pater,
Hanno Carthaginiensis.
MI. Ecce autem mala!
Praestrigiator hic quidem Poenus probust;
Perduxit omnis ad suam sententiam.
GI. O mi ere, salue |, Hanno, insperatissume,
Mihi tuisque filiis, salue; atque... eho,
Mirari noli neque me contemplarier.
Cognoscin Giddeninem |, ancillam tuam?
HA. Noui. Sed ubi sunt meae gnatae? id scire expeto.
GI. Apud aedem Veneris.
HA. Quid ibi faciunt? dic mihi.
GI. Aphrodisia hodie Veneris est festus dies;
Oratum ierunt deam, ut sibi esset propitia.
MI. Pol, satis scio, impetrarunt, quando hic hic adest.
AG. Eho, an huius sunt illaec filiae?
GI. Ita ut praedicas.
Tua pietas nobis plane | auxilio fuit,
Quom huc aduenisti | hodie in ipso tempore.
Namque hodie earum mutarentur nomina,
Facerentque indignum genere quaestum corpore.
⟨PV.⟩ Haudones illi.
GI. Hauon bene siilli in mustine

1122 *Pers. om. BCD* ‖ suppreme *CD* ‖ 1123 Erus meus hicquidem est *BCD* : (hi)cquid(emstmeuse)rus *A ut uid.* ‖ paeter *B* ‖ 1124 carthagniensis *B* ‖ 1125 Praestrigiator *AB* : Praesti- *CD* ‖ probus est *BCD*, *A n. l.* ‖ 1127 *sic codd. cum hiatu* : salueto *Geppert* ⟨o⟩ Hanno *Mueller* ‖ insperatissume : -sime *A* insperastis sume *BCD* ‖ 1128 adque *BC* ‖ 1129 con(temp)larier *A* : contemptarier *BCD* ‖ 1130 Giddeninem *B* : -nimem *C* -nimen *D* g(idd)enen(em) *A*, *ut uid.* ‖ *sic codd. cum hiatu* : ⟨ueterem⟩ ancillam *Geppert, alii alia* ‖ 1131 sed *A* : set *BCD*[1] ‖ 1132 ibi *ACD* : tibi *B* ‖ 1133 festos *B* ‖ 1136 an *ACD* : han *B* ‖ illaec : illae *A* illa et *BCD* ‖ ut *ABCD* : uti *Bothe* ‖ 1137 *sic codd. cum hiatu* : plane nobis *Acid.* ‖ 1138 Quom *B* : Cum *ACD* ‖ ⟨tu⟩ huc *Pareus, hiatus uitandi causa* ‖ huc *AB* : hic *CD* ‖ 1141 PV. *add. Angelius* ‖ Haudones *BCD* : auamma *A* ‖ GI. *Weise, spatium A, om. BCD* ‖ bene *BCD* : bane *A* ‖ siilli in *BCD* : sill(ae) *A ut uid.*

AGORASTOCLÈS. — Que se disent-ils? Explique-le moi.

HANNON. — Il salue sa mère, et elle son fils. *(A Giddénis, qui s'entretient avec son fils)* Tais-toi, et ménage le bagage de ton sexe.

AGORASTOCLÈS. — Quel est ce bagage?

HANNON. — Des criailleries sans fin. *(A Milphion, en lui montrant ses gens)* Fais-les entrer dans la maison; et emmène la nourrice avec eux.

AGORASTOCLÈS *(voyant Milphion hésiter)*. — Fais ce qu'il t'ordonne.

MILPHION *(à Hannon)*. — Mais qui est-ce qui te montrera tes filles?

AGORASTOCLÈS. — Moi; je les connais assez.

MILPHION *(d'un ton maussade, et sans bouger)*. — En ce cas, je m'en vais.

AGORASTOCLÈS. — Mieux vaudrait le faire que le dire. Qu'on apprête à souper pour fêter l'arrivée de mon oncle.

MILPHION *(aux esclaves)*. — Lachanam! En route, vous autres! Je vais vous fourrer au moulin, et de là au puits, et vous faire attacher à un bon poteau de chêne. Je vous garantis que vous n'aurez à vous louer que médiocrement de notre hospitalité.

AGORASTOCLÈS. — Écoute, mon oncle; je vais te dire, et ne me dis pas non : accorde-moi ta fille aînée en mariage.

HANNON. — C'est convenu.

AGORASTOCLÈS. — Alors, j'ai ta parole?

HANNON. — Tu l'as.

AGORASTOCLÈS *(l'embrassant)*. — Mon cher oncle, salut. Car à présent tu fais tout à fait partie des miens... Enfin, je vais pouvoir lui parler librement! Maintenant, mon oncle, si tu veux voir tes filles, suis-moi.

HANNON. — Il y a assez longtemps que je le désire, et te suis. Si nous allions au devant d'elles?

Mepsi etenes te dum et alamna cestimim
AG. Quid illi locuti sunt inter se? dic mihi.
HA. Matrem hic salutat suam |, haec autem hunc filium.
Tace atque parce muliebri supellectili.
AG. Quae east supellex?
HA. Clarus clamor sine modo.
Tu abduc hosce intro, et una nutricem simul
Iube hanc abire hinc ad te.
AG. Fac quod imperat.
MI. Sed quis illas tibi monstrabit?
AG. Ego doctissume.
MI. Abeo igitur.
AG. Facias modo quam memores mauelim.
Patruo aduenienti cena curetur uolo.
MI. Lachanam uos, quos ego iam detrudam ad molas,
Inde porro ad puteum atque ad robustum codicem.
Ego faxo hospitium hoc leniter laudabitis.
AG. Audin tu, patrue? dico, ne dictum neges :
Tuam mihi maiorem filiam despondeas.
HA. Pactam rem habeto.
AG. Spondesne igitur?
HA. Spondeo.
⟨AG.⟩ Mi patrue, salue; nam nunc es plane meus.
Nunc demum ego cum illa fabulabor libere.
Nunc, patrue, si uis tuas uidere filias,

1142 *Sic BCD* : mipstaetemestxsdumetalan(naoe)stimim *A* ‖ 1143 sunt *BCD* : sint *A* ‖ 1144 HA. *Vssing* : MI. *B* ‖ hic *om. B* ‖ salutat ⟨ano⟩ suam *Pylades, hiatus uitandi causa;* Matrem salutat suam hic *Mueller, etc.* ‖ 1145 suppellectili *BD* ‖ 1146 east *A* : ea est *BCD* ‖ supellex : suppell(ex) *A* suppelle *BCD* ‖ HA. *FZ* : MI. *B, spat. CD* ‖ *post* clamor *spat. A unde* ⟨AG.⟩ Sine modo ⟨HA.⟩ Tu *Leo* ‖ 1147 hosce *Schmidt* : hosc *A* hos *B* has *CD* ‖ nutricem *ACD* : matricem *B* ‖ 1148 hanc *A* : *om. BCD* ‖ hinc *A* : hanc *BCD* ‖ 1149 doctissume *A* : -sime *BCD* ‖ 1152 MI. *FZ* : HA. *B* ‖ Lachanam *BCD* : Lach(an)na *A?* ‖ 1153 ad puteum *A* : apud eum *BCD* ‖ adque *BCD* ‖ rubustum *B* ‖ 1154 ladabitis *B* ‖ 1157 rem *om. B* ‖ 1158 AG. *add.* D^3 ‖ Mi *A* : Mihi *BCD* ‖ nono *A?* ‖ 1159 quom *B* ‖ 1160 sq. *alterius recensionis esse atque u. 1162-1165 suspicatur Seyffert*

Agorastoclès. — Mais j'ai peur que nous ne passions à côté d'elles, dans la rue, sans les voir.

[Hannon. — Grand Jupiter; change mon incertitude en un bonheur certain!

Agorastoclès *(transporté de joie)*. — Pour moi, je suis assuré à présent de posséder mes amours[1].] Mais justement, je les vois, ce sont elles.

Hannon. — Ce sont-là mes filles? Comme elles sont devenues grandes, elles qui étaient si petites!

Milphion. — Tu sais ce qui en est? Ce sont des cavales de Thrace : elles ont l'habitude de se cabrer devant l'étalon[2]. [Je crois, ma foi, qu'aujourd'hui, ce que je disais en plaisantant va se réaliser tout de bon, sérieusement, et qu'il va bien retrouver en elles ses deux filles.

Agorastoclès. — Par Pollux, c'est maintenant tout à fait certain. Toi, Milphion, emmène ces esclaves dans la maison. *(Milphion sort)* Quant à nous, nous allons les attendre ici. *(Montrant Adelphasie qui vient avec Antérastile)*[3].]

---

1. Les vers 1162-1165 ainsi que le vers 1146 et les vers 1169-1173 semblent provenir d'un remaniement destiné à abréger cette scène.

2. Allusion aux cavales de Diomède, roi de Thrace.

3. Les vers 1169-1173, qui semblent provenir d'un remaniement, ont été éliminés par Ussing.

Me sequere.
HA. Iam dudum equidem cupio et te sequor.
[Quid, si eamus illis obuiam?
AG. At ne interuias
Praeterbitamus metuo.
HA. Magne Iuppiter,
Restitue certas mihi ex incertis nunc opes.
AG. †Ego quidem meos amores mecum confido fore.]
Sed eccas uideo ipsas.
HA. Haecine meae sunt filiae?
Quantae e quantillis iam sunt factae!
MI. Scin quid est?
Thraecae sunt : ⟨in cel⟩onem sustolli solent.
[Opino hercle hodie quod ego dixi per iocum,
Id euenturum esse et seuerum et serium,
Vt haec inueniantur hodie esse huius filiae.
⟨AG.⟩ Pol istuc quidem iam certum est. Tu istos, Milphio,
Abduce intro; nos hasce hic praestolabimur.]

1161 iandudum *A* ‖ 1162-1165 *secl. Brachmann* ‖ 1162 AG. *praem. D*[3] *qui uerba* At ne — opes *Hannoni tribuit* ‖ eamus *AB D corr.* : camus *CD*[1] ‖ illis *A* : illi *BCD* ‖ *post* obuiam *spatium A D* : ob V Uiam *B sine spatio,* obuiam *C sine spatio* ‖ interuiis *A* ‖ 1163 praeterbitamus *A* : Praeterbita *B* Praebiterta *CD* ‖ *Post* metuo *siglum* X *B* POE. *CD* ‖ 1165 *V. a metro abhorrens* : quidem *del. Guyet* amores meos *inuert. Pylades metri causa* ‖ 1167 e *BCD* : te *A?* ‖ 1168 *sic legitur in A, ut uidetur* : Thraecę (threoę *CD*) sunt caelum ne sustollis oleni *BCD, quod alii aliter correxerunt, e. g.* : Thraecae sunt eculae : numero sustolli solent *Luebbert; de toto loco uideas Lindsay, Class. Quart. 12 (1918), 140, qui uocem* celonem *e graeco* (κήλων ὁ ἐπιβαίνων ἵππος, admissarius) *ductam esse recte uidit, atque Plautum hic ad equas Diomedis, regis Thracum, alludere* ‖ 1169-1173 *secl. Vssing* ‖ Opino *Gulielmus* : Opinor *BCD, A n. l.* ‖ ego *om. A, ut uid.* ‖ 1170 Inde uenturum *B* ‖ serium *ACD* : seruum *B* ‖ 1172 AG. *add. FZ* ‖ 1173 praestolabimur *A* : -bitur *BCD*

⟨SCÈNE IV⟩

ADELPHASIE ANTÉRASTILE HANNON AGORASTOCLÈS

Adelphasie. — Pour tout amateur de galanterie, cela valait la peine aujourd'hui d'offrir à ses yeux ce régal qu'était la décoration du temple, et de pousser une pointe jusque là. J'ai eu grand plaisir, par Castor, à admirer là-bas les si jolies offrandes des courtisanes, offrandes bien dignes de notre déesse Vénus, la belle des belles, et cela m'a donné une haute idée de son pouvoir. Quelle abondance de splendeurs il y avait là, et chacune à sa place, dans un ordre élégant! L'encens, la myrrhe, tous les parfums emplissaient les autels. Ni ta fête, ni ton temple, ô Vénus, ne souffrent de l'abandon : on l'a pu voir au nombre des clientes qui étaient venues prier la Vénus Calydonienne.

Antérastile. — Pour nous certes, en ce qui nous concerne toutes deux, nous avons remporté le prix de

ADELPHASIVM ANTERASTYLIS
MERETRICES II
AGORASTOCLES HANNO
ADVLESCENS POENVS

AD. Fuit hodie operae pretium cuiuis qui amabilitati animum adiceret
Oculis epulas dare, delubrum qui hodie ornatum eo uisere uenit.
Deamaui ecastor †illic ego hodie lepidissima munera meretricum,
†Digna diua uenustissima Venere, neque contempsi eius opes hodie;
Tanta ibi copia uenustatum aderat, in suo quique loco sita munde.
Arabus, murrinus, omnis odor complebat. Haud sordere uisust
Festus dies, Venus, nec tuum fanum; tantus ibi clientarum erat numerus
Quae ad Calydoniam uenerant Venerem.
AN. Certo enim quod quidem ad nos duas * *

[Adelphasium Anterastilis agorastocles hanno. *subscriptis* MERETRICES II. ADVLESCENS POENVS .C. *B* : *om.* *CD*[1] ANTERASTILIS ADELPHASIVM AGORASTOCLES *A*, *ut. uid.* ‖ 1174 cuiuis *A* : ciuis *BCD* ‖ 1176 Deamaui *BCD* : -uit (*uel* uei) *A* ‖ ciastor *B* ‖ illic *BCD* : illi *A* ‖ illi hodie *Brix deleto* ego *metri causa* ‖ murera *B* ‖ meretricum *AC*[1] : meri- *B* meretricium *C*[2]*D* ‖ 1177 Digna diua (Dignaudiua *B*) *ABCD* : Digna dea *Guyet*, *quod remedium non satis sanare uersum uidetur* ‖ Venere *secl. Lindsay efficiens cretic. dim. cum anapaest. dim., non sine dubio* ‖ eius *BCD* : iius (*ex* ius?) *A* ‖ opes *A* : opus *B* ‖ 1178 quique *BCD* : quicque *A* ‖ loco *om.* *A*, *ut uid.* ‖ 1179 *duos u. efficiunt AB* (— odor / — uisust); *post* odor *spatium* *CD* ‖ Arabus *A* CHARISIVS *GLK I 123,11* : Arabius *BCD* ‖ murrinus *A* CHARIS. (myrr-) : murrinusque *BCD* ‖ odor *AD* : dor *BC* ‖ ⟨tuus⟩ haud *duce Pylade add. Vssing* ‖ 1180 tuum *A* : tum *BCD* ‖ elientarum *B* ‖ numeras *B* ‖ 1181 calidoniam *CD* ‖ uenere *B* ‖ AN. *Bothe* : *spatium* *A*, *om.* *BCD* ‖ *lacun. post* duas *sign. Schueth; quid autem desit non liquet*

la beauté, ma sœur, et conquis les faveurs de la déesse. Les jeunes gens ne se sont pas moqués de nous, comme ils l'ont fait, ma foi, de toutes les autres, ma sœur.

Adelphasie. — J'aimerais mieux l'entendre dire à d'autres que de te voir faire ton propre éloge, ma sœur.

Antérastile *(avec coquetterie)*. — J'espère que d'autres le feront aussi.

Adelphasie. — Et moi, par Pollux! Quand je compare notre caractère à celui des autres, je suis sûre que nous sommes nées d'un sang qui veut que nous soyons à l'abri de tout reproche.

Hannon *(à part)*. — Jupiter, toi qui protèges et nourris le genre humain, toi à qui nous devons la vie et l'existence, toi de qui dépendent les espérances et le sort de tous les hommes, fais de ce jour un jour de salut pour moi, je te prie; que mes filles, dont j'ai été privé tant d'années, et qui furent arrachées toutes petites à leur patrie, recouvrent grâce à toi la liberté! Montre-moi qu'une piété que rien ne peut abattre trouve sa récompense.

Agorastoclès *(bas à Hannon, sur un ton d'assurance)*. — Jupiter t'exaucera, j'en réponds; car il est mon obligé, et il a peur de moi.

Hannon *(d'un ton sévère)*. — Tais-toi, je te prie.

Agorastoclès. — Ne pleure pas, mon oncle.

Antérastile. — Quel plaisir, ma sœur, pour qui voit la victoire couronner ses efforts, comme c'est notre cas aujourd'hui, nous qui l'avons emporté en beauté sur toutes nos rivales!

Adelphasie. — Tu es plus sotte que je ne voudrais, sœurette. Parce qu'on ne t'a pas barbouillé là-bas la

Attinuit, praepotentes pulchrae pacisque potentes, soror, fuimus,
Neque ab iuuentute ibi inridiculo habitae, quod pol, soror, ceteris omnibus factum est.
AD. Malim istuc aliis uideatur quam ut tu te, soror, conlaudes.
AN. Spero equidem.
AD. Et pol ego. Quom ingeniis quibus sumus atque aliae gnosco,
Eo sumus gnatae genere ut deceat nos esse a culpa castas.
HA. Iuppiter qui genus colis alisque hominum, per quem uiuimus uitalem aeuom,
Quem penes spes uitae sunt hominum omnium, da diem hunc sospitem, quaeso,
Rebus meis agundis, et quibus annos multos carui quasque ⟨e⟩ patria
Perdidi paruas, redde is libertatem, inuictae praemium ut esse sciam pietati.
AG. Omnia faciet Iuppiter faxo; nam †mihi est obnoxius et me metuit. 1191a
HA. Tace quaeso.
AG. Ne lacruma, patrue. 1191b
AN. Vt uolup est homini, mea soror, si quod agit cluet uictoria.
Sicut nos hodie inter alias praestitimus pulchritudine.

1182 attinuit *ABCD* : attinit *Lindsay* ‖ pul(ch)re *A, ut uid.* ‖ 1183 ibi *BCD* : inibi *A?* ‖ 1184 AD. *B* : ANT. *CD* ‖ aliis *A* : aliis ita *BCD* ‖ ut *A?* (*quadrat spatium*) : uti *BCD* ‖ 1185 AN. *Acid.* AG. *B* ‖ Et pol *Pylades, A?* : Vt pol *BCD* ‖ Quom *B* : cum *CD, A n. l.* ‖ ingemis *A* ‖ gnosco *B* : cognosco *CD* ignosco *A?* ‖ 1187 uiuimus *BCD* : uei- *A* ‖ uitalem *CD* : ueitalem *A* talem *B* ‖ aeuum *CD, A?* ‖ 1188 Qu(em penes) *A* (*quadrat spatium*) : Quem apud penes *BCD* ‖ spes *A* : spe *BCD* ‖ omnium *om. AB* ‖ quaeso *om. A* ‖ 1189-1190 *sic codd. contra metrum : tres u. facit Goetz* (— agundis (*dim. iamb. catal.*)) — paruas / — pietati); *alii alia* ‖ 1189 meis *AB* : mis *CD* ‖ agundis *A CD* : igaindis *B* ‖ et *A ut uid.* : ut *BCD* ‖ e *add. Camer.* ‖ 1190 redde *BCD* : pede *A, ut uid.* ‖ is *BC* : eis *uel* ris *A* his *D* ‖ libertatem *A* : ubertatem *BCD* ‖ 1191-1192 *duos u. facit A* (— quaeso / — uictoria), *tres B* (— metuit / — quaeso / uictoria) ‖ 1191a obnoxius *AB corr. D* : obnixius B^1 *C* ‖ *an legendum* : nam mist obnoxius et metuit (*deleto* me)? ‖ 1191b lacruma *A* : lacrime *BCD* ‖ 1192 cluet *ACD* : duet *B* ‖ 1193 nos hodie *AB* : hodie nos *CD* ‖ praestitimus *A* : prestitumus *BCD*

figure de suie[1], tu te crois donc bien belle, miséricorde?

AGORASTOCLÈS. — [Ah! mon oncle,] ô mon cher oncle!

HANNON. — Qu'y a-t-il, mon cher neveu? [mon neveu.] Que veux-tu? Explique-toi.

AGORASTOCLÈS. — Eh bien! je veux que tu m'écoutes.

HANNON. — Eh bien! je t'écoute.

AGORASTOCLÈS. — Ah! mon oncle, mon très cher oncle!

HANNON. — Qu'y a-t-il?

AGORASTOCLÈS. — Est-elle élégante, est-elle charmante! Et que d'esprit!

HANNON. — Pour l'esprit, elle tient de son père.

AGORASTOCLÈS. — Comment? Il y a longtemps, par Pollux, qu'elle a dépensé tout ce que tu lui en avais transmis. Maintenant tout ce qu'elle a d'esprit et de sens, c'est de moi qu'elle le tient, de moi et de mon amour.

ADELPHASIE. — Nous avons beau être esclaves, ma sœur, nous sommes de trop bonne race pour nous permettre de rien faire qui nous expose au ridicule. Les femmes ont beaucoup de défauts; mais le plus grand de tous, c'est d'avoir trop bonne opinion d'elles-mêmes, et de ne pas faire assez d'efforts pour plaire aux hommes.

ANTÉRASTILE. — Je suis ravie, ma sœur, des présa-

1. Il est probable que les courtisanes laides ou mal fagotées étaient poursuivies par les gamins et les jeunes gens qui, non contents de les railler, les poursuivaient de projectiles, et s'efforçaient de leur barbouiller la figure avec de la suie, ou quelque autre ingrédient. On voit, dans un fragment du Satiricon de Pétrone, ch. XXII, une servante, injurieusement repoussée par Ascylte, profiter du sommeil de celui-ci pour lui barbouiller la face à longs traits de suie, et lui peindre de tatouages les lèvres et les épaules : « ... ancilla totam faciem eius fuligine longa perfricuit et non sentientis labra umerosque sopitionibus pinxit. Cf. aussi Virgile, Bucol., VI, v. 21 et 22.

AD. Stulta, soror, magis es quam uolo. An tu eo pulchra uidere, obsecro,
Si tibi illi non os oblitumst fuligine?
AG. [O patrue] O patrue mi!
HA. Quid est, fratris mei gnate? [gnate] quid uis? expedi.
AG. At enim hoc agas uolo.
HA. At enim ago istuc.
AG. Patrue mi patruissime!
HA. Quid est?
AG. Est lepida et lauta. Vt sapit!
HA. Ingenium patris habet, quod sapit.
AG. Quae res? iam diu †edepol sapientiam tuam haec quidem abusast.
Nunc hinc sapit, hinc sentit quicquid sapit, ex meo amore.
AD. Non eo genere sumus prognatae, tametsi sumus seruae, soror,
Vt deceat nos facere quicquam quod homo quisquam inrideat.
Multa sunt mulierum uitia; sed hoc e multis maxumumst,
Quom sibi nimis placent minusque addunt operam uti placeant uiris.

1194 magis es *B* : magis est *A, ut uid.* es magis *CD* || An tu eo *A* : anueo *BCD* || 1195 oblitumst : (oblitu)st *A* oblitum est (olli- *B*) *BCD* || fuligine *A* : fuli neti *B* fuli neci *CD* || O patrue o patrue *iterant ABCD, alterum del. Goetz-Schoell* || mi *A* : mi patruissime *BCD* (*cf. 1197*) || 1196 *alterum* gnate *del. FZ* || expedi *AB* : expediat *CD, omisso* at *initio u. sequentis* || 1197 hoc agas uolo *Spengel* : hoc — *A* uolo hoc agas *BCD* || HA. : AG. *CD, spatium B* || At enim *A* : Ate enim *BCD* || AG. : *spatium om. CD* || 1198 *duos u. facit B, item A, ut uid,* (— ut sapit / — quod sapit) || HA. : POENVS *CD* (*bis*) || 1199 diu edepol *BCD* : diu eo edepol *A* || sapientiam tuam edepol *Spengel* edepol tuam sapientiam *Bothe, metri causa* || quidem *A* : quiquem *BCD* || 1200 hinc *BCD* (*ex corr.*) : hic *A* || ex *A* : e *B om. CD* || amore *A* : amare *BCD* || meo ex amore *Goetz-Loewe; cf. conspectus metror.* || 1201 genere sumus *AB* : sumus genere *CD* || 1202 nos facere *AB* : facere nos *CD* || 1203 maxumumst : -must *A* maximum est *BCD* || 1204 Quom *AB* : Cum *CD* || addunt *A* : addant *codd. Lambini, om. BCD* || uti *Geppert, hiatus uitandi causa* : ut *ABCD*

ges qu'ont fournis nos victimes, et de ce que l'haruspice, a dit de nous deux...

Agorastoclès *(à part)*. — Je voudrais qu'il eût dit un mot de moi.

Antérastile. — Que, malgré notre maître, nous serions libres dans peu de jours. Mais, à moins que les dieux ou nos parents n'y aident, je ne vois pas de raison de l'espérer.

Agorastoclès *(bas à Hannon)*. — C'est sous ma caution, parbleu, que l'haruspice leur a promis la liberté, mon oncle, j'en suis sûr; c'est parce qu'il sait que j'aime Adelphasie.

Adelphasie. — Suis-moi, ma sœur.

Antérastile. — Oui. *(Elles vont pour sortir)*.

Hannon *(s'approchant d'elles)*. — Avant que vous ne partiez, je voudrais vous parler, à toutes deux. Cela ne vous ennuie pas de vous arrêter?

Adelphasie. — Qui nous rappelle?

Agorastoclès. — Un homme qui vous veut du bien

Adelphasie. — Voici l'occasion de le montrer. Mais qui est-ce?

Agorastoclès. — Pour vous, un ami.

Adelphasie. — Pourvu seulement qu'il ne soit pas un ennemi.

Agorastoclès *(à Adelphasie)*. — C'est un homme de bien, ô plaisir de ma vie!

Adelphasie. — Ma foi! j'aimerais mieux qu'il me fît du bien que du mal.

Agorastoclès. — S'il te faut lier d'amitié avec quelqu'un, c'est avec lui.

Adelphasie *(regardant le vieillard)*. — Je ne le souhaite pas.

Agorastoclès. — Il veut vous faire beaucoup de bien.

Adelphasie. — Ce sera un honnête homme en usant honnêtement avec d'honnêtes filles.

AN. Nimiae uoluptatist quod in extis nostris portentumst, soror,
Quodque haruspex de ambabus dixit ...
AG. Velim de me aliquid dixerit.
AN. Nos fore inuito domino nostro diebus paucis liberas.
Id ego, nisi quid di aut parentes faxint, qui sperem hau scio.
AG. Mea fiducia hercle haruspex, patrue, his promisit, scio,
Libertatem : quia me amare hanc scit.
AD. Soror, sequere hac.
AN. Sequor.
HA. Prius quam abitis, uos uolo ambas. Nisi piget, consistite.
AD. Quis reuocat?
AG. Qui bene uolt uobis facere.
AD. Facere occasiost.
Sed quis homost?
AG. Amicus uobeis.
AD. Quiquidem inimicus non siet.
AG. Bonus est hic homo, mea uoluptas.
AD. Pol istum malim quam malum.
AG. Si quidem amicitiast habenda, cum hoc habendast.
AD. Hau precor.
AG. Multa bona uolt uobis facere.
AD. Bonus bonis benefecerit.

1205 AN. *B* : *om. CD* ‖ uoluptatist *A* : -ti est *BCD* ‖ portentumst soror *A*, *B* (-tum est) : portentum soror est *CD* ‖ 1206 sqq. *Person. notas plerumque in mediis u. om. B, suppl. FZ* ‖ 1206 aliquid *A* : aliquid quid *BCD* ‖ 1208 di *BCD* : dei *A* ‖ qui *A* : quid *BD* quod *C* ‖ hau *A* : haud *BCD* ‖ 1209 AG. : *spat. om. CD* ‖ Meas *B* ‖ fidutia *CD* ‖ patrue his *AB* : patruelis *CD* ‖ 1210 sorore quere hac *B* ‖ 1211 abitis uos uolo ambas *A*, *Camer.* : habiit suos uolamabas (Clamabas *CD*) *BCD* ‖ 1212 Qui bene *BCD* : Quis bene *A* ‖ uult *BCD* ‖ occasio est *BCD* ‖ 1213 homo est *BCD* ‖ ameicus *A* ‖ siet *Goetz-Loewe* : sit *A* est *BCD* ‖ 1214 AG. : *spat. om. CD, item u. sq.* ‖ 1215 Sei *A* ‖ amicitiast *A* : amiticia est *B* amittia est *CD* ‖ quom *B* ‖ habendast *A* : -da est *B* -dum est *CD* ‖ AD. *FZ* : *spatium A, om. BCD* ‖ hau *A* : haud *BCD* ‖ 1216 uolt uobeis facere *A* : uobis facere uult *BCD* ‖ bonis *BCD* : beneis *A* ‖ benefecerit *Acidalius* : -ris *ABCD*

Hannon. — Je puis vous donner une grande joie...

Adelphasie *(l'interrompant)*. — Et nous, sur ma foi! te donner beaucoup de plaisir.

Hannon. — Et la liberté.

Adelphasie. — A ce prix-là, tu n'auras pas de peine à nous conquérir[1].

Agorastoclès *(bas à Hannon, avec enthousiasme)*. — Me bénissent les dieux, mon cher oncle, aussi vrai que, si j'étais Jupiter, je l'épouserais sur l'heure, par Hercule, et je flanquerais Junon à la porte. Quelle réserve dans ses paroles, quelle réflexion, quel à-propos! Comme elle a su s'exprimer avec modestie!

Hannon. — C'est bien ma fille. Mais comme je m'y suis pris habilement pour les aborder!

Agorastoclès. — Très joliment, par Hercule, et juste à-propos.

Hannon. — Faut-il continuer l'épreuve?

Agorastoclès. — Abrège; on a soif sur les gradins *(montrant les spectateurs)*.

Hannon *(haut, à Agorastoclès)*. — Soit! tu as raison : que tardons-nous à faire ce qu'il nous faut faire? *(S'approchant des jeunes filles)* Je vous appelle en justice.

Agorastoclès. — Enfin, mon oncle, tu te conduis comme il faut. *(Prenant Adelphasie)* Veux-tu que je prenne celle-ci?

Hannon. — Tiens-la.

Adelphasie *(montrant Hannon)*. — Est-ce que c'est ton oncle, Agorastoclès?

Agorastoclès *(d'un ton faussement irrité qui finit en tendresse)*. — Tu le sauras bientôt, j'en réponds. Pour le moment, par Pollux, je vais me venger de toi comme il faut, car je te garantis que tu seras... ma fiancée.

1. Les vers 1217-1218, qui détonnent dans la bouche d'Adelphasie, ont semblé suspects à certains critiques.

HA. Gaudio ero uobis ...
AD. At edepol nos uoluptati tibi.
HA. Libertatique.
AD. Istoc pretio tuas nos facile feceris.
AG. Patrue mi, ita me di amabunt, ut ego, si sim Iuppiter,
Iam hercle ego illam uxorem ducam et Iunonem extrudam foras.
Vt pudice uerba fecit, cogitate et commode!
Vt modeste orationem praebuit!
HA. Certo haec meast.
Sed ut astu sum adgressus ad eas!
AG. Lepide hercle atque commode.
HA. Pergo etiam temptare?
⟨AG.⟩ In pauca confer; sitiunt qui sedent.
HA. Quid istic? quod faciundumst cur non agimus? in ius uos uoco.
AG. Nunc, patrue, tu frugi bonae es. Vin hanc ego adprendam?
⟨HA.⟩ Tene.
AD. An patruus est, Agorastocles, tuus hic?
AG. Iam faxo scibis.
Nunc pol ego te ulciscar probe; nam faxo eris mea sponsa.
HA. Ite in ius. Ne moramini. Antestare me atque duce.

1217 uobeis *A* ‖ Adedepol *B* ‖ 1218 Leibertatique *A* ‖ AD. *FZ* : *spatium A, om. BCD* ‖ isto *BCD* ‖ 1219 me *om. A* ‖ dei *A* ‖ liplppiter *B, ut uid.* ‖ 1220 illum *B* ‖ 1221 fece *B* ‖ et : ed *B* ‖ 1222 HA. *Vssing* : *spat. AB* ‖ mea est *BCD* ‖ *Post hunc u. B in margine habet* X Plauti X; *cf. uol. I huius editionis, praef., p. 22, n. 3* ‖ 1223 astu sum *A* : astussum *BCD* ‖ ad *AB* : *om. CD* ‖ AG. *Camer.* : *spat. ABD, om. C* ‖ commodo *B* ‖ 1224 HA. : *spatium B, om. CD* ‖ pergo *Acid.* : perge *ABCD* ‖ temptare *A* : -ret *BCD* ‖ AG. *add. Acid.* : *om. ABCD sine spatio* ‖ conuer *B* ‖ qui *AD* : que *BC* ‖ 1225 HA. : *spat. B, om. CD* ‖ faciundumst *A* : -dum est *BCD* ‖ quur *B* ‖ in ius uos *A* : in lusuos *B* inlisos *CD* ‖ uoco *Acid.* : uolo *ABCD* ‖ 1226 *Pers. spat. om. CD* ‖ Nunc *A* : Nunc tene *BCD* ‖ bonae *A* : si bonae *BCD* ‖ *Ante* uin *spat. BD* ‖ hanc ego *A* : ego hanc *BCD* ‖ adprehendam *A* : adpraedam *BCD* ‖ HA. : *spat. A, om. BCD* ‖ tene *om. CD* ‖ 1227 agorastecles *CD* ‖ hic *A* : haec *BCD* ‖ faxos cibus *B* ‖ 1228 pol ego *BCD* : ego pol *A* ‖ ulcisciscar *B* ‖ eris mea *A* : mea eris *BCD* ‖ 1229 in ius *AD*[1] : iniurs *B* inuis *C* ‖ morāmi *B* ‖ antestare *BCD*: antetarde *A*

HANNON. — Au tribunal, ne perdez pas de temps. Sers-moi de témoin, et conduis-moi.

AGORASTOCLÈS *(très agité)*. — Oui, je te servirai de témoin d'abord, et ensuite elle, je la caresserai, je la mignoterai... Pardon, je voulais dire... *(Se reprenant)* Si fait, par Hercule, j'ai dit ce que je voulais.

HANNON. — C'est trop tarder. *(Aux jeunes filles)* Je vous appelle en justice, à moins que vous ne jugiez plus honorable qu'on vous appréhende.

ADELPHASIE. — Pourquoi nous appelles-tu en justice? Que te devons-nous?

AGORASTOCLÈS. — Il vous le dira là-bas.

ADELPHASIE *(regardant Agorastoclès avec surprise)*. — Même mes propres chiens aboient après moi?

AGORASTOCLÈS. — Tu n'as qu'à jouer avec eux, par Hercule! En guise de pâtée, donne-moi un baiser, en guise d'os offre-moi ta langue, et je te rendrai ton chien plus doux qu'une coulée d'huile.

HANNON. — Venez donc, si vous venez.

ADELPHASIE. — Qu'est-ce que nous t'avons fait?

HANNON. — Vous êtes deux voleuses.

ADELPHASIE. — Nous t'avons volé?

HANNON. — Oui, vous.

AGORASTOCLÈS. — Et j'en suis témoin.

ADELPHASIE. — Quel vol nous reproche-t-on?

AGORASTOCLÈS. — C'est à lui qu'il faut le demander.

HANNON. — Vous m'avez, durant de nombreuses années, caché mes filles, vous les avez tenues au secret, elles qui sont de naissance libre, de condition libre, et de très bonne famille.

ADELPHASIE. — Jamais, par Castor, tu ne nous trouveras coupables du crime que tu nous reproches.

AGORASTOCLÈS *(d'un air réjoui)*. — Gageons que tu mens : un baiser que l'un donnera à l'autre.

ADELPHASIE *(le repoussant)*. — Je n'ai pas affaire à toi; au large, je te prie.

⟨AG.⟩ Ego te antestabor, postea hanc amabo atque amplexabor.
Sed illud quidem uolui dicere ... immo hercle dixi quod uolebam.
HA. Moramini. In ius uos uoco, nisi honestiust prehendi.
AD. Quid in ius uocas nos? quid tibi debemus?
AG. Dicet illi.
AD. Etiam me meae latrant canes?
AG. At tu hercle adludiato.
Dato mihi pro offa sauium, pro | osse linguam obicito;
Ita hanc canem faciam tibi oleo tranquilliorem.
HA. Ite, si itis.
AD. Quid nos fecimus tibi?
HA. Fures estis ambae.
AD. Nosne tibi?
HA. Vos, inquam.
AG. Atque ego scio.
AD. Quid id furtist?
AG. Hunc rogato.
HA. Quia annos multos filias meas celauistis clam me,
Atque equidem ingenuas, liberas, summoque genere gnatas.
AD. Numquam mecastor reperies tu istuc probrum penes nos.
AG. Da pignus, ni nunc peieres, in sauium, uter utri det.
AD. Nil tecum ago; apscede, opsecro.
AG. Atque hercle mecum agendum est.

1230 AG. *add.* D^3FZ ‖ amalo *B* ‖ amplexabor *A* : -bo *BCD* ‖ 1231 *Versum del. Vssing* ‖ quidem *ACD* : quid *B* ‖ dicere *CD* : deicere *A* dece *B* ‖ hercle dixi *A* : dixi hercle *BCD* ‖ 1232 uos *AC* (uoco uos) : suos *B* nos *D* ‖ honest iussi *B* ‖ 1233 in ius uocas *ACD* : in suo cas *B* ‖ dicet *BCD* : deicetis *A*, *ut uid.* ‖ 1234 me meae *BCD* : meae *A* ‖ adlatrant *FZ* ‖ At tu *AD* : Atthu *B* Adtu *C* ‖ alludiato *D* ‖ 1235 *sic ABCD cum hiatu* : ⟨mi⟩ pro *Mueller* pro⟨ue⟩ osse *Brix* ‖ 1237 si itis *A* : sit tis *BCD* ‖ 1238 inquam atque *sine spatio A* ‖ furtist *A Pylades* : furti estis *BCD* ‖ Hunc *A Pius* : Nunc *BCD* ‖ 1239 multas *B* ‖ feilias *A* ‖ 1240 leiberas *A* ‖ genere *BCD* : e genere *A* ‖ natas *A* ‖ 1241 repperies *CD* ‖ 1242 Da *om. A* ‖ peieres *Pylades* : periures *ABCD* perieres *Vsener* ‖ uter ut ridet *BCD* ‖ 1243 Nihil *ABCD* ‖ ago *ex* agi *B* ‖ Atque *ABCD* : Atqui *Guyet*

Agorastoclès. — Et pourtant, par Hercule, il faudra bien que tu aies affaire à moi. Car *(montrant Hannon)* c'est mon oncle, je dois défendre ses intérêts. Je dénoncerai tous les vols dont vous êtes coupables; je dirai comment vous tenez chez vous ses filles en esclavage, alors que vous savez qu'elles étaient libres avant d'être enlevées de leur patrie.

Adelphasie. — Où sont-elles? De qui parles-tu, je te prie?

Agorastoclès *(bas à Hannon)*. — Nous les avons assez fait languir.

Hannon *(bas à Agorastoclès)*. — Si nous parlions, maintenant?

Agorastoclès. — C'est bien mon avis, mon cher oncle.

Adelphasie *(à Antérastile)*. — Je suis toute tremblante d'effroi : quel est ce mystère, ma sœur? Je demeure stupéfaite; le cœur me manque...

Hannon *(prenant un ton plus doux, mais grave)*. — Écoutez-moi, jeunes filles. Tout d'abord, si la chose était possible, les dieux devraient bien épargner à des innocents des malheurs immérités. Mais pour le bonheur qu'ils nous donnent aujourd'hui, à moi, à vous, et à votre mère, il est juste que nous leur gardions une reconnaissance éternelle; car les dieux immortels reconnaissent et récompensent notre piété. Vous êtes toutes deux mes filles, et voici votre cousin, le propre fils de mon frère, Agorastoclès.

Adelphasie *(à sa sœur, en revenant à peine de sa surprise)*. — Ma chérie, ne nous leurrent-ils pas d'une fausse joie?

Agorastoclès. — Que les dieux me protègent, aussi vrai que c'est votre père. Rendez-vous à la vérité.

Adelphasie *(convaincue)*. — Salut, ô notre père que nous n'espérions plus! laisse-nous t'embrasser.

Antérastile. — Père tant souhaité, tant attendu,

Nam hic patruus meus est; pro hoc mihi patronus sim necesse est,
Et praedicabo, quomodo †uos furta faciatis multa,
Quoque modo | huius filias apud uos habeatis seruas,
Quas uos ex patria liberas surruptas esse scitis.

AD. Vbi sunt eae? aut quas, opsecro ...

AG. Satis iam sunt maceratae.

HA. Quid si eloquamur?

AG. Censeo hercle, patrue.

AD. Misera timeo
Quid hoc sit negoti, mea soror; ita stupida sine animo asto.

HA. Aduortite animum, mulieres. Primum, si id fieri possit,
Ne indigna indignis di darent, id ego euenire uellem;
Nunc quod boni mihi di danunt, uobis uostraeque matri,
Eas dis est aequom gratias nos agere sempiternas,
Quom nostram pietatem adprobant decorantque di immortales.
Vos meae estis ambae filiae et hic est cognatus uoster,
†Huiusce fratris filius, Agorastocles.

AD. Amabo,
Num hi falso oblectant gaudio nos?

AG. At *ita me* di seruent

1245 Et *ACD* : E *B* ‖ *sic ABCD contra metrum* : uos *del. Becker* ‖ 1246 Quoque *ACD* : Quo qui *B* ‖ ⟨uos⟩ huius *Goetz-Loewe* huius⟨ce⟩ *Camer. hiatus uitandi causa* ‖ habetis *B* ‖ 1248 *sic distinx. Goetz-Schoell in ed. min.* : aut quas ⟨ais⟩, *Goetz-Loewe in ed. mai.* aut quae sunt? *Camer., Guyet; lacunam unius u. olim coni. Schoell* : aut quas ⟨obsecro turbas litesque concis ? | Heu edepol, quam miserae sumus!⟩ Satis *e. q. s.* ‖ AG. *Camer.* : *spatium AB, om. CD* ‖ iam *A*, *Pius* : im *BCD* ‖ sunt *om. CD* ‖ 1249 Quid si eloquamur *A* : Quin eloquar *BCD* ‖ hercle # patrue *A, ut uid.* ‖ hercle *AB* : ergo *CD* ‖ 1251 posset *A, ut uid.* ‖ 1252 dei *A* ‖ euenire *BCD* : euenisset *A* ‖ 1253 di *CD* : idi *B* dei *A* ‖ danunt *AB* : danint *C* dant *D* ‖ uobeis *A* ‖ 1254 deis *A* ‖ aequom *A* : -quo *B* -quum *CD* ‖ 1255 Quom *AB* : Cum *CD* ‖ approbant *CD* ‖ dei *uel* det *A* ‖ *Post hunc u. B in margine habet* × paenulus × *cf. u. 1222* ‖ 1257 huiusce *ABCD, corruptum* : Iahonis *Guyet* ‖ agorastocles *A* : -des *B, om. CD* ‖ 1258 Nunc *ex* Num *B* ‖ oblectant *A* : obiectant *BCD* ‖ Ad *B* ‖ ita me *Geppert* : me ita *ABCD* ‖ dei *A*

salut! Nous sommes toutes deux tes filles. Nous devons t'embrasser toutes deux.

Agorastoclès. — Après cela, qui est-ce qui m'embrassera, moi?

Hannon. — O jour heureux pour moi! O bonheur qui me fait oublier tant d'années de chagrin!

Adelphasie. — A peine pouvons-nous y croire.

Hannon. — Voici qui vous y fera mieux croire : votre nourrice m'a reconnu d'abord.

Adelphasie *(embrassant son père)*. — De grâce, où est-elle?

Hannon *(montrant Agorastoclès)*. — Chez lui.

Agorastoclès *(impatienté)*. — Voyons, quelle est cette lubie de rester si longtemps pendues à son cou? *(A Adelphasie)* Lâche-le au moins, toi. Je ne veux pas de ça...

Adelphasie. — Tu m'assommes.

Agorastoclès. — Avant qu'il ne m'ait promis ta main.

Adelphasie. — C'est bon, je le laisse. *(A Hannon)* Salut, toi que j'espérais tant[1].

1. Le texte présente ici un certain désordre. Les vers 1267-1268 sont inversés dans les manuscrits palatins. La distribution du texte entre les différents personnages n'est pas sûre, elle non plus. Les anciennes éditions disposent ainsi le texte, en suivant, avec des corrections de détail, l'ordre des palatins:

HA. Apud hunc est.
AG. Quaeso, qui lubet tamdiu tenere collum
Priusquam te mihi desponderit?
AD. Omitte.
AG. Sperata, salue.
AD. Omitte
Salutem.
AG. Et tu altera.
ANT. Nolo ego istuc : enicas me.
HA. Condamus alter alterum e. q. s.

HA. *(montrant Agorastoclès)*. — Chez lui.
AG. *(à Adelphasie)*. — Dis-moi, quelle lubie as-tu de rester si longtemps pendue à son cou, avant qu'il ne m'ait promis ta main?
AD. *(le repoussant)*. — Laisse.

Vt hic pater est uester; date manus.
AD. Salue, insperate nobis
Pater; te complecti nos sine.
⟨AN.⟩ Cupite atque exspectate
Pater, salue! Ambae filiae sumus; amplectamur ambae.
AG. Quis me amplectetur postea?
HA. Nunc ego sum fortunatus;
Multorum annorum miserias nunc hac uoluptate sedo.
AD. Vix hoc uidemur credere.
HA. Magis qui credatis dicam;
Nam uostra nutrix †primum me cognouit.
AD. Vbi ea, amabo, est?
HA. Apud hunc est.
⟨AG.⟩ Quaeso, qui lubet tam diu tenere collum?
Omitte saltem tu altera : nolo ego istuc...
⟨AD.⟩ Enicas me.
⟨AG.⟩ Prius quam te mihi desponderit.
AD. *M*itto. Sperate, salue.
⟨HA.⟩ Condamus alter alterum ergo in néruom bracchialem.
Quibus nunc in terra melius est?
AG. Eueniunt digna dignis.

1259 manus salue *sine spatio BC* ‖ 1260 te *A* : e *BCD* ‖ nos sine *A* : nosse ne *BCD* ‖ AN. *add. Bothe* ‖ adque *B* ‖ exspectate *A*, *C* (*ex* ex pestate *?*) : expectate *D* exspetate *B* ‖ 1261 *Post* salue *spatium B* ‖ sumus *FZ*, *A*., *ut uid.* : sunt *BCD*, *sequente spatio* ‖ 1262 HA. *FZ* : *spatium A*, *ut uid.*, *om. BCD* ‖ 1263 sedo *A*, *FZ* : sedeo *BCD* ‖ 1264 uidemur *A*, *FZ* : uideamur *BCD* ‖ 1265 uostra *AD* : uestra *B* nostra *C* ‖ primum *ABCD* : prima *Bentley metri causa* ‖ nutrix primum uostra *Bothe* ‖ ibi *B* ‖ ea amabo *A* : amabo *CD* ᵉamabo *B* (e *ex corr.*) ‖ 1266 hunc *A* : nunc *BCD* ‖ AG. *Angel* : *spatium ABCD* ‖ tandiu *B* ‖ 1267 sq. *hoc ordine A* : *inu. BCD*; *del. Scheth* ‖ 1267 *spat. praem. CD* ‖ saltem *A* : salte *CD* salute *B* ‖ tu altera *AB* : tua Littera *CD* ‖ AD. *add. Goetz-Loewe* ‖ (enicas)m(e) *A*, *ut uid.*, *Camer.*: enicam *BCD* ‖ 1268 *del Guyet, Vssing* ‖ AG. *add. Camer.* ‖ te mihi *BCD*: ti.. *A*, *ut uid.* ‖ despenderit *B* ‖ AD. *Z* : *spatium BCD* ‖ Mitto *Bothe* : Omitto *BCD*, *A n. l.* ‖ *Post* omitto *spatium BCD*, *del. Bothe* ‖ 1269 *del. Guyet* ‖ HA. *add. Camer.* ‖ neruom *B*: nerúum *ACD* ‖ bracchialem *A* : braechialem *B* brachialem *CD*

HANNON. — Jetons-nous dans les bras les uns des autres, enchaînons-nous dans ces liens *(Ils s'embrassent tous)* Y a-t-il au monde mortels plus heureux que nous?

AGORASTOCLÈS. — Juste récompense des justes!

HANNON *(regardant Agorastoclès qui tient Adelphasie embrassée)*. — Enfin il a ce qu'il désire.

AGORASTOCLÈS *(dans le ravissement)*. — O Apelle, ô Zeuxis! que n'êtes-vous encore en vie pour peindre un pareil tableau! Car je ne veux point d'autres peintres pour traiter de tels sujets.

HANNON. — Dieux et déesses, je vous dois et je vous rends à tous de grandes actions de graces, pour m'avoir accordé cette joie si grande, ce si grand bonheur de me rendre mes filles, et de les remettre en mon pouvoir.

ADELPHASIE. — Mon cher père, ta tendresse nous a été d'un grand secours.

AGORASTOCLÈS. — Mon oncle, songe à te souvenir que tu m'as promis ta fille aînée en mariage.

HANNON. — Je m'en souviens.

AGORASTOCLÈS. — Et n'oublie pas la dot promise[1].

AG. — Salut, toi que j'espérais tant.
AD. — Laisse ton salut.
AG. *(à Antérastile)*. — Salut à toi aussi.
ANT. — Je ne veux pas de ton salut. Tu m'assommes.
HA. — Jetons-nous etc.

Les différences que l'on constate entre les deux familles de manuscrits semblent indiquer que le texte a subi des abréviations et des remaniements

1. Les vers 1277-1279 sont suspects à certains éditeurs.

⟨HA.⟩ Tandem huic cupitum contigit.
AG. O Apella, o Zeuxis pictor,
Quor numero | estis mortui? hoc exemplo ut pingeretis.
Nam alios pictores nil moror huiusmodi tractare exempla.
HA. Di deaeque omnes, uobis habeo merito magnas gratias,
Quom hac me laetitia adfecistis tanta et tantis gaudiis,
Vt meae gnatae ad me redirent et potestatem meam.
AD. Mi pater, tua pietas plane nobis auxilio fuit.
AG. Patrue, facito in memoria habeas tuam maiorem filiam
Mihi te despondisse.
HA. Memini.
AG. Et dotis quid promiseris.

ANTAMOENIDES IDEM
MILES

ANTA. Si ego minam non ultus fuero probe, quam lenoni dedi,
Tum profecto me sibi habento scurrae ludificatui.
Is etiam me ad prandium ad se abduxit ignauissimus,
Ipse abiit foras, me reliquit pro atriensi in aedibus.
Vbi nec leno neque illae redeunt, nec quod edim quicquam datur,

1271 HA. *add. Pylades* ‖ contigit *BCD* : contingit *A* ‖ apelle *A* ‖ 1272 Qur *AB* : Cur *CD* ‖ numero estis *ABCD*, FESTVS *172,32* : estis numero *Reiz hiatus uitandi causa* ‖ hoc exemplo *A*, FESTVS : hic exemplum *BCD* ‖ 1273 pin^c^tores *B* ‖ nihil *ABCD* ‖ 1275 Quom *B* : Cum *ACD* ‖ adfecistis tanta et tant(is) *A* : tanta (tan *B*) et tantis adfecistis *BCD* ‖ 1276 et *Loewe, Studemund ex A, ut uid.* : in *BCD* ‖ 1277 nobeis *A* ‖ auxiuo *B* ‖ 1278 Patruoe *B* ‖ facito *A* (*uel* face tu *?*) *CD* : facite *B* ‖ memoria *A Camer.* : -riam *BCD* ‖ tua *B* ‖ 1279 *Pers. spatia om. A* ‖ promiseris antamoenides *B*

ANTAMONIDES IDEM *A* ANTAMENIDES MILES EIDEM *C D*, *om. BC uno u. uacuo* ‖ 1280 ANT. *om. B* ‖ 1281 habento scurrae *A* : habeant oscurrae *BCD* ‖ ludificatui *Camer.*, *A* : ludificis catii (cauiis *CD*) *BCD* ‖ 1282 Is *om. CD* ‖ in prandium *A*, *ut uid.* ‖ abduxit *A*, *ut uid.*, *B* : adduxit *CD* ‖ ignaui simus *B* ‖ 1283 abiit *A* (*uel* abeit) *B* : habiit *CD* ‖ reliquid *BCD* ‖ atrensi *BCD* ‖ 1284 nec leno *ACD* : nedeno *B*

⟨SCÈNE V⟩

ANTAMÉNIDE ADELPHASIE ANTÉRASTILE HANNON AGORASTOCLÈS

ANTAMÉNIDE *(sortant de chez Leloup, sans voir les autres personnages)*. — Si je ne me venge pas proprement du léno, pour les cent drachmes que je lui ai données, je veux bien que tous les badauds[1] me prennent pour leur jouet. Il m'invite aussi à déjeuner, le traître, il me détourne de mes occupations, et il s'en va courir par la ville, en me laissant comme concierge dans sa maison. A la fin, ne voyant revenir ni le léno, ni ses femmes, et comme on ne m'apportait rien à manger, en compensation d'une bonne partie du déjeuner, j'ai pris ce gage *(il montre un paquet qu'il tient sous le bras)*, et j'ai gagné la porte. Je lui en donnerai, moi; je le taperai d'une contribution de guerre, ce léno de malheur. Il croyait avoir trouvé sa dupe, et me rouler de cent drachmes. Mais, dans l'état de colère où je suis, je voudrais rencontrer ma bonne amie. Par Pollux, j'aurai vite fait, avec mes poings, de la rendre toute noire, comme un corbeau[2]. Je la couvrirai tellement de noircissures, qu'elle sera plus noire que les Éthiopiens qui portent des seaux d'eau[3] dans le cirque à l'occasion des jeux.

ADELPHASIE *(se pressant contre Agorastoclès, en apercevant le militaire)*. — Serre-moi bien dans tes bras, je t'en prie, mon amour; j'ai une peur affreuse des milans. C'est une méchante bête; prends garde qu'elle n'enlève ton poussin.

1. Ou les « civils », les « pékins ».
2. « comme un merle », dit le texte.
3. Le sens de l'expression *qui cortinam ferunt* n'est pas très clair.

Pro maiore parte prandi pignus cepi, abii foras.
Sic dedero; aere militari tetigero lenunculum.
Nactus est hominem mina quem argenti circumduceret.
Sed mea amica nunc mihi irato obuiam ueniat uelim.
Iam pol ego illam pugnis totam faciam ut sit merulea.
Ita replebo | atritate atrior multo ut siet
Quam Aegyptini, qui cortinam ludis per circum ferunt.

AD. Tene sis me arte, mea uoluptas; male ego metuo miluos.
Mala illa bestia est; ne forte me auferat, pullum tuum.

ANTE. Vt nequeo te satis conplecti, mi pater!

ANTA. Ego me moror.
Propemodum | hoc opsonare prandium potero mihi.
Sed quid hoc est? quid est? quid hoc est? quid ego uideo? quomodo?
Quid hoc est conduplicationis? quae haec est congeminatio?
Quis hic homo est cum tunicis longis quasi puer cauponius?
Satin ego oculis cerno? Estne illaec mea amica Anterastilis?
Et east certo. Iam pridem ego me sensi nili pendier.
Non pudet puellam amplexari baiolum in media uia?
Iam hercle ego illunc excruciandum totum carnufici dabo.
Sane genus hoc mulierosumst tunicis demissiciis.

1285 Pro maiore *A* : Prom more *B* Pro more *CD* ‖ prandi *B* : -dii *ACD* ‖ coepi *CD* ‖ abi *A* ‖ 1286 aere *Pylades* : aerem *BCD* e *A* PRISCIANVS *GLK II 109,6 unde* e re *Seyffert* (= e more ?) ‖ 1287 Nactus *A* : Nanctus *BCD* ‖ quem *A* : que *BCD* ‖ circumduret *B* ‖ 1288 ueniat *AB* : uenit *CD* ‖ *Inter hunc u. et seq. B in margine habet* × plauti ×, *cf. 1222* ‖ 1289 sq. sic *ABCD cum hiatu in utroque* ‖ 1289 ut : uti *Bothe hiatus uitandi causa* ‖ 1290 atrior *BCD* : atritior *A, ut uid.* ‖ *hiatum alii aliter del.* : Ita⟨que⟩ *Camer.* ⟨atra⟩ atritate *Goetz-Loewe* ⟨eam⟩ atritate *Spengel, etc.* ‖ siet *ACD*: scit B^1 sciet *B corr.* ‖ 1291 Aegyptini *A*: aegipti aut *B*, *C* (-gy-), *D* ‖ ferunt *A, FZ*: fuerunt *BCD* ‖ 1292 AD. *B, spat. om. C*: ANTE *FZ Leo* ‖ uolupta *B* ‖ 1294 ANTE. *B*: AD. *Leo* ‖ te satis *AB*: satis te *CD* ‖ compecti *A* ‖ 1295 opsonare *A*: -ob- *CD* ol- *B* ‖ 1296 quid est *A*: quid hoc *BCD* ‖ 1297 quae haec *ACD*: quae hoc *B* ‖ 1298 quom *B* ‖ 1299 oculis *BCD*: oc(ulis) ego *A* ‖ illace *B* ‖ anterastilis *A*: ant rastris *B* anterastris *CD* ‖ 1300 east *A*: ea est *BCD* ‖ certo *A* : erto *BCD* ‖ 1301 amplexarei *A* ‖ baiolum *A* : baliolum *BCD unde* baiiolum *Loewe* ‖ 1302 ego illunc *Bothe* : ego illum *ACD* illum ego *B* ‖ dato *A, ut uid.* ‖ 1303 mulierosumst : mulierosust *A* muliemrosumst (-si *B*) *BCD* ‖ demissiciis *A* : demisiciis *BD* demissicus *C*

ANTÉRASTILE *(dans les bras de son père)*. — Je ne puis te serrer assez étroitement, mon cher père.

ANTAMÉNIDE. — Je perds mon temps. Avec cela *(montrant le paquet)* je pourrai acheter de quoi déjeuner, ou peu s'en faut. *(Il se tourne pour sortir, et aperçoit Hannon avec Antérastile)* Qu'est-ce? quoi? qu'est-ce? que vois-je? comment? que veut dire ce doublement de personnes? qu'est-ce que cette jumellation? Qu'est-ce que c'est que cet homme avec ses longues tuniques, comme un mignon de cabaret? Ai-je la berlue? N'est-ce pas ma bonne amie Antérastile? Mais oui, c'est bien elle. Il y a longtemps que je me suis aperçu qu'on se moquait de moi. Elle n'a pas honte, une jeune fille, d'embrasser ce portefaix au milieu de la rue? Par Hercule, je vais le livrer, celui-là, au bourreau pour qu'il le torture des pieds à la tête. C'est une race joliment portée pour les femmes, avec ses tuniques tombantes. Mais je veux d'abord dire deux mots à mon amoureuse Africaine. *(Il s'approche d'Antérastile)* Hé! dis-donc, la belle, tu n'as pas honte? *(A Hannon)* Et toi, qu'as-tu affaire avec elle? dis-moi.

HANNON *(d'un air moqueur)*. — Salut à toi, jeune homme.

ANTAMÉNIDE *(brusquement)*. — Je ne veux pas; cela ne te regarde pas. *(Montrant Antérastile)* Pourquoi te permets-tu de la toucher, même du bout du doigt?

HANNON. — Parce que cela me plaît.

ANTAMÉNIDE. — Cela te plaît?

HANNON. — Parfaitement.

ANTAMÉNIDE. — Méchante langue, va te faire pendre au diable. Tu te mêles ici d'être amoureux, espèce d'avorton, ou de peloter les belles des vrais mâles! Sardine écorchée, sarrapis sementium[1], vieille défro-

1. Le sens exact de ces injures est inconnu; la forme même des mots est incertaine. On a proposé de lire *halagora* « marché au sel », *sampsa* « conserve de pulpe d'olives » ou *halagora, saurex* « souris ».

Sed adire certum est hanc amatricem Africam.
Heus tu, tibi dico, mulier, ecquid te pudet?
Quid tibi nego*tis*t autem cum istac? dic mihi.
HA. Adulescens, salue.
ANTA. Nolo; nil ad te attinet.
Quid tibi | hanc digito tactio est?
HA. Quia mihi lubet.
ANTA. Lubet?
HA. Ita dico.
ANTA. Ligula, i in malam crucem.
Tune hic amator audes esse, hallex uiri,
Aut contractare quod mares homines amant,
Deglupta mena, sarrapis sementium,
Manstruca, †halagorasama†, tum autem plenior
A*l*i ulpicique quam Romani remiges?
AG. Num tibi, adulescens, malae aut dentes pruriunt,
Qui huic es molestus, an malam rem quaeritas?
ANTA. Qu*o*r non adhibuisti, dum istaec loquere, tympanum?
Nam te cinaedum esse arbitror magis quam uirum.
AG. Scin quam cinaedus sum? ite istinc, serui, foras,
Ecferte fustis!
ANTA. Heus tu, siquid per iocum
Dixi, nolito in serium conuertere.

1304 adire *ACD* : ad re *B* ‖ hanc *A* : hanc ad *BCD* ‖ 1305 ecquid *A* : ecquit *B* et quid *CD* ‖ 1306 negotist autem *Pylades* (-cii est a.) : negotium est autem *A* negotii (inegotii *B*) autem est *BCD* ‖ cum istac dic *ACD* : quo misi acdic *B* ‖ 1307 adhulescens *B* ‖ ad te *CD* : at te *AB* ‖ 1308 tibi hanc *ABCD cum hiatu* : tibi istanc *Pylades* tibi illam *Bentley* hanc tibi *Bothe* ‖ 1309 Iubet *B* ‖ Legula *B* ‖ i in *D* : in *BC* i (*et in sub u.*) *A* ‖ 1310 Tunc *C* ‖ hic *om. CD* ‖ hallex *BCD* : fallax *A ? (lectio incertissima)* ‖ 1313 manstruca *A* : manstructa *BCD* ‖ halagoras amatum *BCD* : samcsatum *A, ut uid.* halagora, sampsa *Leo*, halagora, saurex *Loewe, alii alia; locus obscurissimus* ‖ 1314 ali : allii *A* (*cum altera* l *suprascr.*) Alii *B* Alu *CD* ‖ ulpicique *A, ut uid.* : ulpique *BCD* ‖ barbari quam remiges *W. G. Martley* ‖ remigis *B* ‖ 1315 dentens *B* ‖ 1317 Qur non *AB* : Cur non *CD* Quin *Geppert, metri causa; sed fortasse* adhibvisti *legendum, cf. Lindsay, Class. Quart., 7 (1913) 1 sqq.* ‖ loquere *AB* : loqueretur *CD* ‖ 1318 cinaedu *A* : synedum *CD* ‖ 1319 sum *ex* sim *A* ‖ 1320 fustis *BCD*: fuistis *A* ‖ ANTA. *Gruter* : *spatium AB om. C*

que, halagorasama, misérable plus bourré d'ail et d'oignon que les rameurs Romains!

AGORASTOCLÈS. — Dis-moi, mon garçon, est-ce que tes mâchoires ou les dents te démangent, pour venir ennuyer ce vieillard? Est-ce une correction que tu cherches?

ANTAMÉNIDE *(se tournant du côté d'Agorastoclès)*. — Pourquoi n'as-tu pas pris un tambourin[1] pour accompagner ton couplet? Car tu m'as plus l'air d'un mignon que d'un homme.

AGORASTOCLÈS. — Veux-tu voir comme je suis un mignon? *(Il s'approche de la porte pour appeler)* Holà! esclaves, ici, dehors! apportez des bâtons.

ANTAMÉNIDE. — Hé là! toi; si j'ai dit quelque mot pour rire, ne va pas le prendre au sérieux.

ANTÉRASTILE. — Quelle lubie as-tu, je te prie, Antaménide, d'insulter notre cousin et notre père? *(Montrant Hannon)* Car il est notre père; il nous a reconnues tout à l'heure, *(montrant Agorastoclès)* comme il l'a reconnu pour son neveu.

ANTAMÉNIDE. — Aussi vrai que Jupiter me soit favorable, je vous en félicite. C'est une joie, c'est un plaisir pour moi qu'il soit arrivé quelque grand malheur au léno, et que la chance vous ait favorisées comme vous le méritez.

ANTÉRASTILE. — Tu peux l'en croire, par Castor; crois-le, mon père.

HANNON. — Je le crois.

AGORASTOCLÈS. — Je le crois, moi aussi. *(Se tournant du côté opposé à Hannon)* Mais voici justement le léno[2]. J'aperçois cet honnête homme, qui rentre chez lui.

1. Comme les prêtres de Cybèle, qui dansaient en s'accompagnant du *tympanon*. Emasculés à l'exemple d'Atys, ils avaient fort mauvaise réputation.

2. Les vers 1328-1330 sont suspects d'être interpolés, et ont été éliminés par Langen. Le vers 1331 que le palimpseste est seul à donner, est une dittographie du v. 1330.

ANTE. Qui tibi lubidos⟨t⟩, opsecro, Antamoenides,
Loqui inclementer nostro cognato et patri?
Nam hic noster pater est : hic nos cognouit modo
Et hunc sui fratris filium.
ANTA. Ita me Iuppiter
Bene amet, bene factum. Gaudeo et uolup est mihi
Siquid lenoni | optigit magni mali,
Quomque e uirtute uobis fortuna optigit.
ANTE. Credibile ecastor dicit; crede huic, mi pater.
HA. Credo.
AG. Et ego credo. Sed eccum lenonem optume.
[Credo.
AG. At ego credo |. Edepol hic uenit commodus.]
Bonum uirum eccum uideo; se recipit domum.
[HA. Quis hic est?
AG. Vtrumuis est, ⟨u⟩*el* leno ⟨uel⟩ lycus.
In seruitute hic filias habuit tuas,
Et m*i* [hic] auri fur est.
HA. Bellum hominem, quem noueris.]
AG. Rapiamus in ius.
HA. Minime.
AG. Quapropter?
HA. Quia
Iniuriarum multo induci satius est.

1322 Qui *Seyffert* : Quid *ABCD* ‖ lubidost : lubido *R* lubido es (*ex* est *C*) *BCD* lubido est *Z* ‖ opsecro *A* : ob- *CD* ol- *B* ‖ Antamoenides *Ritschl* : Antamonides *A* antam moemides *B* anto monedes *CD* ‖ 1323 indementer *C*, *B* (-nemter) ‖ 1326 *Sic distinx. Acidalius* ‖ 1327 Si quid *A* : Siquidem *BCD* ‖ lenoni ⟨huic⟩ *Pylades hiatus uitandi causa* ‖ 1328-1330 *eiec. Langen, Plaut. St. 344* ‖ 1328 Quomque *B* : Cumque *ACD* ‖ obtigit *CD* ‖ 1329 Credibille *B* ‖ 1330 optume *A* : lycum *BCD* ‖ 1331 *solus habet A*; *secl. Vssing ut ex dittographia ortum* ‖ 1332 *sic BCD* : (bon)um uirum eccum uideo redeuntem domum ⌗ quic hicst *A*; *cf. u. 1333* ‖ V. 1333-1335 *ex ultima scaena* (1382-1384) *deprompti sunt* : *om. A*, *secl. Geppert* ‖ 1333 AG. *Camer.* : *spatium B*, *om. C* ‖ uel leno uel lycus *ex u. 1382 corr. Vssing* : et leno lycus *BCD* ‖ 1335 hic *del. Weise, coll. u. 1384* ‖ 1336 in ius *A* : intus *BCD* ‖ 1337 induci *BCD* : indici *A* ‖ est; lycus *B*

[HANNON. — Qui est-ce?

AGORASTOCLÈS. — Ce que tu voudras, soit le léno, soit Leloup. C'est lui qui a tenu tes filles en esclavage, et qui m'a volé mon or.

HANNON. — La jolie connaissance qu tu as là![1]]

AGORASTOCLÈS. — Traînons-le en justice.

HANNON. — Non, non.

AGORASTOCLÈS. — Pourquoi?

HANNON. — Parce qu'il vaut bien mieux l'y amener par une action en dommages et intérêts.

⟨SCÈNE VI⟩

LELOUP AGORASTOCLÈS HANNON ANTAMÉNIDE

LELOUP. — On ne regrette jamais, à mon avis du moins, de conter franchement ses affaires à ses amis. Ainsi les miens ont tous été d'accord sur un point : je n'ai qu'à me pendre pour ne pas tomber, par autorité de justice, aux mains d'Agorastoclès.

AGORASTOCLÈS *(lui mettant la main sur l'épaule)*. — Léno, allons au tribunal.

LELOUP. — Je t'en supplie, Agorastoclès, permets que je me pende.

HANNON *(à Leloup)*. — Je t'appelle devant le tribunal.

LELOUP *(surpris, se retournant vers Hannon)*. — Encore un! Qu'ai-je affaire avec toi?

HANNON. — Parce que j'affirme que ces jeunes femmes sont libres de condition, libres de naissance,

1. Les vers 1333-1335, qui se retrouvent plus loin v. 1382-1384, sont omis à cette place par le palimpseste ambrosien, et proviennent d'un remaniement.

LYCVS **⟨AGORASTOCLES** **HANNO**
LENO ADVLESCENS POENVS
ANTAMOENIDES⟩
MILES

LY. Decipitur nemo mea quidem sententia,
Qui suis amicis narrat recte res suas.
Nam omnibus amicis meis idem unum conuenit,
Vt me suspendam, ne addicar Agorastocli.
AG. Leno, eamus in ius.
LY. Opsecro te, Agorastocles,
Suspendere ut me liceat.
HA. In ius te uoco.
LY. Quid tibi mecum autem?
HA. Quia | hasce *aio* liberas
Ingenuasque esse filias ambas meas.
Eae sunt surruptae cum nutrice paruolae.
LY. Iam pridem equidem istuc sciui, et miratus fui
Neminem uenire qui istas adsereret manu.
Meaequidem profecto non sunt.
ANTA. Leno, in *i*us eas.
LY. De prandio tu dicis : debetur, dabo.
AG. Duplum pro furto mi opus est.
LY. Sume hinc quidlubet.

LYCVS *A om.* BCD[1] *uno u. uacuo* LICVS LENO EIDEM D[3] *Person. spat. tantum habet B in mediis u.* ‖ 1338 *Pers. om. CD* ‖ mea quidem *AB* : quidem mea *CD* ‖ 1339 Qui suis *ACD* : Quisquis *B* ‖ 1340 meis *ACD* : mus *B* ‖ id dem- *CD* ‖ 1341 addicar *A* : addicare *BCD* ‖ 1342 obsecro *B* ‖ 1343 in ius *A* : leno in ius *BCD* ‖ 1344 hasce *BCD* : has *A* ‖ aio *Camer.* : mo *B* modo *CD* d(ico) *A, ut uid.* ‖ 1346 Eae *A* : Te *BCD* ‖ (s)urreptae *A* (*uel* sub-) ‖ mutrice *B* ‖ paruolae *A* : paruulae *BCD* ‖ 1347 equidem *om. B* ‖ istuc *ACD* : istŏs *B* ‖ sciui et *ACD* : suuet *B* ‖ 1348 manu *A* : manum *BCD* ‖ 1349 ius *FZ* : lus *BCD, A n. l.* ‖ 1350 debitur *B* ‖ 1351 furto *AB* : ferto *CD* ‖ mi : mihi *BCD, om. A* ‖ quidlubet *Acid.* : quodiubet (*uel* -lubet) *A* quidem *BCD*

qu'elles sont toutes deux mes filles; elles me furent enlevées toutes petites avec leur nourrice.

Leloup. — En effet, il y a longtemps que je le savais, et je me suis toujours étonné qu'il ne vînt personne pour les réclamer. Assurément elles ne sont pas à moi[1].

Antaménide. — Léno, au tribunal.

Leloup. — Tu veux parler du déjeuner : il t'est dû, tu l'auras.

Agorastoclès. — Il me faut une amende du double pour le vol.

Leloup *(tendant la gorge)*. — Prends là-dessus tout ce que tu voudras.

Hannon. — Et à moi, une punition exemplaire.

Leloup *(de même)*. — Prends là-dessus tout ce que tu voudras.

[Antaménide. — Et à moi une mine d'argent.

Leloup *(toujours de même)*. — Prends là-dessus tout ce que tu voudras. C'est mon cou qui paiera tous les frais, comme un bardot.

Agorastoclès. — Est-ce que tu réclames contre ma poursuite?

Leloup. — Pas le moindre mot.

Agorastoclès. — Entrez donc chez moi, femmes *(elles s'en vont)*; et toi, mon cher oncle, fiance-moi ta fille, comme tu l'as promis.

Hannon. — Je n'oserais faire autrement.

Antaménide. — Adieu.

Agorastoclès. — Adieu, toi aussi[2].]

Antaménide *(montrant à Leloup le paquet qu'il a*

1. Les vers 1349-1350 et 1353 proviennent sans doute d'un remaniement destiné à abréger le dernier acte. Antaménide ne doit intervenir qu'au v. 1398. Il en est de même des vers 1355-1371. Dans l'état actuel du texte, la comédie se trouve avoir deux dénouements.

2. Les vers 1354-1358 ont été éliminés par Brachmann; Leo élimine les vers 1349 et 1353; puis les vers 1355-1371.

HA. Et mihi suppliciis multis.
LY. Sume hinc quidlubet.
[ANTA. Et mihi quidem mina argenti.
LY. Sume hinc quidlubet.
Collo rem soluam iam omnibus quasi baiolus.
AG. Numquid recusas contra me?
LY. Haud uerbum quidem.
AG. Ite igitur intro, mulieres. Sed, patrue mi,
Tuam, ut dixisti, mihi desponde filiam.
HA. Haud aliter ausim.
ANTA. Bene uale.
AG. Et tu bene uale.]
ANTA. Leno, arrabonem hoc pro mina mecum fero.
LY. Perii hercle!
AG. Immo haud multo post, si in ius ueneris.
LY. Quin egomet tibi me addico; quid praetore opust?
Verum opsecro te ut liceat simplum soluere,
Trecentos Philippos; credo, conradi potest.
Cras auctionem faciam.
AG. Tantisper quidem
Vt sis apud me lignea in custodia.
LY. Fiat.
AG. Sequere intro, patrue mi, ut hunc festum diem

1352 suppliciis *A* : súpplicis (supli- *C*) *B* (*ex* -ces) *CD* ‖ mu(lti)sume *sine spatio A* ‖ quidlubet *BCD* : quodlubet *A* ‖ 1353-1358 *secl. Brachmann*; *breuiandae scaenae causa conficti uidentur esse* ‖ 1353 *om. A* ‖ mina *Camer.* : minimam *BCD* minam $D^{4}FZ$ ‖ 1354 collo rem *AZ* : colorem *BCD* ‖ *Post hunc. u. B in margine exhibet* × plauti × ‖ 1355 contra me *BCD* : contram *A* ‖ haud uerbum *A*, *Turnèbe Adu. crit. X, 24* (*ex T*) : Aduersum *BCD* ‖ 1356-1371 *del. Vssing* ‖ 1356 set *B* ‖ mi *A* : mihi *BCD* ‖ 1357 dixti *A* ‖ fillam *B* ‖ 1358 aliter *CD* : alter *A* aliiter *B* ‖ *alterum* bene uale *ex* uale bene *A* ‖ 1359 arrabonem *A* : ara- *BCD* ‖ hoc *ABCD* : hunc *Dousa* ‖ 1360 inmo *B* ‖ si in ius *Loewe, ex A, ut uid.* : intus *BCD*, *om.* si ‖ 1361 egonet *A* ‖ quid *A* : quod *CD* quot *B* ‖ proto re *B* ‖ opust *Pylades* : opus est *ABCD* ‖ 1362 opsecro *A* : ob- *BCD* ‖ 1363 phippos *B* ‖ 1364 AG : *spat. om. B* ‖ 1366 hunc *BCD* : *om. A*, *cf. Exon, Hermath. 38* (*1912*), *52 sqq.* ‖ dem *B*

sous le bras). — Léno, j'emporte ceci comme arrhes sur mes cent drachmes.

LELOUP. — Je suis mort, par Hercule!

AGORASTOCLÈS. — Pas encore, mais dans un instant, quand tu seras devant le tribunal.

LELOUP. — Tiens! je me livre moi-même entre tes mains. Qu'est-il besoin du préteur? Mais, je t'en supplie, contente-toi d'une amende simple, trois cents philippes; en râclant tout, je pourrai sans doute les réunir. Demain je ferai une vente.

AGORASTOCLÈS. — Oui, mais à condition qu'en attendant nous te gardions chez moi dans une cage de bois.

LELOUP. — Eh bien! soit.

AGORASTOCLÈS. — Suis-moi, entrons, mon cher oncle, et célébrons joyeusement ce jour de fête, qui fait son malheur à lui, et notre bonheur à nous. *(Aux spectateurs)* Longue santé à vous tous. Nous avons longuement discouru; mais, en définitive, tout le mal retombe sur le léno. Maintenant, il faut l'assaisonnement définitif de toute comédie; si la pièce vous a plu, elle réclame vos applaudissements.

⟨SCÈNE VII⟩

AGORASTOCLÈS LELOUP ANTAMÉNIDE HANNON ADELPHASIE ANTÉRASTILE

[AGORASTOCLÈS. — Que fais-tu là, militaire? Quelle lubie te prend d'insulter mon oncle? Ne t'étonne pas de le voir suivi de ces femmes; il vient de reconnaître en elles ses deux filles[1].

1. Les vers 1372-1397 proviennent d'un remaniement qui les substituait aux v. 1315-1354, avec lesquels ils font double emploi.

Habeamus hilare huius malo et nostro bono.
Multum ualete. Multa uerba fecimus;
Malum postremo omne ad lenonem reccidit.
Nunc, quod postremum est condimentum fabulae
Si placuit, plausum postulat comoedia.

⟨AGORASTOCLES ADVLESCENS **LYCVS** LENO **HANNO** POENVS
ANTAMOENIDES MILES
ANTERASTYLIS ADELPHASIVM⟩ MERETRICES II

[AG. Quam rem agis, miles? qui lubet patruo meo
Loqui inclementer? ne mirere mulieres
Quod eum sequontur; modo cognouit filias
Suas esse hasce ambas.
LY. Hem, quod uerbum auris meas
Tetigit? nunc perii.
⟨ANTA.⟩ Vnde haec perierunt domo?
AG. Carthaginienses sunt.
LY. At ego sum perditus.
Illuc ego metui semper ne cognosceret
Eas aliquis; quod nunc factumst. Vae misero mihi!

1367 Habeamus *AB*[1] : Habemus *B corr.*, *CD* ‖ hilare *Bentley* : hilarem *ABCD* ‖ 1369 postremo *BCD* : postro *A* ‖ reccidit *A* : redit *BCD* ‖ 1370 quod *A* : quid *BCD* ‖ 1371 comoedia *B* .

Vnius u. spat. BCD[1], *nullum A;* augu eidem *D*[3] ‖ *Totam scaenam, quam e duplici recensione ortam esse constat, primus secl. Camer.* ‖ *Pers. om. CD* ‖ 1372 agis *A* : agitis *BCD* ‖ miles *BCD* : melius *A* ‖ qui *BCD* : cui *A*, *ut uid.* ‖ libet *A* ‖ 1373 ne mirere *A B corr.* : meminere *B*[1]*CD* ‖ 1374 sequntur *A* : secuntur *BCD* ‖ 1375 esse hasce *AB* : hasce esse *CD* ‖ 1376 ANTA. *Seyffert*: *spat. AB* ‖ haec *A* : hae *BCD* ‖ Haec unde *Mueller, hiatus uitandi gratia* ‖ *ante* domo *spat. BD* ‖ 1377 *post* 1381 *iterant BCD, ubi eum del. Bothe* ‖ Carthaginienses *A* : -sis *BCD* ‖ 1378 metu(ei) *A* ‖ 1379 factumst *A* : factum est *BCD* ‖ *Post* factumst *spat. A*

Leloup *(à part)*. — Hein? quelle parole a frappé mon oreille? C'en est fait; je suis mort.

Antaménide. — Où ont-elles été enlevées?

Agorastoclès. — Ce sont des Carthaginoises.

Leloup *(à part)*. — Et moi, je suis un homme mort. Voilà ce que j'ai toujours appréhendé : que quelqu'un ne vînt à les reconnaître; et c'est ce qui arrive. Malheur à moi! C'est la perte, je pense, des dix-huit mines qu'elles m'ont coûté.

Agorastoclès. — Et c'est ta perte à toi aussi, Leloup.

Hannon *(à Agorastoclès)*. — Qui est cet homme?

Agorastoclès. — Ce que tu voudras, soit le léno, soit Leloup[1]. C'est lui qui a tenu tes filles en esclavage, et qui m'a volé mon or.

Hannon. — La jolie connaissance que tu as là!

Agorastoclès[2]. — Léno, j'ai toujours pensé que tu pratiquais le rapt. Quand on te connaît mieux, on voit que tu pratiques aussi le vol.

Leloup. — Approchons. *(Se jetant aux pieds d'Agorastoclès)* Par ces genoux que j'embrasse, je te supplie, toi, et ce vieillard qui est, je le vois, ton parent; vous êtes d'honnêtes gens, agissez en honnêtes gens, ne repoussez pas le suppliant qui vous implore. Il y a longtemps, c'est vrai, que je savais qu'elles étaient libres, et j'attendais qu'on me les réclamât; car elles ne sont pas à moi le moins du monde. Pour ton or, je te le rendrai, il est chez moi; et je te ferai serment que je n'ai jamais eu de mauvaise intention, Agorastoclès.

Agorastoclès. — Je verrai ce que j'ai à faire. Laisse mes genoux.

Leloup. — J'obéis, si c'est ta volonté.

Antaménide. — Holà, léno!

1. Cf. v. 1333.
2. Leo attribue ces deux vers à Antaménide.

Periere, opinor, duodeuiginti minae
Qui hasce emi.
AG. Et tute ipse peri*i*sti, Lyce.
HA. Quis hic est?
AG. Vtrumuis est, *u*el leno uel lycus.
In seruitute hic filias habuit tuas
Et m*i* auri fur est.
HA. Bellum hominem, quem noueris.
AG. Leno, rapacem te esse semper credidi;
Verum etiam furacem ⟨aiunt⟩ qui norunt magis.
LY. Accedam. Per ego te tua [te] genua obsecro
Et hunc, cognatum quem tuum esse intellego;
Quando boni estis, ut bonos facere addecet,
Facite *ut* ⟨uos⟩ uestro subueniatis supplici.
Iam pridem equidem istas sciui | esse liberas
Et exspectabam, siqui eas assereret manu :
Nam meae prosum non sunt. Tum autem aurum tuum
Reddam quod apud me est, et ius iurandum dabo
Me malitiose n*i*l fecisse, Agorastocles.
AG. Qu*i*d mihi par facere sit, †cum egomet consulam.
Omitte genua.
LY. Mitto, si ita sententia est.
ANTA. Heus tu, leno!
LY. Quid lenonem uis inter negotium?

1381 Qui hasce *ACD* : Quiesce *B* ‖ tute *A* : tu *BCD* ‖ periisti *Pylades* : peristi *ABCD* ‖ *Post hunc u. iteratur 1377 in BCD* ‖ 1382-1384 *etiam post* 1332 *exstant* ‖ 1382-1419 *deficit A* ‖ 1382 Vt trum uis *B* ‖ uel leno : nouel leno *BCD* (no- *ad u. 1384 rettulit Schoell, ubi* ueris *pro* noueris *legitur in B*); *cf. 1333* ‖ lycus : λύκος *Goetz-Schoell* ‖ 1383 abuit *B* ‖ tuas : tua *B* duas *CD* ‖ 1384 mihi *BCD* ‖ fur *CD* : for *B* ‖ noueris *CD* : ueris *B* ‖ 1385 AG. : *spat. BD, om. C* ANTAM. *Leo, Lindsay* ‖ *Post hunc u.* × penulus × *habet B in margine* ‖ 1386 aiunt *suppl. Brix* ‖ 1387 *alterum* te *del. Bothe* ‖ 1389 bonos *CD* : bono *B* ‖ 1390 ut ⟨uos⟩ *Hasper* : et *BCD* ‖ 1391 mequidem *B* ‖ istas sciui esse *BCD cum hiatu* : sciui istas esse *Pylades* istas esse sciui *Bothe* ‖ 1392 manu *Z* : manum *BCD* ‖ 1393 Sic *BCD* (tuam *B pro* tuum): Nam meae ⟨eae⟩ *Geppert, alii alia* ‖ 1395 nihil *BCD* ‖ 1396 Quid *Hasper* : Quod *BCD* ‖ cum (quom *B*) egomet *BCD, corruptum* : ego mecum *Malher* mecum egomet *Geppert, etc.* ‖ 1397 mitto *BCD* : omitto *Hasper*

LELOUP. — Que lui veux-tu, au léno? Il a assez d'embarras pour le moment.

ANTAMÉNIDE. — Que tu me rendes mes cent drachmes, avant d'être mis au carcan.

LELOUP. — Que les dieux m'en préservent!

ANTAMÉNIDE. — C'est pourtant ainsi; tu ne souperas pas chez toi ce soir. Ton or, ton argent, ton cou, tu me dois ces trois choses à la fois, léno.

HANNON *(à part)*. — Que dois-je faire en cette conjoncture? Voyons, réfléchissons. Si je veux me venger de ce coquin, j'aurai à soutenir un procès dans une ville étrangère. Et d'après ce que j'ai entendu dire de l'esprit et des mœurs qui y règnent...

ADELPHASIE. — Mon cher père, n'aie point d'affaire avec cet homme, je t'en supplie! Ce serait peine perdue.

ANTÉRASTILE. — Écoute ma sœur. Va; renonce à entamer les hostilités avec un coquin.

HANNON. — Prête-moi attention, s'il te plaît, léno. Quoique je sache que tu as mérité ta perte, je ne me commettrai pas avec toi.

AGORASTOCLÈS. — Moi non plus. Si tu me rends mon or, léno, maintenant que tu es tiré des fers, je veux bien... que tu sois fourré en prison[1].

LELOUP. — Tu seras donc toujours le même?

ANTAMÉNIDE *(à Hannon)*. — Et moi, Carthaginois, je veux t'apporter mes excuses. Si dans ma colère j'ai pu te dire quelque chose qui t'ait contrarié, je t'en demande pardon; et, aussi vrai que les dieux me soient propices, cela me fait bien plaisir que tu aies retrouvé tes filles.

HANNON. — Je te pardonne, et je te crois.

ANTAMÉNIDE. — Léno, arrange-toi pour me rendre ma maîtresse, ou rends-moi mes cent drachmes.

LELOUP. — Veux-tu avoir ma joueuse de flûte?

1. On attendrait « que tu sois libre ».

ANTA. Vt *m*inam mihi argent*i* reddas, prius quam in neruom abducere.
LY. Di meliora faxint!
ANTA. Sic est; *h*od*ie* cenabis foris.
Aurum, argentum, collum, leno *t*ris re*s* nunc debes semul.
HA. Quid me*d* hac re facere deceat, egomet mecum cogito.
Si uolo hunc ulcisci, litis sequar in alieno oppido.
Quantum audiui ingenium et mores eius quo pacto sient...
AD. Mi pater, nequid tibi cum istoc rei sit *in*cassum, obsecro.
ANTE. Ausculta sorori; abi, diiunge inimicitias cum inprobo.
HA. Hoc age sis, leno. Quamquam ego te meruisse ut pereas scio,
Non experiar tecum.
AG. Neque ego. Si aurum mihi reddes meum,
Leno, quando ex neruo emissu's, conpingare in carcerem.
LY. Iam⟨ne⟩ autem, ut soles?
⟨ANTA.⟩ Ego, Poene, tibi me pu*rg*atum uolo.
Siquid dixi iratus aduorsum animi tui sententiam,
Id uti ignoscas, quaeso; et quom istas inuenisti filias,
Ita me di ament, ⟨ut⟩ mihi uolu*p* est.
HA. Ignosco et credo tibi.
ANTA. Leno, tu autem amicam mihi des facito aut [auri] mihi reddas minam.
LY. Vin tibicinam meam habere?
ANTA. N*i*l moror tibicinam.

1399 ANTA. *Seyffert, item u. 1400* : AG. *BZ* ‖ Vt minam mi argenti *Mueller, duce Seyffert qui* Minam mi argenti ut *scripserat* : utinam mihi argentum *BCD* ‖ 1400 Di *CD* : De *B* ‖ faxsit *B* ‖ ANTA. *Seyffert* : *spat. B* AG. *FZ* ‖ Sic est : hodie *Vssing* : Sic estu ideo *BCD* Sic est : tu hodie *iam Hasper* ‖ cenabilis *B* ‖ 1401 leno tris res *Lipse* : lenostris re *BCD* ‖ semul *CD* : semel *B* ‖ 1402 med *Bothe* : me *BCD* me ⟨in⟩ *Geppert* ‖ 1403 Si *CD* : Sic *B* ‖ 1404 quo *FZ* : quod *BCD* ‖ pecto *B* ‖ 1405 Mi *D* : Ni *CD* ‖ quid *CD* : quit *B* ‖ quom *B* ‖ sit *Bothe* : siet *BCD* ‖ incassum *Brix* : ac massum *BCD* pessumo *Leo* fac missum *Pradel, Niemeyer* ‖ 1406 soroi *B* ‖ 1409 emissu's *Hasper* : emissus *CD* emisus *B* ‖ conpingare *B* : com- *CD* conpingam te *Skutsch* ‖ 1410 Iamne *Spengel* : Iam *BCD* ‖ ANTA. *add. Seyffert* ‖ purgatum *FZ* : pugnatum *BCD* ‖ 1411 aduersum *C* ‖ 1412 quom *B* : cum *CD* ‖ 1413 ut mihi uolup *Seyffert* : mihi uoluptatis *BCD* ‖ 1414 autem *CD* : atem *B* aut *Hasper* ‖ auri *del. Seyffert metri causa* ‖ 1415 nihil *BCD*

ANTAMÉNIDE. — Je me moque de ta joueuse de flûte. On ne saurait dire ce qu'elle a de plus gros, des joues ou des tétons.

LELOUP. — Je t'en donnerai une qui te plaise.

ANTAMÉNIDE. — Songe-s-y.

LELOUP *(à Agorastoclès)*. — Demain, je te rapporterai ton or.

AGORASTOCLÈS. — Tâche de ne pas l'oublier.

LELOUP *(à Antaménide)*. — Suis-moi, militaire.

ANTAMÉNIDE. — Je te suis. *(Ils rentrent tous les deux chez le léno)*.

AGORASTOCLÈS. — Dis donc, mon oncle? quand penses-tu partir pour Carthage? Car j'ai résolu d'y aller avec toi.

HANNON. — Le plus tôt que je pourrai, tout de suite.

AGORASTOCLÈS. — Il te faut attendre ici quelques jours, le temps de vendre mes biens.

HANNON. — Je ferai comme tu voudras.

AGORASTOCLÈS. — Hé bien, si tu veux, allons nous restaurer. *(Aux spectateurs)* Applaudissez.

Nescias utrum ei *maio*res buccaene a*n* mammae sient.
LY. Dabo quae placeat.
ANTA. Cura.
LY. Aurum cra*s* a*d* te referam tuum.
AG. Faci*to* in memoria habeas.
LY. Miles, sequere me.
ANTA. Ego uero sequor.
AG. Quid ais, patrue? quando hinc ire cogitas Carthaginem?
Nam tecum mihi una ire certum est.
HA. Vbi primum potero, ilico.
AG. Dum auctionem faci*o*, hic opus est aliquo*t* ut maneas dies.
HA. Faciam ita ut uis.
AG. Age sis, eamus; nos curemus. Plaudite.]

1416 ei maiores *FZ* : eim mores *B* ei mores *CD* ‖ bucoene *BCD* ‖ an mammae *FZ* : amammae *BCD* ‖ 1417 cras ad te *Lipse* : crassate *BCD* ‖ 1418 Facito *D*[4]*FZ* : Facto *BCD*[1] ‖ in *CD* : im- *B* ‖ 1419 cogita *B* ‖ cartaginem *CD* ‖ 1420-1422 *adest A, perpaucis litteris seruatis* ‖ 1420 mihi *B, A, ut uid.* : *om. CD* ‖ HA. : *spat. B, om. CD* ‖ 1421 facio *D*[4] *Pylades* : facto *BCD, A n. l.* ‖ hic *omisisse uid. A* ‖ aliquot *Z* : aliquod *BCD* ‖ 1422 ut *om. B* ‖ *Ante* plaudite *spat. B* ‖ PLAVTI POENVLVS (PE- *B*) EXPLICIT. INCIPIT PERSA *BCD*[3]. *In A* MACC *seruatum est ex* (T.) MACC(I PLAVTI).

CONSPECTVS METRORVM

MOSTELLARIA

Argumentum, uu. 1-84 Sen. iamb.

85-88	Tetram. bacch. acatal. (*in* **86** *modo si* institūi *legas cum u longa; sin* institŭi, *u. fit bacch. dim. acatal. cum monom. iamb. hypercatal.*
89a	Tetram. bacch. catal. ?; cf. appar. crit.
89b	Tetram. bacch. acatal.
90	Dim. iamb. catal.
91-93	Tetram. bacch. acatal.
94	Dim. anap. acatal.
95-97	Tetram. bacch. acatal.
98	Dim. iamb.; cf. appar. crit.
99-101	Tetram. bacch. acatal.
102	Dim. iamb. catal.
103-104	Octon. iamb.
105-106	Tetram. cret. acatal.
107	Octon. iamb.
108-109	Dim. cret. acatal. cum tripod. troch. catal.
110	Tetram. cret. acatal.
111	Incertus. Tetram. creticus *si legas* uēnit (*sed perfectum haud ueri simile est*) *et* parjetes. Tripod. troch. catal. cum dim. cret. acatal. dubitanter coniec. Goetz-Schoell.
112	Tetram. cret. acatal.
113	Dim. cret. acatal. cum trip. troch. catal.
114	Tetram. cret. acatal.
115	Septen. troch.
116	Dim. cret. acatal. cum tripod. troch. catal.
117	Septen. troch.
118	Octon. iamb.
119	Incertus; corruptus esse uidetur. *Octon. iamb. secundum Lindsay qui scribit*

Dicere uti hómines aedium esse similis arbitremini *cum hiatu post* uti.

120-122 Tetram. bacch. acatal.

123 Dim. anap. acatal.

124 Tetram. bacch. acatal.

125 Dim. bacch. acatal. cum monom. iamb. hypercatal. (*Tetram. bacch. acatal. si legas* nec sumptus sibi sumptui ducunt esse *cum Schoell*).

126 Tetram. bacch. acatal.

127 Dim. iamb. catal.

128 Octon. iamb.

129 Corruptus.

130 Dim. iamb. acatal., ut uid.

131 Corruptus. Octon. iamb. ?

132 Octon. iamb.

133-136 Dim. cret. acatal. cum tripod. troch. catal.

137 Tetram. cret. acatal.

138 Tripod. troch. catal. cum dimetro troch. catal.

139-140 Tetram. cret. acatal.

141 Dim. cret. acatal. cum tripod. troch. catal.

142 Incertus; *corruptus*.

143 Octon. iamb.

144 Tetram. cret. acatal.

145 Troch. septen.

146-148 Octon. iamb.

149-150 Dim. cret. acatal. cum tripod. troch. catal.

151-153 Tetram. cret. acatal. (*cum hiatu post* disco *et post* cursu). Cf. appar. criticus.

154-156 Septen. troch.

157-247 Septen. iamb.

248-312 Septen. troch.

313-314 Dim. bacch. acatal. cum monom. iamb. hypercatal.

315 Tripod. troch. catal. bis posita. (Cola cretica secundum Lindsay).

316 Tetram. bacch. acatal.

317-318 Incerti. Anapaestici, ut uidetur.

319-324 Incerti. (321 Dim. anapaest. ?). — *Anapaestos uel creticos agnoscere quidam sibi uisi sunt, sed ita incertos ut nil affirmare praestet.*

325 Septen. tróch., *ut uidetur*.

326 Dim. cret. acatal. cum tripod. troch. catal.
327 Incertus. *Anapaesticus secundum Lindsay, qui scribit*
quam illi, ubi lectust stratu', coimus.
328 Incertus. *Anapaesticus secundum Lindsay qui scribit* :
CA. sine, siné cadere me
DE. sino. CA. sed et hoc quod mihi in manus est : **328ª**.
329 Tetram. cret. catal.
330 Versus Reizianus.
331 Incertus.
332 Dim. anap. acatal.
333 Monom. anap. (?).
334 Incertus. Iambicus?
335 Incertus. *Exempli gratia, uu.* **333-335** *sic disposuit Lindsay* :
333 CA. em tene. DE. age, i simul. CA. quo ego eam? ⟨DE.⟩ an ⟨ne⟩scis?
334-5 CA. scio, in mentem uenit modo : nemp' domum eo comissatum.
335ª DE. immo, istuc quidem. CA. iam memini. *ubi* **333** *et* **335ª** *anapaesticos,* **334-5** *iambicos uidet. Quo modo autem* nēmp' dŏm(um) ĕo cōmīssātum *rythmum iambicum efficere possit non uideo.*
336 Dim. cret. acatal. cum thymelico (– ∪ ∪ ∪ –)
337 Dim. cret. acatal. cum tripod. troch. catal.
338 Trim. cret. acatal.
339-341 Dim. cret. acatal. cum thymelico.
342-343 Dim. cret. acatal. cum tripod. troch. catal.
344 Tripod. troch. catal. cum thymelico.
345 Tripod. troch. catal. bis posita.
346-347 Versus Reiziani.
348-408 Septen. troch.
409-689 Sen. iamb.
690-692 Dim. cret. acatal. cum tripod. troch. catal.
693 Dim. cret. acatal. cum thymelico.
694-695 Dim. cret. acatal. cum tripod. troch. catal.
696-697 Dim. cret. acatal. cum thymelico.
698-701 Dim. cret. acatal. cum tripod. troch. catal.
702-703 (?) Dim. cret. acatal. cum thymelico.
704-705 Incerti.
706 Dim. cret. acatal. cum thymelico.

707-708	Dim. cret. acatal. cum tripod. troch. catal.
709	Tripod. troch. catal. bis posita.
710-712	Dim. cret. acatal. cum tripod. troch. catal.
713	Tetram. cret. acatal.
714	Dim. cret. acatal. cum tripod. troch. catal.
715-716	Tetram. cret. acatal.
717	Dim. cret. acatal. cum tripod. troch. catal.
718-720	Tetram. cret. acatal.
721	Dim. troch. catal. ?
721[a]-724	Tetram. cret. acatal.
725	Mutilus et incertus.
726	Creticus uidetur esse, sed corruptus.
727-728	Octon. iamb.
729-731	Tetram. cret. acatal.
732	Corruptus et incertus.
733	Incertus. Tripod. troch. catal. + Dim. cret. catal. ?
734-736	Tetram. cret. acatal.
737	Septen. troch.
738	Tetram. cret. acatal.
739	Dim. cret. acatal. cum tripod. troch. catal.
740	Septen. troch.
742-745	Octon. iamb.
746	Septen. iamb.
747-782	Sen. iamb.
783-784	Dim. bacch. acatal. cum monom. iamb. hypercatal.
785-789	Tetram. bacch. acatal.
790	Dim. bacch. acatal. cum monom. iamb. hypercatal.
791	Tetram. bacch. acatal.
792	Dim. bacch. acatal. cum monom. iamb. hypercatal.
793-803	Tetram. bacch. acatal.
804-857	Septen. troch.
858	Versus Reizianus.
859	Dim. anap.catal.
860	Anap. incerti generis.
861	Dim. anap. catal.
862	Octon. anap.
863-869	Mutili et incerti. Iambici, uel anapaestici, ut uid.
870	Monom. iamb. hyperm. bis positus.

871	Tetram· bacch. acatal.
872	Tripod. troch. catal. bis posita.
873	Corruptus et incertus.
874	Monom. anap. hyperm. bis positus.
875	Tetram. bacch. acatal.
876	Dim. anap. acatal.
877	Dim. iamb. catal.
878	Octon. anap.
879	Tetram. cret. acatal.
880	Dim. troch. catal. cum dim. cret. catal.
881	Tetram. cret. acatal.
882	Dim. troch. catal. cum tripod. troch. acatal.
883-884	Septen. troch.
885^{ab}-886^{ab}	Dim. troch. catal.
887	Dochmii ?
888	Octon. anap.
889	Dim. anap. acatal.
890	Incertus. Dim. bacch. acatal. + Dim. cret. catal. ?
891	Cola Reiziana.
892	Versus Reizianus.
893-894	Dim. troch. catal. cum tripod. troch. acatal.
895-896	Octon. anap.
897-898	Septen. troch.
899-900	Sen. iamb.
901	Dim. anap. catal.
902^{a}	Dim. anap. acatal.
902^{b}	Dim. iamb. acatal.
903	Dim. anap. catal.
904-992	Septen. troch.
993-1040	Sen. iamb.
1041-1181	Septen. troch.

PERSA

Argumentum I. Sen. iamb.

1	Incertus, Iambicus, ut uidetur; octonarius contractus secundum Lindsay.
2	Incertus. Cf. appar. crit.
3-6	Octon. iamb.
7-8	Septen. iamb.

9-12	Octon. iamb.
13-16	Octon. troch. (uel Dimetri, cf. Lindsay, ***Early latin verse,*** p. 285).
17^{a}	Monom. cret. 17^{b} Dim. cret. 17^{c} Monom. cret. (uel Tetram. creticus si, cum BCD, unum u. facias).
18	Septen. troch.
19-22	Septen. iamb.
23-25	Octon. iamb.
26	Octon. troch.
27	Dim. troch. catal.
28	Septen. troch.
29^{a}	Incertus. Glyconicus sec. Lindsay.
29^{b}-31	Troch. dim.
32^{a}	Septen. troch.
32^{b}	Dim. iamb. acatal.
33	Incertus. Septen. troch. cum hiatu post *hodie* secundum Lindsay.
34	Octon. iamb. hyperm.
35	Septen. troch.
36	Octon. troch.
37	Septen. troch.
38	Dim. iamb. acatal.
39	Octon. iamb. hyperm.[1]
40	Octon. troch.
41-42	Septen. troch.
43-46	Septen. iamb.
47	Octon. iamb.
48	Corruptus, ut uidetur, et incertus. Sic disposuit Lindsay : TO. Opsecro te. SAG. Resecroque. TO. Opera da hanc mihi Fidelem. SAG. Ah! odio me enicas. efficiens alterum septen. iamb. mancum (***cum lacuna initio uersus***) alterum dimetr. acatal.
49-52	Septen. iamb.
53-167	Sen. iamb.

1. 39-42 Iambicum systema secundum Lindsay, qui scribit *pumici* pro *pumice*, u. 41 et *qui ipsus sitiat* u. 42.

168-170	Octon. anap.
171-172	Septen. anap.
173-174	Octon. anap.
175-180	Dim. anap. acatal.
181-182	Incerti. Septen. anapaest. dubitanter faciunt Goetz-Schoell, Anap. dim. acatal. cum troch. dim. acatal. Lindsay.
183-191	Septen. troch.
192-193	Octon. troch.
194-195	Septen. troch.
196	Octon. troch.
197	Dim. troch. catal.
198-199	Septen. troch.
200-202	Octon. troch.
203-250	Septen. troch.
251	Dim. anap. acatal.
252	Trim. bacch. ?
253	Tetram. bacch.
254	Mutilus et incertus.
255-256	Octon. iamb.
257-259	Octon. troch.
260-262	Septen. troch.
263-264	Octon. troch.
265	Septen. troch ? Cf. appar. crit.
266	Octon. troch.
267	Septen. troch.
268[a]	Glyconicus ?
268[b]	Dochmiacus ? Hos duos uersus coniungunt alii, octon. iamb. efficientes.
269-270	Octon. iamb. (si legas *compedĕs* u. 269).
271	Incertus. — Trim. bacch. acatal. cum duobus colis Reizianis dubitanter facit Lindsay, scribens *offerre* cum A.
272	Octon. troch. uel Tetram. anap. acatal.
273	Octon. troch.
274-276	Troch. septen.
277[a]	Dim. iamb. catal.
277[b]-277[c]	Cola Reiziana.
278[a]	Dim. iamb. acatal.
278[b]	Dim. troch. catal.
279-328	Septen. iamb.
329-469	Sen.iamb.
470-471	Septen. troch.

472	Octon. troch.
473	Septen. troch
474	Octon. troch.
475-477	Septen. troch.
478	Octon. troch.
479-484	Septen. troch.
485-486	Octon. iamb.
487-488	Octon. troch.
489	Septen. troch.
490	Dim. anap. catal.
491	Octon. anap.
492	Septen. anap.
493-494	Octon. anap.
495	Septen. anap.
496-499	Octon. anap.
500	Incertus; cf. appar. crit.
501-512	Sen. iamb.
513-519	Septen. troch.
520-527	Sen. iamb.
528-672	Septen. troch.
673-752	Sen. iamb.
753	Octon. anap.
754	Septen. anap. ?
755-757	Octon. anap.
758ᵃ	Tetram. cret. acatal.
758ᵇ	Dim. anap. catal.
759ᵃ	Tetram. cret. acatal.
759ᵇ	Dim. anap.
760-767	Octon. anap.[1]
768	Septen. anap. ?
769	Octon. anap.[2]
770-772	Septen. anap.
773ᵃ	Dim. anap. acatal.
773ᵇ-774ᵃ	Dim. iamb. acatal.
774ᵇ	Incertus. Tripodiam troch. acatal. dubitanter facit Schoell. Forsan Dim. troch. catal. si legas *amplectier*.

1. 766-767 in quattuor dimetros discreuit Lindsay.
2. 769 in duos dimetros discreuit Lindsay.

775-777	Systema iambico-anapaesticum, ut uidetur[1].
778-779	Septen. anap.
780-782	Octon. anap.
783-784	Septen. anap.
785-787	Octon. anap.
788	Septen. anap.
789/790-793	Octon. anap.
794	Incertus; corruptus in fine uidetur. Anap. dim. acatal. cum dochmio secundum Lindsay.
795-796	Octon. anap.
797-803	Incerti. Anapaestici, ut uidetur[2].

1. Vu. 771-777 sic disposuit Lindsay:

LE. age puere
771a Ab summo septenis cyathis committe hos ludos.
Moue manus, propera
772a TO. Paegnium, tarde cyathos mihi das;
Cedo sane. Bene mihi, bene uobis, bene meae amicae,
773a Optatus hic mi
Dies datus hodiest ab dis, quia te licet liberam med amplecti.
775 LE. Tua factum opera. TO. Bene omnibu's nobis.
775a Hoc mea manu' tuae poclum donat, ut amantem amanti
decet. LE. Cedo. TO. Accipe. LE. bene
776a Ei qui inuidet mi et ei qui hoc gaudet.

ubi uidet 771a, 775a Anap. Dim. acatal. cum colo Reiziano; 776 Iamb. Dim. Acat.; 776a duo cola Reizinana; ceteros anapaesticos. Alii aliter disposuerunt.

2. Vu. 797-803 sic discr. Lindsay:

TO. Iurgium hinc auferas, si sapias.
DO. At, bona liberta, haec sciuisti et me celauisti? LE. Stultitiast,
Quoi bene esse licet, eum praeuorti
800 Litibu'. Posterius istaec te
Magi' par agerest.
801a DO. Uritur cor mi.
801b TO. Da illi cantharum, exstingue ignem, si
Cor uritur, caput ne ardescat.
DO. Ludos me facitis, intellego.

797-802 anapaesticos faciens, et 803 creticum.

Vu. 788-791 dimetros anapaest. effecit L. Havet, ALLG, X, 288:

.... pol hic [quidem potant]
Adgrediar: o bone uir ⟨salue⟩.
TOX. Salueto.
DORD. Et tu, bona liberta.
LEMN. Dordalus hic quidem est.
TOX. Quin iube adire.
LEMN. Adi, si lubet.
TOX. Agite, adplaudamus.
SAG. Dordale, homo lepidissume, salue.
TOX. Locus
e. q. s.

804 Tetram. cret. acatal.
805 Incertus, forsan tetram. bacch.
806 Incertus[1].
807-808 Tetram. bacch. acatal.
809 Dim. bacch. catal. bis positus.
810 Tetram. bacch. acatal.
811 Dim. bacch. catal. bis positus.
812 Diam. iamb. acatal.
813-816 Tetram. bacch. acatal.
817 Incertus.
818 Dim. anap. catal.
819 Troch. octon.
820-837 Troch. septen.
838-840 Troch. octon.
841-842 Troch. septen.
843-847 Octon. anap.
848 Incertus; lacunosus uidetur; fortasse Octon. anap.
849-850 Duo cola Reiziana + Dim. anap. acatal. ?
851 Troch. octon.
852-853 Troch. septen.
854-855ª Dim. iamb. catal.
855ᵇ Dim. iamb. acatal.
856ª Tripod. iamb. acatal.
856ᵇ Incertus.
857 Troch. septen.

POENVLVS

Argumentum, Prologus, uu. 129-209 Sen. iamb.
210 Tetram. bacch. acatal.
211 Incertus; cf. apparat. crit.
212-213 Tetram. bacch. acatal.
214 Incertus; cf. apparat. crit.
215-217 Tetram. bacch. acatal.
218 Incertus; cf. apparat. crit.
219-229 Tetram. bacch. acatal. (sed 224 una syllaba

1. 805-806 creticos facit Lindsay cum altero hemistichio sic composito:

‖ –́ ⏓́ –́ | –́ ⏑ – –

longior esse uidetur; trimetrum creticum cum colo · Reiziano facit Lindsay; *aggerundāque* bacchiacum Leo (!). Cf. appar. crit.).

230-233 Incerti; cf. appar. crit.
234-237 Tetram. bacch. acatal.
238 Incertus; cf. appar. crit. Fortasse anapaesticus monom. hypercatal. bis positus.
239 Septen. iamb.
240 Tetram. bacch. acatal. uel anapaest. monom. hypercatal. bis positus.
241 Tetram. bacch. acatal.
242 Dim. bacch. acatal. cum iamb. monom. hypercatal. Cf. appar. crit.
243 Tetram. bacch. acatal. (si addas *nisi* ⟨*si*⟩ uel legas *nisī* ut in u. 325).
244 Tetram. bacch. catal.
245a Dim. bacch. catal.
245b-246 Trim. bacch. acatal.
247 Dim. bacch. acatal.
248-250 Tetram. bacch. acatal.
251 Incertus.
252 Tetram. bacch. acatal.
253-254 Incerti[1].
255-257 Tetram. bacch. acatal.
258 Tripod. troch. catal. bis posita.
259 Dim. troch. catal.
260 Tripod. troch. acatal. bis posita[2].
261-409 Septen. troch.
410-503 Sen. iamb.
504-614 Septen. troch.
615-816 Sen. iamb.
817-820 Octon. iamb.
821-822 Septen. iamb.
823-929 Septen. troch.

1. 252 sqq. sic disposuit Lindsay:

ANTE. Quiesco. ADE. Ergo amo te. Sed hoc nunc
Responde mihi :
Sunt hic omnia
Quae ad deum pacem oportet adesse? ANTE. Omnia accuraui.

efficiens trimetrum bacchiacum, + duos dimetros bacch. catalect. + trimetr. cret. cum colo Reiziano

2. Vu. 258-260 sic discr. Goetz-Schoell, quos dubitanter secuti sumus. Forsan nil affirmare praestet.

930-1173	Sen. iamb.[1].
1174-1178	Octon. anap.
1179	Septen. anap.
1180	Octon. anap.
1181	Incertus. Octonar. anap., si lacunam in fine statuas; Anap. dim. cum Cret. Trim. dubitanter fecit Lindsay.
1182	Octon. anap.
1183	Octon. anap. hyperm.
1184-1186	Septen. anap.
1187-1188	Octon. anap.
1189-1190	Anap. systema, ut uidetur.
1191ª	Octon. anap. hyperm. (?)[2].
1191ᵇ	Dim. anap. acatal.
1192-1195	Octon. iamb.
1196	Sen. iamb.
1197	Iamb. octon. uel Troch. septen.
1198	Octon. iamb. uel Duo dim. iamb. acatal.
1199	Iamb. septen., ut uidetur.
1200	Dim. anap. acatal. cum colo Reiziano[3].
1201-1225	Troch. septen.
1226	Octon. iamb.
1227-1273	Septen. iamb.
1274-1303	Septen. troch.
1304-1397	Sen. iamb.
1398-1422	Septen. troch.

1. V. 1165 qui septen. troch. esse uidetur uix tolerandus est inter senarios. Cf. appar. crit.

2. 1187-1191 Anapaest. systema facit Lindsay quod claudit colon Reizianum : *ne lacruma patrue.*

3. Vel septen. iamb., sine hiatu si legas *meo ex amore* (Goetz-Loewe), cum hiatu si ordinem codicum *ex meo* | *amore* serues

*Ce volume,
le quatre-vingt-treizième
de la série latine
de la Collection des Universités de France,
publié aux Éditions Les Belles Lettres,
a été achevé d'imprimer
en juin 2020
par La Manufacture imprimeur
52202 Langres Cedex, France*

*N° d'éditeur : 9604
N° d'imprimeur : 200410
Dépôt légal : juin 2020*